大众汽车
维修资料大全

2010~2022

瑞佩尔 ◎ 主编

化学工业出版社

·北京·

内 容 简 介

本书重点介绍一汽大众汽车有限公司和上汽大众汽车有限公司大部分在售车型年款的维修技术资料，包括燃油车和新能源汽车。维修资料涵盖2010～2022年款的机械数据和电气资料，如发动机正时校对、发动机机械检测数据、底盘四轮定位数据和保险丝与继电器信息、全车控制器安装位置、发动机电脑端子数据等。

全书内容丰富，操作步骤讲解详细、图文结合。为了使得内容更加完善实用，部分内容还可以扫描二维码查阅。

本书适合汽车维修企业和维修技术人员作为工具书查用。

图书在版编目（CIP）数据

大众汽车维修资料大全：2010～2022/瑞佩尔主编. —北京：化学工业出版社，2022.12
ISBN 978-7-122-42285-9

Ⅰ.①大… Ⅱ.①瑞… Ⅲ.①汽车-车辆修理 Ⅳ.①U472.4

中国版本图书馆CIP数据核字（2022）第181283号

责任编辑：周　红　　　　　　　　　　　　文字编辑：陈小滔　朱丽莉
责任校对：宋　玮　　　　　　　　　　　　装帧设计：王晓宇

出版发行：化学工业出版社（北京市东城区青年湖南街13号　邮政编码100011）
印　　刷：三河市航远印刷有限公司
装　　订：三河市宇新装订厂
787mm×1092mm　1/16　印张19　字数482千字　2023年1月北京第1版第1次印刷

购书咨询：010-64518888　　　　　　　　　售后服务：010-64518899
网　　址：http://www.cip.com.cn

凡购买本书，如有缺损质量问题，本社销售中心负责调换。

定　　价：128.00元　　　　　　　　　　　　　　　　　　　版权所有　违者必究

前言
PREFACE

近年来，汽车维修行业不断壮大，服务市场不断细化。汽车维修企业与维修工作者只有技精一门，业通一路，专业做好某一领域才能生存。于是，各种单一品牌如大众、别克、丰田等的专修店，单一部件如汽车电脑、防盗门锁、自动变速器等的精修店，及与汽车厂商结盟的特约维修服务企业，如雨后春笋，云涌而出。

大众车型的销量及保有量在中国车市一直名列前茅。车辆保有量决定车型维修量，汽车故障的排除与修复需要有足够的技术信息资源作为支撑，而品牌车型每年都在不断更新，维修技术人员在面对这些新车型产生的故障时能否及时地找到自己需要的技术资料呢？为满足这一切实需求，本书专门对大众车型的技术信息进行了重新编排整理。

本书内容涉及车型包括了一汽大众与上汽大众大部分在售车型年款，主要燃油车型有一汽大众的探影、探歌、探岳/X、揽境、捷达（现已独立）、宝来、高尔夫、速腾、迈腾、CC、蔚领，上汽大众的途铠、途岳、途观L/X、途昂/X、桑塔纳、波罗、凌渡、朗逸、帕萨特、辉昂、途安L、威然。新能源车型包括纯电动汽车与PHEV插电混动汽车，单独一篇，主要车型有一汽大众的探岳GTE、迈腾GTE、宝来EV、高尔夫EV、ID.4 CROZZ、ID.6 CROZZ，上汽大众的途观L PHEV、帕萨特PHEV、朗逸EV、ID.3、ID.4X、ID.6X。

全书维修资料包括了2010年款至2022年款的机械数据，如发动机正时校对、发动机机修检测数据、底盘四轮定位数据，还有电气资料，如汽车保险丝与继电器信息、全车控制器安装位置、发动机电脑端子数据、发动机与自动变速器控制电路图，汽车防盗系统匹配，遥控钥匙设定，汽车电控系统编程设定，各个系统初始化与归零设置。此外，为充实维修者的技术经验，编者特地将部分故障案例，整理成"维修经验一句话"的形式呈现于相应各节。全书内容丰富全面，操作步骤讲解详细，图文结合，简洁易懂，非常适合汽车维修企业和维修技术人员作为便携工具书查用。

本书部分车型资料有年款注明，但相关操作步骤和方法不一定仅适用于该年款的车型，没能列出来的车型年款，读者可以举一反三地大胆尝试。

限于篇幅，本书车型的保险丝、继电器、接地点及控制器安装位置信息与发动机及变速器等电路图以扫描二维码阅读的方式提供，在此对电路中线束表示颜色代码的含义做一注解：ws=白色，sw=黑色，ro=红色，rt=红色，br=褐色，gn=绿色，bl=蓝色，gr=灰色，li=淡紫色，vi=淡紫色，ge=黄色，or=橘黄色，rs=粉红色。另外，本书中各控制器如发动机电脑、变速器电脑等电控端子定义描述中，如无定义功能者则为"未使用"的空置端子。

本书由瑞佩尔主编，此外参加编写的人员还有朱其谦、杨刚伟、吴龙、张祖良、汤耀宗、赵炎、陈金国、刘艳春、徐红玮、张志华、冯宇、赵太贵、宋兆杰、陈学清、邱晓龙、朱如盛、周金洪、刘滨、陈棋、孙丽佳、周方、彭斌、王坤、章军旗、满亚林、彭启凤、李丽娟、徐银泉。在编写过程中，参考了大量国内外相关文献和网络信息资料，在此，谨向这些资料信息的原创者们表示由衷的感谢！

本书资料数据繁多，虽经数度编辑整理，囿于编者水平，内容之中的疏漏仍难以避免，请广大读者朋友不吝指正，以使再版时可以臻为完善。

编　者

第1章 一汽大众车型

1.1 探影 TACOUA（2020~2022年款）
1.1.1 探影车型发动机配置信息
1.1.2 1.2T DLS 发动机正时维修
1.1.3 1.4T DJS 发动机正时维修
1.1.4 1.5L DMB 发动机正时维修
1.1.5 探影 1.2T DLS 发动机控制系统电路图
1.1.6 探影 09G 六挡自动变速器电路图
1.1.7 探影 0CW 七挡双离合变速器电路图
1.1.8 探影保养归零设置

1.2 探歌 T-ROC（2018~2022年款）
1.2.1 探歌车型发动机配置信息
1.2.2 1.4T DSB 发动机正时维修
1.2.3 1.4T DJS 发动机正时维修
1.2.4 1.2T DLS 发动机正时维修
1.2.5 探歌 1.4T DSB 发动机控制系统电路图
1.2.6 探歌 1.4T DJS 发动机控制系统电路图
1.2.7 探歌 1.4T CSS/CST 发动机控制系统电路图
1.2.8 探歌保养归零设置

1.3 探岳 Tayron（2019~2022年款）
1.3.1 探岳车型发动机配置信息
1.3.2 2.0T DPL 发动机正时维修
1.3.3 2.0T DKX 发动机正时维修
1.3.4 1.4T DJS 发动机正时维修
1.3.5 探岳 2.0T DPL 发动机控制系统电路图
1.3.6 探岳 2.0T DKX 发动机控制系统电路图
1.3.7 探岳 2.0T DKV 发动机控制系统电路图
1.3.8 探岳 2.0T DBF 发动机控制系统电路图
1.3.9 探岳 2.0T CUG 发动机控制系统电路图
1.3.10 探岳 0DE 七挡双离合变速器电路图
1.3.11 探岳保养归零设置

1.4 探岳 Tayron X（2020~2022年款）
1.4.1 探岳 X 车型发动机配置信息
1.4.2 2.0T DKX 发动机正时维修
1.4.3 2.0T DPL 发动机正时维修
1.4.4 探岳 X 车型保养归零设置

1.5 揽境 Talagon（2021~2022 年款） ……………………………………………… 020
- 1.5.1 揽境车型发动机配置信息 …………………………………………… 020
- 1.5.2 2.0T DKX 发动机正时维修 …………………………………………… 020
- 1.5.3 2.0T DPL 发动机正时维修 …………………………………………… 020
- 1.5.4 2.5T DME 发动机正时维修 …………………………………………… 020
- 1.5.5 揽境全轮驱动系统电路图 …………………………………………… 020
- 1.5.6 揽境保险丝电路信息 ………………………………………………… 020
- 1.5.7 揽境继电器电路信息 ………………………………………………… 020
- 1.5.8 揽境接地点电路信息 ………………………………………………… 020
- 1.5.9 揽境全车控制器安装位置与连接器信息 …………………………… 020
- 1.5.10 揽境保养归零设置 …………………………………………………… 021

1.6 捷达 NF（2013~2019 年款） ……………………………………………… 021
- 1.6.1 捷达 NF 车型发动机配置信息 ………………………………………… 021
- 1.6.2 1.5L DCF 发动机正时维修 …………………………………………… 021
- 1.6.3 1.4L CKA/1.6L CPD 发动机正时维修 ……………………………… 021
- 1.6.4 1.4T CST 发动机正时维修 …………………………………………… 021
- 1.6.5 1.4L CKA/1.6L CPD 发动机电控系统部件位置 …………………… 021
- 1.6.6 捷达 1.5L DCF 发动机控制系统电路图 …………………………… 022
- 1.6.7 捷达 1.6L CUC 天然气发动机控制系统电路图 …………………… 022
- 1.6.8 捷达 NF 全车控制器单元安装位置 ………………………………… 022
- 1.6.9 捷达 NF 全车接地点分布 …………………………………………… 022
- 1.6.10 捷达 NF 保险丝与继电器信息 ……………………………………… 022
- 1.6.11 捷达 NF 汽车四轮定位数据 ………………………………………… 028
- 1.6.12 全新捷达 NF 保养归零设置 ………………………………………… 028

1.7 宝来 Bora（2011~2021 年款） ……………………………………………… 029
- 1.7.1 宝来车型发动机配置信息 …………………………………………… 029
- 1.7.2 1.4T DJS 发动机正时维修 …………………………………………… 030
- 1.7.3 1.5L DMB 发动机正时维修 …………………………………………… 030
- 1.7.4 1.2T DLS 发动机正时维修 …………………………………………… 030
- 1.7.5 1.6L CSR 发动机正时维修 …………………………………………… 030
- 1.7.6 1.4T CFB 发动机正时维修 …………………………………………… 030
- 1.7.7 1.6L CLS 发动机正时维修 …………………………………………… 033
- 1.7.8 1.6L CLS 发动机电控系统部件位置 ………………………………… 035
- 1.7.9 宝来 1.5L DMB 发动机控制系统电路图 …………………………… 035
- 1.7.10 全新宝来全车控制器安装位置 ……………………………………… 035
- 1.7.11 新宝来继电器位置信息 ……………………………………………… 035
- 1.7.12 新宝来四轮定位数据 ………………………………………………… 035
- 1.7.13 新宝来保养归零设置 ………………………………………………… 035
- 1.7.14 2010 年款新宝来遥控器匹配 ……………………………………… 038
- 1.7.15 新宝来第四代防盗系统匹配流程 …………………………………… 038

1.8 速腾 Sagitar（2011~2021 年款） …………………………………………… 040
- 1.8.1 速腾车型发动机配置信息 …………………………………………… 040
- 1.8.2 1.5L DSB 发动机正时维修 …………………………………………… 040

1.8.3	1.2T DLS 发动机正时维修	041
1.8.4	1.2T CYA 发动机正时维修	041
1.8.5	1.4T CSS/CST 发动机正时维修	041
1.8.6	1.6L CPD 发动机正时维修	041
1.8.7	1.6L CLR 发动机正时维修	041
1.8.8	2012 年款起全新速腾四轮定位数据	041
1.8.9	速腾更换转向角度传感器后极限位置设定	041
1.8.10	速腾遥控器匹配方法	042
1.8.11	速腾保养归零设置	042
1.8.12	速腾下雨关窗功能	042
1.8.13	速腾离家、回家灯更改说明	043
1.8.14	速腾冠军版加装定速巡航功能方法	043
1.8.15	速腾冠军加装巡航编码	043
1.8.16	速腾 1.6AT 加装全屏仪表和多功能方向盘编码	044
1.8.17	速腾加装巡航功能编码	044
1.8.18	速腾安全开门功能编码	045
1.8.19	速腾/迈腾加装原厂胎压监控编码	045
1.8.20	速腾车门控制单元编码	045
1.8.21	速腾一键升窗功能编码	045
1.8.22	速腾舒适系统匹配	045
1.8.23	速腾汽车匹配指导	046
1.8.24	2012 年款起全新速腾保养归零设置	050
1.8.25	2012 年款起全新速腾电动车窗定位操作步骤	051
1.8.26	2019 年款起速腾保险丝信息	051
1.8.27	2019 年款起速腾继电器信息	051
1.8.28	2019 年款起速腾接地点信息	051
1.8.29	2019 年款起速腾控制器位置与连接器信息	051
1.9	迈腾 Magotan（2011～2021 年款）	051
1.9.1	迈腾车型发动机配置信息	051
1.9.2	2.0T DKX 发动机正时维修	052
1.9.3	2.0T DPL 发动机正时维修	052
1.9.4	1.4T DJS 发动机正时维修	052
1.9.5	2.0T CUG 发动机正时维修	052
1.9.6	1.8T CUF 发动机正时维修	052
1.9.7	1.4T CSS 发动机正时维修	052
1.9.8	1.8T CEA 发动机正时维修	053
1.9.9	3.0L CNG 发动机正时维修	055
1.9.10	迈腾 B8L 四轮定位数据	055
1.9.11	迈腾 B7L 四轮定位数据	055
1.9.12	迈腾大灯设定匹配	056
1.9.13	迈腾一键升窗功能编码	056
1.9.14	迈腾智能钥匙遥控器同步方法	056
1.9.15	迈腾保养归零设置	056

    1.9.16　迈腾车钥匙遥控玻璃升降匹配 ……………………………………………………… 057
    1.9.17　迈腾更换舒适电脑单元操作方法和注意事项 …………………………………… 057
    1.9.18　迈腾遥控钥匙匹配方法 …………………………………………………………… 059
    1.9.19　迈腾 ZF 转向机的四种匹配方法 …………………………………………………… 060
    1.9.20　迈腾出现 "02546（转向限位挡块基本设置或匹配没有或不正确）"
            解决方法 …………………………………………………………………………… 060
    1.9.21　迈腾遥控单元恢复座椅和后视镜位置方法 ……………………………………… 061
    1.9.22　迈腾 B7L 保养归零设置 …………………………………………………………… 061
    1.9.23　迈腾 B8L 保养归零设置 …………………………………………………………… 061
    1.9.24　迈腾 B7L 天窗初始化方法 ………………………………………………………… 062
    1.9.25　迈腾 B7L 电动车窗初始化方法 …………………………………………………… 063
    1.9.26　迈腾 B7L 维修经验一句话 ………………………………………………………… 063
    1.9.27　2020 年款起迈腾保险丝信息 ……………………………………………………… 066
    1.9.28　2020 年款起迈腾继电器信息 ……………………………………………………… 066
    1.9.29　2020 年款起迈腾接地点信息 ……………………………………………………… 066
    1.9.30　2020 年款起迈腾控制器位置与连接器信息 ……………………………………… 066
1.10　大众 CC（2011~2021 年款）……………………………………………………………… 066
    1.10.1　大众 CC 车型发动机配置信息 …………………………………………………… 066
    1.10.2　2.0T DKX 发动机正时维修 ………………………………………………………… 067
    1.10.3　2.0T DPL 发动机正时维修 ………………………………………………………… 067
    1.10.4　1.8T CEA 发动机正时维修 ………………………………………………………… 067
    1.10.5　2.0T CGM 发动机正时维修 ………………………………………………………… 067
    1.10.6　3.0T CNG 发动机正时维修 ………………………………………………………… 067
    1.10.7　2011~2016 年款 CC 四轮定位数据 ……………………………………………… 074
    1.10.8　大众 CC 全车控制器安装位置 …………………………………………………… 074
    1.10.9　2013 款起大众 CC 车型电路接地点分布 ………………………………………… 075
    1.10.10　大众 CC 天窗基本设置操作方法 ………………………………………………… 076
    1.10.11　大众 CC 自适应巡航系统的初始化 ……………………………………………… 077
    1.10.12　大众 CC 自适应巡航系统（ACC）校正方法 …………………………………… 077
    1.10.13　大众 CC 空调系统初始化方法 …………………………………………………… 077
    1.10.14　大众 CC 座椅记忆初始化方法 …………………………………………………… 078
    1.10.15　大众 CC 保养归零设置 …………………………………………………………… 078
    1.10.16　大众 CC 维修经验一句话 ………………………………………………………… 078
    1.10.17　2018 年款起大众 CC 保险丝信息 ………………………………………………… 081
    1.10.18　2018 年款起大众 CC 继电器信息 ………………………………………………… 081
    1.10.19　2018 年款起大众 CC 接地点信息 ………………………………………………… 081
    1.10.20　2018 年款起大众 CC 控制器位置与连接器信息 ………………………………… 081
1.11　高尔夫 Golf（2010~2021 年款）………………………………………………………… 081
    1.11.1　高尔夫车型发动机配置信息 ……………………………………………………… 081
    1.11.2　1.2T DLS 发动机正时维修 ………………………………………………………… 081
    1.11.3　1.4T DJS 发动机正时维修 ………………………………………………………… 081
    1.11.4　1.4T CSS 发动机正时维修 ………………………………………………………… 081
    1.11.5　1.4T CSS/CST 发动机正时维修 …………………………………………………… 081

1.11.6	1.6L CSR 发动机正时维修	082
1.11.7	1.6L CDF 发动机正时维修	082
1.11.8	2009~2013 年款高尔夫 A6 四轮定位数据	082
1.11.9	2016~2018 年款高尔夫嘉旅汽车四轮定位数据	083
1.11.10	2014~2021 年款高尔夫 A7 汽车四轮定位数据	083
1.11.11	高尔夫 A7 保险丝与继电器信息	084
1.11.12	高尔夫 A7 全车控制器安装位置	087
1.11.13	高尔夫 A7 全自动空调控制单元端子信息	089
1.11.14	高尔夫 A7 汽车 ABS 控制单元端子信息	090
1.11.15	高尔夫 A6 遥控匹配方法	091
1.11.16	高尔夫、宝来、迈腾、速腾遥控钥匙匹配	091
1.11.17	高尔夫 A6 保养归零设置	092
1.11.18	高尔夫 A7 保养归零设置	092
1.11.19	高尔夫 A7 胎压监控显示设置	093
1.11.20	车窗调节器功能激活	093
1.11.21	高尔夫 A6 维修经验一句话	094
1.11.22	2019 年款起高尔夫嘉旅保险丝信息	094
1.11.23	2019 年款起高尔夫嘉旅继电器信息	094
1.11.24	2019 年款起高尔夫嘉旅接地点信息	094
1.11.25	2019 年款起高尔夫嘉旅控制器位置与连接器信息	094

1.12 蔚领 C-TREK（2017~2020 年款） ... 094

1.12.1	蔚领车型发动机配置信息	094
1.12.2	1.4T CST 发动机正时维修	095
1.12.3	1.5L DCF 发动机正时维修	095
1.12.4	1.5L DLF 发动机正时维修	095
1.12.5	1.4T CST 发动机正时维修	095
1.12.6	1.6L CSR 发动机正时维修	095
1.12.7	蔚领汽车四轮定位数据	095
1.12.8	蔚领保养归零设置	096
1.12.9	2017 年款起蔚领保险丝信息	096
1.12.10	2017 年款起蔚领继电器信息	096
1.12.11	2017 年款起蔚领接地点信息	096
1.12.12	2017 年款起蔚领控制器位置与连接器信息	096

第 2 章 上汽大众车型 ... 097

2.1 途铠 T-CROSS（2019~2022 年款） ... 097

2.1.1	途铠车型发动机配置信息	097
2.1.2	1.5L DMB 发动机正时维修	097
2.1.3	1.4T DJS 发动机正时维修	097
2.1.4	1.2T DLS 发动机正时维修	097
2.1.5	途铠保险丝信息	098
2.1.6	途铠继电器信息	098

2.2 途岳 THARU（2019~2021 年款） ... 098

2.2.1　途岳车型发动机配置信息 …………………………………………… 098
　　　2.2.2　1.4T DJS/DJN 发动机正时维修 …………………………………… 098
　　　2.2.3　1.2T DLS 发动机正时维修 ………………………………………… 098
　　　2.2.4　2.0T DKX/DKV 发动机正时维修 ………………………………… 098
　　　2.2.5　2.0T DPL 发动机正时维修 ………………………………………… 098
　　　2.2.6　途岳保险丝信息 ……………………………………………………… 099
　　　2.2.7　途岳继电器信息 ……………………………………………………… 099
　　　2.2.8　途岳接地点信息 ……………………………………………………… 099
　2.3　途观 Tiguan-途观 L（2013~2022 年款） …………………………………… 099
　　　2.3.1　途观 L 发动机配置信息 …………………………………………… 099
　　　2.3.2　1.4T DJS 发动机正时维修 ………………………………………… 099
　　　2.3.3　2.0T DKX 发动机正时维修 ………………………………………… 099
　　　2.3.4　2.0T DPL 发动机正时维修 ………………………………………… 099
　　　2.3.5　2.0T DKV 发动机正时维修 ………………………………………… 099
　　　2.3.6　2.0T DBF 发动机正时维修 ………………………………………… 100
　　　2.3.7　2.0T DBF 发动机正时维修 ………………………………………… 100
　　　2.3.8　2.0T CUG 发动机正时维修 ………………………………………… 100
　　　2.3.9　1.4T CSS 发动机正时维修 ………………………………………… 100
　　　2.3.10　2.0T CGM 发动机正时维修 ……………………………………… 100
　　　2.3.11　1.8T CEA/2.0T CGM 发动机机械维修数据 …………………… 100
　　　2.3.12　1.4T CFB 发动机控制单元端子信息 …………………………… 101
　　　2.3.13　1.8T CEA/2.0T CGM 发动机控制单元端子信息 ……………… 103
　　　2.3.14　全新途观四轮定位数据 …………………………………………… 104
　　　2.3.15　途观 L 车轮定位数据 ……………………………………………… 105
　　　2.3.16　途观 L 保险丝信息 ………………………………………………… 105
　　　2.3.17　途观 L 继电器信息 ………………………………………………… 105
　　　2.3.18　途观 L 接地点信息 ………………………………………………… 105
　2.4　途观 X（2021~2022 年款） ……………………………………………………… 105
　　　2.4.1　途观 X 车型发动机配置信息 ……………………………………… 105
　　　2.4.2　2.0T DKX 发动机正时维修 ………………………………………… 106
　　　2.4.3　2.0T DPL 发动机正时维修 ………………………………………… 106
　2.5　途昂 TERAMONT（2017~2021 年款） ……………………………………… 106
　　　2.5.1　途昂车型发动机配置信息 …………………………………………… 106
　　　2.5.2　2.0T DKX 发动机正时维修 ………………………………………… 106
　　　2.5.3　2.0T DPL 发动机正时维修 ………………………………………… 106
　　　2.5.4　2.5T DME 发动机正时维修 ………………………………………… 106
　　　2.5.5　2.0T CUG 发动机正时维修 ………………………………………… 107
　　　2.5.6　2.0T DBF 发动机正时维修 ………………………………………… 107
　　　2.5.7　2.5T DDK 发动机正时维修 ………………………………………… 107
　　　2.5.8　2.5T DDK 发动机舱电控部件位置 ………………………………… 114
　　　2.5.9　2.5T DDK 发动机控制单元端子数据 ……………………………… 115
　　　2.5.10　2.0T DBF 发动机控制单元连接器端子数据 …………………… 117
　　　2.5.11　2.0T CUG 发动机控制单元端子数据 …………………………… 120

2.5.12 途昂电控减振器端子信息 124
2.5.13 途昂汽车全车控制器安装位置 125
2.5.14 途昂四轮定位数据 125
2.5.15 途昂 2.5T DDK/DPK 发动机控制系统电路图 126
2.5.16 途昂全轮驱动系统电路图 126
2.5.17 途昂保险丝信息 126
2.5.18 途昂继电器信息 126
2.5.19 途昂车辆接地点信息 126

2.6 途昂 X（2019～2022 年款） 126
2.6.1 途昂 X 车型发动机配置信息 126
2.6.2 2.0T DKX/DKV 发动机正时维修 126
2.6.3 2.0T DPL 发动机正时维修 126
2.6.4 2.5T DPK 发动机正时维修 127
2.6.5 2.5T DPK 发动机控制单元端子信息 127
2.6.6 途昂 X 保险丝信息 130
2.6.7 途昂 X 继电器信息 130

2.7 桑塔纳 Santana/浩纳（2013～2021 年款） 130
2.7.1 全新桑塔纳发动机配置信息 130
2.7.2 1.5L DLF/DLX 发动机正时维修 131
2.7.3 1.4T CST 发动机正时维修 131
2.7.4 1.4L CKA/1.6L CPD 发动机正时维修 131
2.7.5 1.6L CPD 型发动机电控系统部件位置 131
2.7.6 全新桑塔纳控制器安装位置 133
2.7.7 1.4T CST 发动机舱电控系统部件分布 133
2.7.8 自动变速器控制单元端子信息 135
2.7.9 1.4L CKA/1.6L CPD 发动机控制单元端子数据 138
2.7.10 1.6L CUC 双燃料发动机控制单元端子数据 140
2.7.11 1.4T CST 发动机控制单元端子信息 141
2.7.12 桑塔纳四轮定位数据 143
2.7.13 胎压监控系统轮胎压力标定 143
2.7.14 电动车窗升降器初始化 144
2.7.15 桑塔纳 1.5L DLX/DLW 发动机控制系统电路图 144
2.7.16 桑塔纳保险丝信息 144
2.7.17 桑塔纳继电器信息 144
2.7.18 桑塔纳接地点信息 144

2.8 帕萨特 Passat（2011～2022 年款） 144
2.8.1 帕萨特车型发动机配置信息 144
2.8.2 2.0T DKX/DKV 发动机正时维修 145
2.8.3 2.0T DPL 发动机正时维修 145
2.8.4 2.0T DBF 发动机正时维修 146
2.8.5 1.8T DBH 发动机正时维修 146
2.8.6 1.4T CFB 发动机正时维修 146
2.8.7 1.8T CEA12.0T CGM 发动机正时维修 146

2.8.8	3.0T CNG 发动机正时维修	146
2.8.9	帕萨特 NMS 全车控制器安装位置	146
2.8.10	1.8T DBH 发动机控制单元端子数据	148
2.8.11	3.0T CNG 发动机控制单元端子信息	150
2.8.12	电控减振系统控制单元端子数据	152
2.8.13	2011 年款起帕萨特全轮驱动车型四轮定位数据	152
2.8.14	帕萨特 NMS 四轮定位数据	153
2.8.15	帕萨特 NMS 天窗玻璃电机的设定	153
2.8.16	帕萨特 NMS 移动电话的匹配	153
2.8.17	帕萨特 NMS ESP 的基本设定和编码	153
2.8.18	帕萨特 NMS EPS 基本设定和转向角度传感器初始化方法	154
2.8.19	帕萨特 NMS 记忆座椅初始化	154
2.8.20	帕萨特 1.8T DBH 发动机控制系统电路图	154
2.8.21	2018 年款起帕萨特保险丝信息	154
2.8.22	2018 年款起帕萨特继电器信息	154
2.8.23	2018 年款起帕萨特接地点信息	154

2.9 朗逸-朗行-朗境 Lavida（2010~2022 年款） 154

2.9.1	朗逸车型发动机配置信息	154
2.9.2	1.4T DJS 发动机正时维修	156
2.9.3	1.5L DLW 发动机正时维修	156
2.9.4	1.6L CSR 发动机正时维修	156
2.9.5	1.4T CST 发动机正时维修	156
2.9.6	1.2T CYA 发动机正时维修	156
2.9.7	1.6L CPJ 发动机正时维修	156
2.9.8	1.6L CDE 型发动机正时维修	159
2.9.9	1.6L CFN 型发动机正时维修	159
2.9.10	1.6L CDE/CFN 型发动机机械维修数据	159
2.9.11	1.4T CFB 发动机机械维修数据	161
2.9.12	2012 年款朗逸四轮定位数据	163
2.9.13	2018 年款新朗逸四轮定位数据	163
2.9.14	2018 年款朗逸 Plus/休旅版控制器安装位置	163
2.9.15	1.2T DJN 发动机控制单元端子数据	164
2.9.16	1.5L DLW 发动机控制单元端子数据	166
2.9.17	朗逸轮胎气压系统设置方法	169
2.9.18	朗逸钥匙遥控和 SRS 匹配	169
2.9.19	朗逸保养归零设置	169
2.9.20	朗行保养归零设置	169
2.9.21	朗逸 1.6L CSR 发动机控制系统电路图	170
2.9.22	朗逸 1.2T DJN 发动机控制系统电路图	170
2.9.23	2018 款起全新朗逸保险丝信息	171
2.9.24	2018 年款起全新朗逸继电器信息	171
2.9.25	2018 年款起全新朗逸接地点信息	171

2.10 凌渡 Lamando（2015~2021 年款） 171

2.10.1	凌渡车型发动机配置信息	171
2.10.2	2.0T CUG 发动机正时维修	171
2.10.3	1.4T CSS/CST 发动机降低高压区域的燃油压力	171
2.10.4	1.4T CSS/CST 发动机正时维修	172
2.10.5	1.4T CST/CSS 发动机控制单元端子信息	172
2.10.6	1.8T CUF 型发动机控制单元端子信息	173
2.10.7	凌渡四轮定位数据	175
2.10.8	1.4T CST 发动机电控系统部件位置	175
2.10.9	中央门锁部件安装位置	176
2.10.10	遥控钥匙匹配步骤	176
2.10.11	大灯清洗系统排气步骤	177
2.10.12	轮胎压力标定	177
2.10.13	电动车窗初始化设置（激活）方法	178
2.10.14	保养周期显示器复位方法	178
2.10.15	电动车窗复位方法	179
2.10.16	全车控制器安装位置	179
2.10.17	凌渡保险丝信息	180
2.10.18	凌渡继电器信息	180
2.10.19	凌渡接地点信息	180

2.11 波罗 Polo（2010~2022 年款） 180

2.11.1	波罗车型发动机配置信息	180
2.11.2	1.5L DMB 发动机正时维修	181
2.11.3	1.5L DLX 发动机正时维修	181
2.11.4	1.6L CSR 发动机正时维修	181
2.11.5	1.4L DAH 发动机正时维修	181
2.11.6	1.4L CLP/1.6L CLS 发动机机械维修数据	181
2.11.7	2010~2012 年款波罗四轮定位数据	183
2.11.8	2018 年款起全新波罗车型四轮定位数据	183
2.11.9	2018 年款起全新波罗全车控制器安装位置	184
2.11.10	2012 年款波罗遥控钥匙匹配	185
2.11.11	波罗倒车雷达系统编码方法	185
2.11.12	波罗断电后玻璃升降设定方法	185
2.11.13	波罗空调系统内循环点击基本设定方法	185
2.11.14	2019 年款起全新一代波罗保险丝信息	185
2.11.15	2019 年款起全新一代波罗继电器信息	185
2.11.16	2019 年款起全新一代波罗接地点信息	186

2.12 途安 Touran-途安 L（2011~2021 年款） 186

2.12.1	途安 L 车型发动机配置信息	186
2.12.2	1.8T CUF 发动机正时维修	186
2.12.3	1.4T CSS 发动机正时维修	186
2.12.4	1.6L CSR 发动机控制单元端子信息	186
2.12.5	1.8T CUF 发动机控制单元端子数据	188
2.12.6	1.8T CUF 发动机舱电控部件分布	188

        2.12.7　2011 年款起途安全车控制器安装位置 ………………………………………… 189
        2.12.8　途安 L 四轮定位数据 …………………………………………………………… 190
        2.12.9　2011 年款起途安四轮定位数据 ………………………………………………… 190
        2.12.10　途安 L 全车控制器安装位置 …………………………………………………… 190
        2.12.11　途安 L 保险丝信息 ……………………………………………………………… 191
        2.12.12　途安 L 继电器信息 ……………………………………………………………… 191
        2.12.13　途安 L 接地点信息 ……………………………………………………………… 191
        2.12.14　途安保养归零设置 ……………………………………………………………… 191
        2.12.15　大众途安电子助力转向系统设定方法 ………………………………………… 192
    2.13　辉昂 PHIDEON（2016-2021 年款） …………………………………………………… 193
        2.13.1　辉昂车型发动机配置信息 ………………………………………………………… 193
        2.13.2　2.0T DMJ 发动机正时维修 ……………………………………………………… 193
        2.13.3　2.0T CUH 发动机正时维修 ……………………………………………………… 193
        2.13.4　3.0T CRE 发动机正时维修 ……………………………………………………… 204
        2.13.5　辉昂 2.0T DMJ 发动机控制系统电路图 ………………………………………… 209
        2.13.6　辉昂 0BW 八挡自动变速器电路图 ……………………………………………… 209
        2.13.7　辉昂保险丝信息 …………………………………………………………………… 209
        2.13.8　辉昂继电器信息 …………………………………………………………………… 209
        2.13.9　辉昂接地点信息 …………………………………………………………………… 209
        2.13.10　辉昂全车控制器安装位置 ………………………………………………………… 209
        2.13.11　2.0TCUH 电控系统部件安装位置 ……………………………………………… 211
        2.13.12　3.0T CRE 发动机控制单元端子信息 …………………………………………… 212
        2.13.13　2.0T CUH 发动机控制单元端子信息 …………………………………………… 214
    2.14　威然（2020～2021 年款） ……………………………………………………………… 216
        2.14.1　威然车型发动机配置信息 ………………………………………………………… 216
        2.14.2　2.0T DKX 发动机正时维修 ……………………………………………………… 216
        2.14.3　2.0T DPL 发动机正时维修 ……………………………………………………… 216

第 3 章　新能源车型 …………………………………………………………………………………… 217
    3.1　一汽探岳 GTE（2020～2021 年款） …………………………………………………… 217
        3.1.1　1.4T DUK 发动机正时维修 ……………………………………………………… 217
        3.1.2　高压电池包部件分解 ……………………………………………………………… 217
        3.1.3　车辆全车控制器安装位置 ………………………………………………………… 218
    3.2　一汽迈腾 GTE（2020 年款） …………………………………………………………… 219
        3.2.1　1.4T DUK 发动机正时维修 ……………………………………………………… 219
        3.2.2　高压系统组件分布 ………………………………………………………………… 219
        3.2.3　高压总成高压电缆分布 …………………………………………………………… 219
    3.3　一汽宝来 EV（2020 年款） ……………………………………………………………… 221
        3.3.1　高压系统组件分布 ………………………………………………………………… 221
        3.3.2　高压电池包部件分解 ……………………………………………………………… 221
        3.3.3　高压冷却系统部件分布 …………………………………………………………… 222
    3.4　一汽高尔夫 EV（2020 年款） …………………………………………………………… 223
        3.4.1　高压系统组件分布 ………………………………………………………………… 223

3.4.2 高压电池包部件分解 …… 223
　　　3.4.3 高压冷却系统部件分布 …… 223
　　　3.4.4 充电系统部件分解 …… 223
　　　3.4.5 电驱动系统部件分解 …… 224
　3.5 一汽 ID.4 CROZZ（2021~2022 年款）…… 224
　　　3.5.1 车型配置电动机技术参数 …… 224
　　　3.5.2 高压系统部件分布 …… 224
　　　3.5.3 高压电池包部件分解 …… 224
　　　3.5.4 高压冷却系统部件布置 …… 227
　　　3.5.5 全车控制器安装位置 …… 227
　3.6 一汽 ID.6 CROZZ（2021~2022 年款）…… 228
　　　3.6.1 车型配置电动机技术参数 …… 228
　　　3.6.2 高压系统部件分布 …… 228
　　　3.6.3 高压电池包部件分解 …… 228
　　　3.6.4 高压冷却系统管路分布 …… 229
　　　3.6.5 后部电驱系统部件分解 …… 231
　　　3.6.6 前部电驱系统部件分解 …… 231
　3.7 上汽途观 LPHEV（2019~2022 年款）…… 232
　　　3.7.1 途观 LPHEV 车型发动机配置信息 …… 232
　　　3.7.2 1.4TDXJ 发动机正时维修 …… 232
　　　3.7.3 1.4T DUK 发动机正时维修 …… 233
　　　3.7.4 1.4T DJZ 发动机正时维修 …… 233
　　　3.7.5 高压系统部件分布 …… 233
　　　3.7.6 高压电池总成部件分解 …… 233
　3.8 上汽帕萨特 PHEV（2019~2022 年款）…… 236
　　　3.8.1 帕萨特 PHEV 车型发动机配置信息 …… 236
　　　3.8.2 高压电池总成部件分解 …… 236
　　　3.8.3 高压充电系统部件分解 …… 236
　　　3.8.4 电驱动控制系统部件拆解 …… 236
　　　3.8.5 混合动力模块分解 …… 238
　　　3.8.6 电驱动装置的功率及控制电子系统端子定义 …… 238
　　　3.8.7 车载充电装置端子定义 …… 239
　3.9 上汽朗逸 EV（2019~2021 年款）…… 241
　　　3.9.1 高压电池总成部件分解 …… 241
　　　3.9.2 电驱动装置的功率及控制电子系统装配概览 …… 242
　　　3.9.3 高压冷却系统管路连接 …… 243
　　　3.9.4 车辆电器与连接器安装位置 …… 243
　3.10 上汽 ID.4X（2021~2022 年款）…… 245
　　　3.10.1 驱动电机配置信息 …… 245
　　　3.10.2 高压系统部件分布 …… 246
　　　3.10.3 55kWh 高压电池模块装配概览 …… 246
　　　3.10.4 62kWh 高压电池模块装配概览 …… 247
　　　3.10.5 84kWh 高压电池装配概览 …… 248

####### 3.10.6 电驱系统部件概览 249

3.11 上汽 ID.6X（2021~2022 年款） 250
####### 3.11.1 驱动电机配置信息 250
####### 3.11.2 高压系统部件布置 250
####### 3.11.3 55kWh 高压电池模块装配概览 250
####### 3.11.4 62kWh 高压电池模块装配概览 250
####### 3.11.5 84kWh 高压电池模块装配概览 250
####### 3.11.6 后驱动电机系统部件分解 251
####### 3.11.7 两驱车型高压冷却系统部件概览 251
####### 3.11.8 四驱车型高压系统冷却系统部件概览 253

3.12 上汽 ID.3（2021~2022 年款） 255
####### 3.12.1 高压系统部件装配概览 255
####### 3.12.2 高压电池总成部件装配 255
####### 3.12.3 电驱系统部件分解 256
####### 3.12.4 高压冷却系统部件分布 258

第 4 章 大众车系综合维修设置资料 260

4.1 发动机总成 260
4.1.1 大众怠速设定方法 260
4.1.2 大众废气再循环之自适应操作方法 260

4.2 自动变速器总成 261
4.2.1 大众自动变速器调整方法 261
4.2.2 大众自动变速器自适应学习方法 261
4.2.3 大众 01N 自动变速器数据流分析 262
4.2.4 大众 09G 自动变速器数据流分析 265

4.3 底盘系统 269
4.3.1 大众 ABS 系统排气程序方法 269
4.3.2 大众电子阻力转向系统设计方法 270
4.3.3 大众转向角度传感器零位设定方法 270

4.4 电气系统 271
4.4.1 大众车门锁定设定方法 271
4.4.2 大众、奥迪单门解锁和四门解锁设置 271
4.4.3 大众、奥迪关灯开门不拔钥匙警告音设置 271
4.4.4 大众天窗电机初始化方法 271
4.4.5 大众自动落锁、开锁、闪灯、响喇叭设置 272
4.4.6 大众燃油表调整操作方法 272
4.4.7 大众新仪表里程数输入操作方法 272
4.4.8 大众更改组合仪表语言显示方法 272
4.4.9 大众保养灯归零方法 273
4.4.10 大众氙气大灯设定方法 273

4.5 安全舒适系统 274
4.5.1 大众车系第二代、第三代防盗测试方法 274
4.5.2 大众第二代防盗匹配方法 276

4.5.3　大众第三代防盗匹配方法 ·· 277
　　4.5.4　一汽大众宝来、高尔夫、速腾、迈腾遥控钥匙匹配方法 ········· 279
　　4.5.5　大众遥控钥匙清除、匹配操作方法 ···································· 279
　　4.5.6　大众遥控匹配方法 ··· 280
　　4.5.7　大众遥控器功能设定方法 ··· 280
　　4.5.8　大众自动空调设定方法 ·· 280
　　4.5.9　大众空调、加热基本设定操作方法 ···································· 281
　　4.5.10　大众气囊解除/激活操作方法 ·· 281
　　4.5.11　大众气囊电脑编码速查 ··· 281
　　4.5.12　大众PQ35平台车型（速腾、明锐）舒适系统设置方法 ········· 282
4.6　汽车电脑编码 ·· 283
　　4.6.1　大众汽车控制单元编码操作方法 ······································· 283
　　4.6.2　大众汽车常见控制单元编码 ··· 283
　　4.6.3　大众、奥迪匹配功能汇总表 ··· 284
　　4.6.4　大众通道号详解 ··· 286
　　4.6.5　一汽大众匹配、调整、设定通道功能一览表 ······················· 286

第1章 一汽大众车型

1.1 探影 TACOUA（2020~2022 年款）

1.1.1 探影车型发动机配置信息

探影车型发动机配置如表 1-1 所示。

表 1-1 探影车型发动机配置

发动机型号	DJS	DMB	DLS
排量/L	1.4	1.5	1.2
气缸数量/每气缸气门数	4	4	4
功率/[kW/(r/min)]	110/(5000~6000)	83/6000	83/(5000~6000)
转矩/[Nm/(r/min)]	250/(1750~3000)	150/4000	200/(2000~3500)
缸径 ϕ/mm	74.5	74.5	71
行程/mm	80	85.9	75.6
压缩比	10.5：1	11：1	10.5：1
喷射/点火装置	BENZIN MED 17.1.27 TSI 涡轮增压器	Simos23.41	BOSCH MED 17.5.25
燃油要求	92 号及以上优质无铅汽油	92 号及以上优质无铅汽油	92 号及以上优质无铅汽油
凸轮轴传动装置	齿形带	齿形带	齿形带

1.1.2 1.2T DLS 发动机正时维修

1.1.2.1 发动机正时分解

发动机正时机构部件分解如图 1-1、图 1-2 所示。气缸体上止点锁定螺栓只有一个安装位置，见图 1-3，锁定螺栓拧紧力矩为 30Nm。

1.1.2.2 发动机正时检查

① 拆卸发动机罩。

② 松开软管卡箍，拆下上部空气导管，见图 1-4。

③ 脱开空气导管上的空气导流软管。

④ 脱开电气连接器（1）。

⑤ 松开卡子（2）拔下真空管（3）。

⑥ 松开卡子（箭头），取下空气导管。

⑦ 脱开曲轴箱通风装置电气连接器。

⑧ 拧出螺栓，并取下曲轴箱通风装置。

⑨ 脱开冷却液泵电线束。

⑩ 拧出螺栓，取下冷却液泵齿形带护罩。

⑪ 拧出螺栓（箭头），取下密封盖（1），如图 1-5 所示。

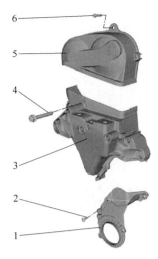

图 1-1 正时齿形带护罩

1—齿形带下部护罩；2—螺栓，拧紧力矩 8Nm；3—发动机支撑；4—螺栓；5—齿形带上部护罩；6—螺栓，拧紧力矩 8Nm

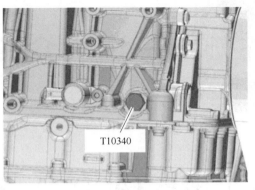

图 1-3 上止点锁定螺栓安装位置

图 1-4 拆下空气导管

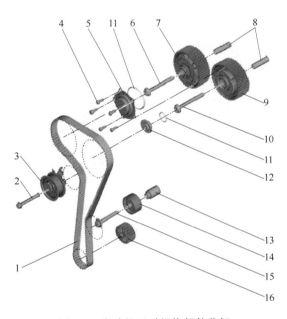

图 1-2 发动机正时机构部件分解

1—正时齿形带，拆卸带时，用粉笔或记号笔标出其运行方向，检查是否磨损；2—螺栓，拧紧力矩为 25Nm，使用扭矩扳手（5～60Nm）HAZET6290-1CT 或 V.A.G1331 和 13mm 特殊环形扳手 CT10500 或 T10500 拧紧时，拧紧力矩为 15Nm；3—张紧轮；4—螺栓，更换，拧紧力矩 8Nm（+45°）；5—密封盖；6—螺栓，更换，拧紧力矩 50Nm+继续旋转 135°；7—排气凸轮轴齿形带轮，带凸轮轴调节装置；8—导向套；9—进气凸轮轴齿形带轮，带凸轮轴调节装置；10—螺栓，更换，拧紧力矩 50Nm+继续旋转 135°；11—O 形圈，更换；12—密封螺栓，拧紧力矩 20Nm；13—间距套；14—导向轮；15—螺栓，拧紧力矩 45Nm；16—正时齿形带轮，正时齿形带轮和曲轴带轮之间表面上不允许有油脂

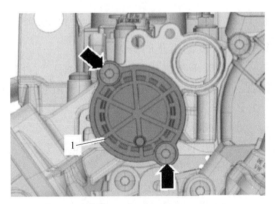

图 1-5 取下密封盖

⑫ 排出冷却液。

⑬ 拧出螺栓（A、B、C、D）并将冷却液调节器盖板（1）压向一侧，如图 1-6 所示。

⑭ 按如下所述，将曲轴转到上止点位

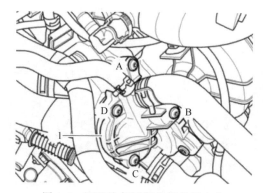

图 1-6 调整冷却液调节器盖板方位

置处（图 1-7）：

—拆下气缸 1 带功率输出级的点火线圈。

—用火花塞扳手 3122 B 拆下气缸 1 火花塞。

—将千分表适配接头 T10170N 旋入火花塞螺纹孔至限位位置。

—将带延长件 FT10170/1T1 的千分表 VAS 6341 插入千分表适配接头中，并拧紧锁止螺母（箭头）。

—沿发动机运转方向转动曲轴，直到气缸 1 上止点，并记下千分表指针位置。

如果曲轴转动超过上止点 0.01mm，则将曲轴逆着发动机运转方向再转动约 45°。接着将曲轴朝发动机运转方向转动到气缸 1 上止点位置，如图 1-7 所示。气缸 1 上止点允许的偏差为 ±0.01mm。

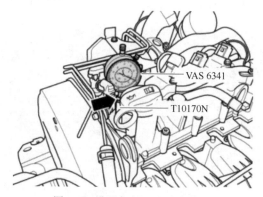

图 1-7 设置气缸 1 上止点位置

⑮ 拧出气缸体上上止点孔的螺塞。

⑯ 将固定销 T10340 拧入气缸体中至限位位置，然后以 30Nm 的力矩拧紧。

⑰ 沿发动机运转方向旋转曲轴至限位位置。固定销此时位于曲柄臂上。固定销 T10340 只能沿发动机运转方向锁定曲轴。

⑱ 如果凸轮轴与上述情况不相符，请拧出固定销 T10340 并继续旋转曲轴一周，使其再次位于上止点位置。

对于这两个凸轮轴，变速器侧不对称分布的凹槽（箭头）必须如图 1-8 所示位于中心上部。对于排气凸轮轴，凹槽（箭头）可以通过冷却液泵驱动轮的凹口够到，如图 1-8（a）所示。对于进气凸轮轴，凹槽（箭头）位于凸轮轴中心上方，如图 1-8（b）所示。

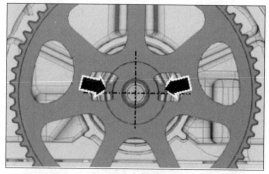

(a) 排气凸轮轴

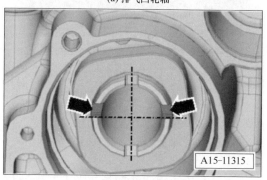

(b) 进气凸轮轴

图 1-8 凸轮轴位置

⑲ 凸轮轴固定装置 T10494（FT10494N）必须可以自行嵌入。不得用敲击工具来安装凸轮轴固定装置。

如果凸轮轴固定装置 T10494（FT10494N）不易自行嵌入，则进行以下步骤：

—脱开支架上的软管（3）。

—拧出螺栓（2）。

—松开固定夹（箭头），取下上部齿形带护罩（1），如图1-9所示。

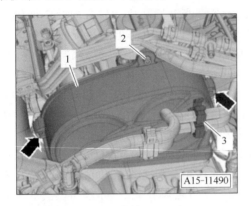

图1-9 取下上部齿形带罩盖

—用安装工具T10487（FT10487N）沿（箭头）方向按压齿形带，如图1-10所示。

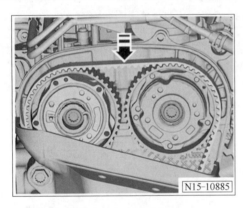

图1-10 按压齿形带

—同时将凸轮轴固定装置T10494（FT10494N）推入凸轮轴直至限位位置。

—用力拧紧螺栓（箭头），如图1-11所示。

如果凸轮轴固定装置无法插入，则调整正时；如果凸轮轴固定装置可以插入，则正时正常。

⑳ 其余的组装以拆卸倒序进行。注意以下事项：

—更换通过继续旋转拧紧的螺栓。

—更换损坏的螺塞O形圈。

1.1.2.3 发动机正时调整

① 拆下减振器。

② 拧出螺栓（箭头），并取下齿形带下部护罩，如图1-12所示。

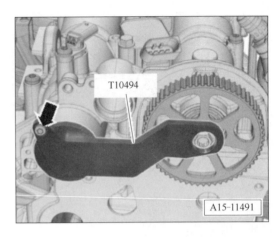

图1-11 安装凸轮轴固定装置

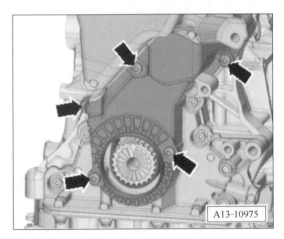

图1-12 取出齿形带下部罩盖

③ 使用带转接头T10172/1的固定工具T10172拧出进气侧凸轮轴齿轮上的螺塞

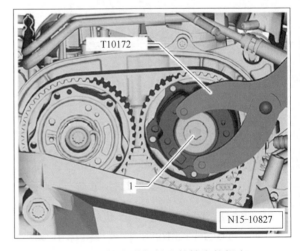

图1-13 拧出进气侧凸轮轴齿轮螺塞

(1)，如图 1-13 所示。

④ 使用带转接头 T10172/1 的固定工具 T10172 将螺栓（1）和（2）松开约一圈，如图 1-14 所示。

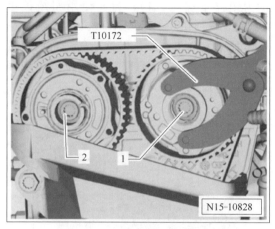

图 1-14 用专用工具松开螺栓

⑤ 用扭矩扳手接头 T10500 松开螺栓(1)。

⑥ 用开口宽度为 30mm 的梅花扳手，T10499 松开偏心轮（2），使张紧轮松开，如图 1-15 所示。

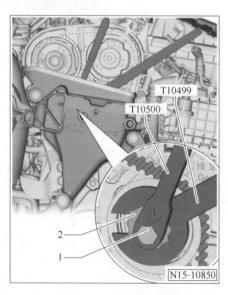

图 1-15 松开张紧轮

⑦ 取下齿形带。颠倒已运行过的正时齿形带的运行方向，可能会造成损坏。在拆卸齿形带前，先用粉笔或记号笔标记运转方向，便于重新安装。

⑧ 按图示箭头方向取下曲轴齿形带轮(1)，如图 1-16 所示。

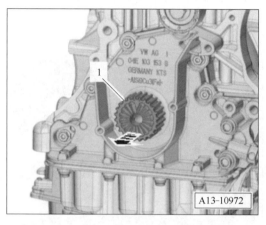

图 1-16 取出曲轴齿形带轮

⑨ 检查凸轮轴和曲轴的上止点位置：在凸轮轴壳体上安装凸轮轴固定装置 T10494（FT10494N）。将固定销 T10340 拧入气缸体中至限位位置，然后以 30Nm 的力矩拧紧。用固定销 T10340 将曲轴卡止在气缸 1 的活塞上止点处，使曲轴不能转动。

⑩ 拧入新的凸轮轴齿轮的螺栓，但不拧紧。凸轮轴带轮必须可以在凸轮轴上摆动但不得倾斜。张紧轮的钢板凸耳（箭头）必须嵌入气缸盖的铸造凹槽中，如图 1-17 所示。

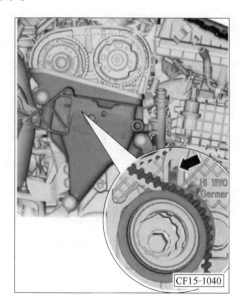

图 1-17 张紧轮凸耳位置

⑪ 在曲轴上安装曲轴齿形带轮。减振器和曲轴齿形带轮之间的接触面必须无机油且无油脂。曲轴齿形带轮的铣削面（箭头）必须与曲轴轴颈的铣削面对应，如图1-18所示。

图1-18　安装曲轴齿形带轮

⑫ 首先将齿形带按所做的标记置于曲轴齿形带轮上。

⑬ 安装齿形带下部护罩。

⑭ 安装减振器。

⑮ 安装齿形带时请遵守顺序。向上拉齿形带，依次置于导向轮（1）、张紧轮（2）以及排气凸轮轴齿轮（3）和进气凸轮轴齿轮（4）上，如图1-19所示。

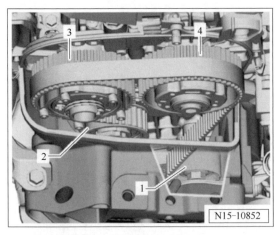

图1-19　齿形带安装顺序

⑯ 用开口宽度为30mm的梅花扳手，T10499沿图1-20所示的箭头方向旋转偏心轮（2），直至调节指针（3）位于调节窗口右侧约10mm处。

⑰ 往回旋转偏心轮，使得调节指针准确地位于调节窗口中。

⑱ 让偏心轮保持在该位置并以25Nm的力矩拧紧螺栓（1），为此使用扭矩扳手T10500以及扭矩扳手VAS6583。

如果发动机继续旋转或运转，可能导致调节指针（3）相对调节窗口的位置出现偏差，这对齿形带张紧无任何影响。

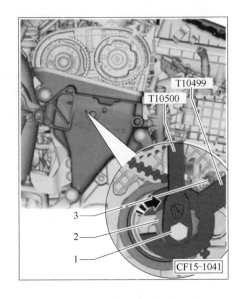

图1-20　安装齿形带张紧轮

⑲ 使用带转接头（T10172/1）的固定工具T10172以50Nm的力矩预拧紧螺栓（1、2），如图1-21所示。

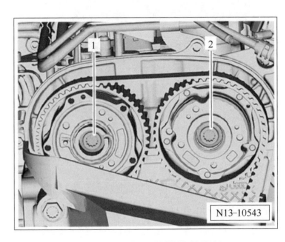

图1-21　预紧凸轮轴带轮螺栓

⑳ 拧出固定销 T10340。

㉑ 拧出螺栓并取下凸轮轴固定装置 T10494（FT10494N）。

㉒ 检查正时：沿发动机运转方向将曲轴旋转 2 圈，检查凸轮轴和曲轴的"上止点"位置。气缸 1 活塞必须位于上止点，上止点允许的偏差为 ±0.01mm。将固定销 T10340 拧入气缸体中至限位位置，然后以 30Nm 的力矩拧紧。沿发动机运转方向继续旋转曲轴至限位位置。固定销此时位于曲柄臂上。凸轮轴固定装置 T10494（FT10494N）必须可以自行嵌入，不得用敲击工具来安装凸轮轴固定装置。如果可以插入凸轮轴固定装置 T10494（FT10494N），则表明正时正常。

㉓ 拧出固定销 T10340。

㉔ 拧出螺栓（箭头）并取下凸轮轴固定装置 T10494（FT10494N）。

㉕ 使用带转接头 T10172/1 的固定工具 T10172 以规定力矩拧紧凸轮轴带轮紧固螺栓。

㉖ 使用带转接头 T10172/1 的固定工具 T10172 拧紧进气侧凸轮轴带轮螺塞。

㉗ 其余的组装以拆卸倒序进行。

1.1.3　1.4T DJS 发动机正时维修

DJS 发动机正时机构结构形式、正时检查与调整方法和 DLS 相同，请参考 1.1.2 小节内容。

1.1.4　1.5L DMB 发动机正时维修

DMB 发动机正时机构结构形式、正时检查与调整方法和 DLS 相同，请参考 1.1.2 小节内容。

1.1.5　探影 1.2T DLS 发动机控制系统电路图

1.1.6　探影 09G 六挡自动变速器电路图

1.1.7　探影 0CW 七挡双离合变速器电路图

1.1.8　探影保养归零设置

① 复位机油更换保养，用组合仪表上的操作键（见图 1-22）。

—点火开关关闭时按住按钮 1。

—打开点火开关。

请等待，直至显示屏上显示"是否复位机油更换保养？"。

—松开按钮 1。

保养周期显示处于复位模式。

—短按一次按钮 2。

显示屏在一小段时间后恢复正常视图。

② 复位常规保养，用组合仪表上的操作键（如图 1-22）。

—点火开关关闭时按住按钮 1。

—打开点火开关。

—松开按钮 1，然后再次短促按下。

——一直等到显示屏上显示"是否复位常规保养？"。

保养周期显示处于复位模式。

—短按一次按钮 2。

显示屏在一小段时间后恢复正常视图。

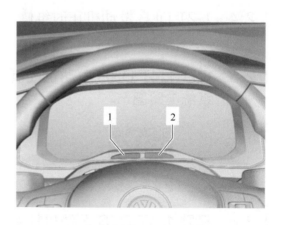

图 1-22　仪表按钮位置

1.2 探歌 T-ROC（2018～2022 年款）

1.2.1 探歌车型发动机配置信息

探歌车型发动机配置如表 1-2 所示。

表 1-2 探歌车型发动机配置

发动机型号	DJN/DLS	CST/DJR	CSS/DJS/DSB
排量/L	1.2	1.4	1.4
气缸数量/每气缸气门数	4/4	4	4
功率/[kW/(r/min)]	85/(5000～6000)	96/(5000～5500)	110/(5000～6000)
转矩/[Nm/(r/min)]	175/(1500～4500)	225/(1500～3500)	250/(1750～3000)
缸径 ϕ/mm	71	74.5	74.5
行程/mm	75.6	80.0	80
压缩比	10.5:1	10.5:1	10.5:1
喷射/点火装置	BOSCH MED 17.5.25 TSI 涡轮增压器	Motronic MED 17.5.25 TSI 涡轮增压器	Motronic MED 17.5.25 TSI 涡轮增压器
燃油要求	92 号及以上优质无铅汽油	92 号及以上优质无铅汽油	92 号及以上优质无铅汽油
凸轮轴传动装置	齿形带	齿形带	齿形带

1.2.2 1.4T DSB 发动机正时维修

DSB 发动机正时机构结构形式、正时检查与调整方法和 DLS 相同，请参考 1.1.2 小节内容。

1.2.3 1.4T DJS 发动机正时维修

DJS 发动机正时机构结构形式、正时检查与调整方法和 DLS 相同，请参考 1.1.2 小节内容。

1.2.4 1.2T DLS 发动机正时维修

同探影车型，请参考 1.1.2 小节内容。

1.2.5 探歌 1.4T DSB 发动机控制系统电路图

1.2.6 探歌 1.4T DJS 发动机控制系统电路图

1.2.7 探歌 1.4T CSS/CST 发动机控制系统电路图

1.2.8 探歌保养归零设置

① 复位换油保养，用组合仪表上的操作按钮（见图 1-23）。

—点火开关关闭时按住按钮 1。

—打开点火开关。

请等待，直至显示屏上显示"是否复位换油保养？"。

—松开按钮 1。

保养周期显示处于复位模式。

—短按一次按钮 1。

显示屏在一小段时间后恢复正常视图。

② 复位常规保养，用组合仪表上的操作按钮。

—点火开关关闭时按住按钮 1。

—打开点火开关。

—一直等到显示屏上显示"是否复位常规保养？"。

—松开按钮 1。

保养周期显示处于复位模式。

—短按一次按钮 1。

显示屏在一小段时间后恢复正常视图。

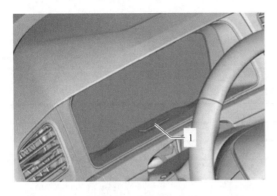

图 1-23　仪表按钮位置

以下操作方法仅用于配备数字仪表的车型。

① 复位换油保养步骤如下。

—打开点火开关。

—通过多功能方向盘上的按键，选择信息模式"续驶里程"（1），如图 1-24 所示，然后按住 OK 键数秒后松开，仪表中显示"服务菜单"。

—选择"保养菜单"，并根据组合仪表显示屏上的指示进行操作。

—选择"复位换油保养数据"（1），如图 1-25 所示，并根据组合仪表显示屏上的指示操作进行复位换油保养。

② 复位常规保养操作步骤如下。

—打开点火开关。

—通过多功能方向盘上的按键，选择信息模式"续驶里程"，然后按住 OK 键数秒后松开，仪表中显示"服务菜单"。

—选择"保养菜单"，并根据组合仪表显示屏上的指示进行操作。

—选择"复位对应的常规保养"，并根据组合仪表上的指示操作来复位所需值。

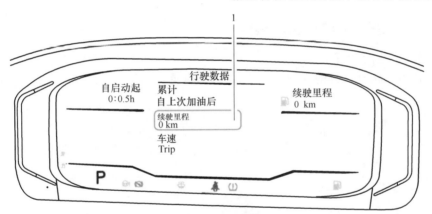

图 1-24　选择"续驶里程"

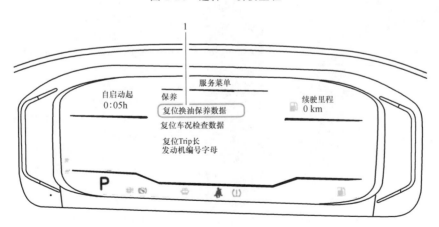

图 1-25　选择"复位换油保养数据"

1.3 探岳 Tayron（2019～2022 年款）

1.3.1 探岳车型发动机配置信息

探岳车型发动机配置如表 1-3 所示。

表 1-3 探岳车型发动机配置

发动机型号	CUG/DKX	DBF/DKV/DPL	DJS
排量/L	2.0	2.0	1.4
气缸数量/每气缸气门数	4/4	4/4	4/4
功率/[kW/(r/min)]	162/(4500～6200)	137/5000	110/(5000～6000)
转矩/[Nm/(r/min)]	350/(1500～4400)	320/(1600～4000)	250/(1750～3000)
缸径 ϕ/mm	82.5	82.5	74.5
行程/mm	92.8	92.8	80
压缩比	9.6：1	11.65：1	10.5：1（－0.5）
喷射/点火装置	TSI 涡轮增压器	TSI 涡轮增压器	TSI 涡轮增压器
燃油要求	98 号及以上优质无铅汽油	95 号及以上优质无铅汽油	92 号及以上优质无铅汽油
凸轮轴传动装置	链条	链条	齿形带

1.3.2 2.0T DPL 发动机正时维修

1.3.2.1 发动机正时分解

发动机正时机构部件分解如图 1-26～图 1-32 所示。

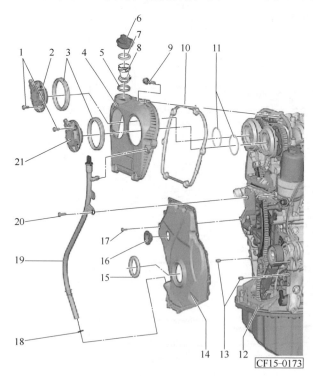

1—螺栓，9Nm；
2—排气凸轮轴调节阀；
3—密封环，更换时必须拆下盖板；
4—正时链上部盖板；
5—密封圈，损坏时更换；
6—密封盖；
7—O 形圈，损坏时更换；
8—机油加注口，损坏时更换；
9—螺栓，拧紧顺序见图 1-27，9Nm；
10—密封条，损坏时更换；
11—O 形圈，更换，用发动机机油润滑；
12—发动机；
13—固定销，定心盖板；
14—正时链下部盖板，带轴密封环，更换；
15—轴密封环，用于减振器/曲轴带轮，更换；
16—密封塞，更换；
17—螺栓，更换，15 个螺栓的拧紧顺序见图 1-28；
18—O 形圈，更换，安装前上油；
19—机油尺导管；
20—螺栓，9Nm；
21—凸轮轴调节阀 1（N205）

图 1-26 发动机正时罩部件

正时链上部盖板螺栓拧紧顺序及拧紧要求：将螺栓1~6按图1-27的顺序用手拧紧，拧紧力矩为9Nm。

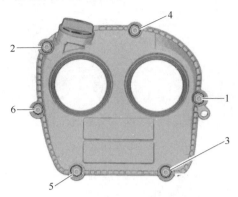

图1-27　正时链上盖板螺栓拧紧顺序

正时链下部盖板螺栓拧紧顺序及拧紧要求：将螺栓1~15以8Nm的力矩拧紧。将螺栓1、2、4、5以及7~15继续旋转45°，将螺栓3和6继续旋转45°。

提示：在带盘安装完成后，方可对螺栓3和6继续旋转45°。

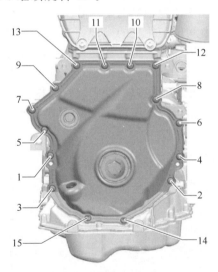

图1-28　正时链下盖板螺栓拧紧顺序

曲轴链轮安装位置如图1-30所示。两个链轮上的标记（箭头）必须对准。

轴承座螺栓拧紧时，如果有张紧套，将其与螺栓1一同拉入气缸盖中。按图1-31所示顺序分布拧紧螺栓：第一步，拧紧螺栓1（3Nm），安装张紧套；第二步，拧紧螺栓1~6（9Nm）。

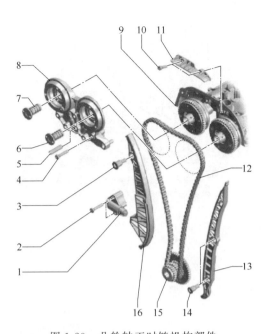

图1-29　凸轮轴正时链机构部件

1—链条张紧器，处于弹簧压力下，在拆卸之前用锁止工具CT80014或锁止工具CT40267定位；2—螺栓，更换，拧紧力矩4Nm＋继续旋转90°；3—导向螺栓，拧紧力矩20Nm；4—螺栓，更换，拧紧力矩和拧紧顺序见图1-31；5—张紧套，与紧固螺栓一同拉入气缸中；6—控制阀，左旋螺纹，拧紧力矩35Nm，用正时调节装配工具CT80028进行拆卸；7—控制阀，左旋螺纹，拧紧力矩35Nm，用正时调节装配工具CT80028进行拆卸；8—轴承座；9—气缸盖罩；10—螺栓，拧紧力矩9Nm；11—凸轮轴正时链上部导轨；12—凸轮轴正时链，拆卸前用彩色笔标记转动方向；13—凸轮轴正时链导轨；14—导向螺栓，拧紧力矩20Nm；15—曲轴链轮；16—凸轮轴正时链导轨

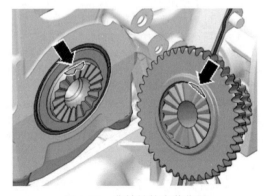

图1-30　曲轴链轮安装位置

轴承销安装位置（图1-33）：更换O形圈1并用发动机机油润滑。轴承销的定位销

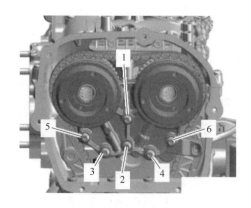

图 1-31 轴承座螺栓拧紧顺序

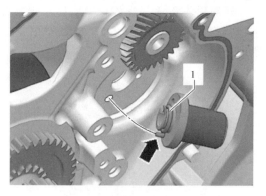

图 1-33 轴承销安装位置

（箭头）必须插入气缸体的孔中，安装前用机油润滑轴承销。

中间轴齿轮安装位置和拧紧顺序（图1-34）如下所述。

注意中间轴齿轮必须更换，否则啮合齿间的间隙将无法达到要求，而有损坏发动机的危险。新的中间轴齿轮外部有涂层，工作一段时间之后涂层将会磨损，啮合齿侧的间隙将会自动达到要求。

进气凸轮轴侧的平衡轴上的标记必须位于新中间轴齿轮上的标记（箭头）之间。按照下列步骤拧紧新的固定螺栓1：用扭矩扳手预紧至10Nm；旋转中间轴齿轮，中间轴齿轮不允许有间隙，否则须再次松开并重新拧紧；用扭矩扳手拧紧至25Nm，继续将螺栓旋转90°。

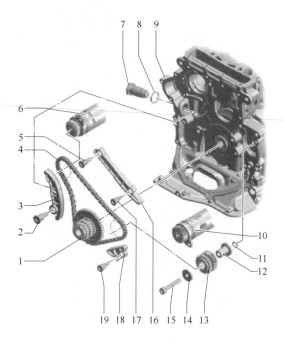

图 1-32 平衡轴正时链机构部件

1—曲轴链轮；2—导向螺栓，拧紧力矩20Nm；3—导轨，用于平衡轴正时链；4—平衡轴正时链；5—导向螺栓，拧紧力矩20Nm；6—排气凸轮轴侧的平衡轴，用机油润滑轴承，一旦拆卸须更换；7—链条张紧器，拧紧力矩85Nm；8—O形圈，更换，涂抹密封剂D154103A1；9—气缸体；10—进气凸轮轴侧的平衡轴，用机油润滑轴承，一旦拆卸须更换；11—O形圈，用发动机机油润滑；12—轴承销，用发动机机油润滑，安装位置见图1-33；13—中间轴齿轮，一旦螺栓被拧松，须更换中间轴齿轮；14—垫片；15—螺栓，拧紧顺序见图1-34，一旦螺栓被拧松，须更换中间轴齿轮；16—导轨，用于平衡轴正时链；17—导向螺栓，拧紧力矩12Nm；18—导轨，用于平衡轴正时链；19—导向螺栓，拧紧力矩20Nm

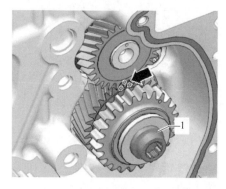

图 1-34 中间轴齿轮安装位置与螺栓拧紧顺序

1.3.2.2 发动机正时拆装

（1）发动机凸轮轴正时链单元拆装

① 排空发动机机油。

② 拆卸发动机支撑件。

③ 拆卸正时链上部盖板。

④ 使用止动工具 T10355 或 CT10355 将带盘旋转到气缸 1 上止点位置。凸轮轴链轮上的标记 1 必须与气缸盖上的标记 2 和 3 对齐。带盘上的切口必须对准正时链下部盖板上的箭头标记（黑色箭头所指），见图 1-35。

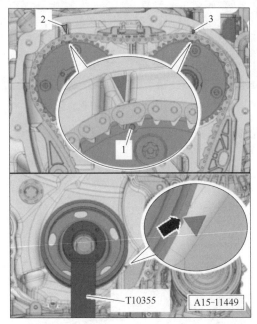

图 1-35　设置气缸 1 上止点位置

⑤ 使用正时调节装配工具 CT80028 沿箭头方向拆下进/排气凸轮轴控制阀，见图 1-36。

> 提示　控制阀是左旋螺纹。

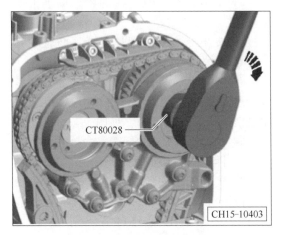

图 1-36　拆下凸轮轴控制阀

⑥ 旋出轴承座的 6 个螺栓，取下轴承座。

⑦ 拆卸带盘。

⑧ 拆卸正时链下部盖板。

⑨ 旋出螺栓（箭头），见图 1-37。

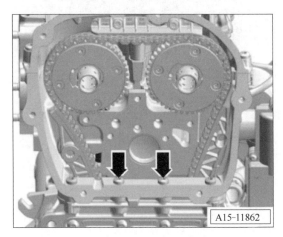

图 1-37　拆出标记处螺栓

⑩ 安装拉杆 T40243 或 CT40243，拧紧螺栓（箭头）。按压链条张紧器卡簧 1 并保持，使其直径增大。缓慢沿箭头方向推动拉杆 T40243 或 CT 40243，并保持在如图 1-38 所示的位置。

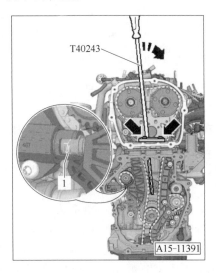

图 1-38　用专用工具设置张紧器于压缩位置

⑪ 锁定链条张紧器。

a. 状态 1。使用锁止工具 T40267 或 CT40267 锁定链条张紧器，见图 1-39。

b. 状态 2。使用锁止工具 CT80014 锁定

第 1 章　一汽大众车型

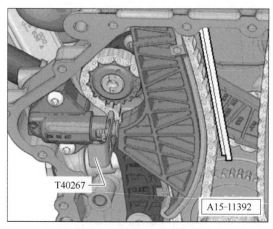

图 1-39 使用锁止工具卡住张紧器

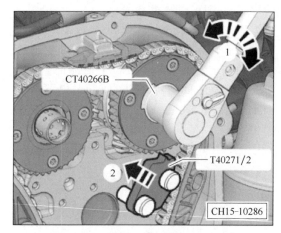

图 1-41 安装进气凸轮轴锁止工具

链条张紧器，见图 1-40。拆下拉杆 T40243 或 CT40243。

轮轴。

 此时，链轮之间的凸轮轴正时链处于松弛状态。

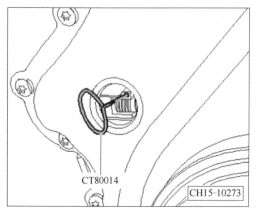

图 1-40 使用锁止工具锁定链条张紧器

⑫ 将凸轮轴锁止工具 T40271/2 或 CT 40271/2 用螺栓固定至气缸盖，并沿箭头 2 方向按压，使其上齿能够与进气凸轮轴链轮齿啮合，见图 1-41。如有必要，可使用凸轮轴位置调整工具 CT40266 B 或 T40266 B 沿箭头 1 方向稍微旋转进气凸轮轴。

⑬ 如图 1-42 所示，沿箭头 A 方向把持住排气凸轮轴，旋出导向螺栓 1，拆下凸轮轴正时链导轨 2。将凸轮轴锁止工具 T40271/1 或 CT 40271/1 用螺栓固定至气缸盖，并沿箭头 B 方向按压凸轮轴锁止工具 T40271/1 或 CT 40271/1，使其上齿能够与排气凸轮轴链轮齿啮合（箭头 C）。如有必要，可使用凸轮轴位置调整工具 CT40266 B 或 T40266 B 稍微沿箭头 A 方向旋转排气凸

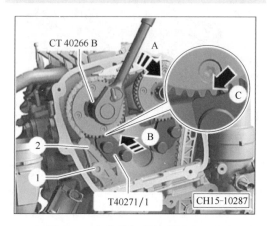

图 1-42 安装排气凸轮轴锁止工具

⑭ 旋出上部导轨 2 个螺栓，取下上部导轨。

⑮ 旋出 2 个导向螺栓，拆下凸轮轴正时链导轨。

⑯ 按压机油泵链条张紧导轨上的张紧弹簧（箭头）。旋出导向螺栓（1），拆下机油泵链条张紧导轨（2），见图 1-43。

⑰ 取下机油泵链条。

⑱ 拆下凸轮轴正时链。

⑲ 接下来是安装步骤，首先检查曲轴是否位于气缸 1 上止点位置。检查有色链节是否与链轮上的标记对齐（箭头），见图 1-44。

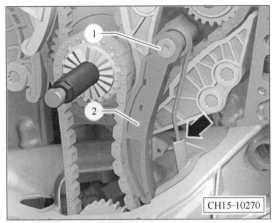

图1-43 拆下机油泵链条张紧导轨

提示 安装凸轮轴正时链时,其有色链节必须分别与凸轮轴链轮、曲轴链轮标记对准(箭头),见图1-45。

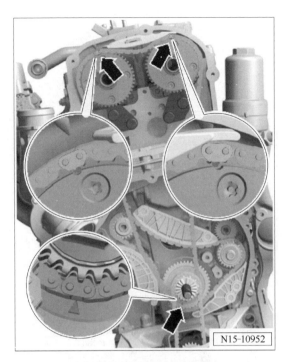

图1-45 正时链条对齐标记位置

图1-44 正时链条对齐标记位置

⑳ 将正时链安装在进气凸轮轴上。

㉑ 将正时链安装在排气凸轮轴上。

㉒ 将正时链安装在曲轴上,并保持在该位置。

㉓ 安装凸轮轴正时链导轨(2),并拧紧导向螺栓(1),见图1-46。

㉔ 安装上部导轨(1),并拧紧螺栓(箭头),见图1-47。

㉕ 使用凸轮轴位置调整工具 CT40266 B 或 T40266 B 缓慢地沿箭头 A 方向稍微转动排气凸轮轴,直至凸轮轴锁止工具 T40271/1 或 CT 40271/1 可以沿箭头 B 方向移出。

安装凸轮轴正时链导轨(2),拧紧导向螺栓(3),见图1-48。安装凸轮轴正时链

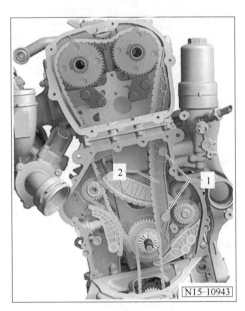

图1-46 安装正时链导轨

导轨前,必须检查有色链节是否仍与曲轴链轮标记对准。

拆下排气凸轮轴锁止工具 T40271/1 或 CT 40271/1。

㉖ 安装机油泵传动链条及其张紧导轨,拧紧导向螺栓。将张紧弹簧嵌入上部油底壳

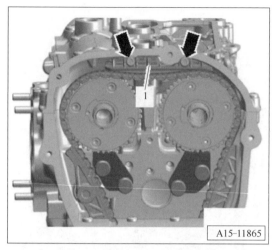

图 1-47　安装正时链上部导轨

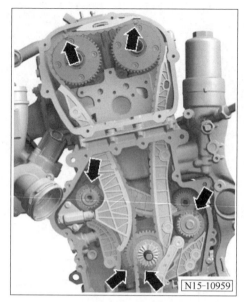

图 1-49　检查凸轮轴正时链正时标记

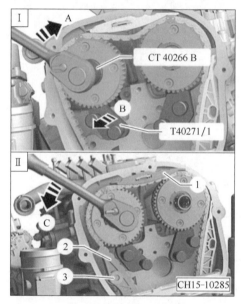

图 1-48　安装正时链导轨 2

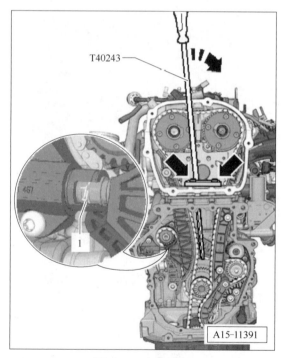

图 1-50　安装拉杆

的凹槽中。

㉗ 移出凸轮轴锁止工具 T40271/2 或 CT 40271/2。如有必要，可使用凸轮轴位置调整工具 CT40266 B 或 T40266 B 稍微旋转进气凸轮轴。拆下凸轮轴锁止工具 T40271/2 或 CT 40271/2。检查有色链节是否与凸轮轴链轮标记、平衡轴链轮标记、曲轴链轮标记对齐（箭头），见图 1-49。

㉘ 如图 1-50 所示安装拉杆 T40243 或 CT40243，并沿箭头方向按压。

㉙ 拆下锁止工具。

a. 状态 1。拆下锁止工具 T40267 或 CT40267。

b. 状态 2。拆下锁止工具 CT80014。

㉚ 拆下拉杆 T40243 或 CT40243，拧入并拧紧螺栓（箭头），见图 1-51。

㉛ 小心地安装轴承座，确保轴承座安

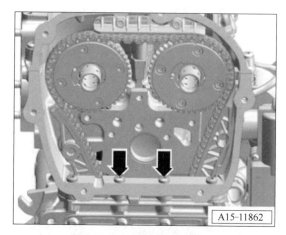

图 1-51 安装标记处螺栓

装之后没有处于倾斜状态。用手拧紧螺栓,以额定要求拧紧轴承座的螺栓。

㉜ 安装控制阀。

㉝ 安装正时链下部盖板。

㉞ 安装带盘。

㉟ 进一步的安装以拆卸的相反顺序进行,同时注意,由于传动比原因,发动机转动后,有色链节不易与凸轮轴链轮标记对准。因此,必须使用千分表检查气门正时。

㊱ 将发动机曲轴沿工作时的运转方向旋转 2 圈并检查气门正时。

㊲ 安装正时链上部盖板。

㊳ 安装发动机支撑件。

㊴ 加注发动机机油。

㊵ 维修作业结束后,应对发动机控制单元按如下要求进行自适应学习:

→控制单元列表;

→右击发动机电控系统;

→引导型功能;

→维修链条传动机构后的调校;

→执行。

(2) 发动机平衡轴正时链拆装

① 拆卸凸轮轴正时链。

前提条件:曲轴位于气缸 1 上止点上,曲轴链轮上的 V 形缺口位于凸轮轴链轮之间的中心位置(凸轮轴上垂直虚线中心),见图 1-52。使用夹紧销 CT10531/2 或 T10531/2 锁定曲轴链轮。

② 旋出螺栓(4),取下链条张紧器。

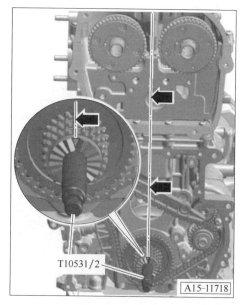

图 1-52 曲轴位于气缸 1 上止点位置

旋出链条张紧器(3)。旋出导向螺栓(1 和 5),拆下导轨(2 和 6),见图 1-53。

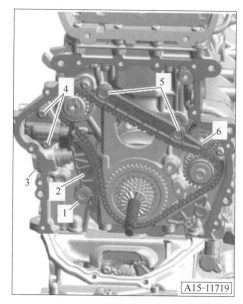

图 1-53 拆下平衡轴链条导轨和张紧轨

③ 取下平衡轴正时链。

④ 安装以拆卸的相反顺序进行,同时注意下列事项。

安装平衡轴正时链,如图 1-54 所示使平衡轴正时链上的有色链节分别对准进/排气凸轮轴侧的平衡轴链轮上的标记(箭头)。

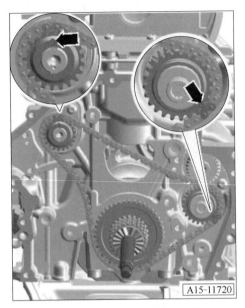

图 1-54　平衡轴正时链对齐标记

图 1-56　检查平衡轴正时链安装标记

⑤ 安装导轨，旋入导向螺栓。如图 1-55 所示，曲轴链轮上的标记必须与平衡轴正时链上的有色链节（箭头）对齐。安装导轨（2），旋入导向螺栓（1）。

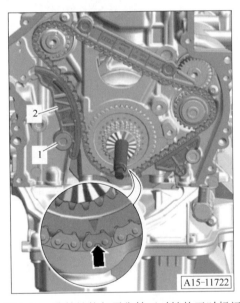

图 1-55　曲轴链轮与平衡轴正时链的正时标记

⑥ 拧紧链条张紧器。

⑦ 再次检查：平衡轴正时链上的有色链节必须与进/排气凸轮轴侧的平衡轴链轮上的标记和曲轴链轮上的标记对齐（箭头），见图 1-56。

⑧ 安装凸轮轴正时链。

1.3.2.3　发动机正时检查

① 拆卸正时链上部盖板。

② 拆卸发动机舱底部隔音板。

③ 用止动工具 T10355 或 CT10355 缓慢地转动带盘直至凸轮轴链轮上的标记 1 和 2 接近指向上方，见图 1-57。

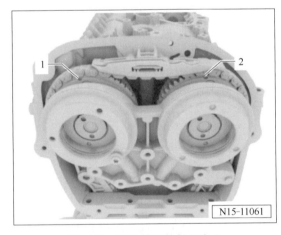

图 1-57　凸轮轴链轮标记向上

④ 拆卸气缸 1 火花塞。

⑤ 尽可能地将千分表适配器 T10170 或 T10170A 拧入火花塞中，见图 1-58。将延长件 T10170/1 或 T10170A/1 尽可能地插入千分表 V/35.1，并使用自锁螺母（箭头）将其固定到位。

⑥ 缓慢地以发动机工作时曲轴运转方向旋转曲轴，直至千分表 V/35.1 指针达到最大偏转位置。若指针达到最大偏转位置（若继续转动曲轴，千分表将以相反的方向回转），表明活塞则处于气缸 1 上止点。

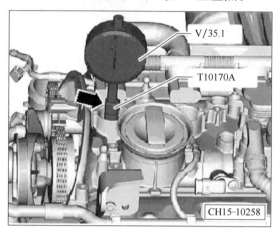

图 1-58　检测气缸 1 上止点位置

如果曲轴已被旋转至超过气缸 1 上止点，应以发动机工作时的曲轴运转方向转动曲轴 2 圈，禁止以其工作运转的相反方向回转曲轴！

此时曲轴带盘以及凸轮轴链轮应当满足如下要求：带盘上的切口必须对准正时链下部盖板上的箭头标记（箭头）（约为 4 点钟方向）。凸轮轴链轮上的标记 1 必须与气缸盖上的标记 2 和 3 对齐，见图 1-59。

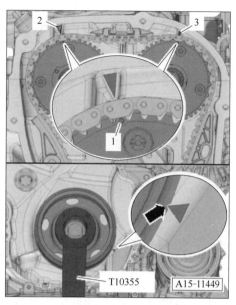

图 1-59　正时标记对齐位置

1.3.3　2.0T DKX 发动机正时维修

2.0T DKX 发动机正时机构结构形式，正时检查与调整方法和 2.0T DPL 发动机相同，请参考 1.3.2 小节内容。

1.3.4　1.4T DJS 发动机正时维修

1.4T DJS 发动机正时机构结构形式，正时检查与调整方法和 1.2T DLS 发动机相同，请参考 1.1.2 小节内容。

1.3.5　探岳 2.0T DPL 发动机控制系统电路图

1.3.6　探岳 2.0T DKX 发动机控制系统电路图

1.3.7　探岳 2.0T DKV 发动机控制系统电路图

1.3.8　探岳 2.0T DBF 发动机控制系统电路图

1.3.9　探岳 2.0T CUG 发动机控制系统电路图

1.3.10　探岳 0DE 七挡双离合变速器电路图

1.3.11　探岳保养归零设置

探岳保养方法与探歌相同，请参考 1.2.5 内容。

1.4 探岳 Tayron X（2020~2022 年款）

1.4.1 探岳 X 车型发动机配置信息

探岳 X 车型发动机配置同探岳车型，请参考 1.3.1 内容。

1.4.2 2.0T DKX 发动机正时维修

该发动机正时机构结构形式，正时检查与调整方法和 DPL 相同，请参考 1.3.2 内容。

1.4.3 2.0T DPL 发动机正时维修

同探岳车型，请参考 1.3.2。

1.4.4 探岳 X 车型保养归零设置

探岳 X 保养方法与探歌相同，请参考 1.2.5 内容。

1.5 揽境 Talagon（2021~2022 年款）

1.5.1 揽境车型发动机配置信息

揽境车型发动机配置如表 1-4 所示。

表 1-4 揽境车型发动机配置

发动机型号	DKX	DPL	DME
排量/L	2.0	2.0	2.5
气缸数量/每气缸气门数	4/4	4/4	6/6
功率/[kW/(r/min)]	162/(4500~6200)	137/5000	220/(5000~6000)
转矩/[Nm/(r/min)]	350/(1500~4400)	320/(1600~4000)	360/3500
缸径 ϕ/mm	82.5	82.5	89.0
行程/mm	92.8	92.8	96.4
压缩比	9.6:1	11.65:1	11.4:1
喷射/点火装置	TSI 涡轮增压器	TSI 涡轮增压器	TSI 涡轮增压器
燃油要求	95 号及以上优质无铅汽油	95 号及以上优质无铅汽油	95 号及以上优质无铅汽油
凸轮轴传动装置	链条	链条	链条

1.5.2 2.0T DKX 发动机正时维修

该发动机正时机构结构形式、正时检查与调整方法和 2.0T DPL 发动机相同，请参考 1.3.2 内容。

1.5.3 2.0T DPL 发动机正时维修

该发动机正时维修同探岳车型 DPL 发动机，请参考 1.3.2 内容。

1.5.4 2.5T DME 发动机正时维修

该发动机正时机构结构形式、正时检查与调整方法和 DDK 相同，请参考 2.5.7 内容。

1.5.5 揽境全轮驱动系统电路图

1.5.6 揽境保险丝电路信息

1.5.7 揽境继电器电路信息

1.5.8 揽境接地点电路信息

1.5.9 揽境全车控制器安装位置与连接器信息

1.5.10 揽境保养归零设置

复位保养周期显示操作步骤：

—按下多功能方向盘▶键；

—选择信息模式"行驶时间"/"行驶里程"；

—按下多功能方向盘中的按钮▶进入菜单；

—按住多功能方向盘中的按钮▶大约数秒；

—选择"重置换油保养数据"或"重置检修保养数据"菜单并按照组合仪表显示屏中的提示进行操作。

1.6 捷达 NF（2013~2019 年款）

1.6.1 捷达 NF 车型发动机配置信息

捷达 NF 车型发动机配置如表 1-5 所示。

表 1-5 捷达 NF 车型发动机配置

发动机型号代码	CKA	CPD	CUC	DCF	CST
排量/L	1.395	1.598	1.598	1.498	1.395
气缸数量	4	4	4	4	4
每缸气门数	4	4	4	4	4
功率(汽油)/[kW/(r/min)]	66/5500	81/5800	81/5800	81/5800	96/(5000~5600)
转矩(汽油)/[Nm/(r/min)]	132/3800	160/3800	155/3800	150/3800	225/(1500~3500)
功率(天然气)/[kW/(r/min)]	—	—	70/5600	—	—
转矩(天然气)/[Nm/(r/min)]	—	—	140/3800	—	—
压缩比	10.5:1	10.5:1	10.5:1	11:1	10.5:1
喷射装置/点火装置	Simos 15.10	Simos 15.10	ME 17.5.22	Simos 23.12	MED 17.5.25
燃油要求	92 号及以上优质无铅汽油	92 号及以上优质无铅汽油	92 号及以上优质无铅汽油	92 号及以上优质无铅汽油	92 号及以上优质无铅汽油
凸轮轴传动装置	齿形带	齿形带	齿形带	齿形带	齿形带

1.6.2 1.5L DCF 发动机正时维修

1.5L DCF 发动机正时机构结构形式、正时检查与调整方法和 1.2T DLS 发动机相同，请参考 1.1.2 小节内容。

1.6.3 1.4L CKA/1.6L CPD 发动机正时维修

1.4L CKA/1.6L CPD 发动机正时机构结构形式、正时检查与调整方法和 1.2T DLS 发动机相同，请参考 1.1.2 小节内容。

1.6.4 1.4T CST 发动机正时维修

1.4T CST 发动机正时机构结构形式、正时检查与调整方法和 1.2T DLS 发动机相同，请参考 1.1.2 小节内容。

1.6.5 1.4L CKA/1.6L CPD 发动机电控系统部件位置

1.4L CKA/1.6L CPD 发动机电控系统部件安装位置如图 1-60、图 1-61 所示。

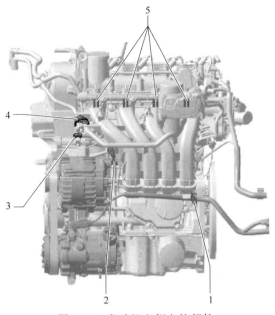

图1-60 发动机舱电控部件位置

1—凸轮轴调节阀N205；2—氧传感器G130/氧传感器加热装置Z29的连接器；3—氧传感器G39/氧传感器加热装置Z19的连接器；4—带功率输出级的点火线圈，即带功率输出级的点火线圈1 N70，带功率输出级的点火线圈2 N127，带功率输出级的点火线圈3 N291，带功率输出级的点火线圈4 N292；5—冷却液温度传感器G62；6—油门踏板位置传感器G79/油门踏板位置传感器2 G185；7—发动机控制单元J623；8—制动信号灯开关F；9—霍尔传感器G40；10—节气门控制单元J338，在更换了节气门控制单元J338后，必须将其重新与发动机控制单元J623相匹配；11—进气温度传感器G42/进气压力传感器G71；12—活性炭罐电磁阀N80；13—机油压力开关F1

图1-61 发动机左侧电控部件

1—发动机转速传感器G28；2—爆震传感器G61；3—机油压力开关F1；4—活性炭罐电磁阀N80；5—喷油嘴，即气缸1 N30喷油嘴，气缸2 N31喷油嘴，气缸3 N32喷油嘴，气缸4 N33喷油嘴

1.6.6 捷达1.5L DCF发动机控制系统电路图

1.6.7 捷达1.6L CUC天然气发动机控制系统电路图

1.6.8 捷达NF全车控制器单元安装位置

捷达NF车辆控制器安装位置如图1-62所示。

1.6.9 捷达NF全车接地点分布

捷达NF全车接地点分布如图1-63~图1-65所示。

1.6.10 捷达NF保险丝与继电器信息

捷达NF保险丝盒安装位置如图1-66所示。

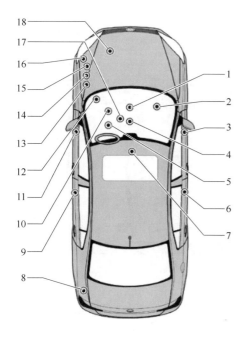

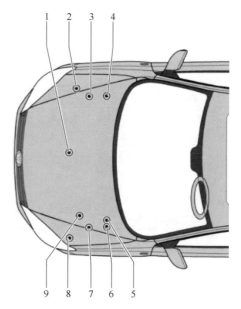

图 1-62 车身控制器分布

1—安全气囊控制单元 J234,安装在前部中控台下方;2—新鲜空气鼓风机控制单元 J126,安装在副驾驶侧脚部空间内的暖风装置和空调上;3—右前车窗升降器控制单元 J296,安装在副驾驶侧车门内;4—全自动空调控制单元 J255/空调控制单元 J301,安装在中控台上;5—组合仪表 K/组合仪表中的控制单元 J285/防盗锁止系统控制单元 J362;6—右后车窗升降器控制单元 J298,安装在右后车门内;7—外翻式滑动天窗控制单元 J245,安装在滑动天窗前部中间;8—驻车辅助控制单元 J446,安装在后备厢左侧饰板后部;9—左后车窗升降器控制单元 J297,安装在左后车门内;10—转向辅助装置控制单元 J500,安装在转向柱上;11—左前车窗升降器控制单元 J295,安装在驾驶员侧车门内;12—车载电网控制单元 J519,安装在保险丝架 C 附近的驾驶员侧仪表板下方;13—发动机控制单元 J623,安装在发动机舱内左侧;14—ABS 控制单元 J104,安装在发动机舱内的左侧;15—自动变速器控制单元 J217,安装在副驾驶侧的排水槽盖板下方;16—散热器风扇控制单元 J293,安装在左前纵梁左侧;17—可加热前座椅控制单元 J774,安装在仪表板横梁上的左侧仪表板支架上;18—双离合器变速器机电控制单元 J743,安装在双离合器变速器 0AM 上

图 1-63 发动机舱内接地点

1—15 气缸盖上的接地点,拧紧力矩为 15Nm;2—652 变速器和发动机地线的接地点,拧紧力矩 15Nm;3—714 发动机上右侧接地点,拧紧力矩 15Nm;4—13 发动机舱内右侧接地点,拧紧力矩 9Nm;5—640 接地点 2,在发动机舱内左侧,拧紧力矩 9Nm;6—641 接地点 3,在发动机舱内左侧,拧紧力矩 9Nm;7—12 发动机舱内左侧接地点,拧紧力矩 20Nm;8—接地带,蓄电池—车身,拧紧力矩 9Nm;9—671 接地点 1,在左前纵梁上,拧紧力矩 9Nm

保险丝盒中 SA 与 SB 的保险丝分布如图 1-67 所示,保险丝分配如表 1-6、表 1-7 所示。

保险丝颜色说明:40A—橙色,30A—淡绿色,25A—纯白色,20A—黄色,15A—淡蓝色,10A—红色,7.5A—棕色,5A—浅棕色,3A—紫色,1A—浅黑色

保险丝盒中 SC 的保险丝分布如图 1-68 所示,保险丝分配见表 1-8。

捷达 NF 继电器盒安装位置见图 1-69。

仪表板左下方继电器支架上的继电器如图 1-70、图 1-71 所示。

表 1-6 保险丝位置分配(SA)

编号	电路图中的名称	额定值	供电连接部件(对象)	接线端
SA1	保险丝架 A 上的保险丝 1 SA1	150A	交流发电机 C	30a
SA2	保险丝架 A 上的保险丝 2 SA2	110A	车内接线端 30 的供电保险丝 SC 点火启动开关 D	30a
SA3	保险丝架 A 上的保险丝 3 SA3	50A	转向辅助控制单元 J500	30a
SA4	保险丝架 A 上的保险丝 4 SA4	40A	ABS 控制单元 J104	30a
SA5	保险丝架 A 上的保险丝 5 SA5	40A	散热器风扇控制单元 J293	30a
SA6	保险丝架 A 上的保险丝 6 SA6	50A	X 触点卸载继电器 J59	30a

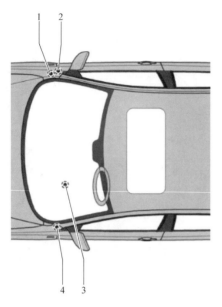

图 1-64 车内接地点

1—638 右侧 A 柱上的接地点，拧紧力矩 9Nm；
2—43 接地点，右侧 A 柱下部，拧紧力矩 9Nm；
3—605 接地点，在上部转向柱上，拧紧力矩 5Nm；
4—44 接地点，左侧 A 柱下部，拧紧力矩 9Nm

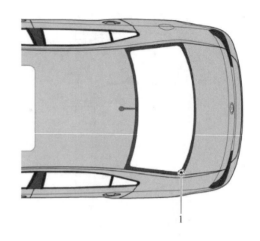

图 1-65 后备厢内接地点

1—后备厢左侧接地点，拧紧力矩 9Nm

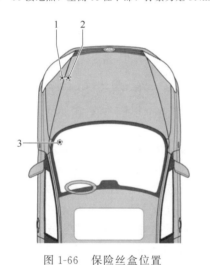

图 1-66 保险丝盒位置

1—保险丝架 A 上的保险丝（SA）；
2—保险丝架 B 上的保险丝（SB）；
3—保险丝架 C 上的保险丝（SC）

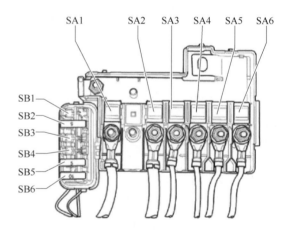

图 1-67 左蓄电池上方保险丝架内保险丝（SA）（SB）

表 1-7 保险丝位置分配（SB）

编号	电路图中的名称	额定值	供电连接部件(对象)	接线端
SB1	保险丝架 B 上的保险丝 1 SB1	30A	双离合器变速器机电装置 J743 自动变速器控制单元 J217	30a
SB2	保险丝架 B 上的保险丝 2 SB2	15A	双离合器变速器机电装置 J743	30a
SB3	保险丝架 B 上的保险丝 3 SB3	25A	端子 75X 供电继电器 J694	30a
SB4	保险丝架 B 上的保险丝 4 SB4	10A	ABS 控制单元 J104	30a

续表

编号	电路图中的名称	额定值	供电连接部件(对象)	接线端
SB5	保险丝架B上的保险丝5 SB5	5A	车载电网控制单元 J519	30a
SB6	保险丝架B上的保险丝6 SB6	25A	ABS控制单元 J104	30a

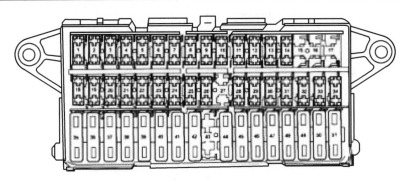

图1-68 保险丝（SC）

表1-8 保险丝（SC）位置分配

编号	电路图中的名称	额定值	供电连接部件(对象)	接线端
1	保险丝架C上的保险丝1 SC1	5A	左前大灯 MX1 左侧尾灯 MX3 左侧尾灯 2MX5	58
2	保险丝架C上的保险丝2 SC2	10A	间歇式刮水器运行开关 E22	15
3	保险丝架C上的保险丝3 SC3	5A	发动机控制单元 J623	15
4	保险丝架C上的保险丝4 SC4	15A	燃油泵继电器 J17 发动机控制单元 J623	30
5	保险丝架C上的保险丝5 SC5	15A	左侧前雾灯灯泡 L22 右侧前雾灯灯泡 L23	NL
6	保险丝架C上的保险丝6 SC6	7.5A	驻车辅助控制单元 J446 高压传感器 G65 收音机 R 仪表板中的控制单元 J285 车载电网控制单元 J519 散热器风扇控制单元 J293 诊断接口 U31 定速巡航装置开关 E45 安全气囊卷簧和带滑环的复位环 F138	15
7	保险丝架C上的保险丝7 SC7	7.5A	收音机 R 驾驶员侧车门中的车窗升降器中央开关 E189 右后车门中的车窗升降器操纵单元 EX28 左后车门中的车窗升降器操纵单元 EX29 牌照灯 X 换挡杆挡位指示照明灯 L101 车载电网控制单元 J519 车灯开关 E1 副驾驶员侧车门车窗升降器开关 EX27 大灯照明距离调节器 E102 点烟器 U1 后视镜调节开关 E43 后备厢开锁开关 E165 空调器控制单元 J301 汽油/天然气运行模式转换开关 E382 可加热副驾驶员座椅调节器 E95 可加热驾驶员座椅调节器 E94	58

续表

编号	电路图中的名称	额定值	供电连接部件(对象)	接线端
8	保险丝架C上的保险丝8 SC8	5A	右前大灯 MX2 右侧尾灯 2MX6 右侧尾灯 MX4	58
9	保险丝架C上的保险丝9 SC9	5A	ABS控制单元 J104	15
10	保险丝架C上的保险丝10 SC10	15A	车载电网控制单元 J519(AW1)	30
11	保险丝架C上的保险丝11 SC11	5A	大灯照明距离调节器 E102 左前大灯 MX1 右前大灯 MX2	15
12	保险丝架C上的保险丝12 SC12	5A	副驾驶侧车门车窗升降器开关 EX27 后视镜调节开关 E43 左前车窗升降器控制单元 J295 左后车窗升降器控制单元 J297 右后车窗升降器控制单元 J298 驾驶员侧车门中的车窗升降器中央开关 E189 双离合器变速器机电装置 J743	15
13	保险丝架C上的保险丝13 SC13	15A	自动变速器控制单元 J217 倒车灯开关 F4 多功能开关 F125	15
14	保险丝架C上的保险丝14 SC14	7.5A	安全气囊控制单元 J234	15
15	保险丝架C上的保险丝15 SC15	10A	里程记录器控制单元 J621 车辆定位系统接口控制单元 J843	30
16	保险丝架C上的保险丝16 SC16	5A	出租车车顶标志指示灯 K222 车辆定位系统接口控制单元 J843	15
17	保险丝架C上的保险丝17 SC17	10A	出租车车顶标志指示灯 K222	58
18	保险丝架C上的保险丝18 SC18	5A	左侧尾灯 2MX5 仪表板中的控制单元 J285	NSL
19	保险丝架C上的保险丝19 SC19	5A	收音机 R 车载电网控制单元 J519	S
20	保险丝架C上的保险丝20 SC20	10A	诊断接口 U31 仪表板中的控制单元 J285 自动变速器控制单元 J217 点火钥匙拔出锁止电磁铁 N376 端子30供电继电器 J317 安全气囊卷簧和带滑环的复位环 F138 Climatronic控制单元 J255 换挡杆 E313	30
21	保险丝架C上的保险丝21 SC21	5A	前部车内照明灯 WX1 车载电网控制单元 J519(AW1)	30
22	保险丝架C上的保险丝22 SC22	15A	车载电网控制单元 J519	30
23	保险丝架C上的保险丝23 SC23	7.5A	车窗玻璃清洗泵 V5 车载电网控制单元 J519	53C
24	保险丝架C上的保险丝24 SC24	10A	驾驶员侧车外后视镜 VX4 副驾驶侧车外后视镜 VX5 燃油泵控制单元 J538	15a
25	保险丝架C上的保险丝25 SC25	10A	空调继电器 J32 空调控制单元 J301	15
26	保险丝架C上的保险丝26 SC26	5A	转向辅助控制单元 J500 Climatronic控制单元 J255 转向角度传感器 G85	15

续表

编号	电路图中的名称	额定值	供电连接部件(对象)	接线端
27	保险丝架C上的保险丝27 SC27	10A	制动真空泵V192	15
28	保险丝架C上的保险丝28 SC28	15A	氧传感器G39 尾气催化转化器后的氧传感器G130	87
29	保险丝架C上的保险丝29 SC29	15A	车载电网控制单元J519	30
30	保险丝架C上的保险丝30 SC30	10A	活性炭罐电磁阀1N80 凸轮轴调节阀1N205 天然气运行模式的高压阀N372 断流阀继电器J651	87
31	保险丝架C上的保险丝31 SC31	10A	气缸1喷油嘴N30 气缸2喷油嘴N31 气缸3喷油嘴N32 气缸4喷油嘴N33 气体喷射阀1 N366 气体喷射阀2 N367 气体喷射阀3 N368 气体喷射阀4 N369	87
32	保险丝架C上的保险丝32 SC32	20A	发动机控制单元J623	87
33	保险丝架C上的保险丝33 SC33	5A	制动信号灯开关F 离合器踏板开关F36 空调器继电器J32	87
34	保险丝架C上的保险丝34 SC34	15A	车灯开关E1	75X
35	保险丝架C上的保险丝35 SC35	30A	左后车窗升降器控制单元J297 右后车窗升降器控制单元J298	30
36	保险丝架C上的保险丝36 SC36	30A	车载电网控制单元J519	30
37	保险丝架C上的保险丝37 SC37	20A	车灯开关E1	75X
38	保险丝架C上的保险丝38 SC38	15A	左前大灯MX1 右前大灯MX2 仪表板中的控制单元J285	56a
39	保险丝架C上的保险丝39 SC39	10A	右前大灯MX2	56b
40	保险丝架C上的保险丝40 SC40	40A	新鲜空气鼓风机开关E9 新鲜空气鼓风机控制单元J126	75X
41	保险丝架C上的保险丝41 SC41	20A	带功率输出级的点火线圈1 N70 带功率输出级的点火线圈2 N127 带功率输出级的点火线圈3 N291 带功率输出级的点火线圈4 N292	87
42	保险丝架C上的保险丝42 SC42	20A	点烟器U1	75X
43	保险丝架C上的保险丝43 SC43	15A	可加热副驾驶员座椅调节器E95 可加热驾驶员座椅调节器E94	75X
44	保险丝架C上的保险丝44 SC44	10A	左前大灯MX1	56b
45	保险丝架C上的保险丝45 SC45	20A	收音机R	30
46	保险丝架C上的保险丝46 SC46	30A	滑动天窗控制单元J245 车载电网控制单元J519	30
47	保险丝架C上的保险丝47 SC47	30A	车载电网控制单元J519	30
48	保险丝架C上的保险丝48 SC48	30A	车载电网控制单元J519	30
49	保险丝架C上的保险丝49 SC49	15A	转向信号灯开关E2	30
50	保险丝架C上的保险丝50 SC50	25A	左前车窗升降器控制单元J295	30
51	保险丝架C上的保险丝51 SC51	25A	右前车窗升降器控制单元J296	30

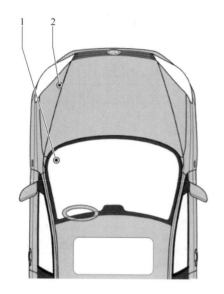

图 1-69 继电器盒位置
1—仪表板左下方的继电器支架在侧仪表板左下方；
2—蓄电池上的继电器支架在发动机舱内左侧

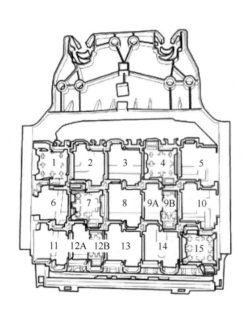

图 1-70 仪表板左下方
继电器支架上的继电器 1
[仅用于带 PR 编号（AW0）的车辆]
1—空调继电器 J32（645）；2—未占用；3—可加热式车外后视镜继电器 J99（646）；4—端子 30 供电继电器 J317（645）；5、6—未占用；7—X 触点卸载继电器 J59（644）；8，9A—未占用；9B—燃油泵继电器 J17（646）；10～12A—未占用；12B—断流阀继电器 1 J651（646）；13～15—未占用

如图 1-71 所示的样式仅用于带 PR 编号（AW1）的车辆。

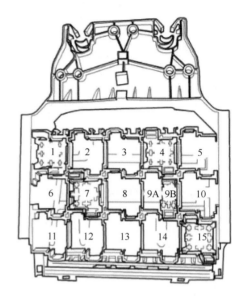

图 1-71 仪表板左下方继电器支架上的继电器 2
[仅用于带 PR 编号（AW1）的车辆]
1—空调继电器 J32（645），2，3—未占用，4—端子 30 供电继电器 J317（645），5，6—未占用，7—X 触点卸载继电器 J59（644），8，9A—未占用，9B—燃油泵继电器 J17（646），10—未占用，11—端子 75X 供电继电器 J694（645），12～14—未占用，15—供电继电器，总线端 50 J682（645）

1.6.11 捷达 NF 汽车四轮定位数据

如表 1-9 所示的额定值适用于所有发动机配置。

1.6.12 全新捷达 NF 保养归零设置

下面为不使用车辆诊断、测量和信息系统，车辆诊断测试仪复位保养周期显示的方法。

必须注意，手动复位保养周期编码是固定的，也就是说，每 15000km 或每年需要保养一次。组合仪表操作按键位置见图 1-72。

① 点火开关关闭时按住右侧按键。
② 打开点火开关。
③ 松开右侧按键，短按一次时间设置键（左侧）。
④ 显示屏显示保养周期处于复位模式状态，若干秒后恢复正常视图。

表 1-9 标准底盘车轮定位参数

前桥	标准底盘
产品编号	G44
总前束角（无负载）	$10'\pm10'$
车轮外倾角（正前打直位置）	$-15'\pm30'$
两侧之间的最大允许偏差	$30'$
车轮向左以及向右转动 $20°$[①] 前束角差	$1°18'\pm20'$
主销后倾	$4°40'\pm30'$
两侧之间的最大允许偏差	$30'$
标准高度/mm	377 ± 10
后桥	标准底盘
车轮外倾角	$-1°27'\pm10'$
两侧之间的最大允许偏差	$30'$
总前束角（在规定的车轮外倾角下）	$10'$ $+10'$ / $-7'$
运行方向最大允许偏差	$20'$
标准高度/mm	391 ± 10

① 根据制造商的不同，前束角差也可能为负值。

图 1-72 保养归零仪表按键

1.7 宝来 Bora（2011~2021 年款）

1.7.1 宝来车型发动机配置信息

宝来车型发动机配置如表 1-10、表 1-11 所示。

表 1-10 全新宝来车型发动机配置

发动机型号	DJM	DMB	CSS	DJS/DSB	DLS
排量/L	1.5	1.5	1.4	1.4	1.2
每气缸气门数	4	4	4	4	4
功率/[kW/(r/min)]	85/5800	83/6000	110/(5000~6000)	110/(5000~6000)	85/5000
转矩/[Nm/(r/min)]	150/3800	145/3900	250/(1750~3000)	250/(1750~3000)	200/(2000~3500)
压缩比	11∶1	11∶1	10.5∶1	10.5∶1	10.5∶1
燃油要求	92 号及以上优质无铅汽油	92 号及以上优质无铅汽油	92 号及以上优质无铅汽油	92 号及以上优质无铅汽油	92 号及以上优质无铅汽油
凸轮轴传动装置	齿形带	齿形带	齿形带	齿形带	齿形带

表 1-11 新宝来发动机配置

配置	CFB	BWH	CLS	CEN
排量/L	1.4	1.6	1.6	2.0
缸数/每缸气门数	4/4	4/2	4/4	4/2
功率/[kW/(r/min)]	96/5000	74/5600	77/5600	88/5000
转矩/[Nm/(r/min)]	220/(1750~3500)	145/3800	155/3500	180/3750
缸径 φ/mm	76.5	81.0	76.5	82.5
行程/mm	75.6	77.4	86.9	92.8
压缩比	10	10.3	10.5	10.3
喷射装置/点火装置	Motronic MED 17.5.20	Simos 9.2	Motronic ME 7.5.20	BOSCH ME 7.5.20
燃油要求	92号及以上优质无铅汽油	92号及以上优质无铅汽油	92号及以上优质无铅汽油	92号及以上优质无铅汽油
电子油门	是	是	是	是
自诊断	是	是	是	是
催化转化器	是	是	是	是
λ调节	是	否	是	是
车载诊断系统	是	是	是	是

1.7.2 1.4T DJS 发动机正时维修

该发动机正时机构结构形式、正时检查与调整方法和 DLS 发动机相同,请参考 1.1.2 内容。

1.7.3 1.5L DMB 发动机正时维修

该发动机正时机构结构形式、正时检查与调整方法和 DLS 发动机相同,请参考 1.1.2 内容。

1.7.4 1.2T DLS 发动机正时维修

同探影车型 DLS 发动机,请参考 1.1.2 内容。

1.7.5 1.6L CSR 发动机正时维修

该发动机正时链单元结构、拆装与调整和 DLS 发动机相同,相关内容请参考 1.1.2 内容。

1.7.6 1.4T CFB 发动机正时维修

1.7.6.1 发动机正时分解

发动机正时链结构分解如图 1-73 所示。

1.7.6.2 发动机正时拆装

(1) 正时链单元的拆卸步骤

① 关闭点火开关及所有用电器,拔出点火钥匙。

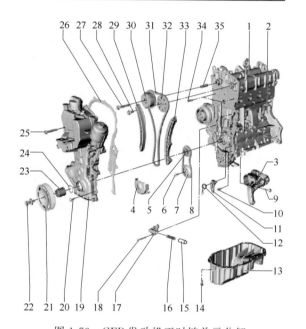

图 1-73 CFB 发动机正时链单元分解
1—带凸轮轴箱的气缸盖;2—气缸体;3—辅助机组支架;4—盖板;5—链轮;6—螺栓,拧紧力矩为 20Nm [+继续转动 90°];7—链轮;8—驱动链;9—螺栓,拧紧力矩 25Nm;10—螺栓,拧紧力矩 15Nm;11—带张紧轨的链条张紧器;12—张紧弹簧;13—油底壳;14—螺栓,拧紧力矩 15Nm;15—活塞;16—压簧;17—链条张紧器;18—螺栓,拧紧力矩 9Nm;19—正时机构罩;20—螺栓,拧紧力矩 10Nm;21—带轮;22—紧固螺栓;23—轴套;24—O 形圈;25—螺栓,拧紧力矩 50Nm;26—密封件;27—螺栓,拧紧力矩为 40Nm (+继续转动 90°);28—螺栓,拧紧力矩为 50Nm (+继续转动 90°);29—张紧轨;30—凸轮轴调节器;31—正时链;32—链轮;33—滑轨;34—导向螺栓;35—轴套

② 排放冷却液。

③ 拆下发动机罩。

④ 松开弹簧卡箍，将进气软管从废气涡轮增压器的管接头上拔下。

⑤ 拆卸空气滤清器，将进气软管和空气滤清器一起拆下。

⑥ 脱开压力管上的软管，并打开线束固定夹。

⑦ 从下部拔出冷却液管上的冷却液软管并松开气缸体上冷却液管的固定螺栓。

⑧ 从上部脱开冷却液管上的软管连接并从凸轮轴箱上拧下冷却液管的固定螺栓，拆下冷却液管。

⑨ 旋出凸轮轴后部端盖的固定螺栓，并取下端盖。

⑩ 拆下气缸 1 的火花塞。为此使用起拔器 T10094 A 和火花塞扳手。

⑪ 将千分表适配接头 T10170 拧入火花塞螺纹孔至极限位置。

⑫ 将带加长件 T10170/1 的千分表 VAS 6079 安装到千分表适配接头中至极限位置并拧紧夹紧螺母。

⑬ 将曲轴朝发动机运转方向转到气缸 1 的上止点，记下千分表指针的位置。

⑭ 凸轮轴上的孔必须处于图 1-74 所示的位置。必要时，将曲轴再旋转一圈（360°）。

提示　如果曲轴转动超过上止点 0.01mm，则应将曲轴逆着发动机运转方向再转动约 45°，接着将曲轴朝发动机运转方向转动到气缸 1 上止点位置。气缸 1 上止点允许的偏差为 ±0.01mm。

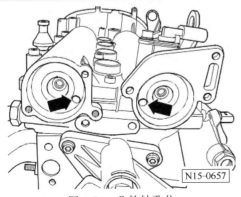

图 1-74　凸轮轴孔位

⑮ 如图 1-75 所示将凸轮轴固定件 T10171 A 插入到凸轮轴开口中，直到极限位置，定位销（箭头 1）嵌入孔（箭头 2）中，必须可以从上方看到标记"TOP"（箭头 3）。

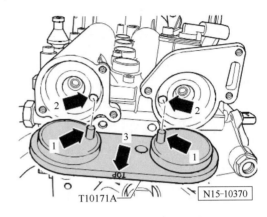

图 1-75　专用工具的使用

⑯ 在相应的孔中用手拧入一个 M6 螺栓，固定凸轮轴固定件 T10171 A，不要拧紧。

⑰ 拆卸正时机构罩。

⑱ 如图 1-76 所示，从机油泵上拔出盖板 1。

⑲ 用记号笔标记正时链 3 的运转方向。注意凸轮轴调节器的紧固螺栓 2 为左旋螺纹。

⑳ 用固定支架 T10172 固定凸轮轴正时链轮 5，松开螺栓 2 和 4。

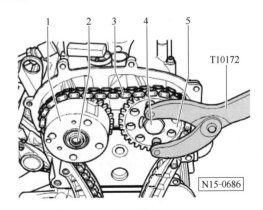

图 1-76　凸轮轴拆卸

㉑ 如图 1-77 所示沿箭头方向压张紧轨并用定位销 T40011 固定链条张紧器的活塞。

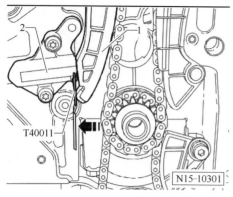

图 1-77 拆卸张紧器图

㉒ 将凸轮轴调节器和正时链一起取下。

㉓ 用固定支架 T10172 固定机油泵的链轮并松开紧固螺栓。

㉔ 将固定销上的张紧弹簧用一把螺丝刀撬出并取出张紧弹簧。

㉕ 旋出紧固螺栓并取下链条张紧器。

㉖ 用记号笔标记机油泵驱动链的运转方向。

㉗ 拧下链轮的紧固螺栓并将链轮连同机油泵驱动链一起取下。

（2）正时链单元的安装

说明 曲轴必须位于气缸 1 的上止点位置。

① 如图 1-78 所示沿箭头方向推链轮直到曲轴轴颈的极限位置。注意与链轮铸在一起的凸缘必须插入曲轴轴颈的凹槽中。

② 用记号笔标记链轮和气缸体、曲轴的位置。

③ 将机油泵驱动链放到链轮上并同时

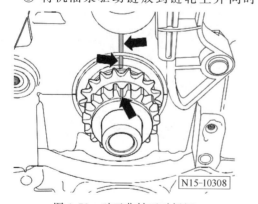

图 1-78 对正曲轴正时标记

将链轮放到机油泵的驱动轴上。

提示 注意机油泵驱动链上的运转方向标记。机油泵驱动轮只在一个位置与机油泵驱动轴（箭头）匹配。

④ 将机油泵驱动轴用固定支架 T10172 固定。

⑤ 将新的固定螺栓用 20Nm 的力矩拧紧并继续转动 90°。

⑥ 将链条张紧器安装到机油泵驱动链上并用 15Nm 的力矩拧紧紧固螺栓。

⑦ 将张紧弹簧用一把螺丝刀安装到固定销上。

⑧ 用手给链轮拧上一个新的紧固螺栓。

⑨ 将正时链装到曲轴链轮、排气凸轮轴链轮和凸轮轴调节器上，并用手给凸轮轴调节器拧上一个新的紧固螺栓。

提示 注意正时链上的运转方向标记。导向套安装在进气凸轮轴和凸轮轴调节器之间。凸轮轴调节器的紧固螺栓为左旋螺纹。

⑩ 安装链条张紧器并用 9Nm 的力矩拧紧紧固螺栓。

⑪ 从链条张紧器中拔出定位销 T40011，张紧正时链。

⑫ 检查曲轴链轮和气缸体上的标记，它们必须相互重叠。

⑬ 用 40Nm 的力矩拧紧紧固螺栓，并用 50Nm 的力矩拧紧凸轮轴调节器的紧固螺栓（使用固定支架 T10172）。

提示 检查过配气相位后，继续转动 1/4 圈（90°）拧紧紧固螺栓。凸轮轴调节器的紧固螺栓为左旋螺纹。

⑭ 拧下凸轮轴固定件螺栓并将凸轮轴固定件 T10171 A 从凸轮轴箱上取下。

⑮ 检查配气相位。

⑯ 将凸轮轴正时链轮用固定支架 T10172 固定并用一把刚性扳手将紧固螺栓（左旋螺纹）继续转动 90°。

> **提示** 凸轮轴调节器的紧固螺栓为左旋螺纹。在拧紧螺栓时,凸轮轴正时链轮不允许转动。

⑰ 安装机油泵链轮盖板。
⑱ 安装正时机构罩。
⑲ 安装油底壳。
⑳ 安装曲轴带轮。
㉑ 安装多楔带。

1.7.7　1.6L CLS发动机正时维修

1.7.7.1　发动机正时检查

① 拆卸空气滤清器。
② 拆下凸轮轴侧面密封盖罩。
③ 拆下气缸1的火花塞。为此,使用拔出器 Hazet 1849-7 或拔出器 T10094 和火花塞扳手 Hazet 4766-1。
④ 如图1-79所示将千分表适配器 T10170 旋入火花塞的孔中至极限位置。百分表1的凸台箭头A和千分表适配器 T10170 的第一个螺纹箭头B对齐,这样才能保证千分表/百分表的量程足够大。

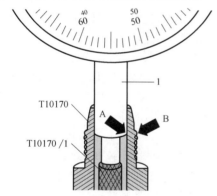

图1-79　安装百分表

⑤ 旋入百分表 V/35.1 和加长件 T10170/1 至极限位置,并用锁止螺母锁定在该位置上。
⑥ 沿发动机转动方向将曲轴转到气缸1的上止点。记住百分表上小指针的位置。

凸轮轴中的孔（箭头）必须如图1-80所示对准,否则将曲轴再旋转一圈（360°）。

如果曲轴转动的位置超过了上止点0.01mm,应当沿发动机转动的相反方向把曲轴转回45°,接着沿发动机转动方向将曲

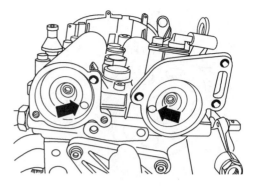

图1-80　凸轮轴中孔对准位置

轴转到气缸1的上止点。气缸1上止点的允许偏差为±0.01mm。

⑦ 把凸轮轴夹具 T10171A 装入凸轮轴开口中至极限位置,防松销（箭头1）嵌入孔（箭头2）中,必须能够从上面看到标记"TOP"（箭头3）,见图1-81。

图1-81　安装凸轮轴夹具

如果不能把凸轮轴夹具 T10171A 装入凸轮轴开口中至极限位置,则气门正时不正确,必须重新进行调整。

如果能够把凸轮轴夹具 T10171A 装入凸轮轴开口中至极限位置,则表示气门正时正常。

其余的安装以拆卸的相反顺序进行,安装过程中要注意:更换凸轮轴侧面盖罩密封圈时,应当在安装前用机油浸润。

1.7.7.2　发动机正时调整

① 拆卸发动机正时带罩盖。
② 随后要旋转曲轴,应重新装入轴承套,曲轴带轮2,曲轴螺栓3,用扳手3415固定带轮,拧紧曲轴螺栓,见图1-82。

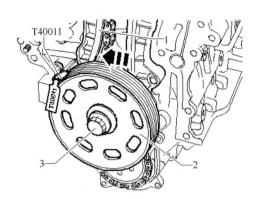

图 1-82 安装曲轴螺栓

③ 拆下气缸 1 的火花塞。为此，使用拔出器 Hazet 1849-7 或拔出器 T10094 和火花塞扳手 Hazet 4766-1。

④ 将千分表适配器 T10170 旋入火花塞的孔中至极限位置。百分表的凸台和千分表适配器 T10170 的第一个螺纹对齐，这样才能保证千分表/百分表的量程足够大。

⑤ 旋入百分表 V/35.1 和加长件 T10170/1 至极限位置，并用锁止螺母锁定在该位置上。

⑥ 沿发动机转动方向将曲轴转到气缸 1 的上止点，记住千分表/百分表上小指针的位置。

⑦ 接着沿发动机旋转方向旋转曲轴 45°。

⑧ 沿箭头方向（图 1-82）按压张紧导轨 1 并用定位销 T40011 锁定活塞。

⑨ 如图 1-83 所示用彩色记号笔标出正时链条 3 的转动方向。

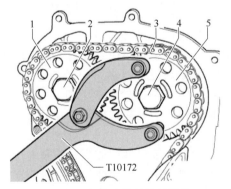

图 1-83 安装凸轮轴链轮螺栓

⑩ 旋出螺栓 2 和 4，并拆下带正时链条 3 的正时链轮。拆卸时，用定位扳手 T10172 固定链轮。

⑪ 使用新的凸轮轴正时链轮固定螺栓重新安装正时链轮 1 和 5。

⑫ 重新装入螺栓 2 和 4，并拧紧至 50Nm（用定位扳手 T10172 固定链轮）。

⑬ 旋转进气和排气凸轮轴直至能够将凸轮轴夹具 T10171A 推入凸轮轴孔中至极限位置，防松销（箭头 1）嵌入孔（箭头 2）中，必须能够从上面看到标记"TOP"（箭头 3），见图 1-81。转动时不允许轴向推动凸轮轴。

⑭ 用手装入一个 M6 螺栓（不要拧紧）来固定凸轮轴夹具 T10171A。

⑮ 旋出凸轮轴正时链轮螺栓。拆卸时，必须使用定位扳手 T10172。不允许将凸轮轴夹具 T10171A 用作止动工具。

⑯ 拆下一个凸轮轴正时链轮。

⑰ 把正时链条放在正时链轮上，注意链条的转动方向，并再一次安装凸轮轴正时链轮。

⑱ 拧紧新的凸轮轴螺栓直至凸轮轴正时链轮仍然能够被凸轮轴转动为止。

⑲ 通过拆下定位销 T40011 张紧正时链条。

⑳ 沿发动机转动方向将曲轴转到气缸 1 的上止点，允许偏差为 ±0.01mm。

如果曲轴转动的位置超过了上止点 0.01mm，应当沿发动机转动的相反方向把曲轴转回 45°，接着沿发动机转动方向将曲轴转到气缸 1 的上止点。

㉑ 用定位扳手 T10172 将凸轮轴正时链轮固定，接着拧紧螺栓至 50Nm。拧紧凸轮轴螺栓时不允许转动曲轴，并且两侧的正时链条都应当处于张紧状态。

㉒ 拆下凸轮轴夹具 T10171A。

㉓ 沿发动机转动方向旋转曲轴两圈至气缸 1 的上止点，允许偏差为 ±0.01mm。

㉔ 把凸轮轴夹具 T10171A 装入凸轮轴开口中至极限位置。如果不能安装凸轮轴夹具 T10171A，则重复步骤 ④～⑳。

㉕ 如果能够安装凸轮轴夹具 T10171A，则拆下凸轮轴夹具 T10171A，用定位扳手 T10172 固定凸轮轴正时链轮，并用一把坚硬的扳手继续拧紧螺栓 2 和 4＋90°。

(1/4 圈)。拧紧时不允许旋转凸轮轴正时链轮。

㉖ 再一次沿发动机转动方向旋转曲轴两圈至气缸 1 的上止点，允许偏差为 ±0.01mm。

㉗ 把凸轮轴夹具 T10171A 装入凸轮轴开口中至极限位置。如果不能安装凸轮轴夹具 T10171A，则重复步骤④～⑳。

㉘ 其余的安装以拆卸的相反顺序进行，安装过程中要注意：更换凸轮轴侧面盖罩密封圈时，应当在安装前用机油浸润。

1.7.8　1.6L CLS 发动机电控系统部件位置

CLS 发动机电控系统部件安装位置如图 1-84 所示。

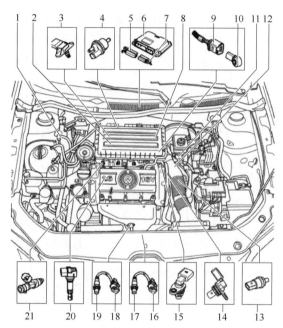

图 1-84　1.6L CLS 发动机电控系统部件分布

1—供油管路；2—空气滤清器；3—进气温度传感器 G42 和进气压力传感器 G71；4—活性炭罐电磁阀 N80，在发动机舱内；5—52 针连接器，要在点火开关已关闭的情况下拔插；6—发动机控制单元 J623，安装在排水槽中部；7—28 针连接器，要在点火开关已关闭的情况下拔插；8—节气门控制单元 J338，更换后将发动机控制单元与节气门控制单元匹配，插头连接，6 针，触点镀金；9—2 针连接器，用于爆震传感器 G61，黑色；10—爆震传感器 G61，触点镀金；11—制动信号灯开关 F 及制动踏板开关 F47；12—进气管；13—冷却液温度传感器 G62，灰色，触点镀金，拆卸前降低冷却系统的压力；14—发动机转速传感器 G28；15—霍尔传感器 G40，黑色，3 针，触点镀金；16—4 针连接器，黑色，用于尾气催化转化器后的氧传感器 G130，触点镀金；17—尾气催化转化器后的氧传感器 G130，安装力矩 50Nm，更换时删除故障存储；18—4 针连接器，棕色，用于尾气催化转化器前的氧传感器 G39，触点镀金；19—尾气催化转化器前的氧传感器 G39，安装力矩 50Nm，更换时删除故障存储；20—带功率输出级的点火线圈；21—燃油喷油 N30、N31、N32、N33，检查喷射量和密封性，更换时删除故障存储

1.7.9　宝来 1.5L DMB 发动机控制系统电路图

1.7.10　全新宝来全车控制器安装位置

新宝来全车控制器位置分布如图 1-85 所示。

1.7.11　新宝来继电器位置信息

新宝来汽车继电器盒内继电器分布如图 1-86 所示，继电器作用见表 1-12、表 1-13。

1.7.12　新宝来四轮定位数据

新宝来四轮定位数据如表 1-14 所示。

1.7.13　新宝来保养归零设置

下面为不使用车辆诊断、测量和信息系统，来复位仪表保养周期显示的步骤。

（1）2012 年款车辆仪表保养周期显示

① 如图 1-87 所示，关闭点火开关后，按住按钮 B。

② 打开点火开关后，松开按钮 B。

③ 按压按钮 A，保养周期显示被重置。

④ 恢复显示模式。

（2）2012 年 10 月后车辆仪表复位保养周期显示自 2012 年 10 月起生产的汽车操作方法如下：

① 如图 1-88 所示，点火开关关闭时，按住按键 B。

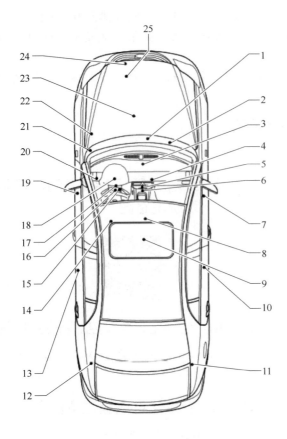

1—发动机控制单元 J623，安装在排水槽中间；
2—自动变速器控制单元 J217，安装在排水槽内右侧；
3—安全气囊控制单元 J234，安装在中控台下面；
4—进入及启动许可控制单元 J518，安装在手套箱左侧的仪表板支架上；
5—收音机和导航系统的带显示单元的控制单元或收音机 R/J503；
6—空调控制单元 J301 或 Climatronic 控制单元 J255，安装在仪表板中部；
7—副驾驶侧车门控制单元 J387；
8—滑动天窗控制单元 J245，安装在滑动天窗前部中间；
9—移动电话电子操作装置控制单元 J412，安装在副仪表板下方手制动器旁；
10—右后车门控制单元 J389，安装在右后车门内；
11—驻车辅助控制单元 J446，安装在后备厢内右后轮罩后部；
12—后视镜记忆功能控制单元 J267，安装在后备厢左侧饰板后方；
13—左后车门控制单元 J388，安装在左后车门内；
14—可加热前座椅控制单元 J774，安装在驾驶员座椅底部左侧；
15—电子转向柱锁止装置控制单元 J764，安装在转向柱开关下方的转向柱上；
16—转向柱电子装置控制单元 J527，安装在方向盘下方的转向柱上；
17—组合开关；
18—仪表板中控制单元 J285；
19—驾驶员侧车门控制单元 J386，安装在左前车门内；
20—车身控制模块 J519，安装在仪表板左侧下方；
21—刮水器电机控制单元 J400，安装在排水槽左侧；
22—ABS 控制单元 J104；
23—节气门控制单元 J338，安装在进气歧管左侧；
24—散热器风扇控制单元 J293，安装在散热器左侧；
25—双离合器变速器机电一体化装置 J743，安装在变速器中部

图 1-85 新宝来全车控制器位置分布

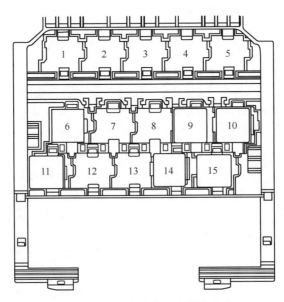

图 1-86 新宝来汽车继电器盒分布

表 1-12 仪表板左下方继电器支架上的继电器位置分配（至 2014 年 2 月止）

序号	功能	备注
6	总线端 30 供电继电器 J317(458 继电器)	
7	远光灯继电器 J12(53 继电器)	自 2011 年 3 月起
8	电源端 15 供电继电器 J329(100 继电器)	自 2012 年 12 月起
9/1	电动燃油泵 2 继电器 J49(449 继电器)	自 2008 年 9 月起,仅限装备 2.0L 发动机的汽车
9/2	燃油泵继电器 J17(449 继电器)	仅限装备不带涡轮增压发动机的汽车
10	接线端 50 供电继电器 J682(100 继电器)	
11	二次空气泵继电器 J299(100 继电器)	仅限装备 1.6L 2 阀 74kW 发动机的汽车
12	86s 触点继电器 J629(404 继电器)	自 2012 年 12 月起
13	端子 75,供电继电器 1 J680(100 继电器)	自 2012 年 12 月起
14	空调继电器 J32(126 继电器)	
15	X 触点卸载继电器 J59(100 继电器)	

表 1-13 仪表板左下方继电器支架上的继电器位置分配（自 2014 年 2 月起）

序号	功能	备注
6	总线端 30 供电继电器 J317(458 继电器)	仅用于带启动许可的车辆
	转换盒 J935(499 继电器)	仅用于带启动许可的车辆
7	远光灯继电器 J12(53 继电器)	
8	电源端 15 供电继电器 J681(100 继电器)	
9	燃油泵继电器 J17(449 继电器)	
10	接线端 50 供电继电器 J682(100 继电器)	
	接线端 50 供电继电器 J682(433 继电器)	
12	转换盒 J935(499 继电器)	
	总线端 30 供电继电器 J317(458 继电器)	
13	端子 75,供电继电器 1 J680(100 继电器)	
14	空调继电器 J32(126 继电器)	
15	电源端 15 供电继电器 J329(100 继电器)	

表 1-14 舒适型底盘车轮定位数据（2008～2016 年款）

前桥	参数	后桥	参数
PR 号码	G03	PR 号码	UA2
总前束角(无负载)	0′±10′	总前束角(在规定的车轮外倾角下)	+16′±10′
车轮外倾角(在正前直方向)	−25′±30′	车轮外倾角	−1°27′±10′
两侧之间的最大允许偏差	30′	两侧之间的最大允许偏差	30′
向左和向右转向角为 20°时的→转向角差	1°29′±20′	—	—
主销后倾角	7°30′±30′	—	—
左销后倾左右侧之间的最大允许偏差	30′	运行方向最大允许偏差	30′
标准高度	398mm±10mm	标准高度	399mm±10mm

图 1-87 2012 年款前新宝来仪表

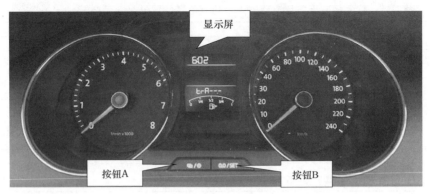

图 1-88 2012 年 10 月起新宝来仪表

② 打开点火开关。
③ 松开按键 B，短按一次时间设置键 A，保养周期显示被重置。
④ 恢复显示模式。

1.7.14 2010 年款新宝来遥控器匹配

用 VCDS10.63 中文版匹配 2010 年款新宝来的遥控器 1K0 959 753N。无法登录 46 舒适系统。用大众原厂诊断仪 VAS5054A 接上，选择"一汽大众维修系统"，选择"15 新宝来"，查看所有系统单元没有"46 舒适系统"。选择"09 中央电器管理模块"，选择"遥控匹配"，按照向导操作完成，遥控器正常使用。

> **说明** 换为 VCDS10.6.3 进入 09，输入通道号 00 自适应清除。回到界面输入通道号 01，按下遥控器 LOCK，操作没有反应。一汽大众为了防止再像以前对德国大众的车系宝来、奥迪等，自己调整自动落锁、一键升窗、开启警示灯之类的，将 46 舒适系统去掉！而新的匹配或者开启功能只能通过 VCDS10.63 修改长编码或者原厂 VAS5054A 引导操作。

1.7.15 新宝来第四代防盗系统匹配流程

新宝来全系车型配备了第四代防盗锁止系统，作为第四代防盗系统的核心组成部分的中央数据库（FAZIT），记录着所有相关控制单元的防盗信息数据，只有通过与中央数据库的在线连接，参与防盗锁止系统的控制单元和该数据库的匹配才能获取信息，如此相对于原宝来车的第三代防盗系统，整车的安全性得到了实质性提高。因为集成有防盗电子控制单元的组合仪表和发动机控制单元都含有能和中央数据库通信的防盗信息，所以这就意味着组合仪表和发动机控制单元同时损坏时，必须同时更换掉具有独立身份识别能力的点火钥匙，而且必须通过 FAZIT 数据库的防盗信息对组合仪表和发动机控制单元进行一致性在线匹配。

（1）在线匹配前需做的准备工作
① 确认一汽大众专用汽车诊断检测设备 VAS5052A 调试到良好工作状态。
② 确保网线工作状态良好。
③ 检查经销商网络权限和 IP 地址有效性。
④ 确认所要更换的控制单元零件号与损坏件的一致性（发动机控制单元零件号 06A906023B；组合仪表零件号 18G920826）。
⑤ 记录原仪表和发动机控制单元编码并保存记录。

⑥ 确认所要匹配车辆电瓶的静态电压大于12.5V。

⑦ 按照新宝来维修手册更换全车锁、组合仪表和发动机控制单元。

(2) 选择功能引导

按提示依次确定品牌为FAW-VW，车型为新宝来，年型为2009，发动机类型为BWH1.6 SIMOS 74kW，在车辆系统或功能菜单项中选择"防盗锁止系统"，此时利用测量数据块功能读取防盗模块数据流。显示防盗锁止系统使用状态为"1"（正常为6），防盗锁止系统状态为"1"（正常值0），实际已配的钥匙数为0，发动机控制单元1询问为"NEIN"，再读取发动机模块数据流，显示发动机电控系统使用状态为"0"（正常为4），说明参与防盗锁止系统的部件（如钥匙、发动机、防盗单元）之间的数据未进行解码和相互识别。

(3) 网络系统测试

为确保在线匹配的顺利进行，首先进行网络系统测试。如果显示在线测试为"X"或提示测试失败，还需进一步进行调试。硬件问题如检测设备和网卡等或软件问题如IP地址错误等都可能会引起网络测试失败。

(4) 选择"新的一致性"任务形成测试计划

因更换的仪表和发动机控制单元为新备件，故选择"1新的防盗锁止系统/发动机控制单元"，此时如选择"2旧的防盗锁止系统/发动机控制单元"，系统将会提示发动机控制单元使用状态不正常，中止匹配。在整个匹配过程中，如无系统特别提示，保持钥匙位于点火挡位打开位置。

如无登录锁止，系统需要依次输入客户姓名，用户识别号，国籍（建议使用真实的车主用户信息输入，国籍为CN）。特别要注意用户数据中汽车底盘号的输入，因为只有通过底盘号唯一的识别性才能与中央数据库的防盗信息建立联系。对输入信息和诊断仪读取到的相关信息进行在线传输，系统将提示创建在线连接，要求进入GEKO操作权限登录；登录成功后，在线查询系统会发回有关查询数据，VAS5052A接收和分析相关数据并进行登录验证，此时系统写入配置信息指令字节，系统提示已匹配防盗锁止系统控制单元。

(5) 匹配

接下来进行发动机控制单元的适配，同时匹配防盗锁止系统和发动机控制单元之间的密码，通过接收和分析数据过程后开始功能检查任务项，系统提示进行点火开关的关闭/打开操作。此时一定要严格按提示要求去做，否则将导致防盗系统损坏。在经过两个点火开关周期后，将进行防盗锁止系统控制单元信息的校验。由于匹配通道程序设置的原因，有些情况下，系统无法完成分析防盗信息的有效条件，此时会出现防盗锁止系统控制单元当前状态为"0"不正常的提示而自动中止测试。随后的测试计划中显示更换防盗锁止系统时匹配失败，尽管系统显示匹配没有成功，建议不要关闭点火开关、拔下诊断插头或断电，因为此时防盗系统已进行部分匹配，任何非正常中断都可能被存储为不可修复的错误防盗数据，此时实测发动机已进行成功防盗信息匹配，防盗锁止系统防盗信息则显示为空内容，此时要等到防盗锁止系统测量值使用状态为"6"时才能进行继续适配的进程，如查询此时车辆识别号已为防盗系统所正确识别，则可进入适配钥匙任务项。

(6) 进入钥匙匹配程序

确认控制单元匹配成功后，需要进入钥匙匹配程序。选择匹配钥匙任务进程，将重新执行防盗匹配的流程，所有（包括补定）钥匙出厂时都进行了预设码，仅能适合在本车使用，因为防盗信息的更新，原钥匙必须和防盗系统中央控制单元进行匹配。按照工作流程，同样需要输入用户信息和GEKO密码登录进行在线传递。匹配钥匙时为避免干扰，每把钥匙应放在距点火开关足够远的地方,通过屏幕上的加或减标识符,来确定所配钥匙的总数;在确定钥匙总数后,多功能仪表盘的日里程表处会显示所要匹配的钥匙的目标值和匹配成功的数值,按照引导程序打开关闭点火开关,直到适配钥匙总数达到目标值。至此,通过在线连接对参与防盗锁止系统的各部件之间的数据进行解码,实现了各系统部件的相互通信。在系统读取和验证 WFS(防盗锁止系统)数据后,最终将显示成功地将防盗系统写入防盗钥匙。

（7）验证

退出功能引导,进入系统收集服务功能,清除电控单元所有的故障码,确认无故障码存储后,进行打火试验,一切表现正常;此时利用引导性功能中的测量数据块功能读取防盗模块数据流,显示防盗锁止系统使用状态为"6",防盗锁止系统状态为"0",钥匙已锁定为"JA",实际已配的钥匙数为 2;读取发动机模块数据流,显示发动机电控系统使用状态为"4",说明参与防盗锁止系统的部件(如钥匙、发动机和防盗单元)之间的数据已进行解码和相互识别。

1.8 速腾 Sagitar（2011~2021 年款）

1.8.1 速腾车型发动机配置信息

速腾车型发动机配置如表 1-15、表 1-16 所示。

表 1-15 2014~2021 年款速腾发动机配置信息

发动机型号	CSS	DJN	DJS/DSB	DLS
排量/L	1.4	1.2	1.4	1.2
气缸数/每缸气门数	4/4	44	4/4	4/4
功率/[kW/(r/min)]	110/(5000~6000)	85/(5000~6000)	110/(5000~6000)	85/(5000~6000)
转矩/[Nm/(r/min)]	250/(1750~3000)	200/(2000~3500)	250/(1750~3000)	200/(2000~3500)
缸径(直径)/mm	74.5	71	74.5	71
冲程/mm	80.0	75.6	80.0	75.6
压缩比	10.5：1	10.5：1	10.5：1	10.5：1
排放	C5	C5	C6	C6
最小辛烷值	92	92	92	92
凸轮轴传动装置	齿形带	齿形带	齿形带	齿形带

表 1-16 2010~2013 年款速腾发动机配置信息

发动机型号	CFB,DAG	CLR	CEA	CGM
排量/L	1.4	1.6	1.8	2.0
气缸数量	4	4	4	4
每缸气门数	4	4	4	4
功率/[kW/(r/min)]	96/5000	77/5600	118/(5000~6200)	147/5500
转矩/[Nm/(r/min)]	220/(1750~3500)	155/3500	250/(1500~4200)	280/1800
压缩比	10.0：1	10.5：1	9.8：1	10.2：1
喷射装置/点火装置	Motronic MED 17.5 TSI 涡轮增压器	Motronic ME 7.5	Motronic MED 17.5 TSI 涡轮增压器	Motronic MED 17.5 TSI 涡轮增压器
燃油要求	92 号及以上无铅汽油	92 号及以上无铅汽油	92 号及以上无铅汽油	92 号及以上无铅汽油
凸轮轴传动装置	链条	链条	链条	链条

1.8.2 1.5L DSB 发动机正时维修

该发动机正时机构结构形式、正时检查与调整方法和探影车型 DLS 相同,请参考

1.1.2 小节内容。

1.8.3 1.2T DLS 发动机正时维修

该发动机正时维修同探影车型，请参考 1.1.2 小节内容。

1.8.4 1.2T CYA 发动机正时维修

该款发动机正时单元结构及拆装调整方法与 DLS 相同，请参考 1.1.2 内容。

1.8.5 1.4T CSS/CST 发动机正时维修

该款发动机正时单元结构及拆装调整方法与 DLS 相同，请参考 1.1.2 内容。

1.8.6 1.6L CPD 发动机正时维修

该发动机款型与全新桑塔纳所装载的一样，请参考 2.7.5 小节内容。

1.8.7 1.6L CLR 发动机正时维修

CLR 发动机正时链结构与拆装步骤与 CDF 相同，相关内容请参考 1.11.7 小节。

1.8.8 2012 年款起全新速腾四轮定位数据

如表 1-17 所示的标准值适用于所有发动机配置。

表 1-17 车轮定位参数

前桥	标准底盘	运动底盘
产品编号	2UA	2UC
总前束角（无负载）	10′±10′	10′±10′
车轮外倾角（正前打直位置）	−30′±30′	−30′±30′
两侧之间的最大允许偏差角	30′	30′
车轮向左以及向右转动 20°前束角差①	1°19′±20′	1°19′±20′
主销后倾角	7°37′±30′	7°37′±30′
两侧之间的最大允许偏差	30′	30′
标准高度/mm	379±10	379±10
后桥	标准底盘	运动底盘
车轮外倾角	−1°±30′	−1°20′±30′
两侧之间的最大允许偏差角	30′	30′
总前束角（在规定的车轮外倾角下）	+20′±10′	10′±10′
运行方向最大允许偏差	20′	20′
标准高度/mm	379±10	379±10

① 根据制造商的不同，前束角差也可能为负值。

1.8.9 速腾更换转向角度传感器后极限位置设定

在更换转向角度传感器 G85、转向机总成含转向控制单元 J500、转向柱开关总成含控制单元 J527，做过一次车轮定位的调整，做过转向零位（中间）位置设定后，或出现故障代码"02546"时，就需要做转向极限位置的设定。

速腾极限位置设定方法：前轮处于直线行驶状态，启动发动机，方向盘朝左转动 10°左右，停顿 1~2s，回正，再朝右转动 10°左右，停顿 1~2s，回正，双手离开方向盘，停顿 1~2s，然后方向盘朝左打到底，停顿 1~2s，再朝右打到底，停顿 1~2s，方向盘再回正，关闭点火开关，6s 后生效。

 做完转向零位（中间）位置设定和转向极限位置的设定后，必须用电脑解码器进入 44—02 查询转向系统无故障，设定工作才能结束。

1.8.10 速腾遥控器匹配方法

① 主车门打开，钥匙开关 3 次不拔。
② 关-开车门 3 次，门锁动作，则进入学习状态。
③ 按遥控器任意按键 2 次，门锁动作。
④ 拔出钥匙，门锁再动作，则遥控器匹配成功。

详细操作过程如下：
① 打开驾驶位的门。
② 用门上的开锁键锁门一次开锁一次。
③ 把钥匙插进锁孔。
④ 把钥匙转到 ON，然后转回到 LOCK，10s 内做 3 次，最后停在 LOCK 位（不用等仪表盘上钥匙那个灯灭）。
⑤ 关门开门 3 次，最后把门打开。
⑥ 防盗器电脑自动锁门一次开锁一次。
⑦ 在每个遥控器（很关键，没按的遥控器会失效，只有重新做遥控编程了）上任意一个钮按 2 次，电脑应该会锁门开锁一次。
⑧ 把钥匙拔掉，防盗电脑会最后作出反应，大约是 4 次连续的车门锁门和开锁。

1.8.11 速腾保养归零设置

① 首先按住保养按钮（是按住小里程归零按钮）。
② 插入钥匙到灯亮，听到叮的一声后放开保养按钮。
③ 不要动钥匙，按住仪表旁边的分钟按钮（min），只要分钟时间没有走动，设置完成。

仪表按钮如图 1-89 所示。

图 1-89 大众速腾仪表

1.8.12 速腾下雨关窗功能

首先把大众 VCDS908.1 连接到车子的诊断接口，选择 09Cent. Elect 里面的 RLS（Rain & Light Sensor）46Central Conv。

(1) 修改 RLS 编码

(以下操作以 704.1 版本为例说明，下同)

① 打开 09 模块。

② 选择 07 编码。

③ 在下拉菜单选择 RLS 组件。

④ 记下当前的编码，如编码为 00208933（十进制）。

⑤ 把 00208933 转成十六进制，结果为 33025。

⑥ 把第 1 位即 3 加 4，结果为 73025（十六进制）。

⑦ 把 73025（十六进制）转成十进制，结果为 471077。

⑧ 把 00471077 替换 00208933（不知道前面的零有没有用，保守还是加上）。

⑨ 保存。

(2) 修改 46 编码

① 打开 09 模块。

② 选择 07 编码。

③ 把第 10 位改成 02；从左边开始数，每两个数字为一位。或者用长编码（Long Code）辅助工具更好，就是 Byte 9。

④ 保存。

1.8.13 速腾离家、回家灯更改说明

用大众 VCDS908.1 进入 09 中央电器控制单元把长编码第 1 位改为 A，就可以实现离家/回家功能。

> **说明** 长编码都是十六进制的，A 不是代表字母，而是十六进制的 10，B/C/D/E/F 则分别代表 11、12、13、14、15，将 1 改为 A 就是相当于十进制的将 1 改为 10。

1.8.14 速腾冠军版加装定速巡航功能方法

① 将原转向变光开关更换为带定速巡航功能的转向变光开关。

② 激活发动机控制单元模块中的定速巡航启用功能：进入发动机控制单元将原编码 0403000018070060 倒数第 3 位的十六进制数 0 改为 1，即编码变为 0403000018070160。

③ 进入 16 方向盘控制单元将代码 0012001 改为 0012021。

J527 的编码规则：如第 4 位改为 0，系统认为多功能方向盘识别错误，将出现报警音长报警提示；如第 5 位改为 3（带 4 按键位置的 CCS），多功能方向盘无静音功能；如第 6 位改为 4，多功能显示器系统将提示刮水器开关 E22 有故障。安装成功后读取 66 数据组 2 区显示 00001000，4 区显示为 10000001。

1.8.15 速腾冠军加装巡航编码

(1) 冠军巡航编码方法

① 进入发动机控制单元将原编码 0403000018070060 倒数第三位改为 1，即 0403000018070160。

② 进入 16 控制单元，点击 07 编码将 0002001 改为 0002021。

(2) 增配定速巡航功能

① 换装定速巡航手柄。
② 匹配：进入 01 发动机控制单元，点击 11 登录，输入 11463。
③ 激活：进入 16 方向盘控制单元，点击 07 重新编码，将编码 0010012 的倒数第二位数字改为 4，即 0010042。说明：0010012 的含义是有板载电脑、无巡航控制；0010042 的含义是有板载电脑、有巡航控制。

1.8.16 速腾 1.6AT 加装全屏仪表和多功能方向盘编码

AK 模块：仪表匹配，钥匙匹配，仪表调整。
关闭工厂模式 17—10—22 输入 0；关闭机油传感器 17—10—输入 39。
改成中文显示 17—10—04；更改仪表编码 17—07—0019103。

Address 16：Steering wheel　　　　Labels：1K0-953-549.lbl
Part No SW：1K0 953 549 AK　　　HW：1K0 953 549 AK
Component：J0527　　　　　036 0070
Coding：0012122
Shop #：WSC 33410 758 16598
Part No：××××××××××
Component：E0221　　　　　002 0010
No fault code found.

加装带拨片 GLI 方向盘，编码：0012122。
不带拨片，改成：0012022。

> **说明**　AK 初始化需要在服务站进行，仿制诊断线无法对 AK 模块进行首次编码。

1.8.17 速腾加装巡航功能编码

将巡航手柄换上进入发动机控制单元 01—登录 11—输入 11463 进入方向盘控制单元 16—重新编码 07—改成 0012041，2.0L 车中将 0012142 改 0010042。

冠军版 TSI 和 1.8T、2.0L、1.6L 加装巡航手柄的编码有所不同：TSI 的发动机单元是长编码，需要把长编码倒数第三位由 0 改为 1（改发动机编码时必须是熄火状态，否则改后数据保存不进去），方向盘控制单元编码倒数第二位由 0 改为 2。

> **说明**　若倒数第二位改为 4，这时巡航能正常使用但方向盘控制单元刮水器的故障码消除不掉，因为冠军版的模块跟其他车有些不同，大概是在模块里把刮雨量感应的功能也减配掉了！所以只能改成 2 (倒数第二位为 2 的含义是无电脑有巡航)。

> **注意**　车型不同编码有所不同。

倒数第二位是巡航功能编码，含义如下：
　　* 0xxxx? x:Board Computer/Cruise Control System (CCS)
　　　　　　　　　　　　　　　　　　　　　　//板载电脑/巡航控制
0＝w/o Board Computer and w/o Cruise Control System (CCS)
　　　　　　　　　　　　　　　　　　　　　　//无板载电脑无巡航控制
1＝with Board Computer and w/o Cruise Control System (CCS)

                                               //有板载电脑无巡航控制
2＝w/o Board Computer and with Cruise Control System（CCS）
                                               //无板载电脑有巡航控制
4＝with Board Computer and with Cruise Control System（CCS）
                                               //有板载电脑有巡航控制

1.8.18　速腾安全开门功能编码

此功能表现为按一下遥控的开锁键仅打开司机旁的车门，连续按两次打开全车车门。配合15km/h落锁功能可有效防止抢劫。

修改编码步骤：

进入到46—07单元；

修改前的长编码为（备件号：1K0 959 433 CA）18D802487F2D8405484F01E011A0；

修改后的编码为19D802487F2D8405484F01E011A0；

拔钥匙自动解锁10—05开通。安全开门功能编码修改完成。

1.8.19　速腾/迈腾加装原厂胎压监控编码

速腾ABS控制单元编码：0021121改0004737（备件号：1K0 927 121B）。

迈腾ABS控制单元编码：0000318改0002366。

速腾冠军版的比较特别——将原编码0021122改为0004738。

1.8.20　速腾车门控制单元编码

车门控制单元的编码分别代表各个不同的功能（与仪表控制单元的编码规则类似，结果为累加之和），具体编码说明如下：

＋0000001＝增加后备厢开关功能

＋0000002＝打开外后视镜登车照明灯

＋0000004＝后视镜上的转向信号灯

＋0000016＝玻璃升降器自动升降功能（用开关上的一触功能，即第二挡）

＋0000032＝带后视镜加热功能

＋0000064＝安装有车门警告灯

＋0000128＝基数

① 若某速腾车带有后视镜加热，但无车门警告灯，编码为基数128＋后视镜加热32＋自动升降16＋后视镜转向灯4＝180，该数字即后期生产的不带车门警告灯的速腾前门电脑编码。

② 若速腾后门电脑只有自动升降功能，后门电脑编码为：基数128＋自动升降16＝144。

③ 若某速腾车带有后视镜加热、车门警告灯，编码为：基数128＋后视镜加热32＋自动升降16＋后视镜转向灯4＋车门警告灯64＝244。

1.8.21　速腾一键升窗功能编码

速腾一键升窗功能编码如表1-18所示。

1.8.22　速腾舒适系统匹配

通道00：删除所有钥匙（0＝删除）；

01：匹配钥匙（钥匙1至钥匙4）；

表 1-18 一键升窗功能编码

舒适系统零件号	通道和操作单元	原编码	改后编码
1K0 959 433 AM	46—07	19D8 02(08)7F2D 8405 484F01E0 11A0	19D8 02(48)7F2D 8405 484F 01E0 11A0
1K0 959 433 CA	46—07	11900A000106(08) 7F2D04840560084F01E0FCA0	11900A000106(48) 7F2D04840560084F01E0FCA0
1K0 959 433 AM	46—07	19D8 02(08)7F2D 8405 484F 01E0 11A0	19D8 02(48)7F2D 8405 484F 01E0 11A0
1K0 959 433 CA	46—07	11900A000106(08) 7F2D04840560084F01E0FCA0	11900A000106(48) 7F2D04840560084F01E0FCA0

说明：冠军版天窗无法一键关闭，选择 46—07 进入长编码将 0C 改 4C 后 OK

03：单门开启功能；

04：15km/h 自动落锁；

05：S 触点断开自动开锁；

14：倾斜传感器的灵敏性（100～200；100＝50％，140＝70％，200＝100％）；

17：通过遥控钥匙开启和关闭玻璃升降器和天窗（便捷功能）；

07：遥控开锁时信号灯闪烁两次；

08：钥匙开锁时信号灯闪烁两次；

10：遥控锁车时信号灯闪烁一次；

11：钥匙锁车时信号灯闪烁一次。

1.8.23 速腾汽车匹配指导

（1）组合仪表自诊断—10 功能

17—10—02：保养周期显示复位，步骤顺序为 17—10—02—00000（还可以使用功能引导程序：仪表盘→复位保养周期指示器）。

17—10—03：燃油显示自适应；

17—10—04：信息语言种类（中文—09）；

17—10—09：行驶里程输入；

17—10—16：读出里程脉冲数；

17—10—30：校正燃油表显示，显示在 120～136 间，可以调整 8 步；

17—10—40：上次保养后行驶的里程；

17—10—41：上次保养后行驶的时间；

17—10—43：下次保养前里程；

17—10—44：下次保养前时间。

仪表行驶里程输入 17—11—1386110—09—诊断插座 8 脚、9 脚是 CAN 线，7 脚是 K 线。

（2）网关 19—08

19—08—01：仪表唤醒/舒适总线/信息总线/动力总线。

19—08—02：二区运输模式（激活/禁用）。

19—08—125：发动机、变速器、制动器。

19—08—126：转向角、气囊、操纵、柴油泵。

19—08—127：中央电器。

19—08—13X：舒适总线（130～133）。

19—08—14X：信息总线（140、141）。

（3）中央控制单元 J393（D9）

09—10—01：回家功能时间设定 10～120s。

09—10—02：离家功能时间设定 10～120s。

09—10—03：后风窗加热自动切断时间设定 1～254s。

09—10—04：大灯清洗时间设定 50～10000ms。

雨刷 APS 功能关闭，使用故障导航。

（4）发动机控制单元

01—04—060：节气门基本设定。

01—04—063：强制低挡设定，踩油门踏板到底 3s 以上。（更换发动机控制单元或油门踏板）。

（5）EPS 电动助力转向系统 J500（44）

44—10—02：改变报警灯颜色。

44—10—01：改变转向助力特性曲线。

44—10—00：断电后故障灯亮，需重新设定中心位置——方向盘从左到右。

（6）舒适系统 46

46—10—00：删除所有钥匙。

46—10—01：匹配钥匙（1～4 把）。

46—10—03：单门开启功能。

46—10—04：15km/h 落锁功能。

46—10—05：S 触点断开自动开锁功能。

46—10—07：遥控开锁时信号灯闪烁两次。

46—10—08：钥匙开锁时信号灯闪烁两次。

46—10—10：遥控锁车时信号灯闪烁一次。

46—10—11：钥匙锁车时信号灯闪烁一次。

46—10—14：倾斜传感器灵敏度（100～200，100＝50％，140＝70％，200＝100％）。

46—10—17：开启、关闭遥控钥匙控制玻璃升降和天窗开闭。

（7）停车辅助功能 J446

76—10—01：警报提示音（0～100％）。

76—10—02：灵敏度。

（8）安全气囊控制单元 J234

15—10—01：副司机气囊。

15—10—02：司机气囊（不可编程修改）。

15—10—03：副司机气囊。

15—10—04：司机侧气囊。

15—10—05：副司机安全带。

15—10—06：司机安全带。

15—10—07：副司机头部气帘。

15—10—08：司机头部气帘。

副司机气囊通过钥匙关闭/打开！

（9）ABS 控制单元 J104

更换 ABS 控制单元 J104	需要完成的操作： —对 ABS J104 控制单元编码； —清洗管路，加注制动液； —方向盘转向角度传感器 G85 基本设定； —制动压力传感器 G201 基本设定； —组合传感器 G419 基本设定； —对 ESP 系统整体试车检测；
更换方向盘转向角度传感器 G85	—方向盘转向角度传感器 G85 基本设定； —对 ESP 系统整体试车检测
更换 ESP 组合传感器 G419	—横行加速度传感器 G200 基本设定

04—060、063、066、069 都没有了，必须用故障导航！

制动系统检测：故障引导程序→功能或部件选择→底盘→制动系统→01 具有自诊断功能的系统→防抱死制动系统→功能（选择要执行的功能）。

六挡自动变速器：ATF 油第一次加注量 7.0L，更换 3L。

（10）网关插头脚说明

1、2 脚—30♯正电；14 脚—15♯正电；13 脚—仪表唤醒信号线；11、12 脚—31♯负电；9、19 脚—诊断 CAN；6、16 脚—驱动 CAN；5、15 脚—未用。

（11）组合仪表 J285

更换仪表：故障导航→车身→电器设备→01 具有自诊断功能的系统→仪表盘→仪表盘功能→匹配/更换仪表盘。

（12）外部的输入信号

有：外部温度传感器 G17、机油压力开关 F1、清洗液面传感器 G33、冷却液面传感器 G32、制动蹄片磨损 G34、制动液面开关 F34、油箱油量传感器 G、机油油位和温度传感器 G266、手制动开关 F9。

（13）底盘四轮定位参数

前轮（2UA/2UD）总前束角	10′±10′
外倾角	−30′±30′
两侧最大允许偏差角	30′
20°时左右锁止位置最大允许偏差角	1°38′±20′
后倾角	7°34′±30′
两侧最大允许偏差角	30′
离地间隙/mm	382.5±10
后轮外倾角	−1°20′±30′
前束角	+10′±12.5′
行驶方向最大允许偏差角	20′
外倾角调整上摆臂螺栓 65Nm	前束调整下摆臂

（14）风扇工作条件

92~97℃ 一挡；99~105℃ 二挡；高于 16bar 二挡，双温开关高于 99℃ 或压力大于 16bar 二挡，压力小于 16bar 一挡，压力大于 2bar 且开空调时为一挡。

加热及通风系统有单独的地址码：7D。

外部环境温度/℃	制冷系统平衡压力/bar（1bar＝100kPa）
15	3.9
20	4.7
25	5.6
30	6.7
35	7.5

(15) 匹配设定

更换车载电网控制单元时对 J519 设码：故障导航→车身→01 具有自诊断功能的系统→车载电网控制单元→车载电网控制单元功能→控制单元设码。

更换网关（数据总线诊断接口）J533：车身→01 具有自诊断功能的系统→网关→网关功能→更新网关。

G85 基本设定：底盘→01 有自诊断功能的系统 Mark60/Mark70→防抱死制动系统 ABS/EDS/ASR/ESP Mar60→功能→转向角度传感器 G85 的基本设定。

车窗防夹开启功能：打开点火开关→关闭所有门窗→拉动左前玻璃开关保持"关闭"位置 1s→再拉动开关 1s。现在车窗必须按下开关自动降下，并拉出开关重新自动升高。

轮胎气压监控基本设置：打开点火开关→同时按住 ESP 和 SET 键（没有 ESP 时，请按 ASR），由提示音确定。

前大灯基本设置：故障引导程序→跳转→车身→电器设备→01 具有自诊断功能的系统→55 动态前大灯调节器→J431 动态前大灯调节器功能→J431 用于 LWR 的控制器基本设定→按压 iu 按钮，按照测试仪的流程进行，并直至出现文字"J431 用于 LWR 的控制器"，基本设置→按压 iu 按钮，按照测试仪的流程进行，并确认出现文字"J431 用于 LWR 的控制器"，基本设置，按照测试仪的流程进行。检查大灯调节装置，必要时调节大灯。完成基本设置。

空调基本设定：车身→加热空调→01 具有自诊断功能的系统→climatoonic 全自动空调或 climatic 半自动空调→功能→基本设定。

更换发动机控制单元：驱动系统→发动机→01 具有自诊断功能的系统→发动机控制单元→功能→更换发动机控制单元、节气门基本设定、废气再循环阀匹配、J362 防盗控制单元编码、控制单元 J361 编码、清除 J361 匹配、激活/不激活车速控制、存储低挡开关。

转向柱控制单元编码：车身→电气设备→01 具有自诊断功能的系统→方向盘电子装置→方向盘电子装置功能→给方向盘电子装置编码。

仪表匹配：车身→电气设备→01 具有自诊断功能的系统→仪表盘→仪表板功能→仪表板匹配/更新→完成，否（保养周期和编码是否已匹配）→完成。

燃油消耗显示匹配：车身→电器设备→01 具有自诊断功能的系统→仪表盘→仪表盘功能→燃油消耗指示匹配→直接输入数值（85%～115%）。

舒适系统功能匹配：车身→车身装配工件→01 具有自诊断功能的系统→舒适系统→功能→舒适系统中央控制单元 J393 无线电遥控钥匙匹配、单门锁、倾斜角度、后备箱等功能。

匹配回家模式：车身→电气设备→01 具有自诊断功能的系统→车身电网控制单元→车载电网控制单元功能→匹配回家外视镜加热功能、后部加热功能、APS 停用编码、匹配大灯系统。

关闭气囊：15—10—01—08。

APS：车身→电气设备→01 具有自诊断功能的系统→车载电网控制单元 J519→电子器件→雨滴传感器。

车身→电气设备→01 具有自诊断功能的系统→车载电网控制单元 J519→车载电网控制单元的功能→匹配后视镜加热、匹配回家模式、匹配脚部照明灯亮度、匹配大灯清洗系统、对车载电网控制单元编码、停用 APS。

收音机解码：在 SAFE 和"1000"后输入防盗码，后按 Pfeil 按钮。

激活巡航：01—11—11463（打开）/16167（关闭），故障导航→功能/部件选择→驱动→01 具有自诊断功能的系统→发动机控制单元→功能→激活/关闭巡航装置。

雨刷片保养、冬季位置：关闭点火开关后10s内将雨刷开关拨到"点动刮水"位置。

节温器检查：开启起点温度87℃，开启终点温度102℃，开启行程最小7mm。

机油压力检测：水温80℃，急速1.2bar，2000r/min 2.7～4.5bar，继续提高转速压力不超7.0bar。

冷却系统检测：测试压力1.0bar，水壶盖安全阀开启压力1.4～1.6bar。

汽油泵检测：电压12.5V，最小输送量580cm^3/30s，急速时汽油泵标准电流9A。

油压：关闭表阀压力4bar，10min后不低于3bar。

高压线阻值4～8kΩ。

1.8.24　2012年款起全新速腾保养归零设置

不使用车辆诊断测试仪复位保养周期显示的方法如下：

① 用前风窗玻璃刮水器操纵杆上的翘板开关（图1-90）选择"设置"菜单；或用多功能方向盘上的按键选择"设置"菜单（见图1-91）。

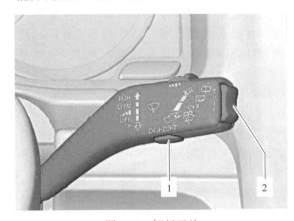

图1-90　翘板开关

图1-91　多功能方向盘设置按钮

② 在"保养"子菜单中选定"复位"选项，然后按下前风窗玻璃刮水器操纵杆或多功能方向盘上的"OK"键来复位保养周期显示。

③ 在弹出安全询问时，再次按"OK"键确认。

用如图1-92所示的组合仪表上的操作键复位保养周期显示的方法如下：

① 点火开关关闭时按住按键B。

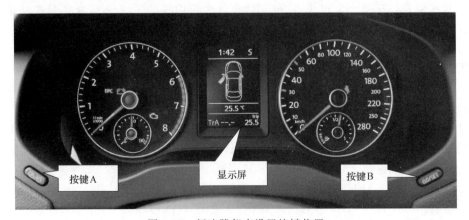

图1-92　新速腾仪表设置按键位置

② 打开点火开关。
③ 松开按键 B，短按一次时间设置键 A。
④ 保养周期显示处于复位模式状态，若干秒后恢复正常视图。

必须注意，手动复位保养周期编码是固定的，也就是说，每 15000km 或每年需要保养一次。用前风窗玻璃刮水器操纵杆上的翘板开关或多功能方向盘上的按键进行操作。

1.8.25　2012 年款起全新速腾电动车窗定位操作步骤

先断开蓄电池后重新连接，电动车窗升降器的自动上升和下降功能失灵。因此，在交付新车前必须对车窗升降器重新进行定位。定位后不允许再断开蓄电池。

注意　在断开蓄电池后再次连接，电动车窗升降器的防夹功能失灵，可能会造成严重的挤伤！

对电动车窗升降器进行定位时，应执行以下操作步骤：

以下操作说明只针对左前车窗升降器。其他车窗升降器的定位方法相同，也是通过按下或拉起驾驶员侧车门内的相应按键来进行。
① 打开点火开关。
② 完全关闭所有车窗和车门。
③ 通过拉住左前车窗玻璃升降按键（超过 1s）使左前车窗玻璃保持在"关闭"位置。
④ 再将按键拉动 1s。左前车窗玻璃现在必须在按下开关时自动降下，并在拉出按键时重新自动升高。

提示　可以单独恢复一个或同时恢复多个车窗升降器的功能。

⑤ 关闭点火开关。

1.8.26　2019 年款起速腾保险丝信息

1.8.27　2019 年款起速腾继电器信息

1.8.28　2019 年款起速腾接地点信息

1.8.29　2019 年款起速腾控制器位置与连接器信息

1.9　迈腾 Magotan（2011~2021 年款）

1.9.1　迈腾车型发动机配置信息

迈腾车型发动机配置如表 1-19、表 1-20 所示。

表 1-19　全新迈腾 B8L 车型发动机配置

发动机型号代码	CUG/DKX	DBF/DKV/DPL	CUF	CSS/DJS
排量/L	2.0	2.0	1.8	1.4
气缸数/每缸气门数	4/4	4/4	4/4	4/4
功率/[kW/(r·min^{-1})]	162/(4500~6200)	137/5000	132/(4300~6250)	110/(5000~6000)

续表

发动机型号代码	CUG/DKX	DBF/DKV/DPL	CUF	CSS/DJS
转矩/[Nm/(r·min^{-1})]	350/(1500～4400)	320/(1600～4000)	300/(1450～4100)	250/(1750～3000)
缸径 ϕ/mm	82.5	82.5	82.5	74.5
冲程/mm	92.8	92.8	84.1	80
压缩比	9.6:1	11.65:1	9.6:1	10.5:1(−0.5)
喷射装置/点火装置	TSI 涡轮增压器	TSI 涡轮增压器	TSI 涡轮增压器	TSI 涡轮增压器
燃油要求	95 号及以上优质无铅汽油	95 号及以上优质无铅汽油	95 号及以上优质无铅汽油	92 号及以上优质无铅汽油
凸轮轴传动装置	链条	链条	链条	齿形带

表 1-20　全新迈腾 B7L 车型发动机配置

发动机型号代码	CNG	CFB	CGM	CEA
排量/L	3.0	1.4	2.0	1.8
气缸数/每缸气门数	6/4	4/4	4/4	4/4
功率/[kW/(r·min^{-1})]	184/6400	96/5000	147/5500	118/(5000～6200)
转矩/[Nm/(r·min^{-1})]	310/3500	220/(1750～3500)	280/1800	250/(1500～4200)
缸径 ϕ/mm	84	76.5	82.5	82.5
冲程/mm	89.5	75.6	92.8	84.2
压缩比	11.4:1	10.0:1	10.2:1	9.8:1
喷射装置/点火开关	Motronic MED 17FSI	Motronic MED 17.5 TSI 涡轮增压器	Motronic MED 17.5 TSI 涡轮增压器	Motronic MED 17.5 TSI 涡轮增压器
燃油要求	95 号及以上优质无铅汽油	92 号及以上优质无铅 3 汽油	95 号及以上优质无铅汽油	92 号及以上优质无铅汽油
凸轮轴传动装置	链条	链条	链条	链条

1.9.2　2.0T DKX 发动机正时维修

该发动机正时机构结构形式、正时检查与调整方法和 DPL 相同，请参考 1.3.2 内容。

1.9.3　2.0T DPL 发动机正时维修

该发动机正时维修同探岳车型 DPL 发动机，请参考 1.3.2 内容。

1.9.4　1.4T DJS 发动机正时维修

该发动机正时机构结构形式、正时检查与调整方法和 DLS 相同，请参考 1.1.2 内容。

1.9.5　2.0T CUG 发动机正时维修

该发动机正时单元结构与拆装调整步骤和 CUH 发动机相同，相关内容请参考 2.13.3 内容。

1.9.6　1.8T CUF 发动机正时维修

该发动机正时单元结构与拆装调整步骤和 CUH 发动机相同，相关内容请参考 2.13.3 内容。

1.9.7　1.4T CSS 发动机正时维修

该发动机正时机构结构形式、正时检查与调整方法和 DLS 相同，请参考 1.1.2 内容。

1.9.8　1.8T CEA发动机正时维修

1.9.8.1　发动机正时分解

发动机正时链单元结构图解如图1-93、图1-94所示。

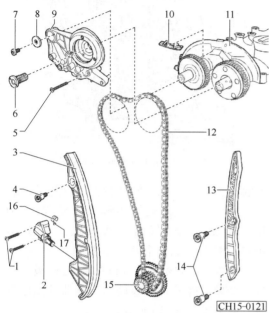

图1-93　发动机正时链单元结构

1—螺栓（9Nm）；2—链条张紧器；3—凸轮轴正时链导向夹板；4—导向螺栓（20Nm）；5—螺栓（9Nm）；6—控制阀左旋螺纹（35Nm）；7—螺栓，装备1.8L发动机拧紧力矩为8Nm＋继续旋转90°，装备2.0L发动机拧紧力矩为20Nm＋继续旋转90°；8—垫片；9—轴承座；10—凸轮轴正时链的导轨；11—气缸盖罩；12—凸轮轴正时链；13—凸轮轴正时链导向夹板；14—导向螺栓（20Nm）；15—曲轴链轮；16—锁定片；17—锁块

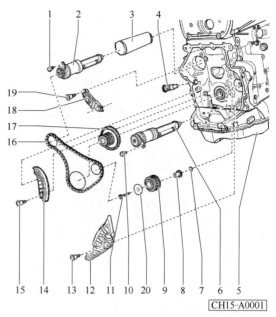

图1-94　平衡轴正时链单元结构分解

1—螺栓（9Nm）；2—排气凸轮轴的平衡轴；3—平衡轴套；4—链条张紧器（65Nm）；5—气缸总成；6—进气凸轮轴的平衡轴；7—O形圈；8—轴承销；9—中间链轮；10—螺栓（9Nm）；11—螺栓带垫片；12—导向夹板；13—导向螺栓（20Nm）；14—导向夹板；15—导向螺栓（20Nm）；16—平衡轴正时链；17—曲轴链轮；18—导向夹板；19—导向螺栓（20Nm）；20—垫片

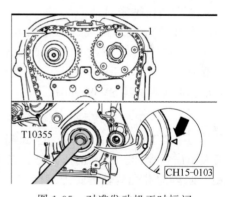

图1-95　对准发动机正时标记

1.9.8.2　发动机正时拆装

（1）正时链单元拆卸方法

① 用拆卸工具CT 10352/1拆下控制阀。控制阀是左旋螺纹。

② 旋出螺栓，并取下轴承座。

③ 用止动工具T10355将减振盘/带轮旋转到"上止点"。注意减盘/带轮上的切口必须与正时链下部盖板的箭头标记相对。凸轮轴上的标记1必须指向上方，如图1-95所示。

④ 拆下正时链下部盖板。

⑤ 按下机油泵链条张紧器上的张紧弹簧，并用定位销T40011锁定，拆卸机油泵链条张紧器。

⑥ 从曲轴链轮上取下机油泵链条。

⑦ 使用定位销T40011插入链条张紧器上锁定片的孔中，稍稍撬开链条张紧器的锁块，同时按压凸轮轴链条导向夹板，并用定位销T40011锁定，如图1-96所示。

⑧ 旋出链条张紧器固定螺栓3，取下链条张紧器。

⑨ 旋出导向螺栓1和2，取下凸轮轴正时链导向夹板。

⑩ 取下凸轮轴正时链。

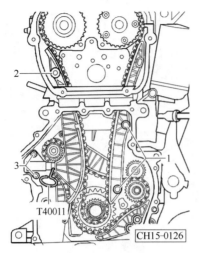

图 1-96 拆卸正时链张紧器和导向板

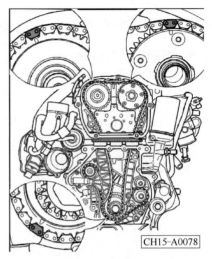

图 1-97 对准凸轮轴正时标记

（2）正时链单元安装步骤
① 拆卸油气分离器。
② 松开弹簧卡箍，拔下供油管。
③ 旋出燃油管锁紧螺母。
④ 拔下插头。
⑤ 旋出螺栓。
⑥ 取下机械式单活塞高压泵。
⑦ 旋出螺栓，取下真空泵。
⑧ 撬出凸轮轴密封盖。
⑨ 安装 TSI 发动机进气凸轮轴调整工具 SVW 9002 和 TSI 发动机排气凸轮轴调整工具 SVW 9001，用螺栓固定 TSI 发动机排气凸轮轴调整工具 SVW 9001。

注意　工作步骤⑩~⑫必须在一个工作程序内完成，因此需要2名人员进行操作。凸轮轴正时链上的有色链节必须对准凸轮轴链轮上的标记。

⑩ 将凸轮轴正时链放到排气凸轮轴上，使凸轮轴正时链上的有色链节对准排气凸轮轴链轮上的标记，如图 1-97 所示。
⑪ 转动 TSI 发动机进气凸轮轴调整工具 SVW 9002，使凸轮轴正时链上的有色链节对准进气凸轮轴链轮上的标记。
⑫ 同时转动 TSI 发动机排气凸轮轴调整工具 SVW 9001 和 TSI 发动机进气凸轮轴调整工具 SVW 9002，使正时链上的有色链节对准曲轴链轮上的标记。凸轮轴正时链上的有色链节对准曲轴链轮上的标记后，将 TSI 发动机排气凸轮轴调整工具 SVW 9001 和 TSI 发动机进气凸轮轴调整工具 SVW 9002 把持住，再进行下一步操作。

⑬ 安装凸轮轴正时链的导向夹板，拧紧两个导向螺栓，安装链条张紧器的固定螺栓，取下定位销 T40011。
⑭ 松开并取下 TSI 发动机排气凸轮轴调整工具 SVW 9001 和 TSI 发动机进气凸轮轴调整工具 SVW 9002。
⑮ 安装轴承座，并用螺栓固定。
⑯ 安装正时链下部盖板。
⑰ 安装正时链上部盖板。
⑱ 安装多楔带张紧装置。
⑲ 安装发动机支架。
（3）平衡轴正时链单元的拆装
① 拆卸凸轮轴正时链。
② 如图 1-98 所示，旋出平衡轴正时链的链条张紧器螺栓 1。
③ 旋出导向螺栓 2、3 和 4。
④ 取下平衡轴正时链。
⑤ 旋转中间链轮/进气凸轮轴的平衡轴，如图 1-99 所示，使进气凸轮轴的平衡轴上的标记位于中间链轮上的标记之间。
⑥ 安装平衡轴正时链，如图 1-100 所示，使平衡轴正时链上的有色链节分别对准曲轴链轮上的标记和进/排气凸轮轴的平衡轴链轮上的标记。

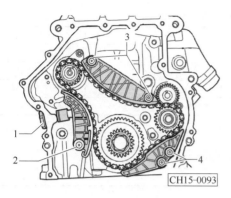

图1-98 拆卸平衡轴正时链张紧器与导向轨

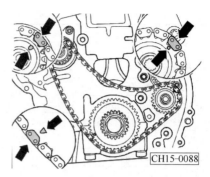

图1-100 对准平衡轴正时链标记

⑧ 安装链条张紧器。

⑨ 再次检查中间链轮/进气凸轮轴的平衡轴上的标记。

⑩ 再次检查平衡轴正时链的标记。其余的安装以拆卸的相反顺序进行。

1.9.9 3.0L CNG发动机正时维修

该款发动机也搭载在大众CC车型上，相关内容请参考1.10.6小节。

1.9.10 迈腾B8L四轮定位数据

B8L四轮定位数据如表1-21、表1-22所示，以下额定值适用于所有发动机配置。

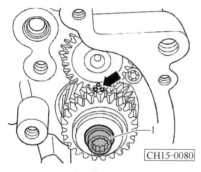

图1-99 设置平衡轴安装标记

⑦ 安装平衡轴正时链的导向夹板，旋入导向螺栓并固定。

表1-21 前桥定位数据

前桥	基本底盘	DCC底盘
PR编号	G01	G04
总前束角（无负载）	10′±10′	10′±10′
车轮外倾角（在直线行驶位置上）[①]	−32′±30′	−39′±30′
两侧之间最高允许的角度差值	30′	30′
转向角度20°时的前展角[②]	1°18′±20′	1°26′±20′
主销后倾角	7°23′±30′	7°38′±30′
两侧之间最高允许的角度差值	30′	30′
离地高度	394mm	384mm

① 车轮外倾角不可调。它只能通过移动副车架略微校正。
② 四轮定位计算机的制造商不同，前展角也可能为负值。

表1-22 后桥定位数据

后桥	基本底盘	DCC底盘
PR编号	G01	G04
车轮外倾角两侧之间最高允许的差值	−1°20′±30′30′	−1°20′±30′30′
行驶轴线方向总前束角最大允许偏差	+10′±10′20′	+10′±10′20′
离地高度	391mm	381mm

1.9.11 迈腾B7L四轮定位数据

迈腾B7L四轮定位数据如表1-23所示，以下额定值适用于所有发动机配置。

表 1-23 迈腾 B7L 四轮定位数据

前桥	标准底盘	后桥	标准底盘
产品编号	G11		
总前束角(无负载)	10′±10′	总前束(规定的车轮外倾角)	+10′±10′
车轮外倾角(正前打直位置)	−30′±30′	车轮外倾	−1°20′±30′
两侧之间允许的最大偏差角	30′	两侧之间允许的最大偏差	30′
向左和向右转向 20°时,前束角差①	1°19′±20′		
主销后倾角	7°32′±30′		
两侧之间允许的最大偏差	30′	运行方向允许的最大偏差	20′
离地高度/mm	383±10	离地高度/mm	383±10

① 根据制造商的不同,前束角差也可能为负值。

1.9.12 迈腾大灯设定匹配

J519—10:功能匹配。

09—10—01:回家功能时间设定 10~120s。

09—10—02:离家功能时间设定 10~120s。

09—10—03:后风窗加热自动切断时间设定 1~254s。

09—10—04:大灯清洗时间设定 50~10000ms。

1.9.13 迈腾一键升窗功能编码

46 修改长编码:19910A0001860E76300494157008CF0B607C00 为 19910A0001864E763-00494157008CF0B607C00。

1.9.14 迈腾智能钥匙遥控器同步方法

① 拆开驾驶员侧车门把手塑料盖。
② 按遥控器的开锁按键。
③ 用遥控器内的小钥匙转动车门锁至"锁车门"状态。
④ 再次按遥控器的开锁按键。
⑤ 完成同步。

1.9.15 迈腾保养归零设置

(1) 手动归零设置步骤

① 点火开关关了,同时按住扳手图形与清零(右侧)按钮不放,如图 1-101 所示。
② 打开钥匙,此时按住仪表的 min(左下侧)按键就可以了。
③ 只要显示出来"大众集团"字样,就说明清零了。

图 1-101 一汽大众迈腾仪表

(2) 使用设备归零操作步骤

进入"仪表系统"17—匹配，进行下面操作：

① 通道 02 改为 00000；

② 通道 42 改为 00150；

③ 通道 43 改为 00150；

④ 通道 40 改为 00075，即为 7500 公里保养。

1.9.16 迈腾车钥匙遥控玻璃升降匹配

操作步骤如下：

① 插入钥匙，打开钥匙门；

② 操作多功能方向盘右侧组合仪表菜单控制模块；

③ 按菜单按钮进入设置；

④ 按菜单选择按钮选择舒适系统，按确认按钮进入舒适模式；

⑤ 舒适模式有 3 种模式：选关模式，插入钥匙门的钥匙将不能遥控 4 门玻璃升降；选所有模式，插入钥匙门的钥匙能遥控 4 门玻璃升降；选司机模式，插入钥匙门的钥匙只能遥控司机门玻璃升降。

1.9.17 迈腾更换舒适电脑单元操作方法和注意事项

迈腾全系车型应用了技术先进的第四代防盗锁止系统。因防盗锁止系统控制单元 J362 集成在舒适系统中央控制单元 J393 中，若防盗锁止系统控制单元损坏，必须更换舒适系统中央控制单元 J393，且必须对防盗锁止系统进行在线匹配。

(1) 在线匹配前需做的准备工作

① 确认一汽大众专用汽车诊断检测设备 VAS5052A 工作良好。

② 确保 Internet 正常连接。

③ 检查经销商是否有相应授权及用户名密码是否正确，必要时进行在线测试，确保可以在线连接。

④ 确认所要更换的舒适系统中央控制单元零件号与损坏的原舒适系统中央控制单元零件号一致或可替代。

⑤ 读取原舒适系统中央控制单元的长编码并保存。

⑥ 确保所要匹配车辆电瓶的静态电压大于 12.5V，必要时进行充电。

(2) 数据流分析：安装新的舒适系统中央控制单元，连接 VAS5052A，选择功能引导，按提示依次确定品牌为 FAW-VW—车型为 3C 迈腾—年型为 2007—发动机类型为 BPL1.8，在车辆系统或功能菜单项中选择"防盗锁止系统"，此时利用测量数据块功能读取舒适系统中央控制单元内防盗模块数据流：

◆ 显示防盗锁止系统使用状态为"1"（正常为 6）；

◆ 防盗锁止系统状态为"1"（正常值"0"）；

◆ 授权钥匙为"否"；

◆ 已配的钥匙数为"0"；

◆ 发动机控制单元应答为"否"；

◆ 许可启动过程为"否"。

说明防盗锁止系统相关部件（如钥匙、进入及启动许可开关、发动机控制单元、防盗单元、转向锁止模块）之间未进行相应的匹配。

(3) 在线测试

为确保在线匹配的顺利进行，首先进行在线测试。如果显示在线测试为"X"或提示测试失败，则需找出问题并予以解决，硬件问题（检测设备和网卡等）或软件问题（IP 地址）等都可能会造成在线测试失败。若在线测试成功，系统显示"已成功进行系统测试"的信息。

(4) 在线匹配

选择"更换防盗锁止系统时进行匹配"，在整个匹配过程中，保持钥匙位于点火挡位，如 15 号正电不能接通，则可通过操作变光开关激活网关，使 VAS5052A 能连接到车辆。正式匹配进程开始后系统会进行登录锁止状态查询。

如屏幕显示"无登录锁止"，则进行下一步，按照提示依次输入客户姓名、用户识别号、国籍（建议使用真实的用户信息输入，国籍为 CN）等信息，然后输入服务站用户名及相应密码登录系统，登录成功后，中央数据库会返回有关查询数据。VAS5052A 接收和分析相关数据并进行验证，此时系统提示已写入配置信息指令字节。接下来，VAS5052A 会将下载包写入防盗锁止系统控制单元。由于程序设置的原因，一般情况下，VAS5052A 无法一次性将下载包写入防盗锁止系统控制单元，这时会显示更换防盗锁止系统时匹配失败。

注意 若匹配不成功，一定不要关闭点火开关、拔下诊断插头、断电或退出系统。因为此时防盗锁止系统已进行部分匹配，任何非正常中断都会造成防盗锁止系统控制单元因不能完成匹配而永久损坏；正确的做法是按继续箭头再次运行匹配程序，继续防盗锁止系统匹配的进程，在系统读取和验证 WFS（防盗锁止系统）数据后，最终显示成功将下载包写入防盗锁止系统控制单元。

(5) S 触点识别

根据第四代防盗锁止系统的工作原理，需要点火钥匙 S 触点的信号才能激活防盗信息的交换，因此选择"查询 S 触点"，将点火钥匙暂时从钥匙座内抽出再推回至 S 触点位置。目的是进行断电和 S 触点的识别工作，并根据屏幕提示选择"是"，此时如选择"否"，舒适系统中央控制单元 J393 就会处在未定义状态，无法继续使用。

通过 S 触点的正常识别，由 50 通道适配功能传递车辆底盘号，在车辆底盘号成功传递后，VAS5052A 显示成功地进行了舒适系统中央控制单元的匹配，并提示打开点火开关，以对系统进行确认。

(6) 钥匙匹配

确认舒适系统中央控制单元匹配成功后，系统自动进入钥匙匹配程序。所有车辆钥匙出厂时均进行了预设码，只能在相应车辆上使用，因为防盗信息的更新，原钥匙必须和舒适系统中央控制单元 J393 进行匹配。按照提示步骤，输入服务站用户信息和 GEKO 密码登录进行在线匹配。匹配钥匙时为避免干扰，每把钥匙应放在距点火开关足够远的地方，通过屏幕上的加或减按钮，来确定所配钥匙的总数；在确定需匹配钥匙总数后，多功能仪表盘的日里程表处会显示所要匹配钥匙数的目标值和匹配成功的数值，按照引导程序打开/关闭点火钥匙，直到匹配钥匙总数达到目标值。至此，通过在线连接对防盗锁止系统的各部件之间的数据进行了匹配，实现了各系统部件的相互识别。

(7) 遥控器匹配

最后进行遥控器的匹配，将相应的带遥控器的车辆钥匙插入点火开关，通过系统键盘输入带遥控器功能的钥匙的数量；在系统激活适配功能时，依次按一下待匹配钥匙的开锁或闭锁键 1s 以上，随着 15s 的适配时间上限截止，钥匙的匹配过程自动结束。

虽然显示遥控已成功匹配，但一般会出现操作遥控却不能开/闭锁的现象，进入舒适系统中央控制单元46—11—10数据组，读取开锁/闭锁遥控信号是否处于正常接收状态，此时如操作左前门的车内中控锁控制键也同样失效，说明新更换的舒适系统中央控制单元处于工厂模式，通过VAS505A功能引导关闭工厂模式。完成后，车辆开/闭锁功能恢复正常。

（8）修改长编码

至此工作并没有结束，因为此时进入J393查询故障码，通常会有左右后门电控单元无信号/通信的故障存储，且无法清除。这是因为新的舒适系统中央控制单元预置的长编码与本车实际配置不符，需要按原来记录的长编码重新进行更改。改写编码后故障码自动变为偶发故障，存储可以消除。

（9）读取数据流

退出功能引导，进入系统收集服务功能，清除所有电控单元的故障码，确认无故障码存储后，启动车辆，确认是否正常；此时利用引导性功能中的测量数据块功能再读取舒适系统中央控制单元内防盗模块数据流：

◆ 显示防盗锁止系统使用状态为正常值"6"；
◆ 防盗锁止系统状态为正常值"0"；
◆ 授权钥匙为"是"；
◆ 已配的钥匙数为"1"；
◆ 发动机控制单元应答为"是"；
◆ 许可启动过程为"是"。

1.9.18　迈腾遥控钥匙匹配方法

前提条件：匹配前先通过引导功能的读取数据块功能，确认各防盗信息的正确性。为保证在线匹配的成功率，先对FAZITA的在线匹配功能进行测试。

① 进入匹配钥匙功能项目，系统提示在点火开关开启的状态下进行匹配。
② 系统检查有无登录锁止。
③ 从防盗电控单元内读取包含在线匹配申请的相关WFS数据。
④ 输入用户的姓名、身份证号、国籍进行基本信息登录。
⑤ 输入在线连接的用户名和密码，也是GEKO系统的PASSWORD。
⑥ 登录成功后，发送在线查询数据。
⑦ VAS5052A接收在线传回的数据，同时对接收的相关防盗信息（主要是计算公式约定）进行分析和再写入。
⑧ 写入就绪后，开始对所要匹配的钥匙进行相关约定写入，系统提示在匹配时钥匙要分别放在离点火钥匙足够远的地方，特别是在匹配时间隔不能超过30s。
⑨ 选择所要匹配钥匙的数量。
⑩ 第一把钥匙的匹配需要经过一个开闭周期，此时仪表上原显示里程表的位置会相应显示匹配成功的钥匙数量。若显示为N-N，说明系统完全认可全部钥匙，关闭点火开关，再打开点火开关，可重新出现里程表的读数。
⑪ 系统显示成功匹配N把钥匙。

> **注意**　此时不要选择退出,继续进程，系统将进行重要的一步，回传反馈信息，这样为下一次匹配做好准备。

⑫ 接下来为遥控钥匙操作过程，此进程不需要在线了。
⑬ 整个匹配过程结束。

1.9.19　迈腾 ZF 转向机的四种匹配方法

做匹配之前，确保四轮定位正确和确保方向盘对中。

第一种方法：

① 启动发动机。

② 方向盘在正中±10°位置。

③ 将方向盘分别向左和向右打到极限位置，需要保持一定的时间。如果是第三代转向机，每次打到极限位置后，等待直至仪表会发出"当当当"三声报警声。

④ 将方向盘回位至正中位置，EPS 黄灯熄灭。

⑤ 关闭点火开关后，就会记忆参数。

第二种方法：

① 启动发动机，方向盘在正中±10°位置。

② 使用 VAS5052A 清除学习值：44—10—00；仪表上 EPS 黄灯点亮。

③ 进入 03—16—31857（登录）—04—060，仪表上 EPS 黄灯和 ESP 灯点亮。

④ 退出 03，EPS 黄灯仍点亮（44 中有 02546 故障码）/ESP 灯熄灭。

⑤ 将方向盘分别向左和向右打到极限位置，需要保持一定的时间。如果是第三代转向机，每次打到极限位置后，等待直至仪表会发出"当当当"三声报警声。

⑥ 将方向盘回位至正中位置。仪表上 EPS 黄灯熄灭。

⑦ 关闭点火开关后，就会记忆参数。

第三种方法：

① 启动发动机，方向盘在正中±10°位置。

② 使用 VAS5052A 清除学习值：44—10—00；仪表上 EPS 黄灯点亮。

③ 进入 03—16—40168（登录）—04—060，仪表上 EPS 黄灯和 ESP 灯点亮。

后续具体操作步骤参看 HST 相关文件。

第四种方法：使用诊断仪上的"引导性功能"，依提示操作。

1.9.20　迈腾出现"02546（转向限位挡块基本设置或匹配没有或不正确）"解决方法

安装第三代转向机，如果诊断仪出现"02546（转向限位挡块基本设置或匹配没有或不正确）"，可试用以下方法进行设定：

① 使用 VAS5052A 进入 03—16—40168（登录）—04—60（设定），这时 ESP 和 EPS 黄灯点亮，退出 03。

② 使车辆以低于 20km/h 的速度直线行驶一段路程，ESP 灯熄灭。

③ 停车，将方向盘向左打到极限位置并保持，直至听到仪表出现"当当当"三声报警声；然后继续以低于 20km/h 的速度直线行驶一段路程后停车，将方向盘向右打到极限位置并保持，直至听到仪表出现"当当当"三声报警声。

④ 将方向盘转到正中位置，这时 EPS 黄灯会熄灭，设定完成。

> **说明**　不同品牌的转向机 ZF（代码为 ZF0，供应商为 ZF 公司）和 APA（代码为 VWA，供应商为 VDO），维修时必须分别对待。以上是对 VWA 品牌的转向机限位设定。第三代转向机，由于转向角度传感器 G85 已集成在转向机中，速腾不需要对 G85 限位进行设定，但迈腾需要做。

1.9.21 迈腾遥控单元恢复座椅和后视镜位置方法

对于有记忆功能的电动座椅和后视镜,可将所存储的座椅位置输入到遥控钥匙上,为此先存储座椅和后视镜位置,之后在10s内将该位置输入到遥控钥匙上。再将遥控钥匙从点火开关内拔下,按下遥控钥匙开锁按钮并保持大约2s直到听到输入完成的确认声音。

> **注意** 在重新调整座椅的记忆位置后,在10s内不要随便按遥控钥匙按键,否则,遥控器将记忆你最后所存储的座椅位置。

1.9.22 迈腾 B7L 保养归零设置

不使用车辆诊断、测量和信息系统,车辆诊断测试仪也可以复位保养周期显示。必须注意,手动复位保养周期的编码是固定的,也就是说,每15000km或每年要保养一次。

(1) 用车窗玻璃刮水器操纵杆上的翘板开关或多功能方向盘上的按键操作

① 在车窗玻璃刮水器操纵杆上的翘板开关(图1-102)上选择"设置"菜单,或用多功能方向盘上的按键选择"设置"菜单,见图1-103。

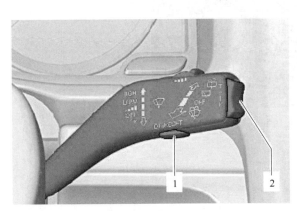

图 1-102 迈腾组合开关上的操作按钮

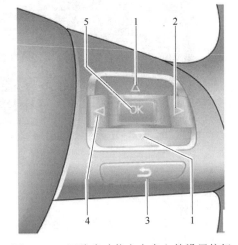

图 1-103 迈腾多功能方向盘上的设置按钮

② 在"保养"子菜单中选定"重置"选项,然后按下车窗玻璃刮水器操纵杆或多功能方向盘上的"OK"键(5)来复位保养周期显示。

③ 接下来弹出安全询问时,再次按"OK"键确认。

(2) 用组合仪表上的操作键(图1-104)

① 点火开关关闭时按住按键3。

② 打开点火开关。

③ 松开按键3,短按一次时间设置键1。

④ 这时保养周期显示处于复位模式。片刻后显示屏会切换回正常显示。

图 1-104 迈腾组合仪表上操作按钮

1.9.23 迈腾 B8L 保养归零设置

(1) 使用诊断仪复位

进入 ODIS 服务，根据引导进行操作：
—连接车辆诊断测试仪。
—打开点火开关。
—进行车辆识别。
—输入委托单数据或选择"无任务"。
—选择"控制单元"。
—选择"组合仪表"。
—选择"引导型功能"。
—选择应复位的相应保养项目。
—根据"引导型功能"的说明进行匹配。
（2）手动操作仪表按键进行复位
1）复位机油更换保养
用组合仪表上的操作键，见图 1-105。

图 1-105　迈腾 B8L 仪表盘

—点火开关关闭时按住按键 1。
—打开点火开关。
—一直等到显示屏上显示"是否复位机油更换保养？"。
—松开按键 1。
保养周期显示现在处于复位模式。
—短促按一次按键 1。
若干秒后恢复正常视图。
2）复位常规保养
用组合仪表上的操作键。
—点火开关关闭时按住按键 1。
—打开点火开关。
—一直等到显示屏上显示"是否复位常规保养？"。
—松开按键 1。
保养周期显示现在处于复位模式。
—短促按一次按键 1。
若干秒后恢复正常视图。

1.9.24　迈腾 B7L 天窗初始化方法

① 确认好天窗电机初始位置，打开点火开关。

② 天窗开关后部往下掰保持 30s，天窗向上翘起至最大位置抖动一下。

③ 松开开关后再次掰住直至天窗向下关闭然后向前、向后完成所有动作后初始化成功，结束。

1.9.25　迈腾 B7L 电动车窗初始化方法

断开后重新连接蓄电池，电动车窗升降器的自动上升和自动下降功能失效。因此，在交付新车前必须重新设置车窗升降器。设置后不得再断开蓄电池。

断开后重新连接蓄电池，电动车窗升降器的防夹功能失效。这可能会造成严重夹伤！

如下所述设置电动车窗升降器：

① 打开点火开关。

② 完全关闭所有车窗和车门。

③ 向上拉起车窗升降器按钮，并保持至少 1s。

④ 松开按钮，然后再次向上拉起。

这样自动升降功能就恢复正常了。

⑤ 关闭点火开关。上述操作说明是以左前车窗升降器为例的。依照上述操作可以单独恢复一个或同时恢复多个车窗升降器的设置。其他车窗升降器的设置方法相同，也是通过驾驶员侧车门内的相应开关来进行的。

1.9.26　迈腾 B7L 维修经验一句话

① 迈腾 B7L 2.0T 左前传动轴异响。左前传动轴在出厂时漏装了内球笼的润滑脂，使得干摩擦造成异响。更换左前转动轴总成。

② 迈腾 B7L 空调不制冷。压缩机带轮与轴心压盘接点脱落，导致故障。更换压缩机后，故障排除。

③ 迈腾 B7L 加油跳枪。拆卸油泵检查油箱内部，发现加油通气阀固定销损坏，脱落物掉入油箱堵塞管路，导致加油跳枪。更换油箱总成。

④ 迈腾 B7L 车辆在颠簸路面行驶，车顶右边 B 柱上面有"哒哒"的异响。检查右边车顶加强筋发现打胶不好。加强筋处打胶处理，放置 12h 风干后试车异响消除。

⑤ 迈腾 B7L 用后备厢盖把手中的解锁按钮无法打开后备厢。拆开后备厢盖把手中的解锁按钮发现插头的两个针脚未插好，弯曲，造成舒适系统控制单元没有接收到后备厢盖把手中的解锁按钮信号。修正后备厢盖把手中的解锁按钮插头的两个针脚，并重新装配。

⑥ 迈腾 B7L 发动机动力不足，高速行驶无力。将车辆举升检查油路，发现车辆油箱处燃油管曲折变形（无刮碰痕迹）。更换燃油管。

⑦ 迈腾 B7L 车辆启动时，起动机工作正常，但车辆无法启动。发现为燃油泵电机故障导致燃油泵供油压力低，车辆无法启动。更换燃油泵后故障排除。

⑧ 迈腾 B7L 车辆怠速状态下组合仪表工作正常，当转速上升至 3000r/min 时时组合仪表不工作。连接 VAS 5052A，当发动机转速逐渐升至 3000r/min 左右故障再现时，读取车辆各电控系统基本运行状态。当读取发动机电控系统发电机充电电压时，观察到发电电压随转速逐渐升高甚至达 16V 以上，初步判断为发电机电压调节器故障造成组合仪表工作不正常。更换发电机后故障排除。

⑨ 迈腾 B7L 冷车高怠速过后，从发动机底部可以听到断续的"嗡嗡嗡"异响，使用螺丝刀抵住各相关部件进行监听，判定声音从发动机油底壳内部发出。发动机继续工作 3min后，声音由断续变成连续且声音减弱不易听到。初步判断为机油泵运转时发出的声音。异响

为可调式机油泵工作时发出的声音。由于该机油泵为可调式机油泵，其供油压力根据发动机的工况进行调节，此时机油泵移动单元在机油泵内部做轴向运动，与壳体之间相对运动而发出声音。冷车高怠速过后，缓慢加油再松油门后异响就会出现，为正常现象。

⑩ 迈腾 B7L 发动机怠速运转时缸盖正时罩盖内部有"咕咕"异响，初步判断为正时部分或正时调节部分故障，且响声随发动机转速变化而变化。拆下轴承桥发现轴承桥内部有磨损。更换轴承桥后异响排除。

⑪ 迈腾 B7L 车辆开启空调运行半分钟左右，空调压缩机限压阀打开，制冷剂泄漏。检查高压传感器接口，拆下接口单向阀，发现内部不通，初步判断为高压管路问题。更换高压管、压缩机，故障排除。

⑫ 迈腾 B7L 冷车启动后仪表 EPC 灯报警。根据故障码的提示"08482 加速踏板位置传感器信号太低"，试更换油门踏板传感器总成，故障排除。

⑬ 迈腾 B7L 天窗开到上翘位置后无法关闭，开关不论旋到什么位置玻璃只是下来再翘上去。判断天窗零点位置错误，需要重新初始化。重新安装，对天窗进行初始化，故障排除。

⑭ 迈腾 B7L 车辆无钥匙进入系统不起作用，用遥控器遥控开、关车门正常。由于 J393 内部故障导致 J393 无法接收 R137 天线信号。更换 J393 控制单元重新进行防盗与钥匙匹配，故障排除。

⑮ 迈腾 B7L 仪表中气囊报警灯和电子驻车制动器故障灯点亮。拆卸安全气囊控制单元，检查接地时，发现连接螺栓接触面有油漆，另外车内铺设的隔音隔热垫窜动，覆在连接螺栓表面。清理气囊控制单元连接固定螺栓接触表面，重新安装紧固后，故障排除。

⑯ 迈腾 B7L 发动机无法启动，起动机工作正常。发动机控制器内部供电电路对地短路，造成 SB13 保险丝熔断，导致发动机无法启动抛锚。更换发动机控制器，进行发动机系统与防盗匹配，启动发动机试车故障排除。

⑰ 迈腾 B7L 发动机故障灯报警，急踩油门让转速提高到 3000r/min，可以听到带轮侧有明显漏气噪声。从车辆前方可以看到带轮侧增压管已经脱落，拆装后发现进气软管密封圈已经断裂。更换进气软管总成，故障排除。

⑱ 迈腾 B7L 天窗打开后，听到"咯嘣"一声后，遮阳板不动，天窗可以打开但无法关闭。遮阳板挡块脱落夹在天窗玻璃与遮阳板之间，在天窗运动时导致遮阳板移位。在挡块的后部和下部增加固定点，使挡块可靠固定。在挡块固定部位涂抹少量玻璃胶，等待 24h 干胶后可以开关天窗。

⑲ 迈腾 B7L 一把钥匙功能正常；另一把钥匙只能使用无钥匙进入系统打开车门，但是无法通过遥控器对车门进行解锁，匹配过钥匙和遥控器后故障仍未解决。更换新的带遥控器的钥匙后故障解决。

⑳ 迈腾 B7L 机油油位报警灯闪亮。为故障车组合仪表内部有问题。进行断电测试故障依旧，倒换组合仪表测试，故障排除。

㉑ 迈腾 B7L 前机盖无法打开，拉动前机盖操纵杆感觉无弹力，前机盖无弹起现象。向上打开拉索接头上盖板，发现拉索接头内凹槽有变形，拉索脱落无法与接头连接。将拉索头归位，故障排除。

㉒ 迈腾 B7L 仪表台中央出风口不出风。用空调/暖风电子设备对出风口的伺服电机进行基本设定，故障排除。

㉓ 迈腾 B7L 发动机无法启动。检查燃油泵线路，发现燃油泵控制单元 J538 线束有破

损，J538 供电线破损搭铁导致 SC36 保险丝烧断，造成发动机无法启动。对破损线束进行处理，更换 SC36 保险丝。

㉔ 迈腾 B7L 车辆不能正常启动，起动机无动作。检查发现保险丝损坏，更换新保险丝，测量发动机供电恢复正常；又发现发动机控制单元内部损坏，导致发动机无法启动。更换保险丝及发动机控制单元。

㉕ 迈腾 B7L 挂上倒车挡没有外部环境影像，摄像头没有翻起，引导线正常。检查 R189，1 号脚没有电压，E234 上的 4 号脚电压时有时无，通过分析确定是这两条线路问题，检查到后备厢左侧插头连接处，供电正常，再检查这两条线路的导通没问题，说明就是插头插接不正常。处理插头连接后，摄像头工作正常。

㉖ 迈腾 B7L 打方向有"嗡嗡"异常的声音。方向盘底座不平，导致与安全气囊滑环间隙不一致，在转动方向盘的过程中，因间隙偏小转动过程中干涉，导致产生异常的噪声。更换方向盘，故障排除。

㉗ 迈腾 B7L 蓝牙电话无法连接。查询蓝牙电话控制单元 J412 编码，故障车的编码为 003420，同样车型（蓝牙电话连接正常）编码为 412120。对故障车进行编码，编码后蓝牙电话能够连接，故障排除。

㉘ 迈腾 B7L 左前门防盗指示灯不亮。将后门内衬板打开，发现防盗指示灯 K133 插头没装。重新安装后试车正常。

㉙ 迈腾 B7L 车辆在行驶颠簸路面时顶棚天窗右后侧异响。拆下车辆天窗后，试车发现异响来自天窗右侧顶棚与天窗固定板之间的间隙。将异响处用薄木片塞住，再用密封胶固定住木片，防止其脱落，异响消除。

㉚ 迈腾 B7L 倒车时 DVD 无视频显示。检查发现倒车摄像头线束固定位置不当，当摄像头工作时使线束被拉紧，导致线束断路或虚接。调整线束在后备厢盖上的固定位置，故障排除。

㉛ 迈腾 B7L 左后转向灯不亮。检查线路，发现 T52C/51 号针脚处存在虚接的情况，处理 T52C/51 针脚，故障消除。

㉜ 迈腾 B7L 2.0T 右前辅助转向灯不亮。检查为车载电网控制单元 J519 内部故障，导致转弯辅助灯没有供电。更换车载电网控制单元 J519，故障排除。

㉝ 迈腾 B7L 模拟时钟与仪表时间不符，无法同步。拆卸模拟时钟进行检查，发现模拟时钟插头只有两条线；原本应装于手套箱触点开关的插头却安装在模拟时钟上，而且正确的模拟时钟插头却被闲置，没有安装。按照正确的位置将线束插头安装好，故障排除。

㉞ 迈腾 B7L 用遥控钥匙无法锁车，试车发现锁止无反应，但解锁可以，锁止时遥控钥匙的指示灯是亮的。由于 P 挡未完全入位导致转向柱锁锁止要求未满足，将 P 挡完全挂入，故障排除。

㉟ 迈腾 B7L 一键启动功能失效，按键指示灯熄灭，用点火钥匙可正常启动或关闭发动机。更换接线端和发动机启动控制单元 J942，故障排除。

㊱ 迈腾 B7L 仪表上多个报警灯点亮，P 挡指示灯闪烁，扳手指示灯闪烁。油漆附着到 ABS 控制单元的搭铁点螺栓上，在安装过程中未将搭铁点处理，紧固螺母上也有油漆，造成搭铁不良。处理发动机舱内右侧接地点并紧固，故障排除。

㊲ 迈腾 B7L 灯光偶尔报警，随动转向大灯失效。检查至右侧大灯照明距离调节伺服电机的供电保险丝 SC8 时，发现保险丝座间隙较大，稍微动一下保险丝故障即消失，随即对保险丝座间隙进行缩小处理，故障得以排除。

㊳ 迈腾 B7L 按下点火开关，车辆无法正常启动。将发动机拆下，打开正时罩盖，发现排气平衡轴抱死，将排气平衡轴拆下，检查缸体平衡轴装配孔内塑料烧焦，缸体已经变色，平衡轴与轴套已完全卡死。更换发动机总成。

㊴ 迈腾 B7L 仪表盘 ESP 警告灯常亮。根据故障码"前 EDL 转换阀-N166 损坏"与"控制单元损坏"，可知损坏均来自 ABS 泵总成内部，所以可判定该总成内部损坏。更换 ABS 泵总成，故障排除。

㊵ 迈腾 B7L 打不着火，启动后自动熄火，J538 燃油泵控制单元内部电气故障、断路。更换燃油泵控制单元。

㊶ 迈腾 B7L 电子驻车制动器无法释放，驻车制动器警告灯常亮。检查发现线束插头内部，导线压入线卡太紧，造成导线大部分被切断，产生虚接。更换新的线卡，修复线束，并重新装配，故障排除。

㊷ 迈腾 B7L 两把钥匙均能够启动车辆，且无钥匙进入功能均正常；但其中一把钥匙的遥控功能失效。将该车两把钥匙与车辆重新做防盗功能匹配，钥匙遥控功能恢复正常。如果钥匙匹配不成功，可以断电瓶线负极。注意：断电之前必须关闭点火开关及所有用电器，等待几分钟。断完电以后重新匹配防盗功能，系统会提示"请关闭点火开关等待 6 分钟"，第一次可能还会不成功，多功能显示屏提示找不到钥匙，仪表没有电。再一次进行匹配可成功。

1.9.27　2020 年款起迈腾保险丝信息

1.9.28　2020 年款起迈腾继电器信息

1.9.29　2020 年款起迈腾接地点信息

1.9.30　2020 年款起迈腾控制器位置与连接器信息

1.10　大众 CC（2011~2021 年款）

1.10.1　大众 CC 车型发动机配置信息

大众 CC 车型发动机配置如表 1-24 所示。

表 1-24　CC 车型发动机配置

发动机型号代码	CEA	CGM	CNG
排量/L	1.8	2.0	3.0
气缸数量/每个气缸气门数	4/4	4/4	6/4
功率/[kW/(r/min)]	118/(5000~6200)	147/5500	184/6400
转矩/[Nm/(r/min)]	250/(1500~4200)	280/1800	310/3500
缸径 ϕ/mm	82.5	82.5	84
冲程/mm	84.2	92.8	89.5
压缩比	9.8∶1	10.2∶1	11.4∶1

续表

发动机型号代码	CEA	CGM	CNG
喷射装置/点火开关	Motronic MED 17.5 TSI 涡轮增压器	Motronic MED 17.5 TSI 涡轮增压器	Motronic MED 17 FSI
燃油要求	92 号及以上优质无铅汽油	95 号及以上优质无铅汽油	95 号及以上优质无铅汽油
凸轮轴传动装置	链条	链条	链条

1.10.2　2.0T DKX 发动机正时维修

该发动机正时机构结构形式、正时检查与调整方法和 DPL 相同，请参考 1.3.2 小节内容。

1.10.3　2.0T DPL 发动机正时维修

该发动机正时维修同探岳车型 DPL 发动机，请参考 1.3.2 小节。

1.10.4　1.8T CEA 发动机正时维修

此款发动机也装备于迈腾 B7L 车型，相关内容请参考 1.9.8 小节。

1.10.5　2.0T CGM 发动机正时维修

CGM 2.0L 发动机与 CEA 发动机正时链结构、拆装相同，相关内容请参考 1.9.8 一节。

1.10.6　3.0T CNG 发动机正时维修

1.10.6.1　发动机正时分解

CNG 发动机正时链单元结构如图 1-106 所示。

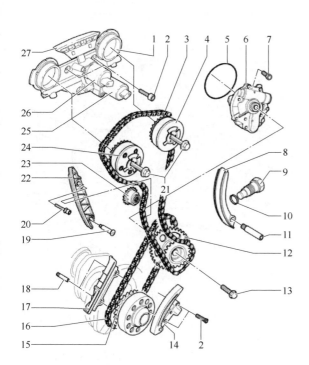

图 1-106　CNG 发动机正时链单元

1—配气机构壳体，安装前给密封环的接触面上油，安装前检查配气机构壳体的滤网是否有污物；2—螺栓，力矩 8Nm，给螺栓涂抹防松剂 D 000 600 A2 后再装入配气机构壳体内；3—凸轮轴正时链，拆卸前标记转动方向（安装位置）；4—排气凸轮轴调节器，标记 32A；5—密封环，更换；6—机油泵；7—螺栓，8Nm，更换；8—张紧轨，用于凸轮轴正时链；9—链条张紧器，50Nm，用于凸轮轴正时链，只有在不拆下链条张紧器的情况下才能转动发动机；10—密封环，一旦损坏或泄漏应予以更换；11—轴承螺栓，10Nm，用于张紧轨；12—链轮，用于正时链；13—螺栓，60Nm+继续旋转 1/4 圈（90°），仅使用强度等级 10.9 的螺栓，更换；14—带张紧轨的链条张紧器，用于正时链，只有在不拆下链条张紧器的情况下才能转动发动机；15—传动链轮，插入曲轴中，磨平的轮齿指向轴承接缝即气缸 1 上止点；16—正时链，拆卸前标记转动方向（安装位置）；17—滑轨，用于正时链，与正时链一起拆卸和安装；18—无凸肩螺栓，10Nm，用于滑轨；19—螺栓，10Nm；20—螺栓，23Nm；21—螺栓，60Nm+继续旋转 1/4 圈（90°），更换，安装时，螺栓头上的传感轮支撑面必须干燥，在拆卸和安装时，用开口宽度为 27mm 的开口扳手固定住凸轮轴；22—滑轨，用于凸轮轴正时链；23—传动链轮，用于高压泵；24—进气凸轮轴调节器，标记 24E；25—排气凸轮轴调节阀 1 N318，用于排气凸轮轴，在拔出之前，先标记插头和部件的对应关系；26—进气凸轮轴调节阀 1 N205，用于进气凸轮轴，在拔出之前，先标记插头和部件的对应关系；27—滑轨，用于凸轮轴正时链，卡在配气机构壳体上

1.10.6.2 发动机正时检查

所需要的专用工具和维修设备：凸轮轴尺 T10068 A，见图 1-107。

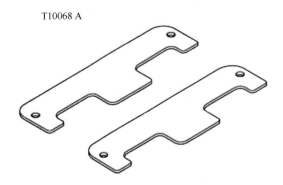

图 1-107　正时检查工具

检测操作步骤如下：
① 拆卸护板。
② 拆卸进气歧管上部件。
③ 拆下气缸盖罩。
④ 如图 1-108 所示，沿发动机运转方向转动曲轴，转至气缸 1 的上止点标记处。

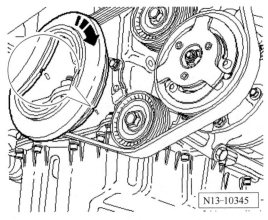

图 1-108　曲轴转到上止点位置

⑤ 如图 1-109 所示，气缸 1 的凸轮 A 必须相对。
⑥ 在两个轴槽中插入凸轮轴尺 T10068 A，见图 1-110。

由于凸轮轴调节器功能受限，有可能无法精确地水平放置凸轮轴的凹槽。因此，必要时用开口扳手来回小幅度地转动凸轮轴如图 1-111 中箭头所示，从而装入凸轮轴尺 T10068 A。

参照配气机构壳体上的标记来检查凸轮

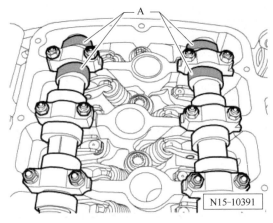

图 1-109　气缸 1 凸轮相对

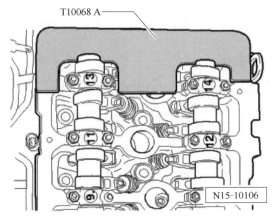

图 1-110　插入凸轮轴尺

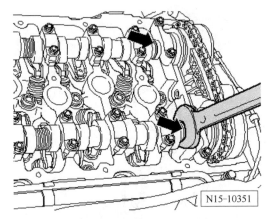

图 1-111　使用扳手小幅调整

轴调节器的调节标记：

凸轮轴调节器上如图 1-112 所示的箭头需与配气机构壳体最右侧的切口（配气机构壳体上的标记）对齐。

标记"32A"和切口的位置稍有错开是允许的。无需注意铜色链环的位置。

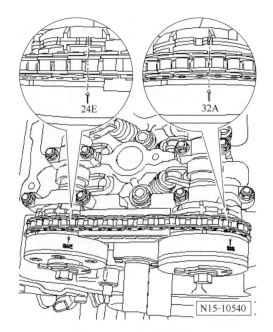

图 1-112 凸轮链轮标记

⑦ 凸轮轴调节器的标记之间的距离必须刚好等于凸轮轴正时链 16 个滚子的长度,见图 1-113。如果标记不一致,调整正时;如果标记一致,继续以下步骤。

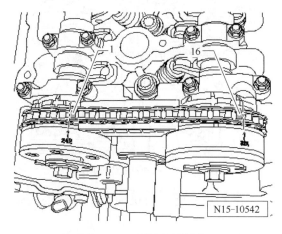

图 1-113 标记之间距离

⑧ 安装气缸盖罩。
⑨ 安装进气歧管上部件。

FSI 发动机配气机构壳体上的标记如图 1-114 所示,A 为飞轮侧视图,B 为减振带轮侧视图。

切口(箭头)是凸轮轴调节器标记的参考点。

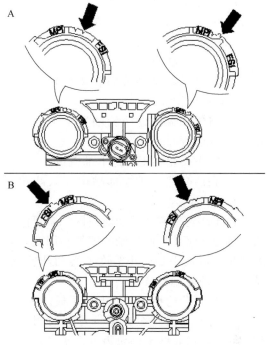

图 1-114 配气机构壳体上标记

1.10.6.3 发动机正时拆装

(1) 拆卸所需专用工具介绍

拆卸和安装凸轮轴正时链和机油泵正时链所需要的专用工具和维修设备见图 1-115。

分别是扭矩扳手 VAG 1331、扭矩扳手

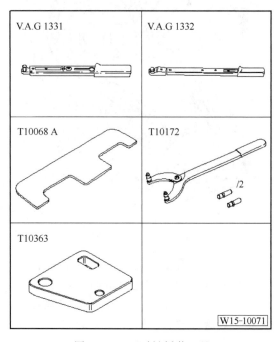

图 1-115 正时链拆装工具

VAG 1332、凸轮轴尺 T10068 A、固定工具 T10172、调节工具 T10363。

(2) 拆卸操作步骤

① 拆下气缸盖罩。

② 沿发动机运转方向转动曲轴，转至 1 缸上止点标记处。

③ 将气缸盖内的凸轮轴置于 1 缸上止点处，1 缸的凸轮 A 必须相对。

④ 拆下凸轮轴正时链上部盖板。

⑤ 在两个凸轮轴端部槽中插入凸轮轴尺 T10068 A。

由于凸轮轴调节器功能受限，有可能无法精确地水平放置凸轮轴的凹槽。因此，必要时用开口扳手来回小幅度地转动凸轮轴，从而装入凸轮轴尺 T10068 A。

⑥ 拆下凸轮轴正时链下部盖板。

⑦ 将发动机转至减振带轮上的调节标记处。传动链轮磨平的轮齿（箭头 A）必须与轴瓦接缝对齐。中间轴链轮的小圆孔必须与后部凸缘对齐（箭头 B），如图 1-116 所示。

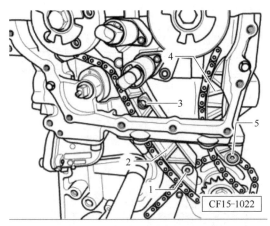

图 1-117　拆下外围部件

⑪ 用开口扳手固定相应要松开的凸轮轴。

　此时不得插入凸轮轴尺 T10068 A。

⑫ 如图 1-118 所示，松开调节器螺栓 1 和 2。将调节器 4 和 5 连同正时链一起取下。

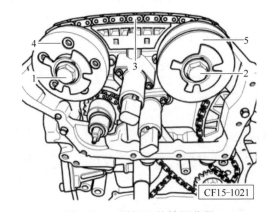

图 1-118　拆卸凸轮轴调节器

⑬ 用记号笔标记机油泵正时链的转动方向。

⑭ 如图 1-119 所示，松开链轮固定螺栓（1）。

⑮ 旋出链条张紧器的固定螺栓，取下张紧器。

⑯ 旋出链轮固定螺栓，取下链轮。

⑰ 取下链条（1）和导轨（2），见图 1-120。

(3) 发动机正时链安装

① 将曲轴至于 1 缸上止点位置，此时

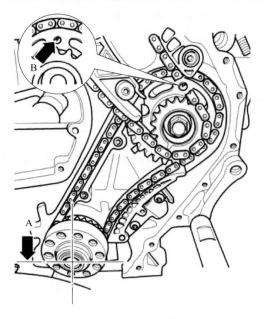

图 1-116　对齐标记

⑧ 拆下凸轮轴正时链的链条张紧器。

⑨ 用记号笔标记正时链的运转方向。

⑩ 如图 1-117 所示，松开固定螺栓 5，取下张紧器导轨 4。松开固定螺栓 3 和 1，取下导轨 2。

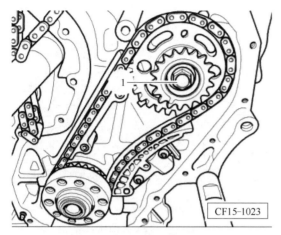

图 1-119　松开链轮固定螺栓

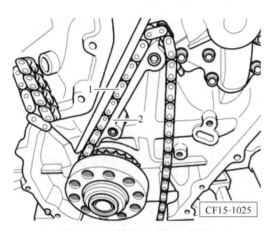

图 1-120　拆下正时链和导轨

传动链上的磨平轮齿（箭头）必须与轴瓦接缝对齐，见图 1-121。

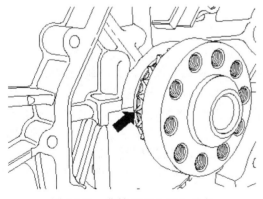

图 1-121　曲轴置于 1 缸上止点

② 安装导轨的两个无凸肩螺栓（2）。拧紧力矩 10Nm，如图 1-122 所示，将导轨（1）插到螺栓（2）上。

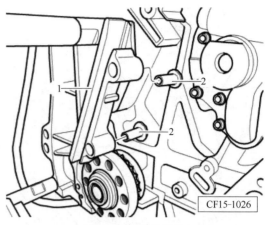

图 1-122　安装导轨

③ 将机油泵轴（1）的平面侧（箭头）与标记（2）对齐放置，见图 1-123。

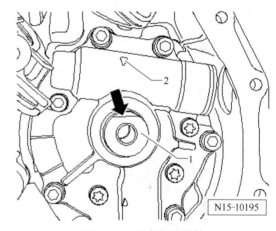

图 1-123　对齐机油泵轴

④ 将正时链插入导轨中，并装在曲轴上。提示：按标记的转动方向安装链条。

⑤ 将链条装到链轮上。

⑥ 将链轮装到正时处，使链轮的小圆孔对准机油泵上的标记，如图 1-124 中的箭头 B 所示。

⑦ 将链轮装到机油泵轴上。导轨中的正时链条应笔直地伸展至机油泵轴上。传动链轮的磨平轮齿必须与轴瓦接缝（箭头 A）对齐。机油泵链轮小圆孔必须与后部标记（箭头 B）对齐。

⑧ 如果无法装入链轮，则略微转动机油泵。

⑨ 安装链条张紧器。

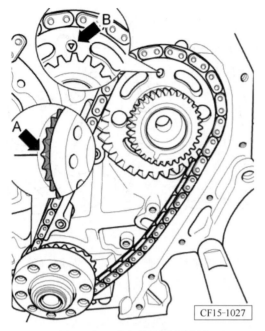

图 1-124　对齐机油泵上标记

⑩ 将张紧轨压向链条张紧器并用通用轴销（1）锁定，见图 1-125。

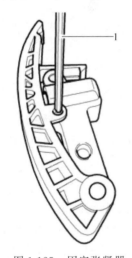

图 1-125　固定张紧器

⑪ 安装链条张紧器，并以 8Nm 的力矩拧紧固定螺栓。

⑫ 拉出轴销（1）。曲轴不允许转动。

⑬ 将气缸盖内的凸轮轴置于 1 缸上止点。

⑭ 气缸 1 的凸轮 A 必须相对，见图 1-126。

⑮ 在两个凸轮轴端部槽中插入凸轮轴

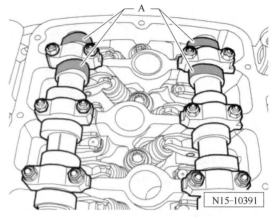

图 1-126　第 1 缸凸轮对齐

尺 T10068 A。

⑯ 必要时用开口扳手小幅度地转动凸轮轴。

⑰ 用调节工具 T10363 固定高压泵传动链轮的位置，如图 1-127 所示，高压泵传动凸轮上的标记（A）必须位于上部。

图 1-127　固定高压泵传动链轮

⑱ 如图 1-128 所示，用螺栓固定（箭头）凸轮轴调节器。由于凸轮轴调节器与凸轮之间有定位销，因此只能在同一个位置安装（箭头）。按标记的转动方向安装链条。

⑲ 先将正时链安装到进气凸轮轴调节器上，然后再装进气凸轮轴上。

⑳ 拧紧调节器固定螺栓（1），见图 1-129。

同时注意下列事项：连接高压泵传动链的正时链不得"下垂"。因此装在凸轮轴调节器上的正时链必须处于"绷紧"状态，才可拧紧。

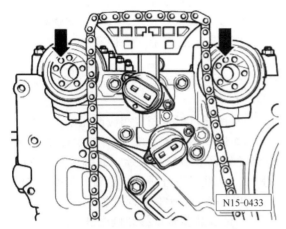

图 1-128 用螺栓固定凸轮轴调节器

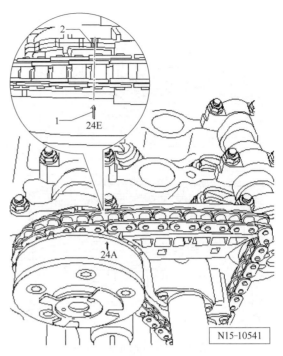

图 1-130 对齐正时标记

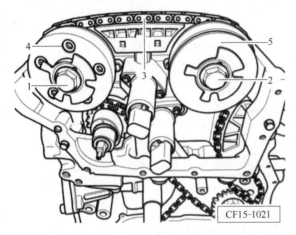

图 1-129 拧紧调节器螺栓

㉑ 如图 1-130 所示，凸轮轴调节器 "24E" 上的箭头（1）必须和配气机构壳体右侧切口（2）对齐。

㉒ 如图 1-131 所示，安装导轨 2，拧上固定螺栓 1 和 3。

㉓ 然后从如图 1-130 所示的箭头（1）和切口（2）对齐的轮齿开始自右向左在正时链上数 16 个滚子。用记号笔标记。

凸轮轴调节器锁止在"静止状态"，因此在调整正时时不能旋转传感器。如果"静止状态"下的锁止装置没有卡入锁定，必须用手将调节器沿两个方向转动至锁止。

㉔ 将排气凸轮轴调节器 "32A" 置入凸轮轴正时链内，齿轮的箭头标记 "24E" 和 "32A" 之间必须有之前数出的 16 个滚子。

㉕ 先将凸轮轴正时链装到排气凸轮轴

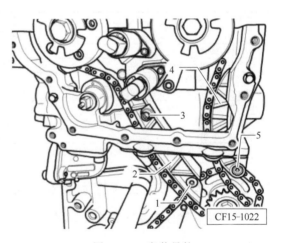

图 1-131 安装导轨

调节器上。

㉖ 接着装到凸轮轴上。

㉗ 拧紧排气凸轮轴调节器固定螺栓。

同时注意下列事项：排气凸轮轴调节器 "32A"（图 1-132）上的箭头（1）必须和配气机构壳体右侧切口（2）对齐。

排气凸轮轴调节器必须轻轻地安装到排气凸轮轴上，并拧紧。标记 "32A" 和切口位置稍有错开是允许的。

㉘ 拆下高压泵轴上的调节工具 T10363。

图 1-132 排气凸轮轴上标记

㉙ 取出凸轮轴调节工具 T10363。

㉚ 安装张紧器导轨,拧紧固定螺栓。

㉛ 安装正时链条张紧器,拧紧力矩 50Nm。

㉜ 将发动机沿运转方向转 2 圈,并检测正时。

㉝ 用开口扳手固定相应凸轮轴。

㉞ 以 60Nm 的拧紧力矩拧紧进气和排气凸轮轴调节器的新螺栓,并继续旋转 1/4 圈(90°)。此时不可插入凸轮轴尺 T10068 A。必须更换链轮的所有紧固螺栓。

其他安装步骤以拆卸倒序进行。

1.10.7　2011~2016 年款 CC 四轮定位数据

2011～2016 款 CC 四轮定位参数如表 1-25 所示,以下额定值适用于配备各种发动机的车型。

表 1-25　车辆定位参数

前桥	舒适-不良路况底盘	后桥	舒适-不良路况底盘
总前束(无负载)	10′±10′	总前束(车轮外倾角符合规定)	10′±10′
车轮外倾角(正前打直位置)	−34′±30′	车轮外倾	−1°20′±30′
两侧之间最大允许偏差角度	30′	两侧之间的最大允许偏差	30′
向左和向右转向角为 20°时,转向轮的偏差角①	1°20′±20′		
主销后倾角	7°35′±30′		
最大允许偏差角	30′	运行方向的最大允许偏差	20′
标准高度/mm	389±10	标准高度/mm	388.5±10

① 由于生产商不同,转向角差值也可能为负值。

1.10.8　大众 CC 全车控制器安装位置

汽车控制器分布及安装位置如图 1-133、图 1-134、图 1-135 所示。

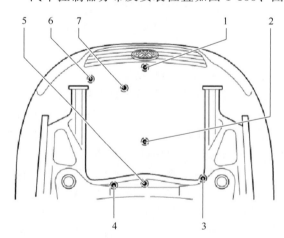

图 1-133　汽车发动机舱控制器安装位置

1—车距控制系统控制单元 J428,安装在散热器格栅后方中部;2—转向辅助控制单元 J500,安装在副车架中部转向机上;3—防抱死制动系统控制单元 J104,安装在发动机舱右侧前围板;4—刮水器装置控制单元 J400,安装在排水槽内左侧;5—发动机控制单元 J623,安装在排水槽中部;6—散热器风扇控制单元 J293,安装在散热器风扇左侧;7—双离合器变速器机械电子装置控制单元 J743,安装在变速器内前部

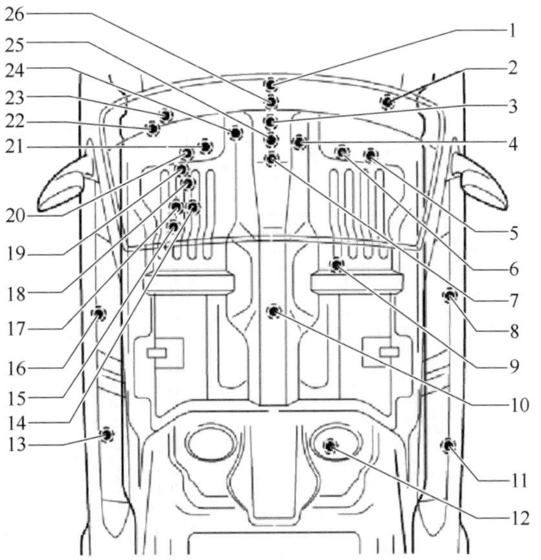

图 1-134 CC 车身控制器安装位置

1—安全气囊控制单元 J234,安装在中控台前方;2—鼓风机控制单元 J126,安装在仪表板右侧下方;3—收音机/音响导航系统控制单元 R/J503,安装在仪表板中部;4—动态随动转向灯和大灯照明距离调节装置控制单元 J745,安装在仪表板中部右侧支架上;5—多媒体设备接口 R215,安装在前排乘员侧手套箱内;6—舒适系统中央控制单元 J393,安装在仪表板下方的手套箱后部;7—外翻式天窗控制单元 J878,安装在外翻式天窗前部中间;8—副驾驶侧车门控制单元 J387,安装在副驾驶侧前车门内板上;9—移动电话操作电子设备控制单元 J412,安装在右前座椅下方;10—电动机械式驻车制动器控制单元 J540,安装在后部中间通道上;11—右后车门控制单元 J389,安装在副驾驶员侧后车门内板上;12—燃油泵控制单元 J538,安装在后侧座椅下方,燃油输送单元上方;13—左后车门控制单元 J388,安装在驾驶员侧后车门内板上;14—功率放大器 R12,安装在驾驶员座椅下方;15—带记忆功能的座椅调节和转向柱调节装置 J136,安装在驾驶员座椅架上;16—驾驶员侧车门控制单元 J386,安装在驾驶员侧前车门内板上;17—可加热前座椅控制单元 J774,安装在驾驶员座椅底架上;18—转向柱电子装置控制单元 J527,安装在方向盘下方的转向柱上;19—组合仪表中的控制单元 J285;20—电子转向柱锁止装置控制单元 J764,安装在转向柱上;21—接线端及发动机启动控制系统的控制单元 J942,安装在仪表板左侧踏板支架上;22—车载电网控制单元 J519(至 2011 年 3 月止),安装在仪表板左侧下方;23—驻车转向辅助控制单元 J791/驻车辅助控制单元 J446,安装在左侧仪表板下方,车载电网控制单元上部继电器支架后方;24—数据总线诊断接口 J533,安装在驾驶员侧脚部空间内,踏板机构附近;25—全自动空调控制单元 J255,安装在仪表板中部;26—车道保持辅助系统控制单元 J759,安装在前部挡风玻璃上部中间位置

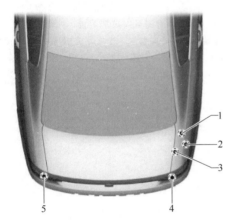

图 1-135 CC 后备厢控制器安装位置

1—倒车摄像头系统控制单元 J772,安装在后备厢右侧侧面饰板后方;2—电视调谐器 R78,安装在后备厢右侧侧面饰板后方;3—减振电子调节控制单元 J250,安装在后备厢右侧侧面饰板后方;4—换道辅助系统控制单元 2 J770,安装在后侧保险杠横梁右侧上方;5—换道辅助系统控制单元 1 J769,安装在后侧保险杠横梁左侧上方

1.10.9 2013 款起大众 CC 车型电路接地点分布

大众 CC 车型电路接地点分布如图 1-136~图 1-138 所示。

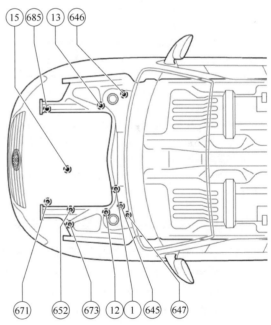

图 1-136 大众 CC 车型发动机舱接地点分布

15—接地点,在气缸盖上,拧紧力矩 15Nm;685—接地点 1,在右前纵梁上,拧紧力矩 9Nm;13—接地点,在发动机舱右上侧,拧紧力矩 9Nm;646—接地点 2,在前围板上,拧紧力矩 9Nm;647—接地点 3,在前围板上,拧紧力矩 9Nm;645—接地点 1,在前围板上,拧紧力矩 9Nm;1—接地带,蓄电池—车身,拧紧力矩 9Nm,仅用于 1.8/2.0L TSI 发动机的汽车;12—接地点,在发动机舱左侧,拧紧力矩 20Nm;673—接地点 3,在左前纵梁上,拧紧力矩 9Nm;652—变速器和发动机的接地点,拧紧力矩 20Nm;671—接地点 1,在左前纵梁上,拧紧力矩 9Nm

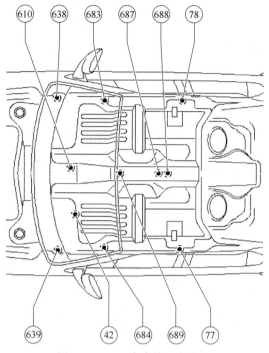
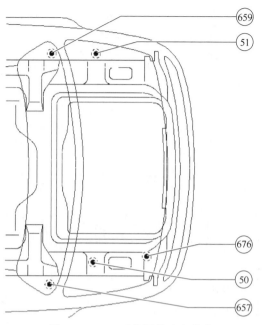

图 1-137 CC 车身接地点分布

图 1-138 CC 后备厢接地点分布

610—接地点（音频），在前中控台下方，拧紧力矩 9Nm；638—右侧 A 柱上的接地点，拧紧力矩 9Nm；683—接地点，在右前下边梁上，拧紧力矩 9Nm；687—接地点 1，在中间通道上，拧紧力矩 9Nm；688—接地点 2，在中间通道上，拧紧力矩 9Nm；78—右侧 B 柱下部接地点，拧紧力矩 9Nm；77—左侧 B 柱下部接地点，拧紧力矩 9Nm；689—接地点，在天窗中前部，拧紧力矩 9Nm；684—接地点，在左前下边梁，拧紧力矩 9Nm；42—接地点，在转向柱旁，拧紧力矩 9Nm；639—接地点，在左侧 A 柱上，拧紧力矩 9Nm

659—接地点 1，右侧后窗玻璃附近，拧紧力矩 9Nm；51—接地点，后备厢右侧，拧紧力矩 9Nm；676—接地点 2，后备厢左侧，拧紧力矩 9Nm；50—接地点，后备厢左侧，拧紧力矩 9Nm；657—接地点 1，左侧后窗玻璃附近，拧紧力矩 9Nm

1.10.10 大众 CC 天窗基本设置操作方法

（1）CC 在以下情况下必须进行天窗的基本设置
① 更换天窗后。
② 车辆蓄电池断电。
③ 天窗无故障码，也无动作。
④ 天窗无法关闭或关闭后又自动弹起。
（2）基本设置操作过程。
① 进入汽车诊断仪自诊断项，选择车载诊断。
② 进入汽车诊断中的 4F—中央电子装置系统 2 的选项。
③ 进入汽车诊断中的 4F—中央电子装置系统 2 后，选择 006—基本设置选项。
④ 进入 006—基本设置选项后，在对话框中输入 1，然后按 Q 执行。
⑤ 执行 1 后会出现启动界面，然后按下右下角的"启动"键，基本设置启动。
⑥ 如出现"标准化-未学习"的画面，VAS 5052A 不再继续运行，说明基本设置还没完

成,继续按"启动"键,直至出现"标准化-已学习"的画面,基本设定完成。

(3) 操作注意事项

① 保证蓄电池有充足的电量。

② 保证天窗导轨及周边没有杂物。

1.10.11 大众 CC 自适应巡航系统的初始化

只在第一次使用或更换车前测距监控系统的控制单元 J428 时才需要进行初始化。

操作步骤如下:

① 连接车辆诊断测试仪。

② 选择车辆诊断测试仪中的"引导型故障查询"。

③ 通过"跳转"按钮选择"功能/部件选择",并依次选择以下菜单项:

◆ 底盘;

◆ 车前测距监控系统;

◆ 01—支持车载诊断(OBD)系统;

◆ 车距控制功能;

◆ 自动跟踪停车匹配(启动/停用)。

1.10.12 大众 CC 自适应巡航系统(ACC)校正方法

① 在下列情况下必须校正。

◆ 已拆卸和安装锁支架;

◆ 已拆卸和安装自动车距控制系统传感器 G550;

◆ 在进行四轮定位的过程中已调整前束和(或)后桥车轮外倾。

② 校正时必须满足下列检测前提条件。

◆ 之前进行了四轮定位或轮辋偏位补偿;

◆ 已检查了轮胎充气压力的额定值和离地高度。

③ 在进行四轮定位的过程中校正 ACC。

1.10.13 大众 CC 空调系统初始化方法

① 同时按下后风窗除霜按键+AC 开关超过 3s,系统会进行自检。

② 自检完成后,再同时按下面部出风按键+AC 开关超过 3s,系统会进行初始化。

1.10.14 大众CC座椅记忆初始化方法

初始化时将清除存储器内所有匹配，然后可以重新匹配，并对无线遥控钥匙进行匹配。座椅记忆进行初始化步骤如下：

① 打开驾驶员侧车门。

② 将座椅靠背整个向前调至限位位置。

③ 当座椅靠背完全靠前时，松开开关，然后重新按下，直至几秒后发出报警音。

1.10.15 大众CC保养归零设置

不使用车辆诊断、测量和信息系统，车辆诊断测试仪也可以复位保养周期显示。必须注意，手动复位保养周期的编码是固定的，也就是说，每15000km或每年要保养一次。

（1）用车窗玻璃刮水器操纵杆上的翘板开关或多功能方向盘上的按键

① 用车窗玻璃刮水器操纵杆上的翘板开关2（图1-139）选择"设置"菜单，或用多功能方向盘上的OK按键选择"设置"菜单（见图1-140）。

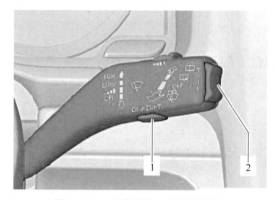

图1-139 组合开关上的设置按钮　　图1-140 多功能方向盘上的设置开关

② 在"保养"子菜单中选定"重置"选项，然后按下车窗玻璃刮水器操纵杆或多功能方向盘上的OK键来复位保养周期显示。

③ 接下来弹出安全询问时，再次按OK键确认。

（2）用组合仪表上的操作键（见图1-141）

① 点火开关关闭时按住按键3。

② 打开点火开关。

③ 松开按键3，短按一次时间设置键1。

图1-141 CC车型组合仪表

这时保养周期显示处于复位模式。片刻后显示屏会切换回正常显示。

1.10.16 大众CC维修经验一句话

① 大众CC EPC故障灯报警，诊断仪检测显示故障码"08482—节气门/踏板位置传感器/开关D信号太弱"。检查发现G79的4脚和发动机控制单元83脚之间有部分导线断路，导致油门踏板位置传感器的信号太弱。更换问题线束后故障排除。

② 大众 CC 行驶中偶发轻微耸车现象，此时仪表上发动机排气指示灯亮。原因是空气流量计后部漏气，使部分进气量漏出，导致实际进气量偏低，混合气偏浓，尾气排放灯点亮。更换涡轮增压器出口处的密封圈，故障排除。

③ 大众 CC 车辆行驶过程中发动机排气系统故障灯报警，车辆行驶状况无明显变化，清除故障码后行驶一段时间故障再现。检查中发现，该车机油尺未完全插入，密封不严，导致出现此故障。重新插拔机油尺，确保机油尺完全插入，故障排除。

④ 大众 CC 仪表黄色机油警报灯报警，该车加装过 PLA（泊车辅助控制系统），改装时将迈腾 B6 的改装方案直接用在大众 CC 车型上。大众 CC 带有机油温度传感器，改装后机油温度传感器线束被断开，从而机油警报灯报警。补加机油温度传感器连接导线（3 根）。拔掉外接插头，恢复原车连接插头，故障排除。

⑤ 大众 CC 冷却液温度/液位警报灯报警。出厂时，冷却液补水壶上没有安装液位传感器导致报警。更换冷却液补水壶，故障排除。

⑥ 大众 CC 仪表内 EPC 灯报警，发动机加速不良。更换节流阀体，重新进行基本设定，故障排除。

⑦ 大众 CC 早上冷车启动后，无法从 P 挡移出。仪表上"P"灯闪烁，变速器挡位显示灯不亮，车辆无法行驶。检查保险丝发现 SC11 保险丝插得比较松。处理保险丝插脚，重新安装 SC11 保险丝故障排除。

⑧ 大众 CC 仪表变速箱温度警报指示灯报警，车辆无法行驶。离合器温度传感器 G509 故障导致温度信号不正确。通过更换离合器温度传感器 G509 可排除故障。

⑨ 大众 CC 电子驻车开关闪亮，仪表上的驻车指示灯闪亮。CC 电子驻车控制单元接地点接触不良造成驻车系统失效。将该控制单元的两根搭铁固定柱进行处理，重新安装后故障消除。

⑩ 大众 CC 转向时，左/右前减振器部位发出"哒哒哒"异响，原地转向时尤为明显。使用听诊器，判断声音来自左/右前悬架上部，转向时用手触摸左/右前螺旋弹簧有明显振动感，越靠近上部振动越明显，此时可初步判断为减振器推力球轴承异响。调整方向重新装配并更换损坏部件，故障排除。

⑪ 大众 CC 低速行驶时踩制动踏板较硬；制动正常时连踩二次制动踏板后制动踏板较硬，基本无制动。原因是真空泵机械故障，导致制动真空助力器真空度不够，制动踏板发硬，制动不良。更换真空泵后，从真空管检测口实测到怠速真空压力为 -91kPa，故障排除。

⑫ 大众 CC 拆卸电瓶后，挂 R 挡，DVD 只显示停车辅助图像，无法显示倒车影像。由于 6C—倒车影像系统未激活，所以倒车影像无法显示。通过重新编码激活该功能后倒车影像系统可正常使用。

⑬ 大众 CC 挂 R 挡无倒车影像。检查信号线束被后备厢铰链弹簧夹住，线束内部有短路或断路的情况，造成视频传输故障。将线束从夹住处复位安装后故障排除。

⑭ 大众 CC 停车辅助系统失效，VAS5052A 诊断有故障码"01629—左前停车辅助设备传感器断路/对地短路"，偶尔无倒车影像。更换停（驻）车辅助系统控制单元后故障排除。

⑮ 大众 CC 车辆在夜间行驶时，左侧大灯灯光偏左，且无法通过机械调整回位。用户通过仪表菜单功能开启了大灯旅行模式，属于正常现象。通过仪表设置菜单中关闭旅行模式即可。

⑯ 大众 CC 手机与车载电话蓝牙匹配成功后，打电话时收音机系统能断开，但扬声器

无法出声。更换电话控制单元，故障排除。

⑰ 大众 CC 低速行驶时突然熄火，无法着车，停放一段时间后可以正常着车。J538 燃油泵控制单元内部虚接或其他问题造成车辆故障。更换 J538 燃油泵控制单元，故障排除。

⑱ 大众 CC 发动机转速在 1800r/min 时，驾驶室内有明显的共振异响。查看黑色供油管装配状态，发现其在车身钣金内的部分比较松动。黑色油管与白色油管分别装配在白色夹子内。将黑白两油管分别装配在更加紧固的位置上，黑色油管固定良好，噪声消失。

⑲ 大众 CC 启动困难，启动后立即熄火。燃油泵管接头扣合不牢，在颠簸路况行驶后出现松脱，导致燃油泵建立的油压泄漏，输送至高压燃油泵及喷油器喷射压力不足而引起发动机无法启动。更换燃油泵总成后故障排除。

⑳ 大众 CC 两把钥匙均能够启动车辆，但其中一把钥匙无钥匙进入功能及遥控功能失效。将该车两把钥匙与车辆重新匹配防盗功能再匹配遥控功能，钥匙功能恢复正常。

㉑ 大众 CC 仪表上 EPC 灯和排放故障灯亮，行驶过程中偶尔耸车。更换发动机元件供电继电器（100），试车故障排除。

㉒ 大众 CC 打开点火开关后，大灯点亮（车灯开关失去控制），发动机不能启动，自动变速箱不能挂挡，仪表上右上方的挡位显示（P）闪烁，点火钥匙也不能马上拔出（要等到仪表的 EPS 灯熄灭后）；偶尔能着火，但还是不能挂挡。检查保险丝座发现 SC13 开口过大。重新处理后故障排除。

㉓ 大众 CC 多个故障灯偶然闪亮。检查为 SC17 保险丝插接处间隙不正常导致偶发断路产生故障。

㉔ 大众 CC 前部室内照明灯不亮，检查 SC15 保险丝烧断。更换 SC15 保险丝后，室内照明灯可正常点亮，但过一段时间后自动熄灭，SC15 保险丝再次烧断，进一步检查发现 SC12 保险丝接触不良，造成 SC15 保险丝电流过大，超过 5A，SC15 烧断，从而导致前部室内照明灯不亮。紧固 SC12 端子同时对 SC13～SC17 保险丝的端子也进行紧固处理，确保保险丝针脚与端子之间接触充分。

㉕ 大众 CC 用遥控器闭锁后有时不能马上解锁，后备厢有时会自动打开，用遥控器闭锁后再解锁，听到舒适系统控制单元有类似继电器"嗒嗒"的声音，声音持续约 10s。更换带触摸传感器的左门把手后故障排除。

㉖ 大众 CC 仪表上的安全气囊故障指示灯点亮。气囊线束在 C 柱位置被压在一个塑料支架下边，并损坏露出铜线，与车身搭铁连接。对露出铜线的线束用专用胶带进行处理，故障排除。

㉗ 大众 CC 仪表安全气囊报警灯常亮、按喇叭按钮喇叭不响。复位环损坏，导致喇叭和安全气囊故障。大众 CC 复位环和 J527 集成在一起不能单独更换，只有更换 J527 总成。

㉘ 大众 CC 转向机突然无助力，方向指示灯红灯报警，更换转向机，匹配 44—11—51514—04—060，然后以低于 20km/h 的车速匀速行驶，方向盘往左打到底踩住制动踏板等听到 3 声报警声后，再往右打到底踩住制动踏板等听到 3 声报警声后，把方向盘回正。这时指示灯黄灯熄灭，清除系统故障码，试车故障排除。

㉙ 大众 CC 倒车影像无显示。拆下前保险杠，发现线束与车身上的喇叭支架摩擦导致线路磨损搭铁。修理线束，固定线束与车身位置后故障排除。

㉚ 大众 CC 气囊故障灯亮。气囊插头上 T100/8 或 T100/88 针脚与导线间接触不良造成 G257 间歇故障。用钳子将针脚再次紧固后故障排除。

1.10.17 2018 年款起大众 CC 保险丝信息

1.10.18 2018 年款起大众 CC 继电器信息

1.10.19 2018 年款起大众 CC 接地点信息

1.10.20 2018 年款起大众 CC 控制器位置与连接器信息

1.11 高尔夫 Golf（2010~2021 年款）

1.11.1 高尔夫车型发动机配置信息

高尔夫车型发动机配置如表 1-26 所示。

表 1-26 高尔夫车型发动机配置

发动机型号	CSR	CSS/DJS	CST/DBV	CYA	CHH/CUG	DJN/DLS
排量 /L	1.6	1.4	1.4	1.2	2.0	1.2
每缸气门数	4	4	4	4	4	4
功率/[kW/(r/min)]	81/5800	110/(5000~6000)	96/(5000~6000)	81/5000	162/(4500~6200)	85/(5000~6000)
转矩/[Nm/(r/min)]	155/3800	250/(1750~3000)	225/(1500~3500)	200/(2000~3500)（DQ200 变速器）	350/(1500~4400)	200/(2000~3500)
压缩比	10.5∶1	10.5∶1	10.5∶1	10∶1	9.6∶1	10.5∶1
喷射装置/点火装置	Motronic ME 17.5.22	Motronic MED 17.5.25	Motronic MED 17.5.25	Bosch MED 17.5.25	SIMOS 18.1	Bosch MED 17.5.25
燃油要求	92 号及以上优质无铅汽油	92 号及以上优质无铅汽油	92 号及以上优质无铅汽油	92 号及以上优质无铅汽油	92 号及以上优质无铅汽油	92 号及以上优质无铅汽油
凸轮轴传动装置	齿形带	齿形带	齿形带	齿形带	链条	齿形带

1.11.2 1.2T DLS 发动机正时维修

同探影车型，请参考 1.1.2 小节内容。

1.11.3 1.4T DJS 发动机正时维修

该发动机正时机构结构形式、正时检查与调整方法和 DLS 相同，请参考 1.1.2 小节内容。

1.11.4 1.4T CSS 发动机正时维修

该发动机正时机构结构形式、正时检查与调整方法和 DLS 相同，请参考 1.1.2 小节内容。

1.11.5 1.4T CSS/CST 发动机正时维修

该发动机正时机构结构形式、正时检查与调整方法和 DLS 相同，请参考 1.1.2 小节内容。

1.11.6　1.6L CSR 发动机正时维修

该发动机正时机构结构形式、正时检查与调整方法和 DLS 相同，请参考 1.1.2 小节内容。

1.11.7　1.6L CDF 发动机正时维修

发动机正时链单元分解如图 1-142 所示。

正时拆装与调校步骤同 CFB 发动机，请参考 1.7.6 小节内容。

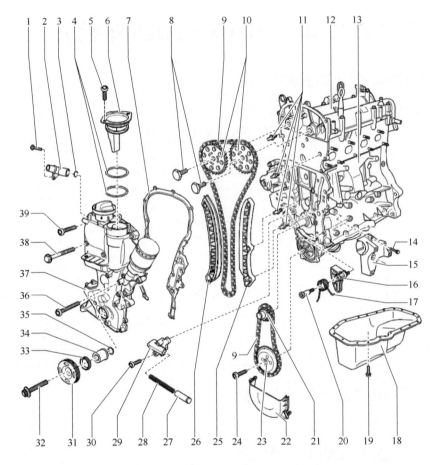

图 1-142　CDF 发动机正时链单元分解

1—固定螺栓；2—管路连接；3—密封圈；4—密封圈；5—固定螺栓；6—油雾分离器；7—密封件；8—紧固螺栓；9—驱动链条；10—凸轮轴链轮；11—导杆；12—带凸轮轴箱的气缸盖；13—气缸体；14—固定螺栓；15—辅助机组支架；16—带张紧轨的链条张紧器；17—张紧弹簧；18—油底壳；19—固定螺栓；20—固定螺栓；21—曲轴链轮；22—盖罩；23—机油泵链轮；24—紧固螺栓；25—导轨；26—张紧轨；27—活塞；28—活塞弹簧；29—链条张紧器；30—固定螺栓；31—曲轴带轮；32—固定螺栓；33—密封圈；34—轴套；35—密封圈；36—固定螺栓；37—正时链轮箱罩；38—固定螺栓；39—固定螺栓

1.11.8　2009~2013 年款高尔夫 A6 四轮定位数据

高尔夫 A6 四轮定位数据如表 1-27、表 1-28 所示，这些额定值适用于配备各种发动机的车型。

表 1-27 前桥定位数据

前桥	基本底盘	运动底盘
产品编号	2UA	G11
总前束角（无负载）	10′±10′	10′±10′
车轮外倾角（正前打直位置）	−30′±30′	−30′±30′
两侧之间的最大允许偏差角	30′	30′
向左和向右转向角为20°时，转向轮的偏差角①	1°38′±20′	1°38′±20′
主销后倾角	7°34′±30′	7°34′±30′
两侧之间的最大允许偏差角	30′	30′
标准高度/mm	382.5±10	382.5±10

① 根据不同制造商的四轮定位计算机，转向角差值也可能为负值。

表 1-28 后桥定位数据

后桥	基本底盘	运动底盘
车轮外倾角	−1°20′±30′	−1°20′±30′
两侧之间的最大允许偏差角	30′	30′
总前束角（在规定的车轮外倾角下）	+10′±12.5′	+10′±12.5′
运行方向最大允许偏差角	20′	20′
标准高度/mm	380.5±10	380.5±10

1.11.9 2016～2018年款高尔夫嘉旅汽车四轮定位数据

高尔夫嘉旅汽车四轮定位数据如表1-29、表1-30所示，这些标准值适用于所有发动机配置。

表 1-29 前桥定位数据

前桥	标准底盘	运动底盘
产品编号	2UA	2UC
总前束角（空载）	10′±10′	10′±10′
车轮外倾角（正前打直位置）	−30′±30′	−30′±30′
两侧之间的最大允许偏差角	30′	30′
车轮向左以及向右转动20°前束角差①	1°19′±20′	1°19′±20′
主销后倾角	7°23′±30′	7°23′±30′
两侧之间的最大允许偏差角	30′	30′
标准高度/mm	383±10	383±10

① 根据制造商的不同，前束角差也可能为负值。

表 1-30 后桥定位数据

后桥	标准底盘	运动底盘
产品编号	2UA	2UC
车轮外倾	−1°±20′	−1°±30′
两侧之间的最大允许偏差角	30′	30′
总前束角（在规定的车轮外倾角下）	20′±12′	10′±10′
运行方向最大允许偏差角	20′	12′
标准高度（车轮中心到轮眉）/mm	385±10	377±10

1.11.10 2014～2021年款高尔夫A7汽车四轮定位数据

高尔夫A7汽车四轮定位数据如表1-31、表1-32所示，这些标准值适用于所有发动机配置。

表1-31 前桥定位数据

前桥	标准底盘	运动底盘
产品编号	2UA	2UC
总前束角（空载）	10′±10′	10′±10′
车轮外倾角（正前打直位置）	−30′±30′	−36′±30′
两侧之间的最大允许偏差角	30′	30′
车轮向左以及向右转动20°前束角差①	1°19′±20′	1°26′±20′
主销后倾角	7°23′±30′	7°33′±30′
两侧之间的最大允许偏差角	30′	30′
标准高度/mm	383±10	375±10

① 根据制造商的不同，前束角差也可能为负值。

表1-32 后桥定位数据

后桥	标准底盘	运动底盘
车轮外倾角	−1°±10′	−1°±30′
两侧之间的最大允许偏差角	30′	30′
总前束角（在规定的车轮外倾角下）	20′±12′	10′±10′
运行方向最大允许偏差角	20′	12′
标准高度/mm	385±10	377±10

1.11.11 高尔夫A7保险丝与继电器信息

1.11.11.1 保险丝信息

保险丝架安装位置如图1-143所示。

保险丝架C安装位置见图1-144，保险丝分配见表1-33。

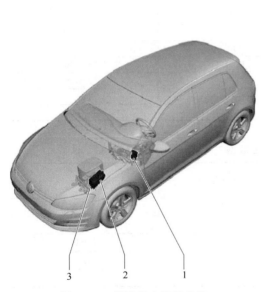

图1-143 保险丝盒安装位置
1—保险丝架C；2—保险丝架B；3—保险丝架A

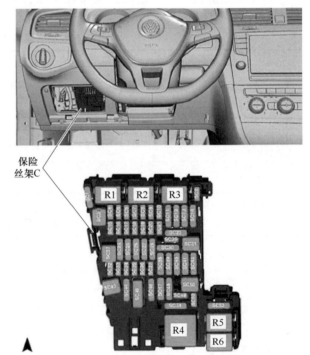

图1-144 保险丝架C安装位置

保险丝颜色说明：50A—红色，40A—橘色，30A—浅绿色，25A—自然色（白色），20A—黄色，15A—浅蓝色，10A—红色，7.5A—棕色，5A—浅棕色，3A—紫色。

表 1-33 保险丝架 C 上保险丝位置分配

插接位置	电路图中的名称	额定值	功能/连接部件	端子
F5	保险丝架 C 上的保险丝 5 SC5	5A	数据总线诊断接口 J533	30
F7	保险丝架 C 上的保险丝 7 SC7	10A	暖风/空调操作系统 EX21,全自动空调控制单元 J255,空调控制单元 J301,换挡杆 E313,可加热后窗玻璃继电器 J9	30
F8	保险丝架 C 上的保险丝 8 SC8	10A	车灯开关 EX1,电控机械式驻车制动器按键 E538,湿度、雨量和光照识别传感器 G823,诊断接口 U31	30
F9	保险丝架 C 上的保险丝 9 SC9	10A	转向柱电子装置控制单元 J527	30
F10	保险丝架 C 上的保险丝 10 SC10	10A	前部信息显示和操作单元的控制单元的显示单元 J685	30
F11	未占用	—		—
F12	保险丝架 C 上的保险丝 12 SC12	20A	电子通信信息设备 1 控制单元 J794 前部信息显示和操作单元的控制单元的显示单元 J685	30
F14	保险丝架 C 上的保险丝 14 SC14	30A	新鲜空气鼓风机控制单元 J126	30
F15	保险丝架 C 上的保险丝 15 SC15	10A	电子转向柱锁止装置控制单元 J764	30
F17	保险丝架 C 上的保险丝 17 SC17	5A	组合仪表中的控制单元 J285,组合仪表 KX2	30
F18	保险丝架 C 上的保险丝 18 SC18	7.5A	倒车摄像头 R189,尾门把手中的解锁按钮 E234	30
F19	保险丝架 C 上的保险丝 19 SC19	7.5A	进入和启动系统接口 J965	30
F23	保险丝架 C 上的保险丝 23 SC23	40A	车载电网控制单元 J519:右前大灯 MX2	30
F24	保险丝架 C 上的保险丝 24 SC24	30A	滑动天窗控制单元 J245	30
F25	保险丝架 C 上的保险丝 25 SC25	30A	驾驶员侧车门控制单元 J386,左后车窗升降器电机 V26	30
F26	保险丝架 C 上的保险丝 26 SC26	20A / 30A	车载电网控制单元 J519:前部座椅加热装置	30
F27	保险丝架 C 上的保险丝 27 SC27	30A	数字式音响套件控制单元 J525	30
F31	保险丝架 C 上的保险丝 31 SC31	40A	车载电网控制单元 J519:左前大灯 MX1	30
F32	保险丝架 C 上的保险丝 32 SC32	7.5A	驾驶员辅助系统前部摄像头 R242,车距控制装置控制单元 J428,驻车辅助控制单元 J446,自动泊车辅助系统控制单元 J791	15
F33	保险丝架 C 上的保险丝 33 SC33	5A	安全气囊控制单元 J234	15
F34	保险丝架 C 上的保险丝 34 SC34	7.5A	车灯开关 EX1,轮胎监控显示按钮 E492,车内后视镜 EX5,自动防眩目车内后视镜 Y7,高压传感器 G65,倒车灯开关 F4,AUTO HOLD E540,电控机械式驻车制动器按键 E538	15
F35	保险丝架 C 上的保险丝 35 SC35	10A	诊断接口 U31,大灯照明距离调节和仪表照明装置调节器 EX14,自动防眩目车内后视镜 Y7,左侧大灯照明距离调节伺服电机 V48,右侧大灯照明距离调节伺服电机 V49	15
F39	保险丝架 C 上的保险丝 39 SC39	30A	副驾驶员侧车门控制单元 J387,右后车窗升降器电机 V27	30
F40	保险丝架 C 上的保险丝 40 SC40	20A	点烟器 U1	15/30
F41	保险丝架 C 上的保险丝 41 SC41	7.5A / 1A	转向柱电子装置控制单元 J527	30
F42	保险丝架 C 上的保险丝 42 SC42	40A	车载电网控制单元 J519:中央门锁	30
F43	保险丝架 C 上的保险丝 43 SC43	30A	车载电网控制单元 J519	30
F45	保险丝架 C 上的保险丝 45 SC45	15A	驾驶员座椅高度调节按钮 E424,驾驶员座椅调整装置操作单元 E470,驾驶员座椅纵向调节按钮 E418,驾驶员座椅靠背调节按钮 E425	30
F47	保险丝架 C 上的保险丝 47 SC47	15A	后窗玻璃刮水器电机 V12	15
F49	保险丝架 C 上的保险丝 49 SC49	5A	离合器位置传感器 G476,起动机继电器 1 J906,起动机继电器 2 J907	15
F53	保险丝架 C 上的保险丝 53 SC53	30A		—

保险丝架 B 安装位置见图 1-145,保险丝分配见表 1-34。

保险丝颜色说明:50A—红色,40A—橘色,30A—浅绿色,25A—自然色(白色),20A—黄色,15A—浅蓝色,10A—红色,7.5A—棕色,5A—浅棕色,3A—紫色。

表 1-34　保险丝架 B 上保险丝位置分配

插接位置	电路图中的名称	额定值	功能/连接部件	端子
F1	保险丝架 B 上的保险丝 1 SB1	40A	ABS 控制单元 J104	30
F2	保险丝架 B 上的保险丝 2 SB2	40A	ABS 控制单元 J104	30
F3	保险丝架 B 上的保险丝 3 SB3	15A	发动机控制单元 J623	87
F4	保险丝架 B 上的保险丝 4 SB4	10A	散热器风扇控制单元 J293,活性炭罐电磁阀 1 N80,凸轮轴调节阀 1 N205,排气凸轮轴调节 1 N318,机油压力调节阀 N428	87
F6	保险丝架 B 上的保险丝 6 SB6	5A	制动信号灯开关 F	87
F7	保险丝架 B 上的保险丝 7 SB7	10A	增压空气冷却系统泵 V188	87
	未占用	—		—
F8	保险丝架 B 上的保险丝 8 SB8	10A	氧传感器加热装置 Z19,尾气催化转化器前的氧传感器 1GX10,尾气催化转化器后的氧传感器 1 Z29,尾气催化转化器后的氧传感器 1 GX7	87
F9	保险丝架 B 上的保险丝 9 SB9	20A	带功率输出级的点火线圈 1N70,带功率输出级的点火线圈 2 N127,带功率输出级的点火线圈 3 N291,带功率输出级的点火线圈 4 N292	87
F10	保险丝架 B 上的保险丝 10 SB10	15A 10A	燃油泵控制单元 J538,气缸盖 1 喷油嘴 N30,气缸盖 2 喷油嘴 N31,气缸盖 3 喷油嘴 N32,气缸盖 4 喷油嘴 N33,发动机部件供电继电器 J757	87
F13	保险丝架 B 上的保险丝 13 SB13	30A 15A	双离合器变速器机电控制模块 J743	30
F15	保险丝架 B 上的保险丝 15 SB15	15A	信号喇叭继电器 J413	30
F16	保险丝架 B 上的保险丝 16 SB16	15A	发动机部件供电继电器 J757	87
F17	保险丝架 B 上的保险丝 17 SB17	7.5A	主继电器 J271,发动机控制单元 J623,ABS 控制单元 J104	30
F18	保险丝架 B 上的保险丝 18 SB18	5A	蓄电池监控控制单元 J367,数据总线诊断接口 J533	30
F19	保险丝架 B 上的保险丝 19 SB19	30A	刮水器控制单元 J400	30
F22	保险丝架 B 上的保险丝 22 SB22	5A	发动机控制单元 J623	50
F23	保险丝架 B 上的保险丝 23 SB23	30A	起动机 B	50

保险丝架 A 安装位置见图 1-146,保险丝分配见表 1-35。

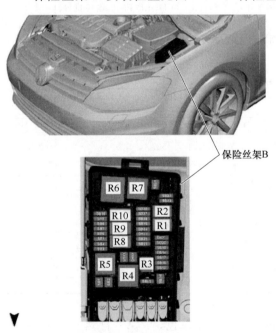

图 1-145　保险丝架 B 保险丝安装位置

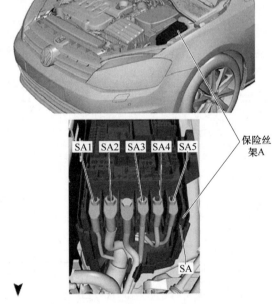

图 1-146　保险丝架 A 安装位置

保险丝架 A 中的保险丝（自复式保险丝）只能整体更换。

表 1-35　保险丝架 A 上保险丝位置分配

旋接位置	电路图中的名称	额定值	功能/连接部件	端子
J1	保险丝架 A 上的保险丝 1 SA1	100A	SC7、SC8、SC9、SC10、SC12、SC14、SC31、SC39、SC40、SC41、SC42、SC53，插座继电器 J807，接线端 15 的电源继电器 J329	30
G1	保险丝架 A 上的保险丝 2 SA2	140A	三相交流发电机 C	30
E1	保险丝架 A 上的保险丝 3 SA3	80A	转向辅助控制单元 J500	30
K1	保险丝架 A 上的保险丝 4 SA4	80A	SC15、SC17、SC18、SC19、SC23、SC24、SC25、SC26、SC27、SC39、SC41、SB42	30
L1	保险丝架 A 上的保险丝 5SA5	80A	散热器风扇 VX57	30

1.11.11.2　继电器信息

继电器支架见图 1-147。

继电器和保险丝座 2 SR2 安装位置和继电器位置分配见图 1-148。

图 1-147　继电器盒安装位置
1—继电器和保险丝座 2 SR2，在左侧仪表板下面，其上安装的继电器有可加热后窗玻璃继电器 J9，接线端 15 的电源继电器 J329，插座继电器 J807；2—继电器和保险丝座 1 SR1，在发动机舱电控箱上，其上安装的继电器有主继电器 J271，信号喇叭继电器 J413，燃油泵继电器 J17，起动机继电器 1 J906，起动机继电器 2 J907；3—发动机舱电控箱

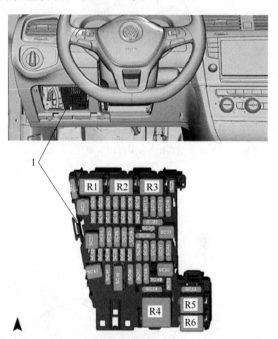

图 1-148　继电器和保险丝座 2 SR2 继电器位置
1—继电器和保险丝座 2 SR2，在左侧仪表板下面；R1—未占用；R2—未占用；R3—未占用；R4—接线端 15 的电源继电器 J329；R5—可加热后窗玻璃继电器 J9；R6—插座继电器 J807

电控箱上的安装位置和继电器位置分配见图 1-149。

1.11.12　高尔夫 A7 全车控制器安装位置

高尔夫 A7 车辆前部控制单元安装位置如图 1-150 所示。

车辆中部控制单元安装位置见图 1-151。

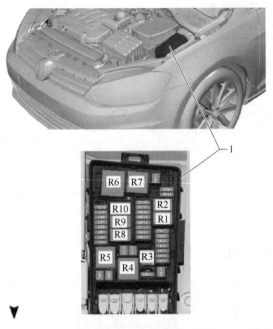

图 1-149 电控箱上继电器盒
1—在发动机舱电控箱上的继电器和保险丝座 1 SR1，R1—起动机继电器 1 J906；R2—起动机继电器 2 J907；R3—信号喇叭继电器 J413；R4—未占用；R5—主继电器 J271；R6—未占用；R7—未占用；R8—燃油泵继电器 J17，仅适用于配备 1.6L 发动机的车辆；R9—未占用；R10—未占用

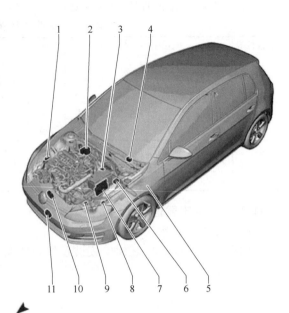

图 1-150 车辆发动机舱控制器安装位置
1—右侧气体放电灯泡控制单元 J344，安装在右侧大灯 MX2 上；2—ABS 控制单元 J104，安装在发动机舱内；3—蓄电池监控控制单元 J367，安装在蓄电池上；4—刮水器电机控制单元 J400，安装在驾驶员侧排水槽内；5—6 挡自动变速箱控制单元 J217，安装在左前翼子板内；6—转向辅助控制单元 J500，安装转向器上；7—发动机控制单元 J623，安装在发动机舱内蓄电池与电控箱之间；8—左侧气体放电灯泡控制单元 J343，安装在左侧大灯上；9—双离合器变速器机电控制单元 J743，安装在双离合器变速器 0AM 上；10—散热器风扇 VX57，安装在散热器上；11—车距控制装置控制单元 J428，安装在前保险杠中部

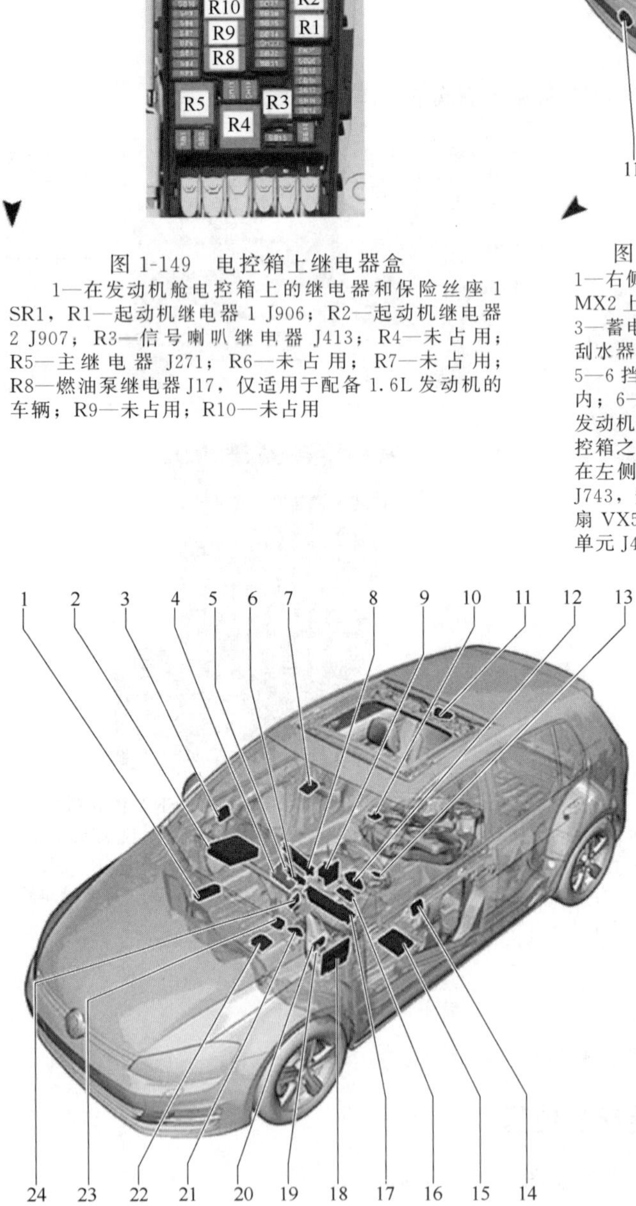

图 1-151 车辆中部控制器位置
1—新鲜空气鼓风机控制单元 J126，安装在副驾驶员侧脚部空间内；2—电子通信信息设备 1 控制单元 J794，顶部安装在手套箱中；3—副驾驶员侧车门控制单元 J387，安装在副驾驶员侧车门内；4—电子通信信息设备 1 控制单元 J794，底部安装在中控台内；5—空调器控制单元 J301，安装在中部仪表板内；6—全自动空调控制单元 J255，安装在中部仪表板内；7—驾驶员辅助系统前部摄像头 R242，安装在车内后视镜附近；8—前部信息显示和操作控制单元的显示单元 J685，安装在中控台内；9—换挡杆 E313，安装在换挡杆座中控台内；10—燃油泵控制单元 J538，安装在后排座椅下方；11—滑动天窗控制单元 J245，安装在后部滑动天窗电机上；12—转向柱电子装置控制单元 J527，安装在转向柱上；13—多功能方向盘控制单元 J453，安装在左侧方向盘多功能按键 E440 的操作单元中；14—驾驶员侧车门控制单元 J386，安装在驾驶员侧车门内；15—数字式音响套件控制单元 J525，安装在驾驶员座椅下方；16—电子转向柱锁止装置控制单元 J764，安装在转向柱上；17—组合仪表中控制单元 J285，安装在仪表板内；18—车载电网控制单元 J519，安装在左侧仪表板后面；19—自动泊车辅助系统控制单元 J791，安装在驾驶员侧仪表板后面；20—驻车辅助控制单元 J446，安装在驾驶员侧仪表板后面；21—数据总线诊断接口 J533，安装在仪表板下面；22—安全气囊控制单元 J234，安装在中控台内；23—带随动转向大灯和大灯照明距离调节控制单元 J745，安装在驾驶员侧仪表板后面；24—进入和启动系统接口 J965，安装在仪表板下面

1.11.13 高尔夫A7全自动空调控制单元端子信息

高尔夫A7全自动空调控制单元安装位置在中部仪表板内。其连接器端子分布见图1-152，端子连接部件见表1-36。

表1-36 全自动空调控制单元各连接器端子连接部件

T16d(A)端子序号	连接部件	T16c(B)端子序号	连接部件	T20c(C)端子序号	连接部件
1	左侧温度翻板伺服电机V158	1	前侧空气分配器翻板伺服电机电位计G642,5V 新鲜空气/循环空气、通风翻板伺服电机电位计G644,5V 除霜翻板伺服电机电位计G135,5V 左侧温度翻板伺服电机电位计G220,5V 右侧温度翻板伺服电机电位计G221,5V	1	日照光电传感器G107
2	左侧温度翻板伺服电机V158	2	左侧温度翻板伺服电机V158	2	
3	除霜翻板伺服电机V107	3		3	日照光电传感器G107
4	除霜翻板伺服电机V107	4	除霜翻板伺服电机V107	4	
5	前部空气分配器翻板伺服电机V426	5		5	舒适CAN总线,High
6	前部空气分配器翻板伺服电机V426	6		6	舒适CAN总线,Low
7		7	新鲜空气/循环空气、通风翻板伺服电机V425	7	
8		8	脚部空间出风口温度传感器G192	8	
9	新鲜空气/循环空气、通风翻板伺服电机V425	9		9	日照光电传感器G107,5V
10	新鲜空气/循环空气、通风翻板伺服电机V425	10		10	
11	右侧温度翻板伺服电机V159	11	蒸发器温度传感器G308	11	
12	右侧温度翻板伺服电机V159	12		12	
13		13		13	左侧出风口温度传感器G150
14		14	前侧空气分配器翻板伺服电机电位计G642,— 新鲜空气/循环空气、通风翻板伺服电机电位计G644,— 除霜翻板伺服电机电位计G135,— 左侧温度翻板伺服电机电位计G220,— 右侧温度翻板伺服电机电位计G221,— 脚部空间出风口温度传感器G192,— 蒸发器温度传感器G308,—	14	右侧出风口温度传感器G151

续表

T16d(A)端子序号	连接部件	T16c(B)端子序号	连接部件	T20c(C)端子序号	连接部件
15		15		15	
16		16		16	新鲜空气鼓风机控制单元 J126（LIN 总线）
				17	日照光电传感器 G107，— 右侧出风口温度传感器 G151，— 左侧出风口温度传感器 G150，—
				18	空调压缩机调节阀 N280
				19	接线端 31
				20	接线端 30

1.11.14 高尔夫 A7 汽车 ABS 控制单元端子信息

ABS 控制单元 J104 安装位置在发动机舱内。其连接器端子分布如图 1-153 所示，端子连接部件见表 1-37。

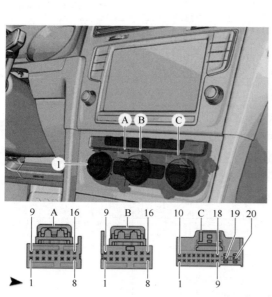

图 1-152 全自动空调控制单元 J255 安装位置
1—全自动空调控制单元 J255；A—16 芯连接器 T16d；
B—16 芯连接器 T16c；C—20 芯连接器 T20c

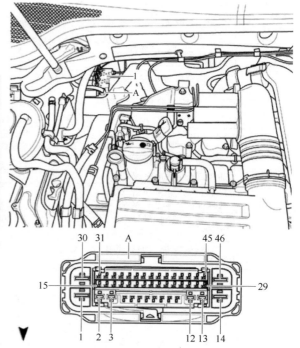

图 1-153 ABS 控制单元安装位置
1—ABS 控制单元 J104；A—46 芯连接器 T46a

表 1-37 ABS 控制单元器端子连接部件

序号	连接部件	序号	连接部件
1	接线端 30	3	右侧驻车电机 V283
2	右侧驻车电机 V283	4	右前转速传感器 G45，—

续表

序号	连接部件	序号	连接部件
5	右前转速传感器 G45，+	26	
6	左后转速传感器 G46，−	27	
7	左后转速传感器 G46，+	28	
8	左前转速传感器 G47，−	29	
9	左前转速传感器 G47，+	30	接线端 30
10	右后转速传感器 G44，−	31	接线端 30a
11	右后转速传感器 G44，+	32	自动驻车指示灯 K237
12	左侧驻车电机 V282	33	离合器位置传感器 G476
13	左侧驻车电机 V282	34	
14	接线端 31	35	接线端 15
15		36	电控机械式驻车制动器指示灯 K213
16		37	
17	电控机械式驻车制动器按键 E538	38	真空传感器 G608
18	电控机械式驻车制动器按键 E538	39	
19	电控机械式驻车制动器按键 E538	40	
20		41	轮胎监控显示按钮 E492
21		42	底盘/组合仪表 CAN 总线，High
22		43	底盘/组合仪表 CAN 总线，Low
23	自动驻车按钮 E540	44	真空传感器 G608
24	电控机械式驻车制动器按键 E538	45	真空传感器 G608
25		46	接线端 31

1.11.15　高尔夫 A6 遥控匹配方法

① 遥控器型号为 1K0 959 753 N，使用 5053 进入 09 中央电器系统；
② 点击匹配 10，通道号选择 01，新建值写入 1，测试并保存；
③ 按压遥控器的锁车键，看到仪表双闪灯闪烁，即可松开遥控器；
④ 遥控匹配成功，拔掉钥匙下车，即可测试成功与否。

说明　增加一把钥匙的匹配方法同上。

1.11.16　高尔夫、宝来、迈腾、速腾遥控钥匙匹配

速腾、迈腾遥控钥匙的匹配方式与宝来类似，依然通过 46—10—01 进行设置；但常用"功能引导/故障引导"完成设置。速腾新增遥控匹配：用一把钥匙打开点火开关，用另一把钥匙锁车门，用遥控键开或关车门，按键至少 1s 后再松开遥控按钮，自适应结束时有喇叭提示。

关于遥控的其他补充说明：

控制器和发射器配套使用原则。控制器和发射器应配套使用，否则无法实现遥控功能。对于捷达遥控器来讲，零件号为 1GD 962 258 控制器与零件号为 1GD 959 753 发射器组合；零件号为 1GD 959 875D 控制器与零件号为 1GD 959753A 发射器组合。如 2006 款捷达 CIF（生产日期：06/06/16）遥控器失效，匹配时有确认闪动但遥控器无效，经检查发现该车用的遥控器为 L1GD 959 753，315MHz，与该车的遥控控制单元协议不匹配，更换新的遥控器 L1GD 959 753A，315.5MHz（适用于 2005 年 5 月后生产的车型），匹配成功。

遥控钥匙匹配方式与步骤：

① 打开点火开关，连接电脑检测仪器，进入地址：46；

② 选择功能 10→选择 00 通道，删除适配记忆；
③ 选择功能 10→选择 01 通道→输入适配钥匙数 00001—4（最多四把）；
④ 依次按需适配的钥匙上的遥控键 1s 以上，所有钥匙要在 15s 内完成；
⑤ 用未失效遥控器钥匙，打开点火开关。

对宝来、高尔夫车系的新增遥控器，可使用新增遥控钥匙的匹配流程：
① 用未失效遥控钥匙，打开点火开关；
② 用新钥匙锁车门；
③ 用遥控键开或关车门；
④ 按键停至少 1s 后再按遥控按钮；
⑤ 自适应结束时有喇叭提示（根据车型而定）。

1.11.17　高尔夫 A6 保养归零设置

① 关闭点火开关，按压里程表侧"SET"按钮。
② 按住按钮打开点火开关，保养周期显示区进入清零模式。
③ 松开按钮，然后在 20s 内按压转速表左下角调节按钮，显示屏稍后即恢复为常规显示模式。仪表按钮见图 1-154。

图 1-154　大众高尔夫 A6 仪表

1.11.18　高尔夫 A7 保养归零设置

在以下工作中必须复位保养周期显示（匹配）：
交车检查；
每次更换机油；
每次检查保养。

也可手动复位保养周期显示。但是必须注意，手动复位保养周期显示时，要将汽车的保养周期设为固定，即每行驶 15000km 或每 12 个月保养一次。

不要使用车辆诊断测试仪来复位保养周期显示。手动复位保养周期显示的流程如下：
① 在点火开关关闭的情况下，按下按钮 A（图 1-155）并保持。
② 点火开关打开。等候，直到屏幕上显示"复位更换机油保养？"。
③ 松开按钮 A。此时保养周期显示处于复位模式。
④ 短暂按下按钮 A 一次。短暂时间后回到正常的显示。

图 1-155 高尔夫 A7 归零按钮

1.11.19 高尔夫 A7 胎压监控显示设置

在对轮胎气压进行矫正后必须对胎压监测系统进行校准。

如果在胎压报警之后没有发现胎压降低或轮胎破损，则可以通过基本设置消除错误的报警。

胎压监测通过 ABS 传感器比较车速和单个车轮滚动周长以及单个车轮的振动。如果发生某个或多个轮胎气压的变化，胎压监测会在组合仪表和信息娱乐系统上显示。

如果发生下列情况，轮胎滚动周长将发生变化：

☆ 轮胎充气压力过低；
☆ 轮胎结构损坏；
☆ 汽车单侧载重；
☆ 一个轴上的载重过大（例如在山路上行驶时牵引车辆）；
☆ 安装了雪地防滑链；
☆ 安装了备用车轮；
☆ 单个车桥上更换了一个轮胎。

在组合仪表中有一个黄色的轮胎气压监控警告灯（如图 1-156 所示的箭头）。指示灯持续亮起同时发出警告声则表示识别到压力损失发出"警告"，此时应检查胎压并对系统进行基本设置，步骤如下：

① 打开点火开关；
② 接通信息娱乐系统；
③ 按下信息娱乐系统 CAR 按钮；
④ 按下 Setup 功能按钮；
⑤ 按下 Tyres 功能按钮；
⑥ 按下 SET 功能按钮；
⑦ 按下 Confirm 功能按钮。

图 1-156 胎压警报指示灯显示位置

1.11.20 车窗调节器功能激活

在断开并重新连接蓄电池之后，电动车窗的自动开启、关闭和防夹功能失效，可能导致严重的夹伤。因此，在交车之前，必须激活车窗调节器。在激活了车窗调节器之后，不得再断开蓄电池。

按照以下的步骤重新激活车窗调节器的自动开启和关闭功能：

① 打开点火开关；

② 完全关闭所有车窗和车门；

③ 向上拉动车窗调节器开关并保持至少 1s；

④ 松开开关并再次向上拉起。现在自动开启和关闭功能激活；

⑤ 关闭点火开关。

上述操作说明是以左前车窗调节器为例，其他车窗调节器的激活方式与其大体相同。

1.11.21 高尔夫 A6 维修经验一句话

① 高尔夫 A6 车辆无法启动，仪表上的所有报警灯全部点亮。当检查到发动机控制单元时，发现发动机控制单元连接线束和雨刷臂干涉，动力 CAN 总线高位线外皮磨损与雨刷臂接触造成对地短路。修复破损的线束并重新固定，避免再次干涉，故障排除。

② 高尔夫 A6 偶尔无法启动。检查大灯后面的搭铁线时，发现搭铁线松动，导致点火线圈偶尔不工作，造成车辆无法启动。紧固搭铁线，故障排除。

③ 高尔夫 A6 行驶中仪表内 EPS 灯与 ESP 灯报警，车辆加速无力，之后仪表内所有故障灯全部亮起，车辆熄火。由于动力 CAN 总线的 CAN-H 对负极短路，动力 CAN 上传递的信息无法传递，造成车辆行驶中熄火，并且仪表中所有的警报灯全部亮起，发动机无法启动。修复破损的线束并重新固定，故障排除。

④ 高尔夫 A6 更换完停车辅助控制单元后无虚拟影像（OPS），倒车雷达能正常工作。与正常车辆对比 DVD 编码正常，检查停车辅助控制单元编码不一样。故障车编码为 000101，正常车编码 100101。控制编码不正确，首位 0 改为 1 后故障排除。新换的控制单元需要激活码 71679，才可以进行编码。用激活码 71679 在 015 访问认可中输入密码，然后再进入编码 008 进行修改编码。

⑤ 高尔夫 A61.6L CLS 发动机不能启动。按电路图检查网关 15 供电 T20/14，点火开关打开，万用表测量 T20/14 无 12V 电压；万用表测量保险丝 SC2 到 T20/14 线路，断路；拆解险丝 SC2 节点 278，发现节点 278 到 J533-15 供电线路已折断。修复线路后故障排除。

1.11.22　2019 年款起高尔夫嘉旅保险丝信息

1.11.23　2019 年款起高尔夫嘉旅继电器信息

1.11.24　2019 年款起高尔夫嘉旅接地点信息

1.11.25　2019 年款起高尔夫嘉旅控制器位置与连接器信息

1.12　蔚领 C-TREK（2017~2020 年款）

1.12.1　蔚领车型发动机配置信息

蔚领车型发动机配置如表 1-38 所示。

表 1-38 蔚领车型发动机配置

发动机型号	CSR	CST	DCF	DLF
排量/L	1.6	1.4	1.5	1.5
每缸气门数	4	4	4	4
功率/[kW/(r/min)]	81/5800	96/(5000～6000)	81/5800	82/6100
转矩[Nm/(r/min)]	155/3800	225/(1500～3500)	150/3800	145/4000
压缩比	10.5∶1	10.5∶1	11∶1	11∶1
喷射装置/点火装置	Motronic ME 17.5.22	Motronic MED17.5.25	SIMOS 23.12	SIMOS 23.12
燃油要求	92号及以上优质无铅汽油	92号及以上优质无铅汽油	92号及以上优质无铅汽油	92号及以上优质无铅汽油
凸轮轴传动装置	齿形带	齿形带	齿形带	齿形带

1.12.2　1.4T CST 发动机正时维修

该发动机正时机构结构形式、正时检查与调整方法和 DLS 相同，请参考 1.1.2 小节内容。

1.12.3　1.5L DCF 发动机正时维修

该发动机正时机构结构形式、正时检查与调整方法和 DLS 相同，请参考 1.1.2 小节内容。

1.12.4　1.5L DLF 发动机正时维修

该发动机正时机构结构形式、正时检查与调整方法和 DLS 相同，请参考 1.1.2 小节内容。

1.12.5　1.4T CST 发动机正时维修

该发动机正时机构结构形式、正时检查与调整方法和 DLS 相同，请参考 1.1.2 小节内容。

1.12.6　1.6L CSR 发动机正时维修

该发动机正时机构结构形式、正时检查与调整方法和 DLS 相同，请参考 1.1.2 小节内容。

1.12.7　蔚领汽车四轮定位数据

蔚领汽车四轮定位数据如表 1-39、表 1-40 所示。

表 1-39 前桥定位数据

前桥	舒适型底盘	前桥	舒适型底盘
PR 号码	2UA	向左和向右转向角为20°时的转向角差	1°26′±20′
总前束角（无负载）	0′±10′	主销后倾角	7°10′±30′
车轮外倾角（在正前直方向）	−14′±30′	左销后倾左右侧之间的最大允许偏差角	30′
两侧之间的最大允许偏差角	30′	标准高度/mm	387±10

表 1-40 后桥定位数据

后桥	舒适型底盘	后桥	舒适型底盘
PR 号码	2UA	总前束角(在规定的车轮外倾角下)	10′ $^{+10′}_{-7′}$
车轮外倾	$-1°27′±10′$	与运行方向最大允差	20′
两侧之间的最大允许偏差角	30′	标准高度/mm	394±10

1.12.8 蔚领保养归零设置

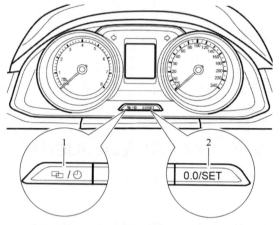

提示　手动复位保养周期编码是固定的,也就是说,每10000km或每年需要保养一次。功能是否会实现,取决于车辆电气系统以及装备范围。

手动复位保养周期显示的步骤如下:

① 点火开关关闭时按住按键 2,见图 1-157;

② 打开点火开关;

③ 松开按键 2,短按一次时间设置键 1;

④ 此时保养周期显示处于复位模式状态,若干秒后恢复正常视图。

图 1-157　操作仪表盘按钮位置

1.12.9　2017 年款起蔚领保险丝信息

1.12.10　2017 年款起蔚领继电器信息

1.12.11　2017 年款起蔚领接地点信息

1.12.12　2017 年款起蔚领控制器位置与连接器信息

第2章 上汽大众车型

2.1 途铠 T-CROSS（2019～2022 年款）

2.1.1 途铠车型发动机配置信息

途铠车型发动机配置如表 2-1、表 2-2 所示。

表 2-1　2020 年 05 月起车型发动机配置数据

发动机型号	DLS	DJS	DMB
排量/L	1.197	1.395	1.498
功率/kW	85	110	83
转矩/Nm	200	250	150
缸径/mm	71.0	74.5	74.5
行程/mm	75.6	80	85.9
压缩比	10.5∶1	10.0∶1	11.0∶1
ROZ	92	92	92
喷射装置/点火装置	缸内直喷	缸内直喷	进气歧管喷射
点火顺序	1—3—4—2	1—3—4—2	1—3—4—2
爆震控制	是	是	是
增压	是	是	否
废气再循环	否	否	否
可变进气管	是	是	是
凸轮轴调节	是	是	是
二次空气	否	否	否
排放标准	C6	C6	C6

表 2-2　2020 年 05 月前车型发动机配置

发动机型号	DMB	DJS
排量/L	1.498	1.395
功率/kW	85	110
转矩/Nm	150	250
缸径/mm	74.5	74.5
行程/mm	85.9	80
压缩比	11.0∶1	10.0∶1
ROZ	92	92
喷射装置/点火装置	进气歧管喷射	缸内直喷
点火顺序	1—3—4—2	1—3—4—2
爆震控制	是	是
增压	否	是
废气再循环	否	否
可变进气管	是	是
凸轮轴调节	是	是
二次空气	否	否
排放标准	C6	C6

2.1.2　1.5L DMB 发动机正时维修

该发动机正时机构结构形式、正时检查与调整方法和 DLS 相同，请参考 1.1.2 内容。

2.1.3　1.4T DJS 发动机正时维修

该发动机正时机构结构形式、正时检查与调整方法和 DLS 相同，请参考 1.1.2 内容。

2.1.4　1.2T DLS 发动机正时维修

该发动机正时机构结构形式、正式检查与调整方法同一汽大众探影车型 DLS 发动机，请参考 1.1.2 内容。

2.1.5 途铠保险丝信息

2.1.6 途铠继电器信息

2.2 途岳 THARU（2019～2021 年款）

2.2.1 途岳车型发动机配置信息

途岳车型发动机配置如表 2-3 所示。

表 2-3 途岳车型发动机配置信息

发动机型号	DJN	DLS	CSS	DJS	DKV	DPL
排量/L	1.197	1.197	1.395	1.395	1.984	1.984
功率/kW	85	85	110	110	137	137
转矩/Nm	200	200	250	250	320	320
缸径/mm	71.0	71.0	74.5	74.5	82.5	82.5
行程/mm	75.6	75.6	80	80	92.8	92.8
压缩比	10.5：1	10.5：1	10.0：1	10.0：1	11.65：1	11.65：1
ROZ	92	92	92	92	95	95
喷射装置/点火装置	缸内直喷	缸内直喷	缸内直喷	缸内直喷	缸内直喷+进气歧管喷射	缸内直喷+进气歧管喷射
点火顺序	1—3—4—2	1—3—4—2	1—3—4—2	1—3—4—2	1—3—4—2	1—3—4—2
爆震控制	是	是	是	是	是	是
增压	是	是	是	是	是	是
废气再循环	否	否	否	否	否	否
可变进气管	是	是	是	是	是	是
凸轮轴调节	是	是	是	是	是	是
二次空气	否	否	否	否	否	否
排放标准	C5	C6	C5	C6	C6	C6

2.2.2 1.4T DJS/DJN 发动机正时维修

该发动机正时机构结构形式、正时检查与调整方法和 DLS 相同，请参考 1.1.2 内容。

2.2.3 1.2T DLS 发动机正时维修

该发动机正时维修同一汽大众探影车型 DLS 发动机，请参考 1.1.2 内容。

2.2.4 2.0T DKX/DKV 发动机正时维修

该发动机正时机构结构形式、正时检查与调整方法和 DPL 相同，请参考 1.3.2 内容。

2.2.5 2.0T DPL 发动机正时维修

该发动机正时维修同探岳车型 DPL 发动机，请参考 1.3.2 内容。

2.2.6 途岳保险丝信息

2.2.7 途岳继电器信息

2.2.8 途岳接地点信息

2.3 途观 Tiguan-途观 L（2013~2022 年款）

2.3.1 途观 L 发动机配置信息

途观 L 车型发动机配置如表 2-4 所示。

表 2-4 途观 L 车型发动机配置

发动机型号	CUF	CUG	DBF	DPL	CSS	DJS	DKV	DKX
排量/L	1.798	1.984	1.984	1.984	1.395	1.395	1.984	1.984
功率/kW	132	162	137	137	110	110	137	162
转矩/Nm	300	350	320	320	250	250	320	350
缸径/mm	82.5	82.5	82.5	82.5	74.5	74.5	82.5	82.5
行程/mm	84.1	92.8	92.8	92.8	80	80	92.8	92.8
压缩比	9.6:1	9.6:1	11.65:1	11.65:1	10.0:1	10.0:1	11.56:1	9.6:1
ROZ	92	92	95	95	92	92	95	95
喷射装置/点火装置	缸内直喷	缸内直喷+进气歧管喷射	缸内直喷+进气歧管喷射	缸内直喷+进气歧管喷射	缸内直喷	缸内直喷	缸内直喷+进气歧管喷射	缸内直喷+进气歧管喷射
点火顺序	1—3—4—2	1—3—4—2	1—3—4—2	1—3—4—2	1—3—4—2	1—3—4—2	1—3—4—2	1—3—4—2
爆震控制	是	是	是	是	是	是	是	是
增压	是	是	是	是	是	是	是	是
废气再循环	否	否	否	否	否	否	否	否
可变进气管	是	是	是	是	是	是	是	是
凸轮轴调节	是	是	是	是	是	是	是	是
二次空气	否	否	否	否	否	否	否	否
排放标准	C5	C5	C5	C6	C5	C6	C6	C6

2.3.2 1.4T DJS 发动机正时维修

该发动机正时机构结构形式、正时检查与调整方法和 DLS 相同，请参考 1.1.2 内容。

2.3.3 2.0T DKX 发动机正时维修

该发动机正时机构结构形式、正时检查与调整方法和 DPL 相同，请参考 1.3.2 内容。

2.3.4 2.0T DPL 发动机正时维修

该发动机正时维修同探岳车型 DPL 发动机，请参考 1.3.2 内容。

2.3.5 2.0T DKV 发动机正时维修

该发动机正时机构结构形式、正时检查与调整方法和 DPL 相同，请参考 1.3.2 内容。

2.3.6 2.0T DBF 发动机正时维修

该发动机正时机构结构形式、正时检查与调整方法和 DPL 相同,请参考 1.3.2 内容。

2.3.7 2.0T DBF 发动机正时维修

该发动机正时链单元结构与拆装调速步骤和大众 CUH 发动机相同,相关内容请参考 2.13.3 内容。

2.3.8 2.0T CUG 发动机正时维修

该发动机正时链单元结构与拆装调速步骤和大众 CUH 发动机相同,相关内容请参考 2.13.3 内容。

2.3.9 1.4T CSS 发动机正时维修

该发动机正时机构结构形式、正时检查与调整方法和 DLS 相同,请参考 1.1.2 内容。

2.3.10 2.0T CGM 发动机正时维修

2.0T CGM 发动机与 CEA 发动机正时链结构与拆装相同,相关内容请参考 1.9.8 内容。

2.3.11 1.8T CEA/2.0T CGM 发动机机械维修数据

1.8T CEA/2.0T CGM 发动机机械维修数据如表 2-5 所示。

表 2-5 发动机机械维修数据

基本参数			CEA	CGM
发动机代码			CEA	CGM
排量/L			1.798	1.984
功率/[kW/(r/min)]			118	147
转矩/[Nm/(r/min)]			250	280
缸径 ϕ/mm			82.5	82.5
冲程/mm			84.1	92.8
压缩比			9.6∶1	9.6∶1
ROZ			97	97
喷射装置			FSI	FSI
点火顺序			1—3—4—2	1—3—4—2
爆震控制			有	
自诊断功能			有	
λ 控制功能			有	
三元催化转化器			有	
增压系统			有	
二次空气系统			无	
可变进气系统			有	
废气再循环功能			无	
电子节气门功能			有	
曲轴轴承轴颈直径/mm		基本尺寸	$54.00_{-0.037}^{-0.017}$	
		研磨尺寸第一次	$53.75_{-0.037}^{-0.017}$	
		研磨尺寸第二次	$53.50_{-0.037}^{-0.017}$	
		研磨尺寸第三次	$53.25_{-0.037}^{-0.017}$	

续表

基本参数

发动机代码		CEA	CGM
连杆轴承轴颈直径/mm	基本尺寸	$47.80^{-0.022}_{-0.042}$	
	研磨尺寸第一次	$47.55^{-0.022}_{-0.042}$	
	研磨尺寸第二次	$47.30^{-0.022}_{-0.042}$	
	研磨尺寸第三次	$47.05^{-0.022}_{-0.042}$	
曲轴间隙/mm	轴向间隙	新件:0.07~0.23 磨损极限:0.30	
	径向间隙	新件:0.017~0.037 磨损极限:0.15	
连杆轴瓦间隙/mm	轴向间隙	新件:0.10~0.35,磨损极限:0.40	
	用塑料间隙规测量径向间隙	新件:0.02~0.06,磨损极限:0.09	
开口间隙/mm	气环	新件 0.20~0.40,极限 0.8	
	刮油环	新件 0.25~0.50,极限 0.8	
环槽间隙/mm	第一道压缩环	新件 0.04~0.08,极限 0.15	
	第二道压缩环	新件 0.02~0.06,极限 0.15	
	挡油环	不可测量	
活塞直径/mm	基本尺寸	82.465 说明:尺寸不包括石墨层(厚度 0.02mm)的尺寸。石墨层会自动磨损	
气缸孔径/mm	基本尺寸	82.51	
气缸压力值/bar	新零件	11~14	
	磨损极限	7	
	气缸间允许相差值	3	

进、排气门、气门导杆检测参数

尺寸图例			
进气门	a 气门顶直径/mm	33.85±0.10	
	b 气门杆直径/mm	5.98±0.01	
	c 气门全长/mm	104.0±0.2	
	α 气门斜角/(°)	45	
进气门导管	磨损极限/mm	0.8	
排气门	a 气门顶直径 mm	28.0±0.1	
	b 气门杆直径/mm	5.96±0.01	
	c 气门全长/mm	101.9±0.2	
	α 气门斜角/(°)	45	
排气门导管	磨损极限/mm	0.8	

2.3.12　1.4T CFB 发动机控制单元端子信息

1.4T CFB 型发动机控制单元连接器端子排列如图 2-1 所示,端子定义见表 2-6、表 2-7。

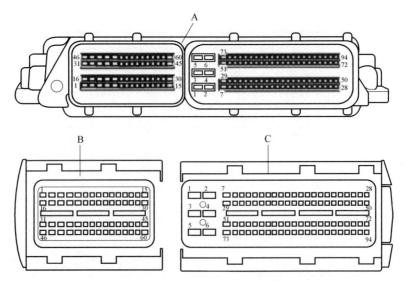

图 2-1 CFB 发动机控制单元连接器端子分布

(连接器连接,仅用于带 1.4L 发动机的车辆/仅适用于带自动启停系统的车辆)

A—发动机控制单元 J623；B—60 芯连接器 T60a,黑色,发动机控制单元连接器；

C—94 芯连接器 T94a,黑色,发动机控制单元连接器

表 2-6 60 芯连接器端子定义

端子序号	端子功能定义	端子序号	端子功能定义
1	涡轮增压器循环空气阀控制端	31	1 缸喷油控制
3	增压压力限制电磁阀控制端	32	2 缸喷油控制
6	4 缸点火控制信号	33	1 缸喷油控制
7	1 缸点火控制信号	34	3 缸喷油控制
8	爆震传感器屏蔽	35	活性炭容器装置电磁阀(周期性控制)控制端
10	爆震传感器信号	36	发动机转速传感器信号
12	节气门驱动装置角度传感器电源 5V	39	增压压力传感器信号
13	传感器接地(进气温度传感器 2、进气温度传感器、燃油压力传感器)	40	燃油压力传感器信号
		41	节气门驱动装置角度传感器 2 信号
14	冷却液温度传感器信号	42	进气温度传感器信号
16	节气门驱动装置+	44	节气门驱动装置角度传感器接地
17	节气门驱动装置-	46	4 缸喷油控制
19	燃油压力调节阀控制端	47	3 缸喷油控制
21	2 缸点火控制信号	48	4 缸喷油控制
22	3 缸点火控制信号	49	2 缸喷油控制
23	进气温度传感器 2 信号	50	凸轮轴调节阀控制端
24	节气门驱动装置角度传感器 1 信号	51	发动机转速传感器信号
25	爆震传感器信号	53	霍尔传感器信号
27	传感器电源 5V(增压压力传感器、发动机转速传感器)	54	霍尔传感器接地
		55	进气压力传感器信号
29	传感器电源 5V(霍尔传感器、进气压力传感器、燃油压力传感器)	57	冷却液温度传感器信号

表 2-7 94 芯连接器端子定义

端子序号	端子功能定义	端子序号	端子功能定义
1	接线柱 31	5	接线柱 87a
2	接线柱 31	7	前氧传感器加热装置控制端
3	接线柱 87a	9	起动机继电器 1 控制端

续表

端子序号	端子功能定义	端子序号	端子功能定义
11	油门踏板位置传感器2接地	56	前氧传感器信号
12	水箱出口冷却液温度传感器信号	57	前氧传感器信号
17	变速器空挡位置传感器接地	59	变速器空挡位置传感器电源5V
18	变速器空挡位置传感器信号	61	油门踏板位置传感器信号
19	制动信号灯开关信号	62	后氧传感器信号
20	P/N挡信号	64	启动/停止运行模式指示灯信号
22	启动/停止模式按钮信号	67	CAN总线,Low(驱动系统)
27	冷却液辅助泵继电器控制端	68	CAN总线,High(驱动系统)
29	后氧传感器加热装置控制端	69	主继电器控制端
30	燃油泵控制信号	74	接线柱50
31	起动机继电器2控制端	78	前氧传感器信号
34	后氧传感器信号	79	前氧传感器信号
35	油门踏板位置传感器接地	81	油门踏板位置传感器2电源5V
36	水箱出口冷却液温度传感器信号	82	油门踏板位置传感器电源5V
42	接线柱50	83	油门踏板位置传感器信号
43	离合器位置传感器信号(仅适用于带手动变速器的车辆)	86	P/N挡信号
		87	接线柱15a
45	定速巡航装置控制信号	92	接线柱30a
50	散热器风扇控制信号		

2.3.13 1.8T CEA/2.0T CGM 发动机控制单元端子信息

CEA 与 CGM 发动机控制单元连接器端子排列如图 2-2 所示,端子定义见表 2-8、表 2-9。

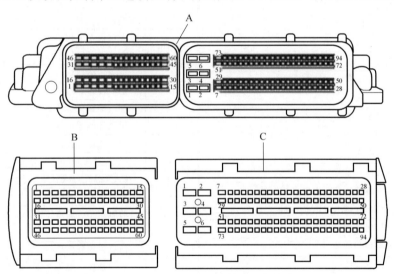

图 2-2 CEA/CGM 型发动机控制单元连接器端子分布
(连接器连接,仅适用于带1.8L发动机的车辆/仅适用于带2.0L发动机的车辆)
A—发动机控制单元 J623;B—60 芯连接器 T60a,黑色,发动机控制单元连接器;
C—94 芯连接器 T94a,黑色,发动机控制单元连接器

表 2-8 60 芯连接器端子定义

端子序号	端子功能定义	端子序号	端子功能定义
1	机油压力调节阀控制端	5	凸轮轴调节阀控制端
3	增压压力限制电磁阀控制端	6	4缸点火控制信号

续表

端子序号	端子功能定义	端子序号	端子功能定义
7	1缸点火控制信号	31	1缸喷油控制
8	传感器接地(霍尔传感器、爆震传感器)	32	3缸喷油控制
10	爆震传感器信号	33	1缸喷油控制
12	节气门驱动装置角度传感器电源(5V)	34	3缸喷油控制
13	传感器接地(进气管风门电位计、增压压力传感器、燃油压力传感器)	35	活性炭容器装置电磁阀控制端
		36	发动机转速传感器信号
14	传感器接地(进气温度传感器、冷却液温度传感器)	39	增压压力传感器信号
		40	燃油压力传感器信号
16	节气门驱动装置＋	41	节气门驱动装置角度传感器2信号
17	节气门驱动装置－	42	进气温度传感器信号
18	机油压力防降开关信号	44	节气门驱动装置角度传感器接地
19	燃油压力调节阀控制端	46	4缸喷油控制
20	进气管风门气流控制阀控制端	47	2缸喷油控制
21	2缸点火控制信号	48	4缸喷油控制
22	3缸点火控制信号	49	2缸喷油控制
24	节气门驱动装置角度传感器1信号	50	涡轮增压器循环空气阀控制端
25	爆震传感器信号	51	发动机转速传感器信号
27	传感器电源5V(进气管风门电位计、增压压力传感器)	53	霍尔传感器信号
		57	冷却液温度传感器信号
29	传感器电源5V(霍尔传感器、燃油压力传感器)	59	进气管风门电位计信号

表2-9 94芯连接器端子定义

端子序号	端子功能定义	端子序号	端子功能定义
1	接线柱31	45	GRA开关信号(仅适用于带定速巡航装置的车辆)
2	接线柱31		
3	接线柱87a	46	发电机发电控制端
4	接线柱31	50	散热器风扇控制信号
5	接线柱87a	56	前氧传感器信号
6	接线柱87a	57	前氧传感器信号
11	油门踏板位置传感器2接地	61	油门踏板位置传感器2信号
12	水箱出水口冷却液温度传感器接地	62	后氧传感器信号
19	制动灯开关信号	65	空气质量计接地
23	空气质量计信号	67	CAN总线,低位(驱动系统)
27	冷却液继续循环泵继电器控制端	68	CAN总线,高位(驱动系统)
28	发动机部件供电继电器控制端	69	主继电器控制端
29	后氧传感器加热装置控制端	73	前氧传感器加热装置控制端
30	燃油泵控制信号	78	前氧传感器信号
34	后氧传感器信号	79	前氧传感器信号
35	油门踏板位置传感器接地	81	油门踏板位置传感器2电源(5V)
36	水箱出口冷却液温度传感器信号	82	油门踏板位置传感器电源(5V)
43	离合器位置传感器信号(仅适用于带手动变速器的车辆)	83	油门踏板位置传感器信号
		87	接线柱15a
		92	接线柱30a

2.3.14 全新途观四轮定位数据

如表2-10所示的四轮定位数据适用于所有发动机。

表2-10　全新途观四轮定位参数

前桥	标准底盘	后桥	标准底盘
总前束角（无负载）	10′±10′	总前束角（车辆外倾角已规定）	+10′±10′
车轮外倾角（正前打直位置）	−27′±30′	车轮外倾角	−1°20′±30′
两侧之间的最大允许偏差值	30′	两侧之间的最大允许偏差值	30′
向左和向右转向角为20°时的前束偏差角①	1°36′±20′		
主销后倾角	7°34′±30′		
两侧之间的最大允许偏差值	30′	允许的与行驶方向的最大偏差	20′
离地高度/mm	430±10	离地高度/mm	440±10

① 不同制造商的车轮定位仪上有些前束偏差可能会显示为负值。

2.3.15　途观L车轮定位数据

途观L车轮定位数据如表2-11所示。

表2-11　途观L车轮定位参数

前桥	标准底盘	后桥	标准底盘
前束角（双轮）	10′±10′	前束（双轮）	10′±10′
车轮外倾角（不可调）	−16′±30′	车轮外倾角	−1°20′±30′
左右车轮外倾角最大允差	30′	左右车轮外倾角最大允差	30′
主销后倾角（不可调）	7°07′±30′		
离地高度/mm	443±10	离地高度/mm	455±10

2.3.16　途观L保险丝信息

2.3.17　途观L继电器信息

2.3.18　途观L接地点信息

2.4　途观X（2021~2022年款）

2.4.1　途观X车型发动机配置信息

途观X车型发动机配置如表2-12所示。

表2-12　途观X车型发动机配置

发动机标识字母	DPL	DKX	发动机标识字母	DPL	DKX
排量/L	1.984	1.984	点火顺序	1—3—4—2	1—3—4—2
功率/kW	137	162	爆震控制	是	是
转矩/Nm	320	350	增压	是	是
缸径/mm	82.5	82.5	废气再循环	否	否
行程/mm	92.8	92.8	可变进气管	是	是
压缩比	11.65∶1	9.6∶1	凸轮轴调节	是	是
ROZ	95	95	二次空气	否	否
喷射装置/点火装置	缸内直喷+进气歧管喷射	缸内直喷+进气歧管喷射	排放标准	C6	C6

2.4.2　2.0T DKX 发动机正时维修

该发动机正时机构结构形式、正时检查与调整方法和 DPL 相同，请参考 1.3.2 小节内容。

2.4.3　2.0T DPL 发动机正时维修

该发动机正时维修同探岳车型 DPL 发动机，请参考 1.3.2 小节。

2.5　途昂 TERAMONT（2017～2021 年款）

2.5.1　途昂车型发动机配置信息

途昂车型发动机配置如表 2-13、表 2-14 所示。

表 2-13　2021 款途昂车型发动机配置

发动机型号	DKX	DME	发动机型号	DKX	DME
排量/L	1.984	2.492	点火顺序	1—3—4—2	1—5—3—6—2—4
功率/kW	162	220	爆震控制	是	是
转矩/Nm	350	500	增压	是	是
缸径/mm	82.5	84	废气再循环	否	否
行程/mm	92.8	75	可变进气管	是	否
压缩比	9.6∶1	9.5∶1	凸轮轴调节	是	是
ROZ	95	95	二次空气	否	否
喷射装置/点火装置	缸内直喷+进气歧管喷射	缸内直喷	排放标准	C6b	C5

表 2-14　2017 款起途昂发动机配置

标识字母	DBF	CUG	DDK
排量/L	1.984	1.984	2.492
功率/kW	137	162	220
转矩/Nm	320	350	500
缸径/mm	82.5	82.5	84
行程/mm	92.8	92.8	75
压缩比	11.65∶1	9.6∶1	9.5∶1
ROZ	95	95	95
喷射装置/点火装置	缸内直喷+进气歧管喷射	缸内直喷+进气歧管喷射	缸内直喷
点火顺序	1—3—4—2	1—3—4—2	1—5—3—6—2—4
爆震控制	是	是	是
增压	是	是	是
废气再循环	否	否	否
可变进气管	是	是	否
凸轮轴调节	是	是	是
二次空气	否	否	否

2.5.2　2.0T DKX 发动机正时维修

该发动机正时机构结构形式、正时检查与调整方法和 DPL 相同，请参考 1.3.2 内容。

2.5.3　2.0T DPL 发动机正时维修

该发动机正时维修同探岳车型 DPL 发动机，请参考 1.3.2 小节。

2.5.4　2.5T DME 发动机正时维修

该发动机正时单元构造、调整方法与拆装步骤和 DDK 发动机相同，请参考 2.5.7

2.5.5　2.0T CUG 发动机正时维修

该发动机正时单元结构与拆装调整步骤和 CUH 发动机相同，相关内容请参考 2.13.3 内容。

2.5.6　2.0T DBF 发动机正时维修

该发动机正时单元结构与拆装调整步骤和 CUH 发动机相同，相关内容请参考 2.13.3 内容。

2.5.7　2.5T DDK 发动机正时维修

2.5.7.1　发动机正时分解

正时链盖板部件图解如图 2-3 所示。

正时链上部盖板螺栓拧紧顺序及拧紧要求：将螺栓 1~6 以 8Nm 的力矩拧紧。

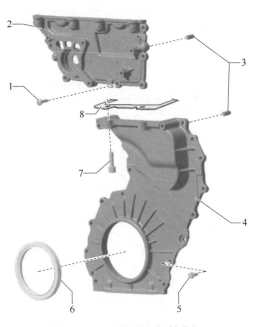

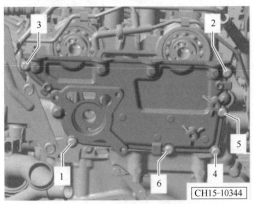

图 2-4　正时链上盖板螺栓拧紧顺序

图 2-3　正时链盖板部件分解

1—螺栓，拧紧顺序及拧紧要求见图 2-4；2—正时链上部盖板；3—定位销；4—正时链下部盖板；5—螺栓，拧紧顺序及拧紧要求见图 2-5；6—O 形圈，更换；7—螺栓，拧紧顺序及拧紧要求见图 2-5，更换；8—气缸盖密封垫，更换

正时链下部盖板螺栓拧紧顺序及拧紧要求：①将螺栓 1 以 5Nm 的力矩拧紧；②将螺栓 2 以 23Nm 的力矩拧紧；③将螺栓 1 以 10Nm 的力矩拧紧。更换螺栓 2。

凸轮轴正时链单元部件图解如图 2-6 所示。正时链标记见图 2-7。

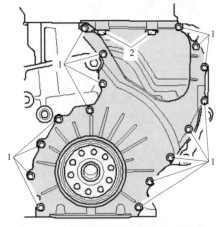

图 2-5　正时链下盖板螺栓拧紧顺序

2.5.7.2　发动机正时检查

所需要的专用工具和维修设备：凸轮轴锁止工具 CT80029，定位扳手 CT10172 或 T10172，见图 2-8。

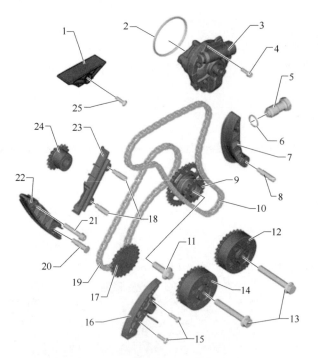

图 2-6 凸轮轴正时链单元部件

1—导轨，用于凸轮轴正时链；2—密封圈，更换；3—机油泵；4—螺栓，拧紧力矩 8Nm，更换，涂防松剂 D 000 600A2 后装入；5—链条张紧器，拧紧力矩 50Nm，用于凸轮轴正时链，只允许在链条张紧器已安装的情况下转动发动机；6—密封垫，损坏或密封不严、泄漏时，更换；7—链条张紧器支架，用于凸轮轴正时链；8—螺栓，拧紧力矩 10Nm；9—驱动链轮，用于正时链；10—凸轮轴正时链，如图 2-7 所示拆卸前用彩色笔标记转动方向；11—螺栓，拧紧力矩 60Nm+继续旋转 90°，更换；12—排气凸轮轴调节器，标记 32A；13—螺栓，拧紧力矩 60Nm+继续旋转 90°，更换，在安装时，螺栓头周围的凸轮轴调节器接触区域必须干燥，在拆卸和安装时，使用扭矩扳手（40～200Nm）HAZET 6292-1CT 或 V.A.G 1332 和开口扳手 HAZET6450d-32 或 V.A.G 1332/6 的开口扳手反向固定住凸轮轴；14—进气凸轮轴调节器，标记 24E；15—螺栓，拧紧力矩 8Nm，更换；16—链条张紧器，用于曲轴正时链，只允许在链条张紧器已安装并且链条被张紧的情况下转动发动机；17—驱动链轮，集成在曲轴上，发动机位于 1 缸上止点时，曲轴上的驱动链轮的磨平齿必须与轴承盖和气缸体的接合缝对齐；18—螺栓，拧紧力矩 10Nm；19—曲轴正时链，如图 2-7 所示拆卸前用彩色笔标记转动方向；20—螺栓，拧紧力矩 10Nm，用于导轨；21—螺栓，拧紧力矩 23Nm；22—导轨，用于凸轮轴正时链，与曲轴正时链一起安装；23—导轨，用于机油泵链条，与机油泵链条一起安装；24—高压泵传动轮；25—螺栓，拧紧力矩：8Nm，更换

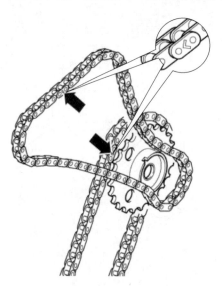

图 2-7 标记正时链

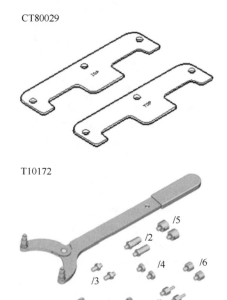

图 2-8 专用正时工具

操作步骤如下：

① 拆卸发动机舱底部隔音板。

② 拆卸气缸盖罩。

③ 用定位扳手 CT10172 或 T10172 和连接工具 CT10172/1 或 T10172/1 沿箭头 B 方向旋转带轮，使带轮上的切口标记与密封法兰上的 1 缸上止点标记箭头 A 对齐，见图 2-9。

如图 2-10 所示，凸轮轴 1 缸上的凸轮

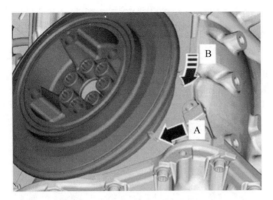

图 2-9 对齐 1 缸上止点标记

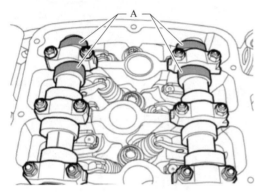

图 2-10 1 缸凸轮朝上

(A) 必须朝上相对。

④ 凸轮轴锁止工具 CT80029 上的"TOP"标记向上放置。

⑤ 如图 2-11 所示，将凸轮轴锁止工具 CT80029 插入两个凸轮轴的凹槽中，并用螺栓（箭头）固定。

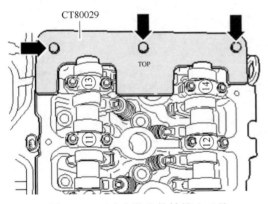

图 2-11 正确安装凸轮轴锁止工具

由于凸轮轴调节器的功能，两个凸轮轴的凹槽可能不是完全水平。因此，在插入凸轮轴调整工具 CT80029 时，如有必要，使用扭力扳手（40～200Nm）HAZET6292-1CT 或 V.A.G 1332 和开口扳手 HAZET 6450d-32 或 V.A.G 1332/6 稍微转动凸轮轴。

⑥ 如图 2-12 所示，此时进气凸轮轴调节器上的标记"24E"（1）与凸轮轴盖（大）上印有材料信息的长方形结构边缘（2）几乎对齐，允许略有错位。

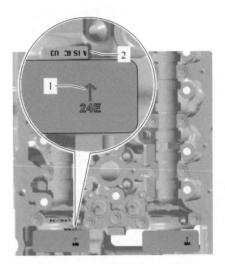

图 2-12 进气凸轮轴调节器对齐标记

⑦ 如图 2-13 所示，排气凸轮轴调节器上的标记"32A"（1）与凸轮轴盖（大）螺栓孔壁面边缘（2）几乎对齐，允许略有错位。

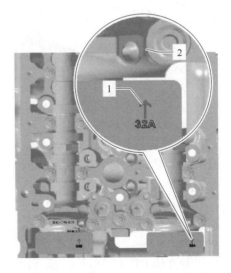

图 2-13 排气凸轮轴调节器对齐标记

⑧ 进气凸轮轴调节器上的标记"24E"正对的齿与排气凸轮轴调节器上的标记"32A"正对的齿之间刚好有 16 个链节。

⑨ 如果不满足以上要求，调整气门正时，调整方法请参见机油泵链条拆装步骤。

2.5.7.3 发动机正时拆装

（1）凸轮轴正时链拆装步骤

所需要的专用工具和维修设备（图 2-14）：扭力扳手（5～60Nm）HAZET 6290-1CT 或 V.A.G 1331，棘轮头 HAZET 6403-1，棘轮头 HAZET 6402-1，锁止工具 CT10363 或 T10363，定位扳手 CT10172 或 T10172，TORX 工具 HAZET 1557/32 或 V.A.G 1766，凸轮轴锁止工具 CT80029。

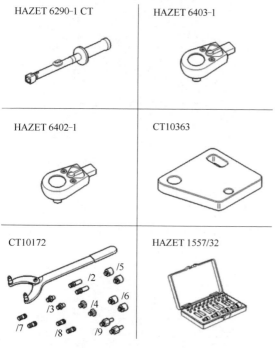

图 2-14 拆装专用工具

1）凸轮轴正时链拆卸步骤

① 拆卸变速器。

② 拆卸双质量飞轮。

③ 拆卸正时链上部盖板。

④ 拆卸油底壳。

⑤ 拆卸正时链下部盖板。

⑥ 如图 2-9 所示，使用定位扳手 CT10172 或 T10172 和连接工具 CT10172/1 或 T10172/1 沿发动机的运转方向（箭头 B）旋转带轮。使曲轴上的驱动链轮的磨平齿（箭头 A）与轴承盖和气缸体的接合缝对齐。

如图 2-15 所示，使机油泵驱动链轮上的标记（箭头 B）与机油泵上的标记对齐。每旋转曲轴 4 圈才能到达此位置。

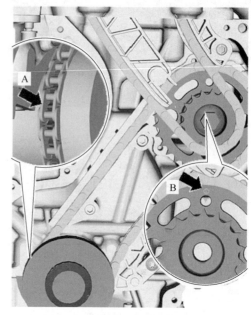

图 2-15 对齐机油泵链轮标记

如图 2-10 所示，凸轮轴 1 缸上的凸轮（A）必须朝上相对。

⑦ 拆卸凸轮轴调节器。

⑧ 如图 2-16 所示，旋出螺栓 1 和 2，取下正时链导轨 A。

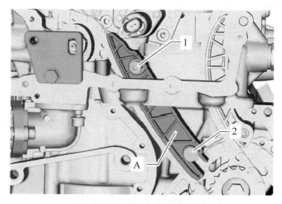

图 2-16 拆下正时链导轨

⑨ 取下凸轮轴正时链。

2）凸轮轴正时链安装步骤

安装说明：更换密封圈。更换以角度控

制方式（例如：30Nm＋继续旋转 90°）拧紧的螺栓。更换涂有防松剂的螺栓。

安装以拆卸的相反顺序进行，同时注意下列事项：

前提条件：曲轴位于"1 缸上止点"的位置（箭头 A），见图 2-9。高压泵传动链轮用锁止工具 CT10363 或 T10363 固定，见图 2-17。

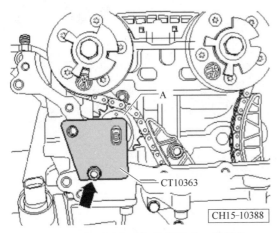

图 2-17　高压泵传动链轮用锁止工具固定

凸轮轴已用凸轮轴锁止工具 CT80029 固定。
① 从上方装入正时链。
② 安装导轨 A，并且只拧紧螺栓 2，见图 2-16。铜色的正时链链节是用来协助安装的。必须将 3 个相邻的铜色链节按要求安装在机油泵链轮上。
③ 将正时链安装到机油泵链轮上。机油泵链轮上的标记必须与中间的铜色链节 A 对齐，见图 2-18。

图 2-18　对齐机油泵链轮标记

④ 将正时链安装到高压泵传动链轮上。高压泵传动链轮上的标记必须与铜色链节对齐，见图 2-19。

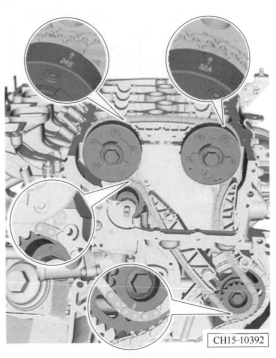

图 2-19　高压泵链轮对齐标记

⑤ 拧紧导轨 A 的螺栓 1，见图 2-16。
⑥ 如图 2-19 所示，将进气凸轮轴调节器"24E"装入正时链中，使铜色链节与凸轮轴调节器上的标记对齐。用螺栓将进气凸轮轴调节器固定到进气凸轮轴上，并用手拧紧螺栓。
⑦ 将排气凸轮轴调节器"32A"装入正时链中，使铜色链节与凸轮轴调节器上的标记对齐。用螺栓将排气凸轮轴调节器固定到排气凸轮轴上，并用手拧紧螺栓。
⑧ 检查所有铜色链节相对调节标记的位置是否正确，见图 2-19。一旦旋转过曲轴后，铜色链节就不再与各标记对齐。
⑨ 安装凸轮轴正时链张紧器箭头。拧紧力矩 50Nm，见图 2-20。
⑩ 拆下凸轮轴锁止工具 CT80029，并将新的凸轮轴调节器的固定螺栓拧紧至额定要求。拧紧力矩为 60Nm＋继续旋转 90°。

只可用扭力扳手（40～200Nm）HAZET 6292-1CT 或 V.A.G 1332 和开口

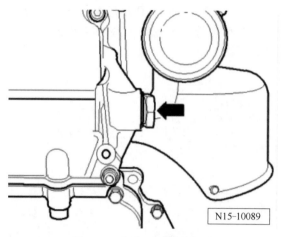

图 2-20 安装正时链张紧器

扳手 HAZET 6450d-32 或 V.A.G 1332/6 在凸轮轴处反向把持住，见图 2-21。在松开或拧紧凸轮轴调节器的固定螺栓时，不要安装凸轮轴锁止工具 CT80029。

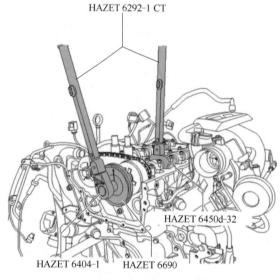

图 2-21 安装凸轮轴调节器工具的使用

进一步的安装以拆卸的相反顺序进行。

（2）机油泵链条拆装步骤

说明 以下步骤只可在已拆下变速器的情况下进行。

所需要的专用工具和维修设备（图 2-22）：扭力扳手（5～60Nm）HAZET 6290-1CT 或 V.A.G 1331，角度盘 HAZET 6690 或 V.A.G1756，棘轮头 HAZET 6403-1，TORX 工具

HAZET 1557/32 或 V.A.G 1766，扭力扳手（40～200Nm）HAZET 6292-1CT 或 V.A.G 1332，棘轮头 HAZET 6404-1，棘轮头 HAZET 6402-1，定位扳手 CT10172 或 T10172。

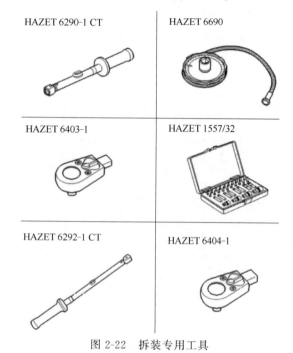

图 2-22 拆装专用工具

1）机油泵链条拆卸步骤

进行所有的安装工作时，特别是在空间狭窄的发动机舱中进行维修工作时，请注意下列说明：铺设各种管路（例如燃油、液压系统、活性炭罐、冷却液和制冷剂、制动液、真空管路）和导线时不要改变导线和管路的原始走向。为了避免损坏导线，应确保它们与所有的运动部件和发热部件之间有足够的间隙。

① 拆卸正时链下部盖板。

② 旋出凸轮轴正时链张紧器。

③ 旋出螺栓（箭头），拆下链条张紧器支架（1），见图 2-23。

④ 将凸轮轴正时链从驱动链轮上拆下，并将其放置一旁。

⑤ 在曲轴上驱动链轮的磨平齿（箭头 A）与机油泵链条的相对位置做出标记。

⑥ 在机油泵驱动链轮上的标记（箭头 B）与机油泵链条的相对位置做出标记，以便安装，见图 2-24。

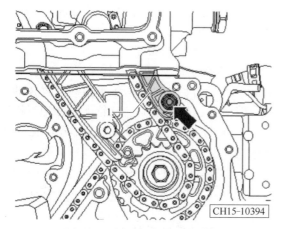

图 2-23 拆下链条张紧器支架

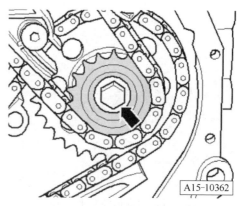

图 2-25 松开链轮螺栓

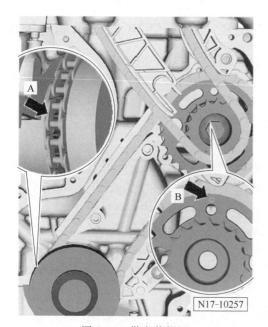

图 2-24 做安装标记

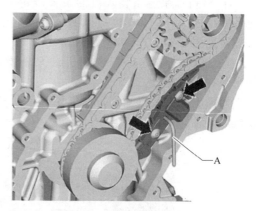

图 2-26 取下链条张紧器

轴上的驱动链轮的磨平齿（箭头）必须与轴承盖和气缸体的接合缝对齐，见图 2-27。

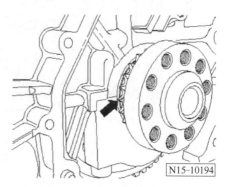

图 2-27 将曲轴置于 1 缸上止点

⑦ 使用定位扳手 CT10172 或 T10172 反向把持住减振盘/带轮。将链轮的螺栓（箭头）松开约 1 整圈，见图 2-25。

⑧ 用 3mm 内六角扳手（图 2-26 中 A）锁定链条张紧导轨。

⑨ 旋出链条张紧导轨的螺栓（箭头），见图 2-26。

⑩ 标记链条运转方向。

⑪ 将机油泵链轮和机油泵链条一起取下。

2）机油泵链条安装步骤

① 将曲轴置于 1 缸上止点的位置。曲轴上的驱动链轮的磨平齿（箭头）必须与轴承盖和气缸体的接合缝对齐，见图 2-27。

② 现在旋转机油泵轴（1），使平面侧（箭头）与机油泵上的标记（2）对齐，见图 2-28。

对于已经运转过的曲轴正时链，请注意运转方向的标记。

③ 将机油泵链条放入导轨中，并装在曲轴上。

第 2 章 上汽大众车型 113

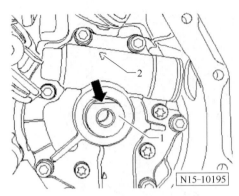

图 2-28 对齐机油泵轴标记

④ 将机油泵链条装入机油泵大链轮上,使带标记的孔(箭头 B)与机油泵上的标记对齐,见图 2-24。

⑤ 将机油泵链轮安装到机油泵轴上,并用手拧紧新螺栓。

如果不能安装机油泵正时链轮,稍微转动机油泵轴。

⑥ 安装机油泵链条的张紧导轨,并拧紧螺栓至额定要求。

⑦ 拆下内六角扳手。

⑧ 检查定位标记。曲轴上的驱动链轮的磨平齿(箭头 A)应与轴承盖和气缸体的接合缝对齐。机油泵驱动链轮上的标记(箭头 B)应与机油泵上的标记对齐,见图 2-24。

⑨ 使用定位扳手 CT10172 或 T10172 反向固定住带轮,并拧紧链轮的新螺栓至额定要求。

⑩ 安装凸轮轴正时链。

⑪ 安装正时链下部盖板。

2.5.8 2.5T DDK 发动机舱电控部件位置

配载 DDK 发动机的途昂车型发动机舱电控部件安装位置如图 2-29 所示。

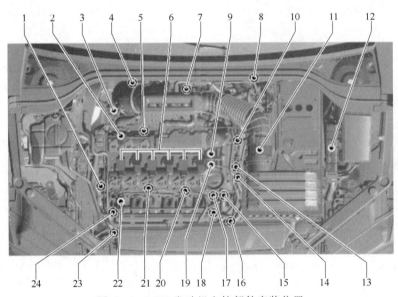

图 2-29 DDK 发动机电控部件安装位置

1—冷却液循环阀 N214;2—活性炭罐电磁阀 1 N80;3—尾气催化转化器前的氧传感器 1 GX10;4—尾气催化转化器后的氧传感器 1 GX7;5—爆震传感器 1 G61;6—带功率输出级的点火线圈:带功率输出级的点火线圈 1 N70,带功率输出级的点火线圈 2 N127,带功率输出级的点火线圈 3 N291,带功率输出级的点火线圈 4 N292,带功率输出级的点火线圈 5 N323,带功率输出级的点火线圈 6 N324,用点火线圈拉具 CT10530 或 T10530 进行拆卸;7—涡轮增压器循环空气阀 N249;8—排气凸轮轴调节阀 1 N318;9—制动踏板开关 F47;10—霍尔传感器 2 G163;11—空气质量计 G70/进气温度传感器 2 G299;12—发动机控制单元 J623;13—发动机温度传感器 G407;14—霍尔传感器 G40;15—燃油压力调节阀 N276;16—增压压力传感器 G31;17—发动机转速传感器 G28;18—燃油压力传感器 G247;19—凸轮轴调节阀 1 N205;20—爆震传感器 2 G66;21—机油油位和机油温度传感器 G266;22—低压的燃油压力传感器 G410;23—散热器出口处的冷却液温度传感器 G83;24—散热器出口处的冷却液温度传感器 G83

2.5.9　2.5T DDK 发动机控制单元端子数据

DDK 发动机控制单元连接器如图 2-30 所示，端子定义见表 2-15、表 2-16。

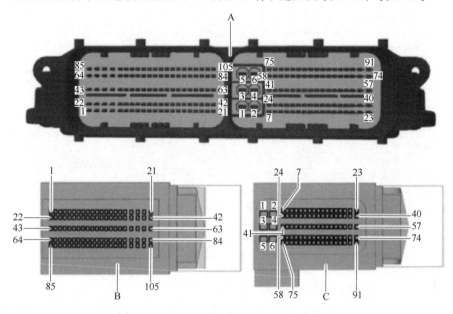

图 2-30　DDK 发动机控制单元连接器端子

A—发动机控制单元 J623；B—105 芯连接器 T105a，黑色，发动机控制单元连接器；
C—91 芯连接器 T91a，黑色，发动机控制单元连接器

表 2-15　105 芯连接器端子定义

端子序号	端子功能定义
1	气缸 5 喷油嘴控制端，连接到气缸 5 喷油嘴 N83，连接器 T2eq，端子 2
2	气缸 6 喷油嘴控制端，连接到气缸 6 喷油嘴 N84，连接器 T2er，端子 2
3	气缸 4 喷油嘴控制端，连接到气缸 4 喷油嘴 N33，连接器 T2co，端子 2
4	节气门驱动装置(电控节气门)＋，连接到节气门控制单元 GX3，连接器 T6ad，端子 3
6	节气门驱动装置(电控节气门)角度传感器接地，连接到节气门控制单元 GX3，连接器 T6ad，端子 6
7	节气门驱动装置(电控节气门)角度传感器电源 5V，连接到节气门控制单元 GX3，连接器 T6ad，端子 2
9	低温回路的冷却液泵控制端，连接到用于低温回路的冷却液泵 V468，连接器 T3c，端子 3
10	油压传感器信号，连接到油压传感器 G10，连接器 T3j，端子 1
11	传感器接地(燃油压力传感器、低压的燃油压力传感器)
19	带功率输出级的点火线圈 6 控制端，连接到带功率输出级的点火线圈 6 N324，连接器 T4bm，端子 2
20	带功率输出级的点火线圈 2 控制端，连接到带功率输出级的点火线圈 2 N127，连接器 T4u，端子 2
21	带功率输出级的点火线圈 4 控制端，连接到带功率输出级的点火线圈 4 N292，连接器 T4w，端子 2
22	气缸 2 喷油嘴控制端，连接到气缸 2 喷油嘴 N31，连接器 T2cm，端子 2
23	气缸 3 喷油嘴控制端，连接到气缸 3 喷油嘴 N32，连接器 T2cn，端子 2
24	气缸 1 喷油嘴控制端，连接到气缸 1 喷油嘴 N30，连接器 T2cL，端子 2
25	节气门驱动装置(电控节气门)－，连接到节气门控制单元 GX3，连接器 T6ad，端子 5
27	节气门驱动装置(电控节气门)角度传感器 1 信号，连接到节气门控制单元 GX3，连接器 T6ad，端子 1
28	节气门驱动装置(电控节气门)角度传感器 2 信号，连接到节气门控制单元 GX3，连接器 T6ad，端子 4
30	高温回路的冷却液泵信号，连接到用于高温回路的冷却液泵 V467，连接器 T3L，端子 3
31	增压压力传感器信号，连接到增压压力传感器 G31，连接器 T3be，端子 1
32	传感器电源 5V(进气歧管传感器、低压的燃油压力传感器、霍尔传感器 2、增压压力传感器)
33	低压的燃油压力传感器信号，连接到低压的燃油压力传感器 G410，连接器 T3an，端子 3
40	带功率输出级的点火线圈 1 控制端，连接到带功率输出级的点火线圈 1 N70，连接器 T4t，端子 2

续表

端子序号	端子功能定义
41	带功率输出级的点火线圈 5 控制端,连接到带功率输出级的点火线圈 5 N323,连接器 T4bL,端子 2
42	带功率输出级的点火线圈 3 控制端,连接到带功率输出级的点火线圈 3 N291,连接器 T4v,端子 2
43	燃油定量阀控制端,连接到燃油定量阀 N290,连接器 T2cg,端子 1
44	燃油定量阀控制端,连接到燃油定量阀 N290,连接器 T2cg,端子 2
48	霍尔传感器 2 接地,连接到霍尔传感器 2G163,连接器 T3ap,端子 3
50	曲轴箱排气加热电阻控制端,连接到曲轴箱排气加热电阻 N79,连接器 T2eo,端子 1
51	活性炭罐电磁阀控制端,连接到活性炭罐电磁阀 1N80,连接器 T2bv,端子 2
54	传感器电源 5V(燃油压力传感器、霍尔传感器、油压传感器、废气涡轮增压器转速传感器 1)
55	发动机温度传感器信号,连接到发动机温度传感器 G407,连接器 T2do,端子 2
56	燃油压力传感器信号,连接到燃油压力传感器 G247,连接器 T3z,端子 2
58	发动机温度传感器信号,连接到发动机温度传感器 G407,连接器 T2do,端子 1
59	传感器接地(油压传感器、废气涡轮增压器转速传感器 1、霍尔传感器、进气歧管传感器、增压压力传感器)
60	发动机转速传感器接地,连接到发动机转速传感器 G28,连接器 T3aq,端子 3
61	发动机转速传感器信号,连接到发动机转速传感器 G28,连接器 T3aq,端子 2
63	增压压力限制电磁阀控制端,连接到增压压力限制电磁阀 N75,连接器 T2ck,端子 2
64	气缸 5 喷油嘴控制端,连接到气缸 5 喷油嘴 N83,连接器 T2eq,端子 1
65	气缸 4 喷油嘴控制端,连接到气缸 4 喷油嘴 N33,连接器 T2co,端子 1
66	气缸 6 喷油嘴控制端,连接到气缸 6 喷油嘴 N84,连接器 T2er,端子 1
68	霍尔传感器 2 信号,连接到霍尔传感器 2G163,连接器 T3ap,端子 2
69	发动机转速传感器电源 5V,连接到发动机转速传感器 G28,连接器 T3aq,端子 1
70	涡轮增压器循环空气阀控制端,连接到涡轮增压器循环空气阀 N249,连接器 T2c1,端子 2
73	爆震传感器 2 信号,连接到爆震传感器 2G66,连接器 T2es,端子 1
74	爆震传感器 2 信号,连接到爆震传感器 2G66,连接器 T2es,端子 2
75	进气歧管传感器信号,连接到进气歧管传感器 GX9,连接器 T3k,端子 1
85	气缸 2 喷油嘴控制端,连接到气缸 2 喷油嘴 N31,连接器 T2cm,端子 1
86	气缸 3 喷油嘴控制端,连接到气缸 3 喷油嘴 N32,连接器 T2cn,端子 1
87	气缸 1 喷油嘴控制端,连接到气缸 1 喷油嘴 N30,连接器 T2cL,端子 1
89	霍尔传感器信号,连接到霍尔传感器 G40,连接器 T3m,端子 2
91	排气门凸轮轴调节阀 1 控制端,连接到排气门凸轮轴调节阀 1N318,连接器 T2ep,端子 2
92	凸轮轴调节阀控制端,连接到凸轮轴调节阀 1N205,连接器 T2cj,端子 2
94	爆震传感器信号,连接到爆震传感器 1G61,连接器 T2bp,端子 1
95	爆震传感器信号,连接到爆震传感器 1G61,连接器 T2bp,端子 2
100	气缸体冷却液阀控制端,连接到气缸体冷却液阀 N545,连接器 T2be,端子 2
102	冷却液循环阀控制端,连接到冷却液循环阀 N214,连接器 T2ao,端子 2

表 2-16 91 芯连接器端子定义

端子序号	端子功能定义
1	接线柱 31
2	接线柱 31
5	接线柱 87a
6	接线柱 87a
10	空气质量计信号,连接到空气质量计 G70,连接器 T4dd,端子 1
13	CAN 总线,低位(驱动系统)
14	CAN 总线,高位(驱动系统)
15	前氧传感器信号,连接到氧传感器 G39,连接器 T6a,端子 4
16	前氧传感器信号,连接到氧传感器 G39,连接器 T6a,端子 6
20	制动踏板开关信号,连接到制动踏板开关 F47,连接器 T4ao,端子 1
22	后氧传感器加热装置控制端,连接到尾气催化转化器后的氧传感器 1 加热装置 Z29,连接器 T4ar,端子 2
28	GRA 开关信号,连接到转向柱电子装置控制单元 J527,连接器 T14g,端子 7(仅用于带可加热式方向盘的汽车)

续表

端子序号	端子功能定义
28	GRA 开关信号,连接到转向柱电子装置控制单元 J527,连接器 T16r,端子 5(仅用于不带可加热式方向盘的汽车)
29	进气温度传感器 2 信号,连接到进气温度传感器 2G299,连接器 T4dd,端子 4
32	前氧传感器信号,连接到氧传感器 G39,连接器 T6a,端子 1
33	前氧传感器信号,连接到氧传感器 G39,连接器 T6a,端子 2
41	双离合器变速器机电装置信号,连接到双离合器变速器机电装置 J743,连接器 T16m,端子 4
42	燃油泵控制单元信号,连接到燃油泵控制单元 J538,连接器 T5j,端子 5
44	传感器接地,连接到空气质量计 G70,连接器 T4dd,端子 3
45	散热器出口处的冷却液温度传感器信号,连接到散热器出口处的冷却液温度传感器 G83,连接器 T2bm,端子 2
48	后氧传感器信号,连接到尾气催化转化器后的氧传感器 G130,连接器 T4ar,端子 4
49	后氧传感器信号,连接到尾气催化转化器后的氧传感器 G130,连接器 T4ar,端子 3
50	接线柱 15
53	空气质量计电源 5V,连接到空气质量计 G70,连接器 T4dd,端子 2
56	空调器关闭热敏开关,连接到空调器关闭热敏开关 F163,连接器 T2ap,端子 1
57	受特性线控制的发动机冷却装置的节温器控制端,连接到受特性线控制的发动机冷却装置的节温器 F265,连接器 T2at,端子 2
59	机油油位和机油温度传感器信号,连接到机油油位和机油温度传感器 G266,连接器 T3ab,端子 3
60	P/N 挡信号,连接到双离合器变速器机电装置 J743,连接器 T16m,端子 2
65	油门踏板位置传感器 2 电源 5V,连接到油门踏板位置传感器 2 G185,连接器 T6L,端子 1
66	油门踏板位置传感器 2 信号,连接到油门踏板位置传感器 2 G185,连接器 T6L,端子 6
67	油门踏板位置传感器 2 接地,连接到油门踏板位置传感器 2 G185,连接器 T6L,端子 5
68	制动信号灯开关信号
70	散热器出口处的冷却液温度传感器信号,连接到散热器出口处的冷却液温度传感器 G83,连接器 T2bm,端子 1
71	接线柱 50,连接到进入及启动系统接口 J965,连接器 T40a,端子 15
72	废气涡轮增压器转速传感器 1 信号,连接到废气涡轮增压器转速传感器 1 G688,连接器 T3i,端子 2
73	散热器风扇控制信号
75	起动机继电器 1 控制端
76	起动机继电器 2 控制端
82	油门踏板位置传感器电源 5V,连接到油门踏板位置传感器 G79,连接器 T6L,端子 2
83	油门踏板位置传感器信号,连接到油门踏板位置传感器 G79,连接器 T6L,端子 4
84	油门踏板位置传感器接地,连接到油门踏板位置传感器 G79,连接器 T6L,端子 3
86	接线柱 30a
87	主继电器控制端
88	接线柱 50
90	前氧传感器加热装置控制端,连接到氧传感器加热 Z19,连接器 T6a,端子 3

2.5.10 2.0T DBF 发动机控制单元连接器端子数据

DBF 发动机控制单元连接器如图 2-31 所示,端子定义见表 2-17、表 2-18。

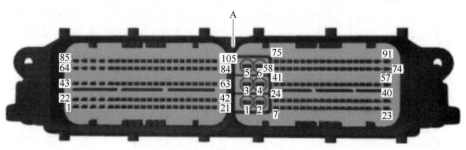

图 2-31

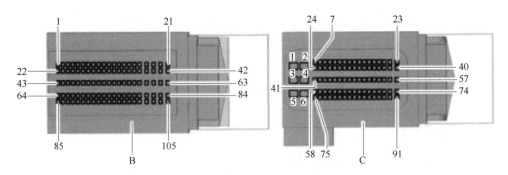

图 2-31 DBF 发动机控制单元连接器端子
A—发动机控制单元 J623；B—105 芯连接器 T105a，黑色，发动机控制
单元连接器；C—91 芯连接器 T91a，黑色，发动机控制单元连接器

表 2-17 105 芯连接器端子定义

端子序号	功能定义
1	气缸 3 喷油嘴控制端，连接到气缸 3 喷油嘴 N32，连接器 T2cn，端子 2
2	气缸 2 喷油嘴控制端，连接到气缸 2 喷油嘴 N31，连接器 T2cm，端子 2
3	增压调节器控制端＋，连接到增压调节器 V465，连接器 T6p，端子 6
4	增压调节器控制端－，连接到增压调节器 V465，连接器 T6p，端子 2
5	气缸 2 喷油嘴 2 控制端，连接到气缸 2 喷油嘴 2 N533，连接器 T2fn，端子 2
6	活塞冷却喷嘴控制阀控制端，连接到活塞冷却喷嘴控制阀 N522，连接器 T2ew，端子 1
8	机油压力开关信号，连接到机油压力开关 F22，连接器 T2f，端子 1
9	节气门驱动装置(电控节气门)角度传感器接地，连接到节气门控制单元 GX3，连接器 T6ad，端子 6
10	节气门驱动装置(电控节气门)角度传感器 2 信号，连接到电控油门操纵机构的节气门驱动装置角度传感器 2 G188，连接器 T6ad，端子 4
11	传感器接地(进气歧管风门电位计，增压压力调节位置传感器)
12	传感器电源 5V(进气歧管风门电位计，增压压力调节位置传感器)
13	进气歧管风门电位计信号，连接到进气歧管风门电位计 G336，连接器 T3ad，端子 2
14	传感器电源 5V(燃油压力传感器，低压的燃油压力传感器)
15	发动机温度调节伺服元件电源 5V，连接到发动机温度调节伺服元件 N493，连接器 T5e，端子 3
18	凸轮轴调节元件 2 控制端，连接到凸轮轴调节元件 2 F367，连接器 T2fb，端子 1
19	凸轮轴调节元件 1 控制端，连接到凸轮轴调节元件 1 F366，连接器 T2fa，端子 1
21	带功率输出级的点火线圈 2 控制端，连接到带功率输出级的点火线圈 2 N127，连接器 T4u，端子 2
22	气缸 3 喷油嘴控制端，连接到气缸 3 喷油嘴 N32，连接器 T2cn，端子 1
23	气缸 2 喷油嘴控制端，连接到气缸 2 喷油嘴 N31，连接器 T2cm，端子 1
24	发动机温度调节伺服元件控制端＋，连接到发动机温度调节伺服元件 N493，连接器 T5e，端子 5
25	发动机温度调节伺服元件控制端－，连接到发动机温度调节伺服元件 N493，连接器 T5e，端子 4
26	气缸 4 喷油嘴 2 控制端，连接到气缸 4 喷油嘴 2N535，连接器 T2fp，端子 2
27	涡轮增压器循环空气阀控制端，连接到涡轮增压器循环空气阀 N249，连接器 T2ci，端子 2
28	未占用
29	机油压力降低开关信号，连接到机油压力降低开关 F378，连接器 T1a
30	节气门驱动装置(电控节气门)角度传感器电源 5V，连接到节气门控制单元 GX3，连接器 T6ad，端子 2
31	节气门驱动装置(电控节气门)角度传感器 1 信号，连接到电控油门操纵机构的节气门驱动装置角度传感器 1 G187，连接器 T6ad，端子 1
32	增压压力调节位置传感器信号，连接到增压压力调节位置传感器 G581，连接器 T6p，端子 5
33	燃油压力传感器信号，连接到燃油压力传感器 G247，连接器 T3z，端子 1
34	低压的燃油压力传感器信号，连接到低压的燃油压力传感器 G410，连接器 T3an，端子 3
35	传感器接地(燃油压力传感器，低压的燃油压力传感器)
36	发动机温度调节伺服元件信号，连接到发动机温度调节伺服元件 N493，连接器 T5e，端子 2
38	机油油位和机油温度传感器信号，连接到机油油位和机油温度传感器 G266，连接器 T3ab，端子 3

续表

端子序号	功能定义
39	凸轮轴调节元件7控制端,连接到凸轮轴调节元件7 F372,连接器T2fg,端子1
40	凸轮轴调节元件8控制端,连接到凸轮轴调节元件8 F373,连接器T2fh,端子1
41	变速器冷却液阀,连接到变速器冷却液阀N488,连接器T2ey,端子2
42	带功率输出级的点火线圈4控制端,连接到带功率输出级的点火线圈4 N292,连接器T4w,端子2
43	燃油定量阀控制端,连接到燃油定量阀N290,连接器T2cg,端子1
44	燃油定量阀控制端,连接到燃油定量阀N290,连接器T2cg,端子2
45	节气门驱动装置(电控节气门)+,连接到电控油门操纵机构的节气门驱动装置G186,连接器T6ad,端子3
46	节气门驱动装置(电控节气门)-,连接到电控油门操纵机构的节气门驱动装置G186,连接器T6ad,端子5
48	空调器关闭热敏开关,连接到空调器关闭热敏开关F163,连接器T2ap,端子2
50	机油压力开关信号,连接到机油压力开关F1,连接器T1c
51	爆震传感器信号,连接到爆震传感器1G61,连接器T2bp,端子1
56	发动机温度调节伺服元件接地,连接到发动机温度调节伺服元件N493,连接器T5e,端子1
57	发动机转速传感器接地,连接到发动机转速传感器G28,连接器T3aq,端子3
58	发动机转速传感器信号,连接到发动机转速传感器G28,连接器T3aq,端子2
59	发动机转速传感器电源5V,连接到发动机转速传感器G28,连接器T3aq,端子1
60	凸轮轴调节元件6控制端,连接到凸轮轴调节元件6F371,连接器T2ff,端子1
61	凸轮轴调节元件5控制端,连接到凸轮轴调节元件5F370,连接器T2fe,端子1
63	活性炭罐电磁阀控制端,连接到活性炭罐电磁阀1N80,连接器T2bv,端子2
64	气缸1喷油嘴控制端,连接到气缸1喷油嘴N30,连接器T2cL,端子1
65	气缸4喷油嘴控制端,连接到气缸4喷油嘴N33,连接器T2co,端子1
66	排气凸轮轴调节阀1控制端,连接到排气凸轮轴调节阀1 N318,连接器T2ep,端子2
68	气缸3喷油嘴2控制端,连接到气缸3喷油嘴2 N534,连接器T2fo,端子2
69	冷却液继续循环泵控制端,连接到冷却液继续循环泵V51,连接器T3at,端子3
72	爆震传感器信号,连接到爆震传感器1 G61,连接器T2bp,端子2
76	进气管压力传感器信号,连接到进气歧管传感器GX9,连接器T4bg,端子4
77	进气温度传感器信号,连接到进气歧管传感器GX9,连接器T4bg,端子2
78	霍尔传感器2接地,连接到霍尔传感器2 G163,连接器T3ap,端子3
79	霍尔传感器2信号,连接到霍尔传感器2 G163,连接器T3ap,端子2
80	霍尔传感器2电源5V,连接到霍尔传感器2 G163,连接器T3ap,端子1
81	未占用
82	凸轮轴调节元件4控制端,连接到凸轮轴调节元件4 F369,连接器T2fd,端子1
83	进气管风门阀门控制端,连接到进气歧管风门阀门N316,连接器T2ch,端子2
84	带功率输出级的点火线圈3控制端,连接到带功率输出级的点火线圈3 N291,连接器T4v,端子2
85	气缸1喷油嘴控制端,连接到气缸1喷油嘴N30,连接器T2cL,端子2
86	气缸4喷油嘴控制端,连接到气缸4喷油嘴N33,连接器T2co,端子2
87	凸轮轴调节阀控制端,连接到凸轮轴调节阀1 N205,连接器T2cj,端子2
88	机油压力调节阀控制端,连接到机油压力调节阀N428,连接器T2dm,端子1
89	气缸1喷油嘴2控制端,连接到气缸1喷油嘴2 N532,连接器T2fm,端子1
90	双离合器变速器机电装置信号,连接到双离合器变速器机电装置J743,连接器T16m,端子4
94	冷却液温度传感器信号,连接到冷却液温度传感器G62,连接器T2cf,端子1
96	冷却液温度传感器信号,连接到冷却液温度传感器G62,连接器T2cf,端子2
97	传感器接地,连接到进气歧管传感器GX9,连接器T4bg,端子1
98	进气歧管压力传感器电源5V,连接到进气歧管传感器GX9,连接器T4bg,端子3
99	霍尔传感器接地,连接到霍尔传感器G40,连接器T3m,端子3
100	霍尔传感器信号,连接到霍尔传感器G40,连接器T3m,端子2
101	霍尔传感器电源5V,连接到霍尔传感器G40,连接器T3m,端子1
103	凸轮轴调节元件3控制端,连接到凸轮轴调节元件3 F368,连接器T2fc/1,端子1
105	带功率输出级的点火线圈1控制端,连接到带功率输出级的点火线圈1 N70,连接器T4t,端子2

表2-18 91芯连接器端子定义

端子序号	功能定义
1	接线柱31
2	接线柱31
3	接线柱87a

续表

端子序号	功能定义
4	接线柱 31
5	接线柱 87a
6	接线柱 87a
7	制动踏板开关信号,连接到制动踏板开关 F47,连接器 T4ao,端子 1
8	接线柱 50
10	前氧传感器信号,连接到氧传感器 G39,连接器 T5c,端子 5
12	前氧传感器信号,连接到氧传感器 G39,连接器 T5c,端子 2
17	空气质量计信号,连接到空气质量计 G70,连接器 T4dd,端子 1
19	燃油泵控制单元信号,连接到燃油泵控制单元 J538,连接器 T5i,端子 5
24	制动信号灯开关信号
26	散热器出口处的冷却液温度传感器信号,连接到散热器出口处的冷却液温度传感器 G83,连接器 T2bm,端子 2
27	前氧传感器信号,连接到氧传感器 G39,连接器 T5c,端子 1
28	后氧传感器信号,连接到尾气催化转化器后的氧传感器 G130,连接器 T4ar,端子 4
29	后氧传感器信号,连接到尾气催化转化器后的氧传感器 G130,连接器 T4ar,端子 3
34	空气质量计信号,连接到空气质量计 G70,连接器 T4dd,端子 2
41	GRA 开关信号,连接到转向柱电子装置控制单元 J527,连接器 T14g,端子 7(仅用于带可加热式方向盘的汽车) GRA 开关信号,连接到转向柱电子装置控制单元 J527,连接器 T16r,端子 5(仅用于不带可加热式方向盘的汽车)
45	增压压力传感器电源 5V,连接到增压压力传感器 G31,连接器 T4o,端子 3
46	传感器接地,连接到进气温度传感器 2 G299,连接器 T4o,端子 1
50	接线柱 15
51	空气质量计信号,连接到空气质量计 G70,连接器 T4dd,端子 3
58	P/N 挡信号,连接到双离合变速器机电装置 J743,连接器 T16cm,端子 2
60	接线柱 50,连接到进入及启动系统接口 J965,连接器 T40a,端子 15
64	进气温度传感器 2 信号,连接到进气温度传感器 2 G299,连接器 T4o,端子 2
66	油门踏板位置传感器电源 5V,连接到油门踏板位置传感器 G79,连接器 T6L,端子 2
67	油门踏板位置传感器信号,连接到油门踏板位置传感器 G79,连接器 T6L,端子 4
68	油门踏板位置传感器接地,连接到油门踏板位置传感器 G79,连接器 T6L,端子 3
69	发动机部件供电继电器控制端
71	散热器风扇控制信号
74	后氧传感器加热装置控制端,连接到尾气催化转化器后的氧传感器 1 加热装置 Z29,连接器 T4ar,端子 2
78	散热器出口处的冷却液温度传感器信号,连接到散热器出口处的冷却液温度传感器 G83,连接器 T2bm,端子 1
79	CAN 总线,高位(驱动系统)
80	CAN 总线,低位(驱动系统)
81	增压压力传感器信号,连接到增压压力传感器 G31,连接器 T4o,端子 4
83	油门踏板位置传感器 2 电源 5V,连接到油门踏板位置传感器 2 G185,连接器 T6L,端子 1
84	油门踏板位置传感器 2 信号,连接到油门踏板位置传感器 2 G185,连接器 T6L,端子 6
85	油门踏板位置传感器 2 接地,连接到油门踏板位置传感器 2 G185,连接器 T6L,端子 5
86	接线柱 30a
87	起动机继电器 1 控制端
88	起动机继电器 2 控制端
89	主继电器控制端
91	前氧传感器加热装置控制端,连接到氧传感器加热 Z19,连接器 T5c,端子 3

2.5.11 2.0T CUG 发动机控制单元端子数据

CUG 发动机控制单元连接器如图 2-32 所示,端子定义见表 2-19、表 2-20。

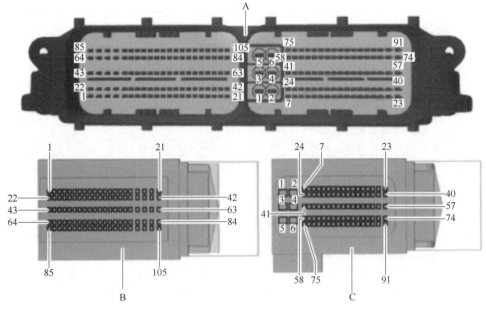

图 2-32 CUG 发动机控制单元连接端子

A—发动机控制单元 J623；B—105 芯连接器 T105a，黑色，发动机
控制单元连接器；C—91 芯连接器 T91a，黑色，发动机控制单元连接器

表 2-19 105 芯连接器端子定义

端子序号	功能定义
1	气缸 2 喷油嘴控制端，连接到气缸 2 喷油嘴 N31，连接器 T2cm，端子 2
2	气缸 3 喷油嘴控制端，连接到气缸 3 喷油嘴 N32，连接器 T2cn，端子 2
3	活性炭罐电磁阀控制端，连接到活性炭罐电磁阀 1 N80，连接器 T2bv，端子 2
4	凸轮轴调节元件 5 控制端，连接到凸轮轴调节元件 5 F370，连接器 T2fe，端子 1
6	凸轮轴调节元件 1 控制端，连接到凸轮轴调节元件 1 F366，连接器 T2fa，端子 1
7	活塞冷却喷嘴控制阀控制端，连接到活塞冷却喷嘴控制阀 N522，连接器 T2ew，端子 1
8	双离合器变速器机电装置信号，连接到双离合器变速器机电装置 J743，连接器 T16m，端子 4
11	燃油压力传感器接地，连接到燃油压力传感器 G247，连接器 T3z，端子 1
17	机油压力调节阀控制端，连接到机油压力调节阀 N428，连接器 T2dm，端子 1
20	增压压力调节位置传感器接地，连接到增压压力调节位置传感器 G581，连接器 T6p，端子 3
22	气缸 3 喷油嘴控制端，连接到气缸 3 喷油嘴 N32，连接器 T2cn，端子 1
23	气缸 2 喷油嘴控制端，连接到气缸 2 喷油嘴 N31，连接器 T2cm，端子 1
24	气缸 3 喷油嘴 2 控制端，连接到气缸 3 喷油嘴 2 N534，连接器 T2fo，端子 2
25	气缸 1 喷油嘴 2 控制端，连接到气缸 1 喷油嘴 2 N532，连接器 T2fm，端子 2
26	发动机温度调节伺服元件电源 5V，连接到发动机温度调节伺服元件 N493，连接器 T5e，端子 3
27	进气歧管风门电位计接地，连接到进气歧管风门电位计 G336，连接器 T3ad，端子 3
28	霍尔传感器 2 信号，连接到霍尔传感器 2 G163，连接器 T3ap，端子 2
29	霍尔传感器 2 接地，连接到霍尔传感器 2 G163，连接器 T3ap，端子 3
30	霍尔传感器信号，连接到霍尔传感器 G40，连接器 T3m，端子 2
31	低压的燃油压力传感器信号，连接到低压的燃油压力传感器 G410，连接器 T3an，端子 2
33	进气歧管传感器接地，连接到进气歧管传感器 GX9，连接器 T4g，端子 1
34	节气门驱动装置（电控节气门）角度传感器 1 信号，连接到电控油门操纵机构的节气门驱动装置角度传感器 1 G187，连接器 T6ad，端子 4
35	发动机转速传感器电源 5V，连接到发动机转速传感器 G28，连接器 T3aq，端子 1
36	进气歧管风门电位计信号，连接到进气歧管风门电位计 G336，连接器 T3ad，端子 2
37	低压的燃油压力传感器电源 5V，连接到低压的燃油压力传感器 G410，连接器 T3an，端子 1

续表

端子序号	功能定义
38	霍尔传感器 2 电源 5V,连接到霍尔传感器 2 G163,连接器 T3ap,端子 1
40	冷却液温度传感器信号,连接到冷却液温度传感器 G62,连接器 T2cf,端子 2
41	增压压力调节位置传感器信号,连接到增压压力调节位置传感器 G581,连接器 T6p,端子 5
42	进气歧管传感器电源 5V,连接到进气歧管传感器 GX9,连接器 T4bg,端子 3
43	气缸 4 喷油嘴控制端,连接到气缸 4 喷油嘴 N33,连接器 T2co,端子 2
44	霍尔传感器接地,连接到霍尔传感器 G40,连接器 T3m,端子 3
45	气缸 4 喷油嘴 2 控制端,连接到气缸 4 喷油嘴 2 N535,连接器 T2fn,端子 2
46	气缸 2 喷油嘴 2 控制端,连接到气缸 2 喷油嘴 2 N533,连接器 T2fp,端子 2
47	冷却液温度传感器信号,连接到冷却液温度传感器 G62,连接器 T2cf,端子 1
48	进气歧管风门电位计电源 5V,连接到进气歧管风门电位计 G336,连接器 T3ad,端子 1
49	燃油压力传感器信号,连接到燃油压力传感器 G247,连接器 T3z,端子 2
50	低压的燃油压力传感器信号,连接到低压的燃油压力传感器 G410,连接器 T3an,端子 3
51	进气温度传感器信号,连接到进气温度传感器 G42,连接器 T4bg,端子 2
52	进气歧管压力传感器信号,连接到进气歧管压力传感器 G71,连接器 T4bg,端子 4
53	进气歧管风门阀门控制端,连接到进气歧管风门阀门 N316,连接器 T2ak,端子 2
54	节气门驱动装置(电控节气门)角度传感器电源 5V,连接到节气门控制单元 GX3,连接器 T6ad,端子 2
55	节气门驱动装置(电控节气门)角度传感器 2 信号,连接到电控油门操纵机构的节气门驱动装置角度传感器 2 G188,连接器 T6ad,端子 1
56	节气门驱动装置(电控节气门)角度传感器接地,连接到节气门控制单元 GX3,连接器 T6ad,端子 6
57	带功率输出级的点火线圈 3 控制端,连接到带功率输出级的点火线圈 3 N291,连接器 T4v,端子 2
58	凸轮轴调节元件 4 控制端,连接到凸轮轴调节元件 4 F369,连接器 T2fd,端子 1
59	凸轮轴调节元件 3 控制端,连接到凸轮轴调节元件 3 F368,连接器 T2fc,端子 1
61	增压压力调节位置传感器电源 5V,连接到增压压力调节位置传感器 G581,连接器 T6p,端子 1
62	带功率输出级的点火线圈 4 控制端,连接到带功率输出级的点火线圈 4 N292,连接器 T4w,端子 2
64	气缸 1 喷油嘴控制端,连接到气缸 1 喷油嘴 N30,连接器 T2cL,端子 1
65	气缸 4 喷油嘴控制端,连接到气缸 4 喷油嘴 N33,连接器 T2co,端子 1
66	涡轮增压器循环空气阀控制端,连接到涡轮增压器循环空气阀 N249,连接器 T2ci,端子 2
68	燃油压力传感器电源 5V,连接到燃油压力传感器 G247,连接器 T3z,端子 3
69	霍尔传感器电源 5V,连接到霍尔传感器 G40,连接器 T3m,端子 1
70	发动机转速传感器信号,连接到发动机转速传感器 G28,连接器 T3aq,端子 2
71	未占用
72	机油压力降低开关信号,连接到机油压力降低开关 F378,连接器 T1a
73	机油压力开关,3 挡信号,连接到机油压力开关,3 挡 F447,连接器 T2ez,端子 1
74	机油压力开关信号,连接到机油压力开关 F1,连接器 T1c
76	带功率输出级的点火线圈 1 控制端,连接到带功率输出级的点火线圈 1 N70,连接器 T4t,端子 2
77	发动机转速传感器接地,连接到发动机转速传感器 G28,连接器 T3aq,端子 3
78	发动机温度调节伺服元件接地,连接到发动机温度调节伺服元件 N493,连接器 T5e,端子 1
79	带功率输出级的点火线圈 2 控制端,连接到带功率输出级的点火线圈 2 N127,连接器 T4u,端子 2
80	发动机温度调节伺服元件信号,连接到发动机温度调节伺服元件 N493,连接器 T5e,端子 2
83	机油油位和机油温度传感器信号,连接到机油油位和机油温度传感器 G266,连接器 T3ab,端子 3
84	冷却液循环泵控制端,连接到冷却液循环泵 V50,连接器 T3f,端子 3
85	气缸 1 喷油嘴控制端,连接到气缸 1 喷油嘴 N30,连接器 T2cL,端子 2
86	发动机温度调节伺服元件控制端−,连接到发动机温度调节伺服元件 N493,连接器 T5e,端子 4
87	发动机温度调节伺服元件控制端+,连接到发动机温度调节伺服元件 N493,连接器 T5e,端子 5
88	增压调节器控制端−,连接到增压调节器 V465,连接器 T6p,端子 2
89	增压调节器控制端+,连接到增压调节器 V465,连接器 T6p,端子 6
90	节气门驱动装置(电控节气门)−,连接到电控油门操纵机构的节气门驱动装置 G186,连接器 T6ad,端子 3
91	节气门驱动装置(电控节气门)+,连接到电控油门操纵机构的节气门驱动装置 G186,连接器 T6ad,端子 5
92	燃油定量阀控制端,连接到燃油定量阀 N290,连接器 T2cg,端子 2
93	燃油定量阀控制端,连接到燃油定量阀 N290,连接器 T2cg,端子 1

续表

端子序号	功能定义
94	凸轮轴调节元件 6 控制端,连接到凸轮轴调节元件 6 F371,连接器 T2ff,端子 1
95	凸轮轴调节元件 8 控制端,连接到凸轮轴调节元件 8 F373,连接器 T2fh,端子 1
96	凸轮轴调节元件 7 控制端,连接到凸轮轴调节元件 7 F372,连接器 T2fg,端子 1
97	爆震传感器信号,连接到爆震传感器 1G61,连接器 T2bp,端子 2
98	爆震传感器信号,连接到爆震传感器 1G61,连接器 T2bp,端子 1
101	凸轮轴调节元件 2 控制端,连接到凸轮轴调节元件 2 F367,连接器 T2fb,端子 1
104	排气凸轮轴调节阀 1 控制端,连接到排气凸轮轴调节阀 1 N318,连接器 T2ep,端子 2
105	凸轮轴调节阀控制端,连接到凸轮轴调节阀 1 N205,连接器 T2cj,端子 2

表 2-20 91 芯连接器端子定义

端子序号	功能定义
1	接线柱 31
2	接线柱 31
5	接线柱 87a
6	接线柱 87a
7	主继电器控制端
8	发动机部件供电继电器控制端
9	燃油泵控制单元信号,连接到燃油泵控制单元 J538,连接器 T5i,端子 5
11	后氧传感器加热装置控制端,连接到尾气催化转化器后的氧传感器 1 加热装置 Z29,连接器 T4ar,端子 2
12	散热器风扇控制信号
16	油门踏板位置传感器 2 电源 5V,连接到油门踏板位置传感器 2 G185,连接器 T6L,端子 1
22	空调器关闭热敏开关,连接到空调器关闭热敏开关 F163,连接器 T2ap,端子 2
25	后氧传感器信号,连接到尾气催化转化器后的氧传感器 G130,连接器 T4ar,端子 4
26	后氧传感器信号,连接到尾气催化转化器后的氧传感器 G130,连接器 T4ar,端子 3
29	散热器出口处的冷却液温度传感器信号,连接到散热器出口处的冷却液温度传感器 G83,连接器 T2bm,端子 2
32	增压压力传感器电源 5V,连接到增压压力传感器 G31,连接器 T4o,端子 3
33	油门踏板位置传感器电源 5V,连接到油门踏板位置传感器 G79,连接器 T6L,端子 2
34	油门踏板位置传感器接地,连接到油门踏板位置传感器 G79,连接器 T6L,端子 3
35	传感器接地,连接到进气温度传感器 2G299,连接器 T4o,端子 1
37	制动信号灯开关信号
39	变速器冷却液阀控制端,连接到变速器冷却液阀 N488,连接器 T2ey,端子 2
41	前氧传感器信号,连接到氧传感器 G39,连接器 T5c,端子 5
43	前氧传感器信号,连接到氧传感器 G39,连接器 T5c,端子 1
44	前氧传感器信号,连接到氧传感器 G39,连接器 T5c,端子 2
49	散热器出口处的冷却液温度传感器信号,连接到散热器出口处的冷却液温度传感器 G83,连接器 T2bm,端子 1
50	接线柱 15
51	油门踏板位置传感器 2 接地,连接到油门踏板位置传感器 2 G185,连接器 T6L,端子 5
52	油门踏板位置传感器信号,连接到油门踏板位置传感器 G79,连接器 T6L,端子 4
54	进气温度传感器 2 信号,连接到进气温度传感器 2G299,连接器 T4o,端子 2
55	增压压力传感器信号,连接到增压压力传感器 G31,连接器 T4o,端子 4
60	制动踏板开关信号,连接到制动踏板开关 F47,连接器 T4ao,端子 1
62	P/N 挡信号,连接到双离合器变速器机电装置 J743,连接器 T16m,端子 2
67	接线柱 50
68	接线柱 50,连接到进入及启动系统接口 J965,连接器 T40a,端子 15
69	油门踏板位置传感器 2 信号,连接到油门踏板位置传感器 2 G185,连接器 T6L,端子 6
70	GRA 开关信号,连接到转向柱电子装置控制单元 J527,连接器 T14g,端子 7(仅用于带可加热方向盘的汽车) GRA 开关信号,连接到转向柱电子装置控制单元 J527,连接器 T16r,端子 5(仅用于不带可加热式方向盘的汽车)

端子序号	功能定义
74	前氧传感器加热装置控制端,连接到氧传感器加热 Z19,连接器 T5c,端子 3
79	CAN 总线,高位(驱动系统)
80	CAN 总线,低位(驱动系统)
86	接线柱 30a
87	起动机继电器 1 控制端
88	起动机继电器 2 控制端

2.5.12 途昂电控减振器端子信息

减振电子调节控制单元 J250（仅用于带有电控调节减振系统的汽车）安装在后备厢内左侧（箭头），如图 2-33 所示,端子定义见表 2-21。

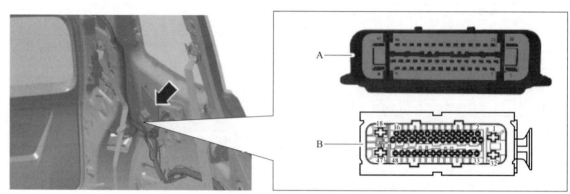

图 2-33 减振电子调节控制单元安装位置

A—减振电子调节控制单元 J250；B—47 芯连接器 T47b,黑色,减振电子调节控制单元连接器

表 2-21 电子控制单元端子定义

端子序号	功能定义
5	后部车身加速传感器信号,连接到后部车身加速传感器 G343,连接器 T2da,端子 1
8	左后汽车高度传感器信号,连接到左后汽车高度传感器 G76,连接器 T4af,端子 1
11	左前汽车高度传感器信号,连接到左前汽车高度传感器 G78,连接器 T4ck,端子 1
14	右前汽车高度传感器信号,连接到右前汽车高度传感器 G289,连接器 T4cL,端子 1
16	接线柱 31
21	后部车身加速传感器接地,连接到后部车身加速传感器 G343,连接器 T2da,端子 2
23	左后汽车高度传感器电源,连接到左后汽车高度传感器 G76,连接器 T4af,端子 3
24	左后汽车高度传感器接地,连接到左后汽车高度传感器 G76,连接器 T4af,端子 4
26	左前汽车高度传感器电源,连接到左前汽车高度传感器 G78,连接器 T4ck,端子 3
27	左前汽车高度传感器接地,连接到左前汽车高度传感器 G78,连接器 T4ck,端子 4
29	右前汽车高度传感器电源,连接到右前汽车高度传感器 G289,连接器 T4cL,端子 3
30	右前汽车高度传感器接地,连接到右前汽车高度传感器 G289,连接器 T4cL,端子 4
32	接线柱 15
33	CAN 总线,低位(底盘传感器)
34	CAN 总线,高位(底盘传感器)
35	右前车身加速传感器信号,连接到右前车身加速传感器 G342,连接器 T2dk,端子 1
36	右前车身加速传感器接地,连接到右前车身加速传感器 G342,连接器 T2dk,端子 2
37	左前车身加速传感器接地,连接到左前车身加速传感器 G341,连接器 T2dg,端子 2
38	左前车身加速传感器信号,连接到左前车身加速传感器 G341,连接器 T2dg,端子 1
39	左前减振调节阀控制端,连接到左前减振调节阀 N336,连接器 T2gc,端子 1
40	左前减振调节阀控制端,连接到左前减振调节阀 N336,连接器 T2gc,端子 2

续表

端子序号	功能定义
41	右前减振调节阀控制端，连接到右前减振调节阀 N337，连接器 T2gd，端子 1
42	右前减振调节阀控制端，连接到右前减振调节阀 N337，连接器 T2gd，端子 2
43	左后减振调节阀控制端，连接到左后减振调节阀 N338，连接器 T2ge，端子 1
44	左后减振调节阀控制端，连接到左后减振调节阀 N338，连接器 T2ge，端子 2
45	右后减振调节阀控制端，连接到右后减振调节阀 N339，连接器 T2gf，端子 1
46	右后减振调节阀控制端，连接到右后减振调节阀 N339，连接器 T2gf，端子 2
47	接线柱 30

2.5.13 途昂汽车全车控制器安装位置

汽车前部的控制器安装位置见图 2-34。

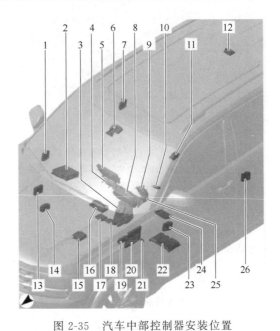

图 2-34 途昂前部控制器安装位置

1—车距调节控制单元 J428（仅适用于带自动车距控制（ADR）的汽车）；2—节气门控制单元 GX3（仅用于带 2.0L 发动机的汽车）；3—ABS 控制单元 J104；4—节气门控制单元 GX3（仅用于带 2.5L 汽油发动机的汽车）；5—蓄电池调节控制单元 J840；6—散热器风扇控制单元 2 J671；7—散热器风扇控制单元 1 J293；8—双离合器变速器机电装置 J743；9—转向辅助控制单元 J500；10—发动机控制单元 J623

汽车中部的控制器安装位置见图 2-35。
汽车后部的控制器安装位置见图 2-36。

2.5.14 途昂四轮定位数据

途昂四轮定位数据如表 2-22 所示。

图 2-35 汽车中部控制器安装位置

1—副驾驶员侧车门控制单元 J387；2—电子通信信息设备 1 控制单元 J794；3—换挡杆传感器控制单元 J587；4—暖风/空调操作单元 EX21；5—前部信息显示和操作单元控制单元的显示单元 J685；6—驾驶辅助系统的前部摄像机 R242（仅适用于带驾驶辅助特殊装备的汽车）；7—右后车门控制单元 J389；8—组合仪表 KX2；9—转向柱电子装置控制单元 J527；10—多功能方向盘控制单元 J453；11—燃油泵控制单元 J538；12—滑动天窗控制单元 J245（仅用于带全景滑动天窗的汽车）；13—进入及启动系统 J965；14—新鲜空气鼓风机控制单元 J126；15—安全气囊控制单元 J234；16—周围环境摄像机控制单元 J928（仅用于带周围环境摄像机的汽车）；17—随动转向大灯和大灯照明距离调节控制单元 J745；18—数据总线诊断接口 J533；19—驻车辅助控制单元 J446；20—车载电网控制单元 J519；21—诊断接口 U31；22—数字式声音处理系统控制单元 J525；23—驾驶员侧车门控制单元 J386；24—左前座椅调节控制单元 J1112（仅用于带电动座椅调节和记忆功能的汽车）；25—后部新鲜空气鼓风机控制单元 J391（仅用于后部带有全自动空调操作与显示单元的汽车）；26—左后车门控制单元 J388

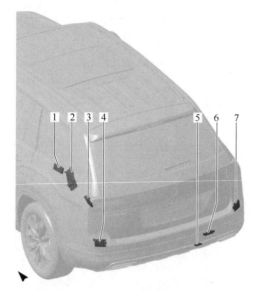

图 2-36 途昂后部控制器安装位置
1—后备厢盖控制单元 J605；2—减振电子调节控制单元 J250（仅用于带有电控调节减振系统的汽车）；3—全轮驱动控制单元 J492（仅用于带全轮驱动的汽车）；4—盲区识别控制单元 2J1087（用于带换道辅助系统的汽车）；5—后备厢盖开启装置控制单元 J938（仅用于带后备厢盖开启传感器的汽车）；6—轮胎压力监控控制单元 J502（仅用于带轮胎充气压力监控的汽车）；7—盲区识别控制单元 1 J1086（用于带换道辅助系统的汽车）

表 2-22 途昂四轮定位数据

标准底盘配置	前桥	后桥
前束角（双轮）	10′±10′	10′±10′
车轮外倾角（不可调）	−30′±30′	−1°20′±30′
左右车轮外倾角最大允差	30′	30′
主销后倾角（不可调）	7°22′±30′	
离地高度/mm	467±10（普通型减振器） 467±10[配备动态底盘控制调节系统（DCC）减振器]	494.5±10 487±10[配备动态底盘控制调节系统（DCC）减振器]

2.5.15 途昂 2.5T DDK/DPK 发动机控制系统电路图

2.5.16 途昂全轮驱动系统电路图

2.5.17 途昂保险丝信息

2.5.18 途昂继电器信息

2.5.19 途昂车辆接地点信息

2.6 途昂 X（2019～2022 年款）

2.6.1 途昂 X 车型发动机配置信息

途昂 X 车型发动机配置如表 2-23 所示。

2.6.2 2.0T DKX/DKV 发动机正时维修

该发动机正时机构结构形式、正时检查与调整方法和 DPL 相同，请参考 1.3.2 小节内容。

2.6.3 2.0T DPL 发动机正时维修

该发动机正时维修同探岳车型，请参考 1.3.2 小节。

表 2-23 途昂 X 车型发动机配置

发动机型号	DKV	DKX	DPL	DPK
排量/L	1.984	1.984	1.984	2.492
功率/kW	137	162	137	220
转矩/Nm	320	350	320	500
缸径/mm	82.5	82.5	82.5	84
行程/mm	92.8	92.8	92.8	75
压缩比	11.56∶1	9.6∶1	11.65∶1	9.6∶1
ROZ	95	95	95	95

续表

发动机型号	DKV	DKX	DPL	DPK
喷射装置/点火装置	缸内直喷+进气歧管喷射	缸内直喷+进气歧管喷射	缸内直喷+进气歧管喷射	缸内直喷
点火顺序	1—3—4—2	1—3—4—2	1—3—4—2	1—5—3—6—2—4
爆震控制	是	是	是	是
增压	是	是	是	是
废气再循环	否	否	否	否
可变进气管	是	是	是	否
凸轮轴调节	是	是	是	是
二次空气	否	否	否	否
排放标准	C6b	C6b	C6b	C6b

2.6.4　2.5T DPK 发动机正时维修

该发动机正时单元构造、调整方法与拆装步骤和 DDK 发动机相同，请参考 2.5.7 内容。

2.6.5　2.5T DPK 发动机控制单元端子信息

DPK 发动机控制单元端子分布如图 2-37 所示。端子定义见表 2-24、表 2-25。

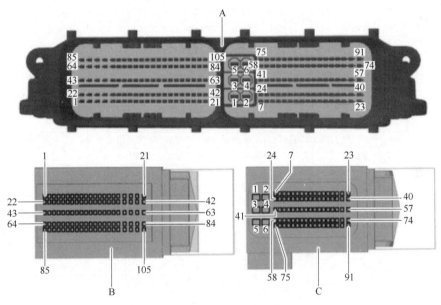

图 2-37　DPK 发动机控制单元端子分布

A—发动机控制单元 J623；B—105 芯连接器 T105a，黑色，发动机控制单元
连接器；C—91 芯插头连接 T91a，黑色，发动机控制单元连接器

表 2-24　105 芯连接器端子定义

端子序号	功能定义
1	气缸 5 喷油嘴控制端，连接到气缸 5 喷油嘴 N83，连接器 T2eq，端子 2
2	气缸 6 喷油嘴控制端，连接到气缸 6 喷油嘴 N84，连接器 T2er，端子 2
3	气缸 4 喷油嘴控制端，连接到气缸 4 喷油嘴 N33，连接器 T2co，端子 2
4	节气门驱动装置(电控节气门)+，连接到节气门控制单元 GX3，连接器 T6ad，端子 3
6	节气门驱动装置(电控节气门)角度传感器接地，连接到节气门控制单元 GX3，连接器 T6ad，端子 6
7	节气门驱动装置(电控节气门)角度传感器电源 5V，连接到节气门控制单元 GX3，连接器 T6ad，端子 2

续表

端子序号	功能定义
9	用于低温回路的冷却液泵控制端,连接到用于低温回路的冷却液泵 V468,连接器 T3c,端子 3
10	油压传感器信号,连接到油压传感器 G10,连接器 T3j,端子 1
11	传感器接地[(燃油压力传感器、低压的燃油压力传感器、增压压力调节器(适用于排放标准 C6)]
19	带功率输出级的点火线圈 6 控制端,连接到带功率输出级的点火线圈 6 N324,连接器 T4bm,端子 2
20	带功率输出级的点火线圈 2 控制端,连接到带功率输出级的点火线圈 2 N127,连接器 T4u,端子 2
21	带功率输出级的点火线圈 4 控制端,连接到带功率输出级的点火线圈 4 N292,连接器 T4w,端子 2
22	气缸 2 喷油嘴控制端,连接到气缸 2 喷油嘴 N31,连接器 T2cm,端子 2
23	气缸 3 喷油嘴控制端,连接到气缸 3 喷油嘴 N32,连接器 T2cn,端子 2
24	气缸 1 喷油嘴控制端,连接到气缸 1 喷油嘴 N30,连接器 T2cL,端子 2
25	节气门驱动装置(电控节气门)—,连接到节气门控制单元 GX3,连接器 T6ad,端子 5
27	节气门驱动装置(电控节气门)角度传感器 1 信号,连接到节气门控制单元 GX3,连接器 T6ad,端子 1
28	节气门驱动装置(电控节气门)角度传感器 2 信号,连接到节气门控制单元 GX3,连接器 T6ad,端子 4
30	用于高温回路的冷却液泵信号,连接到用于高温回路的冷却液泵 V467,连接器 T3L,端子 3
31	增压压力传感器信号(适用于排放标准 C5),连接到增压压力传感器 G31,连接器 T3be,端子 1 二次空气压力传感器 1 信号(适用于排放标准 C6),连接到二次空气压力传感器 1 G609,连接器 T3bL,端子 1
32	传感器电源 5V[(进气歧管传感器、低压的燃油压力传感器、霍尔传感器 2、增压压力传感器、二次空气压力传感器(适用于排放标准 C6)、增压压力调节器(适用于排放标准 C6)]
33	低压的燃油压力传感器信号,连接到低压的燃油压力传感器 G410,连接器 T3an,端子 3
40	带功率输出级的点火线圈 1 控制端,连接到带功率输出级的点火线圈 1 N70,连接器 T4t,端子 2
41	带功率输出级的点火线圈 5 控制端,连接到带功率输出级的点火线圈 5 N323,连接器 T4bL,端子 2
42	带功率输出级的点火线圈 3 控制端,连接到带功率输出级的点火线圈 3 N291,连接器 T4v,端子 2
43	燃油定量阀控制端,连接到燃油定量阀 N290,连接器 T2cg,端子 1
44	燃油定量阀控制端,连接到燃油定量阀 N290,连接器 T2cg,端子 2
48	霍尔传感器 2 接地,连接到霍尔传感器 2 G163,连接器 T3ap,端子 3
49	二次空气喷射阀控制端(适用于排放标准 C6),连接到二次空气喷射阀 N112,连接器 T2gw,端子 2
50	曲轴箱排气加热电阻控制端,连接到曲轴箱排气加热电阻 N79,连接器 T2eo,端子 1
51	活性炭罐电磁阀控制端,连接到活性炭罐电磁阀 1 N80,连接器 T2bv,端子 2
54	传感器电源 5V(燃油压力传感器、霍尔传感器、油压传感器、废气涡轮增压器转速传感器 1)
55	发动机温度传感器信号(适用于排放标准 C5),连接到发动机温度传感器 G407,连接器 T2do,端子 2 传感器接地(发动机温度传感器、二次空气压力传感器 1)(适用于排放标准 C6)
56	燃油压力传感器信号,连接到燃油压力传感器 G247,连接器 T3z,端子 2
58	发动机温度传感器信号,连接到发动机温度传感器 G407,连接器 T2do,端子 1
59	传感器接地(油压传感器、废气涡轮增压器转速传感器 1、霍尔传感器、进气歧管传感器、增压压力传感器)
60	发动机转速传感器接地,连接到发动机转速传感器 G28,连接器 T3aq,端子 3
61	发动机转速传感器信号,连接到发动机转速传感器 G28,连接器 T3aq,端子 2
63	增压压力限制电磁阀控制端,连接到增压压力限制电磁阀 N75,连接器 T2ck,端子 2
64	气缸 5 喷油嘴控制端,连接到气缸 5 喷油嘴 N83,连接器 T2eq,端子 1
65	气缸 4 喷油嘴控制端,连接到气缸 4 喷油嘴 N33,连接器 T2co,端子 1
66	气缸 6 喷油嘴控制端,连接到气缸 6 喷油嘴 N84,连接器 T2er,端子 1
67	增压压力调节器控制端(适用于排放标准 C6),连接到增压压力调节器 V465,连接器 T6p,端子 6
68	霍尔传感器 2 信号,连接到霍尔传感器 2 G163,连接器 T3ap,端子 2
69	发动机转速传感器电源 5V,连接到发动机转速传感器 G28,连接器 T3aq,端子 1
70	涡轮增压器循环空气阀控制端,连接到涡轮增压器循环空气阀 N249,连接器 T2ci,端子 2
73	爆震传感器 2 接地,连接到爆震传感器 2 G66,连接器 T2es,端子 1
74	爆震传感器 2 信号,连接到爆震传感器 2 G66,连接器 T2es,端子 2
75	进气歧管传感器信号,连接到进气歧管传感器 GX9,连接器 T3k,端子 1
82	气缸 4 喷油嘴 2 控制端(适用于排放标准 C6),连接到气缸 4 喷油嘴 2 N535,连接器 T2gt,端子 2
83	气缸 5 喷油嘴 2 控制端(适用于排放标准 C6),连接到气缸 5 喷油嘴 2 N536,连接器 T2gu,端子 2
84	气缸 6 喷油嘴 2 控制端(适用于排放标准 C6),连接到气缸 6 喷油嘴 2 N537,连接器 T2gv,端子 2
85	气缸 2 喷油嘴控制端,连接到气缸 2 喷油嘴 N31,连接器 T2cm,端子 1

续表

端子序号	功能定义
86	气缸3喷油嘴控制端,连接到气缸3喷油嘴N32,连接器T2cn,端子1
87	气缸1喷油嘴控制端,连接到气缸1喷油嘴N30,连接器T2cL,端子1
88	增压压力调节器控制端(适用于排放标准C6),连接到增压压力调节器V465,连接器T6p,端子2
89	霍尔传感器信号,连接到霍尔传感器G40,连接器T3m,端子2
90	增压压力调节位置传感器信号(适用于排放标准C6),连接到增压压力调节位置传感器G581,连接器T6p,端子5
91	排气凸轮轴调节阀1控制端,连接到排气凸轮轴调节阀1 N318,连接器T2ep,端子2
92	凸轮轴调节阀控制端,连接到凸轮轴调节阀1 N205,连接器T2cj,端子2
94	爆震传感器信号,连接到爆震传感器1 G61,连接器T2bp,端子1
95	爆震传感器信号,连接到爆震传感器1 G61,连接器T2bp,端子2
100	气缸体冷却液阀控制端,连接到气缸体冷却液阀N545,连接器T2be,端子2
102	冷却液循环阀控制端,连接到冷却液循环阀N214,连接器T2ao,端子2
103	气缸1喷油嘴2控制端(适用于排放标准C6),连接到气缸1喷油嘴2 N532,连接器T2gq,端子2
104	气缸2喷油嘴2控制端(适用于排放标准C6),连接到气缸2喷油嘴2 N533,连接器T2gr,端子2
105	气缸3喷油嘴2控制端(适用于排放标准C6),连接到气缸3喷油嘴2 N534,连接器T2gs,端子2

表2-25 91芯连接器端子定义

端子序号	功能定义
1	接线柱31
2	接线柱31
5	接线柱87a
6	接线柱87a
8	二次空气泵继电器控制端(用于带发动机型号代码DPK的汽车)
10	空气质量计信号,连接到空气质量计G70,连接器T4dd,端子1
13	CAN总线,低位(驱动系统)
14	CAN总线,高位(驱动系统)
15	前氧传感器信号,连接到氧传感器G39,连接器T6a,端子4
16	前氧传感器信号,连接到氧传感器G39,连接器T6a,端子6
20	制动踏板开关信号,连接到制动踏板开关F47,连接器T4ao,端子1
21	增压压力传感器信号(适用于排放标准C6),连接到增压压力传感器G31,连接器T3be,端子1
22	后氧传感器加热装置控制端,连接到尾气催化转化器后的氧传感器1加热装置Z29,连接器T4ar,端子2
28	GRA开关信号,连接到转向柱电子装置控制单元J527,连接器T14g,端子7(仅用于带可加热式方向盘的汽车)
	GRA开关信号,连接到转向柱电子装置控制单元J527,连接器T16r,端子5(仅用于不带可加热式方向盘的汽车)
29	进气温度传感器2信号,连接到进气温度传感器2 G299,连接器T4dd,端子4
32	前氧传感器信号,连接到氧传感器G39,连接器T6a,端子1
33	前氧传感器信号,连接到氧传感器G39,连接器T6a,端子2
38	废气涡轮增压器转速传感器1信号(适用于排放标准C6),连接到废气涡轮增压器转速传感器1G688,连接器T3i,端子2
39	油箱泄漏诊断控制单元信号(适用于排放标准C6),连接到油箱泄漏诊断控制单元J909,连接器T4do,端子2
40	油箱泄漏诊断控制单元信号(适用于排放标准C6),连接到油箱泄漏诊断控制单元J909,连接器T4do,端子3
41	双离合器变速器机电装置信号,连接到双离合器变速器机电装置J743,连接器T16m,端子4
42	燃油泵控制单元信号,连接到燃油泵控制单元J538,连接器T5j,端子5
44	传感器接地,连接到空气质量计G70,连接器T4dd,端子3
45	散热器出口处的冷却液温度传感器信号,连接到散热器出口处的冷却液温度传感器G83,连接器T2bm,端子2
47	油箱排气压力传感器1电源5V(用于带DPK发动机的汽车),连接到油箱排气压力传感器1 G950,连接器T4gp,端子1
48	后氧传感器信号,连接到尾气催化转化器后的氧传感器G130,连接器T4ar,端子4

续表

端子序号	功能定义
49	后氧传感器信号,连接到尾气催化转化器后的氧传感器 G130,连接器 T4ar,端子 3
50	接线柱 15
53	空气质量计电源 5V,连接到空气质量计 G70,连接器 T4dd,端子 2
54	增压压力传感器接地端(适用于排放标准 C6,截至 2019 年 8 月),连接到增压压力传感器 G31,连接器 T3b,端子 2
	传感器接地(适用于排放标准 C6,自 2019 年 8 月起)
56	空调器关闭热敏开关,连接到空调器关闭热敏开关 F163,连接器 T2ap,端子 1
57	受特性线控制的发动机冷却装置的节温器控制端,连接到受特性线控制的发动机冷却装置的节温器 F265,连接器 T2at,端子 2
59	机油油位和机油温度传感器信号,连接到机油油位和机油温度传感器 G266,连接器 T3ab,端子 3
60	P/N 挡信号,连接到双离合器变速器机电装置 J743,连接器 T16m,端子 2
64	油箱排气压力传感器 1 接地(适用于排放标准 C6),连接到油箱排气压力传感器 1 G950,连接器 T4gp,端子 3
65	油门踏板位置传感器 2 电源 5V,连接到油门踏板位置传感器 2 G185,连接器 T6L,端子 1
66	油门踏板位置传感器 2 信号,连接到油门踏板位置传感器 2 G185,连接器 T6L,端子 6
67	油门踏板位置传感器 2 接地,连接到油门踏板位置传感器 2 G185,连接器 T6L,端子 5
68	制动信号灯开关信号
69	增压压力传感器电源 5V(适用于排放标准 C6,截至 2019 年 8 月),连接到增压压力传感器 G31,连接器 T3be,端子 3
	传感器电源 5V(适用于排放标准 C6,自 2019 年 8 月起)
70	散热器出口处的冷却液温度传感器信号,连接到散热器出口处的冷却液温度传感器 G83,连接器 T2bm,端子 1
71	接线柱 50,连接到进入及启动系统接口 J965,连接器 T40a,端子 15
72	废气涡轮增压器转速传感器 1 信号(适用于排放标准 C5),连接到废气涡轮增压器转速传感器 1G688,连接器 T3i,端子 2
73	散热器风扇控制信号
74	油箱泄漏诊断控制单元信号(适用于排放标准 C6),连接到油箱泄漏诊断控制单元 J909,连接器 T4bo,端子 1
75	起动机继电器 1 控制端
76	起动机继电器 2 控制端
81	油箱排气压力传感器 1 信号(适用于排放标准 C6),连接到油箱排气压力传感器 1 G950,连接器 T4gp,端子 244
82	油门踏板位置传感器电源 5V,连接到油门踏板位置传感器 G79,连接器 T6L,端子 2
83	油门踏板位置传感器信号,连接到油门踏板位置传感器 G79,连接器 T6L,端子 4
84	油门踏板位置传感器接地,连接到油门踏板位置传感器 G79,连接器 T6L,端子 3
86	接线柱 30a
87	主继电器控制端
88	接线柱 50
90	前氧传感器加热装置控制端,连接到氧传感器加热 Z19,连接器 T6a,端子 3

2.6.6 途昂 X 保险丝信息

2.6.7 途昂 X 继电器信息

2.7 桑塔纳 Santana/浩纳（2013~2021 年款）

2.7.1 全新桑塔纳发动机配置信息

2013 年款桑塔纳发动机配置如表 2-26～表 2-28 所示。

表 2-26　2013 年款桑塔纳发动机配置

发动机标识字母	CKA	CPD
排量/L	1.395	1.598
功率/[kW/(r/min)]	66/(5500±200)	81/(5800±200)
转矩/[Nm/(r/min)]	132/(3800±200)	155/(3800±200)
转速限制/(r/min)	约 5600	约 6000
怠速/(r/min)	700	700
缸径/mm	74.5	76.5
行程/mm	80.0	86.9
压缩比	10.5:1	10.5:1
RON	93/92	93/92
喷射装置/点火装置	SIMOS 15.10	SIMOS 15.10
点火顺序	1—3—4—2	1—3—4—2
爆震控制	是	是
自诊断	是	是
增压装置	否	否
废气再循环	否	否
废气温度调节器	否	否
空气进气调节器	是	是
增压空气冷却器	否	否
凸轮轴调节	是	是
可变进气管	否	否
三元催化转化器	是	是
每个气缸内的阀数	4	4
二次空气	否	否

表 2-27　天然气/高功率发动机配置

发动机标识字母	CUC(CNG 发动机)	CST
排量/L	1.598	1.395
功率/[kW/(r/min)]	汽油:81/(5800±200), CNG:70/(5500±200)	96/(5000±200)
转矩/[Nm/(r/min)]	汽油:155/(3800±200), CNG:140/(3800±200)	225/[(1400~3500)±200]
缸径/mm	76.5	74.5
行程/mm	86.9	80
压缩比	10.5:1	10.0:1
RON	93/92	93
喷射装置/点火装置	MED 17.5.22	MED 17.5.25
点火顺序	1—3—4—2	1—3—4—2
爆震控制	是	是
自诊断	是	是
增压	否	是
废气再循环	否	是
可变进气管	否	是
凸轮轴调节	否	是
二次空气	否	否

表 2-28　"国五"/"国六"发动机配置

发动机型号	DLX	DLF
排量/L	1.498	1.498
功率/kW	81	82
转矩/Nm	150	145
缸径/mm	74.5	74.5
行程/mm	85.9	85.9
压缩比	11.0:1	11.0:1
ROZ	92	92
喷射装置/点火装置	进气歧管喷射	进气歧管喷射
点火顺序	1—3—4—2	1—3—4—2
爆震控制	是	是
增压	—	否
废气再循环	—	否
可变进气管	—	是
凸轮轴调节	—	是
二次空气	—	否
排放标准	C5	C6

2.7.2　1.5L DLF/DLX 发动机正时维修

该发动机正时机构结构形式、正时检查与调整方法和 DLS 相同，请参考 1.1.2 内容。

2.7.3　1.4T CST 发动机正时维修

该款发动机正时维修同 DLS，相关内容请参考 1.1.2。

2.7.4　1.4L CKA/1.6L CPD 发动机正时维修

该发动机正时机构结构形式、正时检查与调整方法和 DLS 相同，请参考 1.1.2 内容。

2.7.5　1.6L CPD 型发动机电控系统部件位置

以下内容适用于 New Santana 全新桑塔纳、2013 款 New Lavida 新朗逸、Gran Lavida 朗行、Cross Lavida 朗境、New Polo 波罗、New Lavida 全新朗逸、GranLavida 朗行、Gran Santana 浩纳等车型，发动机舱电控部件安装位置见图 2-38。

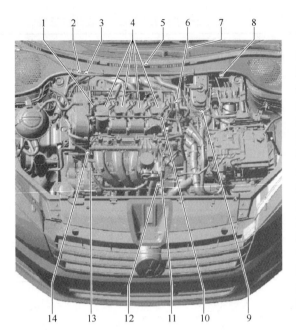

图 2-38 CPD 型发动机舱电控系统部件位置一

1—凸轮轴调节阀 1 N205；2—氧传感器 G39/氧传感器加热 Z19；3—尾气催化转化器后的氧传感器 G130/尾气催化转化器后的氧传感器 1 加热装置 Z29；4—带功率输出级的点火线圈：带功率输出级的点火线圈 1 N70，带功率输出级的点火线圈 2 N127，带功率输出级的点火线圈 3 N291，带功率输出级的点火线圈 4 N292；5—发动机控制单元 J623，适用于 2013 款 New Lavida 新朗逸、Gran Lavida 朗行、Cross Lavida 朗境；6—冷却液温度传感器 G62；7—油门踏板位置传感器 G79/油门踏板位置传感器 2 G185；8—Motronic 控制单元 J220，适用于 New Santana 全新桑塔纳；9—制动信号灯开关 F；10—霍尔传感器 G40；11—节气门控制单元 J338，在更换了节气门控制单元 J338 后，必须将其重新与 Motronic 控制单元 J220 匹配；12—进气温度传感器 G42/进气管压力传感器 G71；13—活性炭罐电磁阀 1 N80；14—机油压力开关 F1

以下内容适用于新途安车型，发动机舱电控部件安装位置见图 2-39。

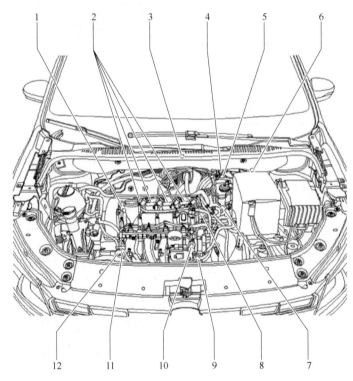

图 2-39 CPD 型发动机舱电控系统部件位置二

1—凸轮轴调节阀 1 N205；2—带功率输出级的点火线圈：带功率输出级的点火线圈 1 N70，带功率输出级的点火线圈 2 N127，带功率输出级的点火线圈 3 N291，带功率输出级的点火线圈 4 N292；3—发动机控制单元 J623；4—氧传感器 G39/氧传感器加热 Z19；5—尾气催化转化器后的氧传感器 G130/尾气催化转化器后的氧传感器 1 加热装置 Z29；6—油门踏板位置传感器 G79/油门踏板位置传感器 2 G185；7—制动信号灯开关 F；8—冷却液温度传感器 G62；9—进气温度传感器 G42/进气管压力传感器 G71；10—节气门控制单元 J338，在更换了节气门控制单元 J338 后，必须将其重新与 Motronic 控制单元 J220 匹配；11—机油压力开关 F1；12—活性炭罐电磁阀 1 N80

以下内容适用于 All New Touran L 途安 L 车型，发动机舱电控部件分布见图 2-40。

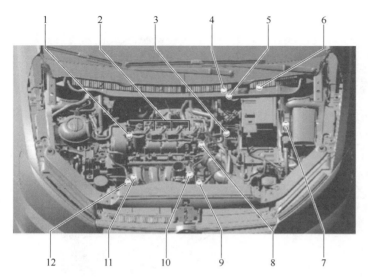

图 2-40　途安 L 发动机舱电控部件
1—凸轮轴调节阀 1 N205；2—带功率输出级的点火线圈：带功率输出级的点火线圈 1 N70，带功率输出级的点火线圈 2 N127，带功率输出级的点火线圈 3 N291，带功率输出级的点火线圈 4 N292；3—制动信号灯开关 F/制动踏板开关 F47；4—氧传感器 G39/氧传感器加热 Z19；5—尾气催化转化器后的氧传感器 G130/尾气催化转化器后的氧传感器 1 加热装置 Z29；6—油门踏板位置传感器 G79/油门踏板位置传感器 2 G185；7—发动机控制单元 J623；8—冷却液温度传感器 G62；9—进气温度传感器 G42/进气管压力传感器 G71；10—节气门控制单元 J338，在更换了节气门控制单元 J338 后，必须将其重新与 Motronic 控制单元 J220 匹配，参见笔记本车辆诊断系统 VAS 6150A、VAS 6150B、VAS 6150C、VAS 6150D "引导性功能"；11—机油压力开关 F1；12—活性炭罐电磁阀 1 N80

油门踏板位置传感器 G79/油门踏板位置传感器 2 G185 安装位置见图 2-41。

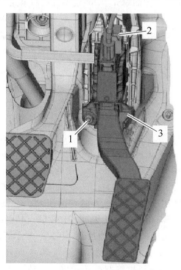

图 2-41　油门踏板位置传感器位置
1—油门踏板位置传感器 1；2—油门踏板位置传感器 2；3—油门踏板模块

油门踏板位置传感器 G79/油门踏板位置传感器 2 G185 集成在加速踏板模块内，不能单独更换。

离合器位置传感器 G476 安装位置见图 2-42。

在离合器踏板（箭头）安装轴承块上。

发动机左侧电控部件安装位置见图 2-43。

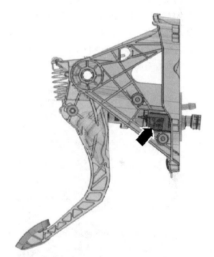

图 2-42　离合器踏板位置传感器

2.7.6　全新桑塔纳控制器安装位置

发动机舱内的控制器安装位置见图 2-44。

车内空间的控制器及组合插座位置分布如图 2-45 所示。

2.7.7　1.4T CST 发动机舱电控系统部件分布

发动机舱电控系统部件安装位置如图 2-46 所示（适用于 New Lavida 新朗逸、Gran Lavida 朗行、Cross Lavida 朗境、New Santana 全新桑塔纳等车型）。

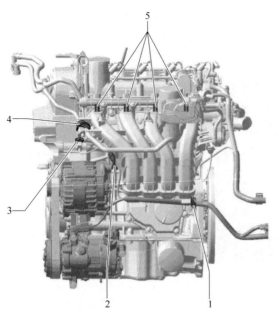

图 2-43　发动机左侧电控部件
1—发动机转速传感器 G28；2—爆震传感器 1 G61；
3—机油压力开关 F1；4—活性炭罐电磁阀 1 N80；
5—燃油喷嘴，气缸 1 喷嘴 N30，气缸 2 喷嘴 N31，
气缸 3 喷嘴 N32，气缸 4 喷嘴 N33

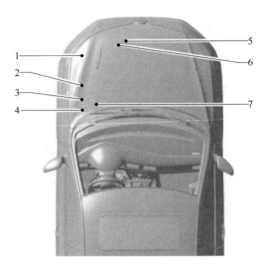

图 2-44　发动机舱内控制器位置
1—散热器风扇控制单元 J293；2—自动变速器控制单元 J217，仅适用于带自动变速器的车辆；3—ABS 控制单元 J104；4—Motronic 控制单元 J220/发动机控制单元 J623；5—节气门控制单元 J338；6—双离合器变速器机电装置 J743，仅适用于带双离合器变速器 0AM 的汽车；7—刮水器电机控制单元 J400

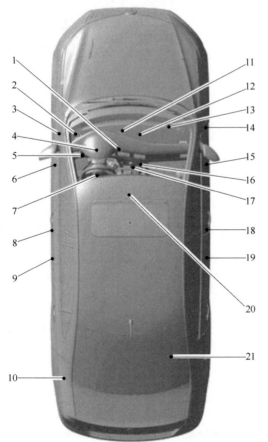

图 2-45　车内控制器安装位置
1—可加热前座椅控制单元 J774，仅适用于带座椅加热的车辆；2—车载电网控制单元 J519；3 左 A 柱插座；4—仪表板中的控制单元 J285；5—诊断接口 U31；6—驾驶员侧车门控制单元 J386；7—多功能方向盘控制单元 J453，仅适用于带多功能方向盘的车辆；8—左 B 柱插座；9—左后车门控制单元 J388；10—驻车辅助控制单元 J446，仅适用于带驻车距离报警（PDC）的车辆；11—转向辅助控制单元 J500；12—安全气囊控制单元 J234；13—新鲜空气鼓风机控制单元 J126，仅适用于带 Climatronic 自动空调的车辆；14—右 A 柱插座；15—副驾驶员侧车门控制单元 J387；16—空调器控制单元 J301，仅用于带有手动调节空调器的车辆；17—Climatronic 控制单元 J255，仅适用于带 Climatronic 自动空调的车辆；18—右 B 柱插座；19—右后车门控制单元 J389；20—滑动天窗控制单元 J245，仅适用于带折叠式滑动天窗的车辆；21—燃油泵控制单元 J538，仅适用于带发动机编号字母 CSTA 的汽车

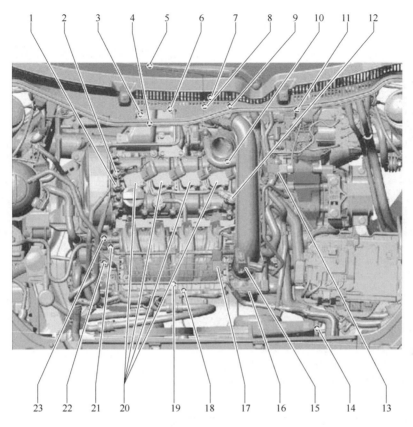

图 2-46 CST 发动机舱电控部件

1—凸轮轴调节阀 1 N205；2—排气门凸轮轴调节阀 1 N318；3—氧传感器 G39/氧传感器加热 Z19；4—机油压力调节阀 N428；5—尾气催化转化器后的氧传感器 G130/尾气催化转化器后的氧传感器 1 加热装置 Z29；6—油压开关 F22；7—发动机控制单元 J623 适用于 New Lavida 新朗逸、Gran Lavida 朗行、Cross Lavida 朗境；8—增压压力限制电磁阀 N75；9—冷却液温度传感器 G62；10—霍尔传感器 2 G163；11—发动机控制单元 J623，适用于 New Santana 全新桑塔纳；12—霍尔传感器 G40；13—制动信号灯开关 F/制动踏板开关 F47；适用于装备 7 挡双离合器变速器 PGR 的车型；14—散热器出口上的冷却液温度传感器 G83；15—增压压力传感器 G31/进气温度传感器 2 G299；16—节气门控制单元 J338，在更换了节气门控制单元 J338 后，必须将其重新与发动机控制单元 J623 匹配；17—进气温度传感器 G42/进气歧管压力传感器 G71；18—冷却液继续循环泵 V51；19—爆震传感器 1 G61；20—带功率输出级的点火线圈；带功率输出级的点火线圈 1 N70，带功率输出级的点火线圈 2 N127，带功率输出级的点火线圈 3 N291，带功率输出级的点火线圈 4 N292；21—机油压力降低开关 F378；22—活性炭罐电磁阀 1 N80；23—燃油压力传感器 G247

制动信号灯开关 F/制动踏板开关 F47 和离合器位置传感器 G476 安装位置见图 2-47。

发动机左侧电控部件安装位置如图 2-48 所示。

发动机右侧电控部件安装位置见图 2-49。

2.7.8 自动变速器控制单元端子信息

截至 2014 年 1 月的自动变速器控制单元连接器端子分布如图 2-50 所示，端子定义见表 2-29。

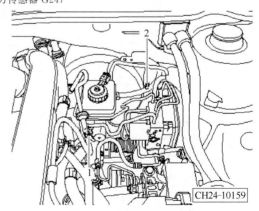

图 2-47 制动灯信号开关

1—制动信号灯开关 F/制动踏板开关 F47（适用于装备 7 挡双离合器变速器 PGR 的车型）；2—离合器位置传感器 G476（适用于装备 5 挡手动变速器 PCM 的车型）

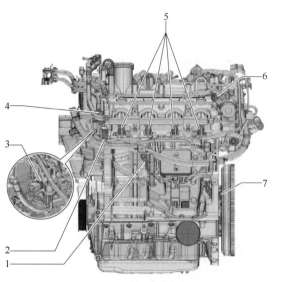
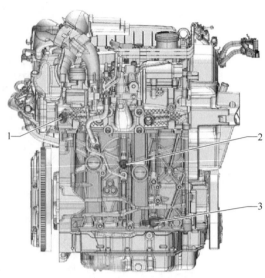

图 2-48 发动机左侧部件
1—爆震传感器 1 G61；2—机油压力降低开关 F378；3—燃油压力传感器 G247；4—活性炭罐电磁阀 1 N80；5—燃油喷嘴：气缸 1 喷嘴 N30，气缸 2 喷嘴 N31，气缸 3 喷嘴 N32，气缸 4 喷嘴 N33；6—燃油压力调节阀 N276，安装在高压泵上；7—发动机转速传感器 G28

图 2-49 发动机右侧电控部件
1—冷却液温度传感器 G62；2—油压开关 F22；3—机油压力调节阀 N428

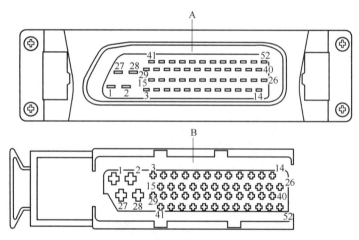

图 2-50 自动变速器控制单元连接器端子分布
A—自动变速器控制单元 J217；B—52 芯连接器 T52a，黑色，自动变速器控制单元连接器

表 2-29 52 芯连接器端子定义

端子序号	功能定义	端子序号	功能定义
1	接线柱 31	10	多功能开关
2	接线柱 31	15	电磁阀 2
3	接线柱 30a	16	电磁阀 9
4	电磁阀 10	17	电磁阀 6
5	电磁阀 4	18	电磁阀 3
6	电磁阀 5	21	多功能开关
8	齿轮油温度传感器	22	多功能开关
9	K 诊断线	27	接线柱 15a

续表

端子序号	功能定义	端子序号	功能定义
28	接线柱 15a	42	电磁阀 5
29	换挡杆锁电磁阀控制端	43	电磁阀 4
30	电磁阀 3	44	电磁阀 10
31	电磁阀 6	45	齿轮油温度传感器
32	电磁阀 9	46	CAN 总线,高位(驱动系统)
34	CAN 总线,低位(驱动系统)	47	多功能开关
36	多功能开关	50	变速器输出转速传感器-
38	变速器输出转速传感器+	51	变速器输入转速传感器+
39	变速器输入转速传感器-	52	车速信号输出
41	电磁阀 1		

自 2014 年 1 月至 2016 年 7 月的自动变速器控制单元 J217 安装在发动机舱内左侧蓄电池后部,连接器见图 2-51,端子定义见表 2-30。

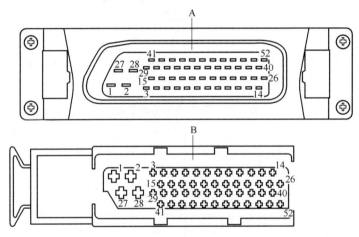

图 2-51 自动变速器控制单元连接器端子分布
A—自动变速器控制单元 J217;B—52 芯连接器 T52a,黑色,自动变速器控制单元连接器

表 2-30 52 芯连接器端子定义

端子序号	功能定义	端子序号	功能定义
1	接线柱 31	30	自动变速器压力调节阀 5
2	接线柱 31	31	自动变速器压力调节阀 1
3	接线柱 15a	32	自动变速器压力调节阀 4
4	自动变速器压力调节阀 2	34	CAN 总线,低位(驱动系统)
5	自动变速器压力调节阀 7	36	多功能开关
6	自动变速器压力调节阀 3	38	变速器输出转速传感器+
8	齿轮油温度传感器	39	变速器输入转速传感器
10	多功能开关	41	电磁阀 1
15	电磁阀 2	42	自动变速器压力调节阀 3
16	自动变速器压力调节阀 4	43	自动变速器压力调节阀 7
17	自动变速器压力调节阀 1	44	自动变速器压力调节阀 2
18	自动变速器压力调节阀 5	45	齿轮油温度传感器
21	多功能开关	46	CAN 总线,高位(驱动系统)
22	多功能开关	48	多功能开关
27	接线柱 30a	50	变速器输出转速传感器-
28	接线柱 30a	51	变速器输入转速传感器+
29	换挡杆锁电磁阀控制端	52	车速信号输出

自2016年7月起的自动变速器控制单元J217连接器端子分布如图2-52所示,端子定义见表2-31。

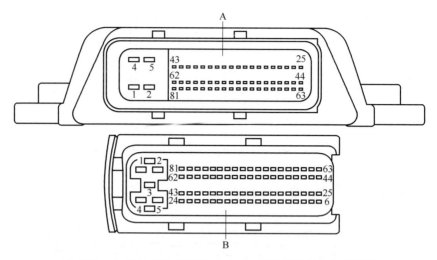

图2-52 自2016年7月起的自动变速器控制单元连接器端子

A—自动变速器控制单元J217；B—81芯连接器T81a,黑色,自动变速器控制单元连接器

表2-31 81芯连接器端子定义

端子序号	功能定义	端子序号	功能定义
1	接线柱30a	48	变速器输出转速传感器＋
2	接线柱30a	52	多功能开关
4	接线柱31	53	多功能开关
5	接线柱31	57	齿轮油温度传感器
30	自动变速器压力调节阀2	58	齿轮油温度传感器
32	自动变速器压力调节阀5	61	变速器电动油泵2控制端(用于带1.5L汽油发动机的汽车)
33	自动变速器压力调节阀4		
34	自动变速器压力调节阀3	62	变速器电动油泵2控制端(用于带1.5L汽油发动机的汽车)
35	自动变速器压力调节阀7		
36	自动变速器压力调节阀1	66	变速器输入转速传感器＋
37	自动变速器压力调节阀2	67	变速器输出转速传感器－
39	自动变速器压力调节阀5	68	车速信号输出
40	自动变速器压力调节阀4	71	多功能开关
41	自动变速器压力调节阀3	72	多功能开关
42	自动变速器压力调节阀7	73	多功能开关
43	自动变速器压力调节阀1	78	接线柱15a
45	CAN总线,高位(驱动系统)	79	电磁阀2
46	CAN总线,低位(驱动系统)	80	电磁阀1
47	变速器输入转速传感器－	81	换挡杆锁电磁阀控制端

2.7.9 1.4L CKA/1.6L CPD发动机控制单元端子数据

Motronic控制单元安装在发动机舱内排水槽中间,其连接器端子分布见图2-53,端子定义见表2-32、表2-33。

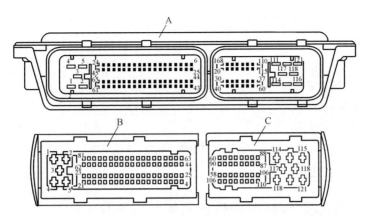

图 2-53　CKA 与 CPD 发动机控制单元连接器

A—Motronic 控制单元 J220；B—121 芯连接器 T121（1—81 芯），黑色，Motronic 控制单元连接器；
C—121 芯连接器 T121（82—121 芯），黑色，Motronic 控制单元连接器

表 2-32　81 芯连接器端子定义

端子序号	功能定义	端子序号	功能定义
1	接线柱 31	50	油门踏板位置传感器接地
2	接线柱 31	51	油门踏板位置传感器信号
3	接线柱 87a	53	制动信号灯开关信号
4	氧传感器加热控制端	62	接线柱 15a
5	尾气催化转化器后的氧传感器 1 加热装置控制端	63	制动踏板开关信号
		64	油门踏板位置传感器 2 信号
11	蒸发器出风口温度传感器接地（仅用于带有手动调节空调器的车辆）	65	离合器踏板开关信号（仅适用于带手动变速器的车辆）
12	氧传感器信号	66	K 诊断线
13	交流发电机励磁控制	69	定速巡航装置开关信号
17	尾气催化转化器后的氧传感器接地	73	接线柱 30a
18	油门踏板位置传感器电源 5V	76	空调器继电器控制端（仅用于带有手动调节空调器的车辆）
19	油门踏板位置传感器 2 电源 5V		
20	CAN 总线，高位（驱动系统）	77	散热风扇低速控制信号
21	CAN 总线，低位（驱动系统）	78	散热风扇高速控制信号
23	主继电器控制端	79	蒸发器出风口温度传感器信号（仅用于带有手动调节空调器的车辆）
30	空调信号输入（仅用于带有手动调节空调器的车辆）		
		80	燃油泵继电器控制端
31	氧传感器接地	81	高压传感器信号（仅用于带有手动调节空调器的车辆）
37	尾气催化转化器后的氧传感器信号		
45	油门踏板位置传感器 2 接地		

表 2-33　40 芯连接器端子定义

端子序号	功能定义	端子序号	功能定义
83	冷却液温度传感器接地	90	电控油门操纵机构的节气门驱动装置角度传感器 1 信号
84	发动机转速传感器电源 5V		
85	气缸 4 喷油嘴控制端	91	节气门驱动装置（电控节气门）角度传感器接地
86	气缸 2 喷油嘴控制端		
87	气缸 3 喷油嘴控制端	92	电控油门操纵机构的节气门驱动装置角度传感器 2 信号
88	气缸 1 喷油嘴控制端		
89	节气门驱动装置（电控节气门）角度传感器电源 5V	93	进气温度传感器信号
		95	进气管压力传感器信号

续表

端子序号	功能定义	端子序号	功能定义
96	传感器电源 5V	107	传感器接地
98	霍尔传感器接地	109	爆震传感器 1 信号
99	发动机转速传感器接地	111	活性炭罐电磁阀 1 控制端
100	带功率输出级的点火线圈 4 控制端	112	带功率输出级的点火线圈 1 控制端
101	爆震传感器 1 接地	113	带功率输出级的点火线圈 3 控制端
103	带功率输出级的点火线圈 2 控制端	115	凸轮轴调节阀 1 控制端(仅适用于带 1.6L 发动机的车辆)
104	冷却液温度传感器信号		
105	霍尔传感器信号	119	电控油门操纵机构的节气门驱动装置控制端
106	发动机转速传感器信号	121	电控油门操纵机构的节气门驱动装置控制端

2.7.10　1.6L CUC 双燃料发动机控制单元端子数据

发动机控制单元 J623 安装在发动机舱内排水槽中间，其连接器端子分布见图 2-54，端子定义见表 2-34、表 2-35。

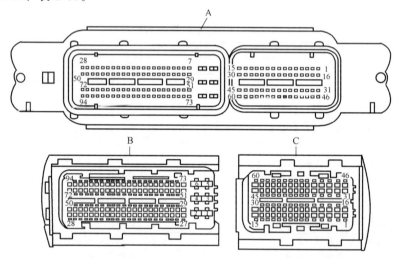

图 2-54　CUC 双燃料发动机控制单元连接器端子（仅用于带双燃料发动机的汽车）
A—发动机控制单元 623；B—94 芯连接器 T94a，黑色，发动机控制单元连接器；
C—60 芯连接器 T60a，黑色，发动机控制单元连接器

表 2-34　94 芯连接器端子定义

端子序号	功能定义	端子序号	功能定义
1	接线柱 31	25	离合器位置传感器信号
2	接线柱 31	28	空调器继电器控制端
3	接线柱 87	51	尾气催化转化器后的氧传感器 1 加热装置控制端
5	接线柱 87		
7	前氧传感器加热装置控制端	56	油门踏板位置传感器 2 电源 5V
8	接线柱 87	57	油门踏板位置传感器 2 信号
11	传感器接地	58	油门踏板位置传感器 2 接地
13	蒸发器出风口温度传感器信号	60	氧传感器信号
16	后氧传感器信号	61	氧传感器信号
17	后氧传感器信号	64	制动踏板开关信号
20	发电机发电控制端	66	制动信号灯开关信号
21	高压传感器信号	67	CAN 总线,低位(驱动系统)
22	空调开关信号	68	CAN 总线,高位(驱动系统)

续表

端子序号	功能定义	端子序号	功能定义
69	主继电器控制端	81	传感器电源5V
72	燃油泵继电器控制端	82	氧传感器信号
73	天然气运行模式的高压阀控制端	83	氧传感器信号
74	散热器风扇控制信号	84	燃气喷头传感器信号
75	油箱压力传感器信号	85	燃料选择开关(汽油、天然气)信号
78	油门踏板位置传感器接地	87	接线柱15a
79	油门踏板位置传感器信号	92	接线柱30a
80	油门踏板位置传感器电源5V	93	散热器风扇控制单元信号

表2-35 60芯连接器端子定义

端子序号	功能定义	端子序号	功能定义
1	节气门驱动装置(电控节气门)-	38	节气门驱动装置(电控节气门)角度传感器1信号
2	节气门驱动装置(电控节气门)+		
3	4缸喷油控制	39	节气门驱动装置(电控节气门)角度传感器2信号
4	1缸喷油控制		
5	发动机转速传感器信号	41	冷却液温度传感器信号
6	发动机转速传感器接地	43	传感器接地
7	霍尔传感器信号	44	节气门驱动装置(电控节气门)角度传感器电源5V
8	霍尔传感器接地		
9	带功率输出级的点火线圈1控制端	46	气体喷射阀2控制端
10	带功率输出级的点火线圈3控制端	47	气体喷射阀3控制端
11	带功率输出级的点火线圈4控制端	48	活性炭罐电磁阀控制端
12	带功率输出级的点火线圈2控制端	49	3缸喷油控制
13	传感器电源5V(霍尔传感器、进气压力传感器)	51	节气门驱动装置(电控节气门)角度传感器接地
14	发动机转速传感器电源5V	53	爆震传感器信号
31	气体喷射阀1控制端	54	爆震传感器信号
32	气体喷射阀4控制端	56	进气温度传感器信号
33	凸轮轴调节阀控制端	57	进气压力传感器信号
34	2缸喷油控制	58	冷却液温度传感器信号

2.7.11　1.4T CST发动机控制单元端子信息

发动机控制单元连接器端子分布见图2-55，端子定义见表2-36、表2-37。

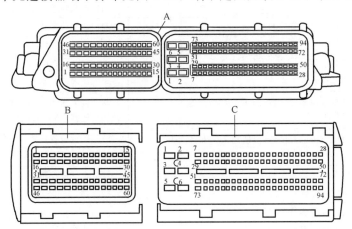

图2-55　CST型发动机控制单元连接器端子分布

A—发动机控制单元J623；B—60芯连接器T60a，黑色，发动机控制单元连接器；C—94芯连接器T94a，黑色，发动机控制单元连接器

表 2-36 60 芯连接器端子定义

端子序号	功能定义	端子序号	功能定义
1	节气门驱动装置(电控节气门)+	27	冷却液温度传感器信号
2	燃油压力调节阀控制端	28	传感器接地(进气温度传感器 2、进气温度传感器、燃油压力传感器)
3	传感器电源 5V(进气管压力传感器、燃油压力传感器、霍尔传感器、霍尔传感器 3)	30	增压压力限制电磁阀控制端
4	传感器电源 5V(增压压力传感器、发动机转速传感器)	31	1 缸喷油控制
		32	3 缸喷油控制
5	发动机转速传感器信号	33	4 缸喷油控制
6	传感器接地(霍尔传感器、霍尔传感器 3)	34	燃油压力调节阀控制端
7	霍尔传感器 3 信号	35	排气凸轮轴调节阀 1 控制端
8	进气管压力传感器信号	37	带功率输出级的点火线圈 4 控制端
9	进气温度传感器信号	38	带功率输出级的点火线圈 3 控制端
10	燃油压力传感器信号	39	节气门驱动装置(电控节气门)角度传感器 1 信号
11	节气门驱动装置(电控节气门)角度传感器接地		
13	冷却液温度传感器信号	41	爆震传感器屏蔽
14	冷却液循环泵控制端	43	增压压力传感器信号
15	增压压力限制电磁阀控制端	46	4 缸喷油控制
16	节气门驱动装置(电控节气门)-	47	1 缸喷油控制
17	2 缸喷油控制	48	2 缸喷油控制
18	3 缸喷油控制	49	进气凸轮轴调节阀 1 控制端
19	节气门驱动装置(电控节气门)角度传感器电源 5V	50	活性炭罐电磁阀控制端
		51	机油压力调节阀控制端
20	发动机转速传感器信号	52	带功率输出级的点火线圈 2 控制端
21	霍尔传感器信号	53	带功率输出级的点火线圈 1 控制端
23	节气门驱动装置(电控节气门)角度传感器 2 信号	55	爆震传感器信号
		56	爆震传感器信号
24	进气温度传感器 2 信号	59	机油压力防降开关信号

表 2-37 94 芯连接器端子定义

端子序号	功能定义	端子序号	功能定义
1	接线柱 31	56	GRA 开关信号(仅适用于带定速巡航装置的汽车)
2	接线柱 31		
5	接线柱 87a	62	制动信号灯开关信号
6	接线柱 87a	64	油门踏板位置传感器电源 5V
7	前氧传感器加热装置控制端	66	油门踏板位置传感器 2 电源 5V
10	燃油泵控制单元信号	67	CAN 总线,低位(驱动系统)
23	后氧传感器信号	68	CAN 总线,高位(驱动系统)
24	前氧传感器信号	69	主继电器控制端
26	制动器真空泵控制端(仅适用于带双离合器变速器 0AM 的汽车)	75	制动助力压力传感器信号(仅适用于带双离合器变速器 0AM 的汽车)
27	制动助力压力传感器接地(仅适用于带双离合器变速器 0AM 的汽车)	76	油门踏板位置传感器 2 信号
		78	制动踏板开关信号
28	后氧传感器加热装置控制端	79	发电机发电控制端
32	油门踏板位置传感器 2 接地	87	接线柱 15a
34	油门踏板位置传感器接地	88	制动助力压力传感器电源(仅适用于带双离合器变速器 0AM 的汽车)
35	油门踏板位置传感器信号		
45	后氧传感器信号	92	接线柱 30a
46	前氧传感器信号		

2.7.12 桑塔纳四轮定位数据

桑塔纳四轮定位数据如表 2-38 所示。

表 2-38 四轮定位参数

标准底盘配置	前桥	后桥		标准底盘配置	前桥	后桥
车轮外倾角（正前打直位置）	$-15'\pm30'$	10'	$+10'$	主销后倾角（不可调）	$+4°40'\pm30'$	
			$-7'$	主销内倾角（不可调）	$13°48'\pm1°20'$	
总前束角（无负载）	$+10'\pm10'$	$-1°27'\pm20'$				
左右轮外倾角最大允差	30'	20'		离地高度/mm	377 ± 10	392 ± 10

注：不同制造商的车轮定位仪上有些前束角偏差可能会显示为负值。这些数据适用于所有车身侧倾"零位"的发动机。

2.7.13 胎压监控系统轮胎压力标定

所需要的专用工具和维修设备：车辆诊断、测量和信息系统 VAS 6150A 或 VAS 6150B 或 VAS 6150C。

轮胎压力标定只能在轮胎压力调整为标准值后才可以进行。

若轮胎压力监控指示灯亮起后未发现轮胎压力偏低（相对标准值）和轮胎损坏，可通过轮胎压力标定排除此错误警告。

轮胎压力监控显示指示灯通过 ABS 传感器比较转速和单个轮胎的滚动周长。滚动周长发生变化时将通过轮胎压力监控显示。轮胎的滚动周长发生变化，如果出现轮胎压力过低、轮胎结构受损、车辆单侧负载、同一车桥车轮强负载运转（例如拖车、陡坡行驶时）、带防滑链行驶、安装了应急车轮，一个车桥上只更换一个轮胎。

压力的改变、车轮更换（包括前后交换）以及对底盘进行维修都会对轮胎压力监控产生影响，因此每次改变或操作后都应进行轮胎压力标定。

轮胎压力监控指示灯位于组合仪表内。"指示灯闪烁"表示尚未进行"轮胎压力标定"。"指示灯常亮"伴随一声报警音表示"警告"，识别到轮胎压力偏低，检查轮胎压力并进行轮胎压力标定。

进行"轮胎压力标定"的操作步骤：

① 打开点火开关。

② 按住 轮胎压力监控按钮 2s 以上。

 当按下轮胎压力监控按钮时，组合仪表中的轮胎压力监控显示指示灯会亮起。确认轮胎压力标定时会伴随有警告音。

③ 关闭点火开关。

④ 再次开启点火开关后，轮胎压力监控显示指示灯不再亮起。

轮胎压力监控显示指示灯闪烁，则进行以下步骤。

⑤ 进行轮胎压力检测。

⑥ 调整轮胎压力至标准值。

a. 打开点火开关。

b. 按下轮胎压力监控按钮。

如果轮胎压力监控显示指示灯继续闪烁，进行轮胎压力标定。标定步骤如下：

① 接通车辆诊断、测量和信息系统 VAS 6150A 或 VAS 6150B 或 VAS 6150C。

② 在车辆诊断、测量和信息系统 VAS 6150A 或 VAS 6150B 或 VAS 6150C 中选择"启动诊断""发动机""接受""无任务""控制单元列表"。

③ 在"制动电子装置（ESP＋BAS TRW UDS）"上右击选择"引导型功能"，选择"轮胎压力检验显示/轮胎压力报警"，然后选择"执行"，按照操作提示完成。

2.7.14 电动车窗升降器初始化

断开并重新连接蓄电池后，电动车窗升降器的自动开启和关闭功能失灵。因此，必须重新激活电动车窗升降器。一旦电动车窗升降器被重新激活，不得再断开蓄电池。断开并重新连接蓄电池后，电动车窗升降器的防夹功能失灵。可能会造成严重挤伤。

为重新激活电动车窗升降器的自动功能，执行下列操作：

以下工作描述以驾驶员侧前车门车窗升降器为例。激活其他车窗玻璃升降器的自动功能可通过操作驾驶员侧前车门上的相应开关来实现。

① 打开点火开关。
② 完全关闭所有车窗和车门。
③ 拉住开关（1s以上）使驾驶员侧前车门车窗玻璃保持在"关闭"位置。
④ 再将开关拉动1s。当拉动或按下开关时，驾驶员侧前车门车窗玻璃必须能自动上升或下降。
⑤ 关闭点火开关。

2.7.15 桑塔纳 1.5L DLX/DLW 发动机控制系统电路图

2.7.16 桑塔纳保险丝信息

2.7.17 桑塔纳继电器信息

2.7.18 桑塔纳接地点信息

2.8 帕萨特 Passat（2011～2022 年款）

2.8.1 帕萨特车型发动机配置信息

帕萨特车型发动机配置如表 2-39～表 2-41 所示。

表 2-39　2011～2022 款车型发动机配置

发动机型号	CSS	DJS	DBF	DKV	DKX	DPL
排量/L	1.395	1.395	1.984	1.984	1.984	1.984
功率/kW	110	110	137	137	162	137
转矩/Nm	250	250	320	320	350	320
缸径/mm	74.5	74.5	82.5	82.5	82.5	82.5
行程/mm	80	80	92.8	92.8	92.8	92.8
压缩比	10.0∶1	10.0∶1	11.65∶1	11.65∶1	9.6∶1	11.65∶1
ROZ	92	92	95	95	95	95
喷射装置/点火装置	缸内直喷	缸内直喷	缸内直喷＋进气歧管喷射	缸内直喷＋进气歧管喷射	缸内直喷＋进气歧管喷射	缸内直喷＋进气歧管喷射
点火顺序	1—3—4—2	1—3—4—2	1—3—4—2	1—3—4—2	1—3—4—2	1—3—4—2
爆震控制	是	是	是	是	是	是
增压	是	是	是	是	是	是

续表

发动机型号	CSS	DJS	DBF	DKV	DKX	DPL
废气再循环	否	否	否	否	否	否
可变进气管	是	是	是	是	是	是
凸轮轴调节	是	是	是	是	是	是
二次空气	否	否	否	否	否	否
排放标准	C5	C6	C5	C6	C6	C6

表 2-40　2011～2015 年款车型发动机配置信息

发动机标识字母	CFB	CEA	CGM	CNG
排量/L	1.390	1.798	1.984	2.975
功率/kW	96	118	147	184
转矩/Nm	220	250	280	310
缸径/mm	76.5	82.5	82.5	84
行程/mm	75.6	84.1	92.8	89.5
压缩比	10.0∶1	9.6∶1	9.6∶1	11.4∶1
RON	93	97	97	97（无铅）
喷射装置/点火装置	Motronic MED 17.5.20	FSI	FSI	MED 17.1.6
点火顺序	1—3—4—2	1—3—4—2	1—3—4—2	1—5—3—6—2—4
爆震控制	是	是	是	是
增压	是	是	是	否
废气再循环	否	否	否	内部
可变进气管	是	是	是	是
凸轮轴调节	是	是	是	是
二次空气	否	否	否	否

表 2-41　2016 年款起车型发动机配置信息

发动机标识字母	CSS	CEA	DBH	DBJ	CNG
排量/L	1.395	1.798	1.798	1.984	2.975
功率/kW	110	118	132	162	184
转矩/Nm	250	250	300	320	310
缸径/mm	74.5	82.5	82.5	82.5	84
行程/mm	80	84.1	84.1	92.8	89.5
压缩比	10.0∶1	9.6∶1	9.6∶1	9.6∶1	11.4∶1
ROZ	92	97	92	92	97
喷射装置/点火装置	缸内直喷	缸内直喷	缸内直喷	缸内直喷+进气歧管喷射	MED 17.1.6
点火顺序	1—3—4—2	1—3—4—2	1—3—4—2	1—3—4—2	1—5—3—6—2—4
爆震控制	是	是	是	是	是
增压	是	是	是	是	否
废气再循环	否	否	否	否	否
可变进气管	否	否	否	否	否
凸轮轴调节	是	是	是	是	是
二次空气	否	否	否	否	否

2.8.2　2.0T DKX/DKV 发动机正时维修

该发动机正时机构结构形式、正时检查与调整方法和 DPL 相同，请参考 1.3.2 小节内容。

2.8.3　2.0T DPL 发动机正时维修

该发动机正时维修同探岳车型，请参考 1.3.2 小节。

2.8.4 2.0T DBF 发动机正时维修

该发动机正时单元结构与拆装调整步骤和 CUH 发动机相同，相关内容请参考 2.13.3 小节。

2.8.5 1.8T DBH 发动机正时维修

该发动机正时单元结构与拆装调整步骤和 CUH 发动机相同，相关内容请参考 2.13.3 小节。

2.8.6 1.4T CFB 发动机正时维修

该款发动机正时机构维修与新宝来装备的 CFB 发动机相同，相关内容请参考 1.7.6 小节。

2.8.7 1.8T CEA12.0T CGM 发动机正时维修

这两款发动机也装备在一汽全新迈腾车型上，相关内容请参考 1.9.8 小节。

2.8.8 3.0T CNG 发动机正时维修

该款发动机也装备在一汽大众 CC 车型上，相关内容请参考 1.10.6 小节。

2.8.9 帕萨特 NMS 全车控制器安装位置

全新帕萨特全车控制器安装位置如图 2-56 所示。

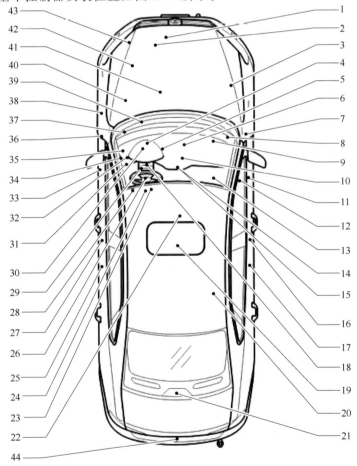

图 2-56 全新帕萨特全车控制器安装位置

序号	控制器名称	安装位置
1	J338—节气门控制单元	安装(仅适用于带1.8L/2.0L发动机的车辆)在发动机进气歧管中间,安装(仅适用于带1.4L发动机的车辆)在发动机进气歧管中间,安装(仅适用于带3.0L发动机的车辆)在进气歧管后部左侧
2	J743—双离合器变速器机电装置	安装(仅适用于带双离合器变速器02E的车辆)在变速器前部,安装(仅适用于带双离合器变速器0AM的车辆)在变速器前部
3	J104—ABS控制单元	安装在发动机舱内右侧纵梁后部
4	J518—进入及启动许可控制单元	(仅适用于带进入及启动许可的车辆)安装位置在油门踏板上方
5	J533—数据总线诊断接口	安装在仪表板中部制动踏板支架右侧
6	J234—安全气囊控制单元	安装在换挡杆前面中央通道上
7	T28b—右A柱插座	安装在右A柱中部
8	J126—新鲜空气鼓风机控制单元	(仅适用于后部带有Climatronic自动空调操作与显示单元的车辆)安装在仪表板右侧鼓风机下方
9	J532—稳压器	(仅用于带1.4L发动机的车辆/仅适用于带自动启停系统的车辆)安装位置在鼓风机左侧手套箱前部
10	J503—收音机及导航系统带显示单元的控制单元	安装(仅用于带收音机-导航系统RNS 510的车辆)在仪表板中部出风口下方,安装(仅适用于带收音机-导航系统RNS 315的车辆)在仪表板中部出风口下方
11	J387—副驾驶员侧车门控制单元	安装在副驾驶员侧车门上
12	J786—可加热后座椅控制单元	(可加热式前后座椅)安装在副驾驶员座椅右侧下方插头支架上
13	J412—移动电话操作电子装置控制单元	(仅适用于带移动电话的车辆)安装在副驾驶员座椅下方
14	J301—空调器控制单元J301	(仅适用于带有手动调节空调器的车辆)安装在仪表板中部收音机下方
15	J255—Climatronic控制单元	(仅适用于后部带有Climatronic自动空调操作与显示单元的车辆)安装在仪表板中部收音机下方
16	T28d—右B柱插座	安装在右B柱部
17	J389—右后车门控制单元	安装在右后车门上
18	J527—转向柱电子装置控制单元	安装(仅适用于不带进入及启动许可的车辆)在转向柱上部,安装位置(仅适用于带进入及启动许可的车辆)在转向柱上部
19	J540—机电式驻车制动器控制单元	安装位置在换挡杆后部中央通道上
20	J538—燃油泵控制单元	安装在后座垫右侧下方
21	J262—后窗遮阳卷帘控制单元	(仅适用于带电动后窗遮阳卷帘的车辆)安装在后窗遮阳卷帘饰板后部中间
22	J245—滑动天窗控制单元	(仅适用于带折叠式滑动天窗的车辆)安装在车顶前部中间
23	J774—可加热前座椅控制单元	(可加热式前座椅)安装在驾驶员座椅左侧下方插头支架上
24	J136—带记忆功能的座椅调节和转向柱调节装置	(仅适用于带电动座椅调节和记忆功能的车辆)安装在驾驶员座椅底部
25	J388—左后车门控制单元	安装在左后车门上
26	J453—多功能方向盘控制单元	(仅适用于带多功能方向盘的车辆)安装在方向盘内
27	T28c—左B柱插座	安装在左B柱中部
28	R12—功率放大器	(仅适用于带音响系统的车辆)安装在驾驶员座椅下方
29	J764—电子转向柱锁止装置控制单元	(仅适用于带进入及启动许可的车辆)安装在转向柱上部
30	J285—仪表板中的控制单元	安装在仪表板左侧
31	U31—诊断接口	安装在仪表板左侧下面
32	J519—车载电网控制单元	安装在仪表板左侧下方
33	J386—驾驶员侧车门控制单元	安装在驾驶员侧车门上
34	J745—弯道灯和大灯照明距离调节控制单元	(仅适用于带气体放电灯大灯的车辆)安装在仪表板左侧
35	J446—驻车辅助控制单元	[仅适用于带驻车距离报警(后)/带驻车距离报警(前/后)的车辆]安装在仪表板左侧车载电网控制单元支架上面

续表

序号	控制器名称	安装位置
36	J791—驻车辅助系统控制单元	(仅适用于带驻车转向辅助系统的车辆)安装在仪表板左侧车载电网控制单元支架上面
37	T28a—左A柱插座	安装位置在左A柱中部
38	J400—刮水器马达控制单元	安装位置在排水槽左侧
39	J217—自动变速器控制单元	(仅适用于带自动变速器的车辆)安装位置 在左前车轮罩壳内
40	J500—转向辅助控制单元	安装位置在发动机下方机组支架中部
41	J367—蓄电池监控控制单元	(仅用于带1.4L发动机的车辆/仅适用于带自动启停系统的车辆)安装在发动机舱内蓄电池负极接线柱上
42	J220—Motronic控制单元	(仅适用于带3.0L发动机的车辆)安装在发动机舱内左侧
	J623—发动机控制单元	安装在发动机舱内蓄电池左侧
43	J293—散热器风扇控制单元	安装在散热器风扇左侧
44	J938—尾门开启装置控制单元	(特殊装备)安装在后保险杠左侧

2.8.10 1.8T DBH 发动机控制单元端子数据

如图 2-57 所示为发动机控制单元连接器，端子定义见表 2-42、表 2-43。

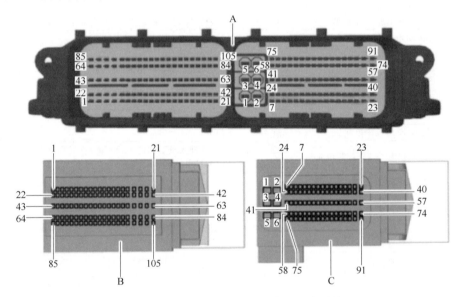

图 2-57 大众 DBH 发动机控制单元连接器端子
A—发动机控制单元 J623；B—105 芯连接器 T105a，黑色，发动机控制单元
连接器；C—91 芯连接器 T91a，黑色，发动机控制单元连接器

表 2-42 105 芯连接器端子定义

端子序号	功能定义	端子序号	功能定义
1	2缸喷油控制	20	增压压力调节位置传感器接地(仅用于带2.0L发动机的汽车)
2	3缸喷油控制		
3	活性炭罐电磁阀控制端	21	增压压力限制电磁阀控制端(仅适用于带发动机编号字母DBH的汽车)
4	凸轮轴调节元件5控制端		
6	凸轮轴调节元件1控制端	22	3缸喷油控制
7	活塞冷却喷嘴控制阀控制端	23	2缸喷油控制
8	双离合器变速器机电装置	24	气缸3喷油阀2控制端(仅用于带2.0L发动机的汽车)
11	燃油压力传感器接地	25	气缸1喷油阀2控制端(仅用于带2.0L发动机的汽车)
17	机油压力调节阀控制端		

续表

端子序号	功能定义	端子序号	功能定义
26	发动机温度调节伺服元件电源（仅用于带2.0L发动机的汽车）	58	凸轮轴调节元件4控制端
		59	凸轮轴调节元件3控制端
27	进气管风门电位计接地	61	增压压力调节位置传感器电源（仅用于带2.0L发动机的汽车）
28	霍尔传感器3信号		
29	霍尔传感器3接地	62	带功率输出级的点火线圈4控制端
30	霍尔传感器信号	64	1缸喷油控制
31	低压的燃油压力传感器接地（仅用于带2.0L发动机的汽车）	65	4缸喷油控制
		66	涡轮增压器循环空气阀控制端
33	传感器接地	68	燃油压力传感器电源5V
34	节气门驱动装置（电控节气门）角度传感器1信号	69	霍尔传感器电源5V
		70	发动机转速传感器信号
35	发动机转速传感器电源5V	72	机油压力降低开关信号
36	进气管风门电位计信号	73	油压开关,3挡信号
37	低压的燃油压力传感器电源5V（仅用于带2.0L发动机的汽车）	74	油压开关信号
		76	带功率输出级的点火线圈1控制端
38	霍尔传感器3电源5V	77	发动机转速传感器接地
40	冷却液温度传感器信号	78	发动机温度调节伺服元件接地（仅用于带2.0L发动机的汽车）
41	增压压力调节位置传感器信号（仅用于带2.0L发动机的汽车）		
		79	带功率输出级的点火线圈2控制端
42	进气管压力传感器电源5V	80	发动机温度调节伺服元件信号（仅用于带2.0L发动机的汽车）
43	4缸喷油控制		
44	霍尔传感器接地	84	冷却液继续补给泵控制端
45	气缸4喷油阀2控制端（仅用于带2.0L发动机的汽车）	85	1缸喷油控制
		86	发动机温度调节伺服元件控制端（仅用于带2.0L发动机的汽车）
46	气缸2喷油阀2控制端（仅用于带2.0L发动机的汽车）		
		87	发动机温度调节伺服元件控制端（仅用于带2.0L发动机的汽车）
47	冷却液温度传感器信号		
48	进气管风门电位计电源5V	88	增压调节器（仅用于带2.0L发动机的汽车）
49	燃油压力传感器信号	89	增压调节器（仅用于带2.0L发动机的汽车）
50	低压的燃油压力传感器信号（仅用于带2.0L发动机的汽车）	90	节气门驱动装置（电控节气门）
		91	节气门驱动装置（电控节气门）
51	进气温度传感器信号	92	燃油压力调节阀控制端
52	进气管压力传感器信号	93	燃油压力调节阀控制端
53	进气管风门阀门控制端	94	凸轮轴调节元件6控制端
54	节气门驱动装置（电控节气门）角度传感器电源5V	95	凸轮轴调节元件8控制端
		96	凸轮轴调节元件7控制端
55	节气门驱动装置（电控节气门）角度传感器2信号	97	爆震传感器信号
		98	爆震传感器信号
56	节气门驱动装置（电控节气门）角度传感器接地	101	凸轮轴调节元件2控制端
		104	排气门凸轮轴调节1控制端
57	带功率输出级的点火线圈3控制端	105	凸轮轴调节阀控制端

表2-43 91芯连接器端子定义

端子序号	功能定义	端子序号	功能定义
1	接线柱31	9	燃油泵控制单元信号
2	接线柱31	11	后氧传感器加热装置控制端
5	接线柱87a	12	散热器风扇控制信号
6	接线柱87a	15	变速器油冷却泵控制端（仅用于带2.0L发动机的汽车）
7	主继电器控制端		
8	发动机部件供电继电器控制端	16	油门踏板位置传感器2电源5V

续表

端子序号	功能定义	端子序号	功能定义
18	制动助力压力传感器电源5V	44	前氧传感器信号
22	冷却液断流阀控制端(仅用于带2.0L发动机的汽车)	45	制动助力压力传感器信号
		49	散热器出口处的冷却液温度传感器信号
	冷却液断流阀控制端(仅用于带发动机型号代码DBH的汽车,截至2017年1月)	50	接线柱15a
		51	油门踏板位置传感器2接地
25	后氧传感器信号	52	油门踏板位置传感器信号
26	后氧传感器信号	55	增压压力传感器信号
28	启动/停止模式按钮信号	60	制动踏板开关信号
29	散热器出口处的冷却液温度传感器接地	62	P/N挡信号
32	增压压力传感器电源5V	67	接线柱50
33	油门踏板位置传感器电源5V	68	接线柱50
34	油门踏板位置传感器接地	69	油门踏板位置传感器2信号
35	传感器接地	70	GRA开关信号
36	制动助力压力传感器接地	74	前氧传感器加热装置控制端
37	制动信号灯开关信号	79	CAN总线,高位(驱动系统)
39	变速器冷却液阀控制端(仅用于带2.0L发动机的汽车)	80	CAN总线,低位(驱动系统)
		81	启动/停止运行模式指示灯控制端
	变速器冷却液阀控制端(仅用于带发动机型号代码DBH的汽车,截至2017年1月)	86	接线柱30a
		87	起动机继电器1控制端
41	前氧传感器信号	88	起动机继电器2控制端
43	前氧传感器信号		

2.8.11 3.0T CNG发动机控制单元端子信息

CNG发动机控制单元J220连接器端子排列如图2-58所示,端子定义见表2-44、表2-45。

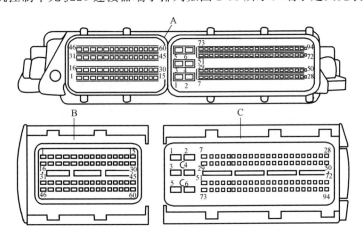

图2-58 3.0L CNG发动机控制单元端子

A—Motronic控制单元J220；B—60芯控制单元连接器T60b,黑色,Motronic控制单元连接器；C—94芯连接器T94b,黑色,Motronic控制单元连接器

表2-44 60芯连接器端子定义

端子序号	功能定义	端子序号	功能定义
1	2缸喷油控制	6	进气管风门气流控制阀控制端
2	1缸喷油控制	9	爆震传感器2信号
3	4缸喷油控制	10	冷却液温度传感器信号
5	排气凸轮轴调节阀控制端	12	节气门驱动装置角度传感器2信号

续表

端子序号	功能定义	端子序号	功能定义
14	传感器接地(冷却液温度传感器、燃油压力传感器、低压燃油压力传感器)	36	发动机转速传感器信号
15	节气门驱动装置＋	37	传感器电源5V(霍尔传感器2、低压燃油压力传感器)
16	6缸喷油控制	39	爆震传感器1信号
17	5缸喷油控制	41	6缸点火控制信号
18	3缸喷油控制	42	4缸点火控制信号
19	燃油压调节阀控制端	43	5缸点火控制信号
20	凸轮轴调节阀控制端	44	霍尔传感器信号
23	活性炭容器装置电磁阀(周期性控制)控制端	46	4缸喷油控制
24	爆震传感器2信号	47	2缸喷油控制
25	燃油压力传感器信号	48	6缸喷油控制
26	传感器电源5V(霍尔传感器、燃油压力传感器)	50	发动机转速传感器信号
		51	发动机转速传感器信号
27	节气门驱动装置角度传感器1信号	52	传感器接地(霍尔传感器、爆震传感器)
28	节气门驱动装置角度传感器电源5V	54	爆震传感器1信号
29	节气门驱动装置角度传感器接地	56	3缸点火控制信号
30	节气门驱动装置－	57	2缸点火控制信号
31	3缸喷油控制	58	1缸点火控制信号
32	5缸喷油控制	59	霍尔传感器2信号
33	1缸喷油控制	60	曲轴箱排气加热电阻控制端

表2-45 94芯连接器端子定义

端子序号	功能定义	端子序号	功能定义
1	接线柱31	55	后氧传感器2信号
2	接线柱31	56	油门踏板位置传感器2接地
3	接线柱87a	57	油门踏板位置传感器2信号
4	接线柱31	58	油门踏板位置传感器2电源5V
5	接线柱87a	59	氧传感器2信号
6	接线柱87a	60	前氧传感器信号
7	尾气催化转化器后的氧传感器1加热装置控制端	61	前氧传感器信号
		62	氧传感器2信号
12	水箱出口冷却液温度传感器信号	64	空气质量计信号
13	空气质量计信号	65	发电机发电控制端
14	水箱出口冷却液温度传感器信号	67	CAN总线,低位(驱动系统)
15	低压燃油压力传感器信号	68	CAN总线,高位(驱动系统)
18	GRA开关信号	69	Motronic继电器控制端
22	进气温度传感器2信号	73	氧传感器2加热装置控制端
25	制动信号灯开关信号	76	后氧传感器信号
27	燃油泵控制信号	77	后氧传感器信号
28	冷却液风扇控制信号	78	油门踏板位置传感器接地
29	尾气催化转化器后的氧传感器2加热装置控制端	79	油门踏板位置传感器信号
		80	油门踏板位置传感器电源5V
33	循环泵继电器控制端	81	前氧传感器信号
39	P/N联锁信号	82	前氧传感器信号
42	进气温度传感器2信号	83	氧传感器2信号
47	制动踏板开关信号	84	氧传感器2信号
51	前氧传感器加热装置控制端	87	接线柱15a
54	后氧传感器2信号	92	接线柱30a

2.8.12 电控减振系统控制单元端子数据

减振电子调节控制单元J250（仅用于带有电控调节减振系统的汽车）安装在后备厢内右侧，见图2-59，端子定义见表2-46。

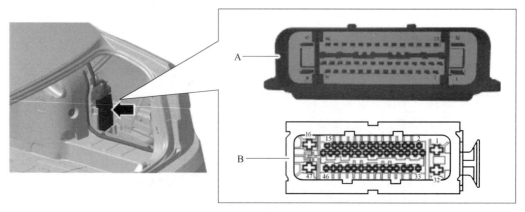

图2-59 电控减振系统控制单元位置

A—减振电子调节控制单元J250；B—47芯连接器T47b，黑色，减振电子调节控制单元连接器

表2-46 47芯连接器端子定义

端子序号	功能定义	端子序号	功能定义
4	后部车身加速传感器接地	27	左前汽车高度传感器接地
5	减振调节按钮信号	29	右前汽车高度传感器电源
6	左前车身加速传感器电源	30	右前汽车高度传感器接地
7	左前车身加速传感器接地	32	接线柱15a
8	左后汽车高度传感器信号	33	CAN总线,低位(驱动系统)
9	右前车身加速传感器电源	34	CAN总线,高位(驱动系统)
10	右前车身加速传感器接地	36	减振调节指示灯控制端
11	左前汽车高度传感器信号	38	减振调节指示灯控制端
14	右前汽车高度传感器信号	39	左前减振调节阀控制端
16	接线柱31	40	左前减振调节阀控制端
19	后部车身加速传感器信号	41	右前减振调节阀控制端
20	后部车身加速传感器电源	42	右前减振调节阀控制端
21	后部车身加速传感器接地	43	左后减振调节阀控制端
22	前左车身加速传感器信号	44	左后减振调节阀控制端
23	左后汽车高度传感器电源	45	右后减振调节阀控制端
24	左后汽车高度传感器接地	46	右后减振调节阀控制端
25	前右车身加速传感器信号	47	接线柱30a
26	左前汽车高度传感器电源		

2.8.13 2011年款起帕萨特全轮驱动车型四轮定位数据

如表2-47所示参数适用于装有不同发动机的车型。

表2-47 全轮驱动车型车轮定位参数

前桥	标准底盘(1BA)	运动型底盘(1BE)	环路面底盘(1BB)
车轮外倾角	−25′±25′	−40′±25′	−15′±25′
左右两轮间最大允许偏差角	30′	30′	30′
单个车轮的前束角(调整值在空载状态)	+10′±2′	+10′±2′	+10′±2′
单个车轮的前束角(检查值在空载状态)	+10′±5′	+10′±5′	+10′±5′

续表

前桥	标准底盘(1BA)	运动型底盘(1BE)	环路面底盘(1BB)
单个车轮的前束角恒定值(调整值)	+12′±2′	+12′±2′	+12′±2′
单个车轮的前束角恒定值(检查值)	+12′±7′	+12′±7′	+12′±7′
转20°时的前束角差	−1°20′±30′	−1°20′±30′	−1°20′±30′
后桥	标准底盘(1BA)	运动型底盘(1BE)	环路面底盘(1BB)
车轮外倾角	−40′±30′	−40′±30′	−40′±30′
左右两轮间最大允许角度差	30′	30′	30′
单个车轮的前束角	+8′±5′	+8′±5′	+8′±5′
总前束角	+16′±10′	+16′±10′	+16′±10′
行驶方向与汽车纵轴的最大允许偏差角	±10′	±10′	±10′

2.8.14 帕萨特 NMS 四轮定位数据

如表 2-48 所示数据适用于所有发动机。

表 2-48 帕萨特 NMS 四轮定位数据

前桥	标准底盘	后桥	标准底盘
总前束角(无负载)	10′±10′	车轮外倾角	−1°20′±30′
车轮外倾角(不可调)	−30′±30′	总前束(车辆外倾角已规定)	+10′±10′
两侧之间的最大允许角度偏差值	30′	两侧之间的最大允许偏值	30′
主销后倾角	7°55′±30′		
离地高度/mm	398	离地高度	396

2.8.15 帕萨特 NMS 天窗玻璃电机的设定

① 打开点火开关。
② 旋转开关必须位于"天窗关闭"位置。
③ 长按关闭键关闭,且在整个(大约 10s)过程中,保持在该位置。
④ 当设定时,全程工作一次。
⑤ 在天窗被再次关闭,完成了设定,必须松开旋转开关。如图 2-60 所示。

图 2-60 帕萨特 NMS 天窗旋转开关

2.8.16 帕萨特 NMS 移动电话的匹配

操作步骤:
① 打开点火开关(如有必要的话打开移动电话)。
② 5s 内,在多功能方向盘上的电话键上连续按两下。收音机屏幕上显示"电话"图标并提示"嘟"声。
③ 在移动电话菜单中选择相应的选项,以搜索相匹配的蓝牙装置(免提电话)。
④ 如果移动电话的显示器显示 VWUHV,应输入 PIN 号 0000 接着等待,直到听到"嘟"声(高音)匹配完成,并自动连接。若听到"嘟"声(低音),表示匹配失败。可重复以上匹配过程或向经销商咨询详细信息。
⑤ 在连接过程中,其他的移动电话不可以再通过蓝牙连接到免提系统。

2.8.17 帕萨特 NMS ESP 的基本设定和编码

如果更换了横向加速度传感器 G200、纵向加速度传感器 G251、偏转率传感器 G202、制动压力传感器 G201（控制单元总成内），需要做上述零件的基本设定。

方法：进入引导性功能做基本设定。

条件：发动机不能运行，因为发动机的振动可能影响基本设定结果或者导致基本设定不能进行；车辆必须水平，否则可能影响基本设定结果或者导致基本设定不能进行。

NMS 车的 ESP 编码是长编码，它除了和发动机、变速器、制动器等有关外，还和车辆的 VIN 代码有关，也就是说，每一部车的编码都各不相同，即使它们是相同的配置。

2.8.18　帕萨特 NMS EPS 基本设定和转向角度传感器初始化方法

第三代电动机械助力转向 EPS 基本设定：
① 删除转向系统的故障代码。
② 车辆轮胎和方向盘都停直，方向盘左、右各转动约 45°然后回正。
③ 进入安全登入（15.02）中输入 40168。
④ 基础设定，通道 60，激活。

第三代 EPS 的转向角度传感器 G85 初始化：
① 进入 44，读取数据块 7。
② 车辆直线往前开动几米，途中方向盘左右打 45°或者不用开车，方向盘左右打 400°。

　第三代 EPS 不需要进行终端位置学习，电动机械转向的基本设定和转向角度传感器 G85 初始化设定应在引导性功能中做，这样的操作比较正规。

2.8.19　帕萨特 NMS 记忆座椅初始化

初始化过程中所有存储器和设定都被清除。记忆按钮可重新编程并对遥控钥匙进行匹配。

带记忆功能的座椅进行初始化的步骤如下：
① 打开驾驶员侧前车门。
② 将靠背尽量向前移动。
③ 当靠背处于最前方时，松开开关并再次按下，直至几秒后听到一声报警音。

2.8.20　帕萨特 1.8T DBH 发动机控制系统电路图

2.8.21　2018 年款起帕萨特保险丝信息

2.8.22　2018 年款起帕萨特继电器信息

2.8.23　2018 年款起帕萨特接地点信息

2.9　朗逸-朗行-朗境 Lavida（2010～2022 年款）

2.9.1　朗逸车型发动机配置信息

朗逸车系发动机配置如表 2-49～表 2-52 所示。

表 2-49 2018 款起全新朗逸车型发动机配置

发动机型号	DJS	DLS	DMB	CSS	DJN	DLW
排量/L	1.395	1.197	1.498	1.395	1.197	1.498
功率/kW	110	85	83	110	85	85
转矩/Nm	250	200	145	250	200	150
缸径/mm	74.5	71.0	74.5	74.5	71.0	74.5
行程/mm	80	75.6	85.9	80	75.6	85.9
压缩比	10.0∶1	10.5∶1	11.0∶1	10.0∶1	10.5∶1	11.0∶1
ROZ	92	92	92	92	92	92
喷射装置/点火装置	缸内直喷	缸内直喷	进气歧管喷射	缸内直喷	缸内直喷	进气歧管喷射
点火顺序	1—3—4—2	1—3—4—2	1—3—4—2	1—3—4—2	1—3—4—2	1—3—4—2
爆震控制	是	是	是	是	是	是
增压	是	是	否	是	是	否
废气再循环	否	否	否	否	否	否
可变进气管	是	是	否	是	是	否
凸轮轴调节	是	是	是	是	是	是
二次空气	否	否	否	否	否	否
排放标准	C6	C6	C6	C5	C5	C5

表 2-50 2010 款朗逸汽车发动机配置

发动机识别字母	CFN	CLS	发动机识别字母	CFN	CLS
生产日期	2010	2010	喷射装置/点火装置	BOSCH ME 7.5.20	BOSCH ME 7.5.20
排量/L	1.598	1.598	点火顺序	1—3—4—2	1—3—4—2
功率/[kW/(r/min)]	77/(5250±200)	77/(5250±200)	爆震控制	是	是
转矩/[Nm/(r/min)]	155/(3750±200)	155/(3750±200)	自诊断	是	是
缸径φ/mm	76.5	76.5	Lambda 控制	是	是
行程/mm	86.9	86.9	三元催化转化器	是	是
压缩比	10.5∶1	10.5∶1	废气再循环	否	否
RON	97/93	97/93			

表 2-51 新朗逸汽车发动机配置

标识字母	CFB	CPJ	标识字母	CFB	CPJ
排量/L	1.390	1.598	喷射装置/点火装置	Motronic MED 17.5.20	BOSCH ME 7.5.20
功率/[kW/(r/min)]	96/(5000±200)	77/(5250±200)	点火顺序	1—3—4—2	1—3—4—2
转矩/[Nm/(r/min)]	220/(1750~3500)	155/(3750±200)	爆震控制	是	是
最低燃油消耗率/(kW·h)	≤270	≤270	自诊断	是	是
急速转速/(r/min)	600~950	750~850	增压	是	否
转速限制/(r/min)	6400	约 6000	废气再循环	否	否
燃油箱容积/L	55	55	可变进气管	否	否
缸径/mm	76.5	76.5	三元催化转化器	是	是
行程/mm	75.6	86.9	凸轮轴调节	是	是
压缩比	10.0∶1	10.5∶1	二次空气	否	否
RON	93	93			

表 2-52 朗行-朗境汽车发动机配置

标识字母	CST	CSR	标识字母	CST	CSR
排量/L	1.395	1.598	最低燃油消耗率/(kW·h)	≤243	≤243
功率/[kW/(r/min)]	96/(5000±200)	81/(5800±200)	急速转速/(r/min)	550~950	650~750
转矩/[Nm/(r/min)]	225/[(1400~3500)±200]	155/(3800±200)	转速限制/(r/min)	6400	约 6500

续表

标识字母	CST	CSR	标识字母	CST	CSR
燃油箱容积/L	55	55	爆震控制	是	是
缸径/mm	74.5	76.5	自诊断	是	是
行程/mm	80	86.9	增压	是	否
压缩比	10.0∶1	10.5∶1	废气再循环	否	否
RON	93	93/92	可变进气管	是	是
喷射装置/点火装置	Motronic MED 17.5.25	BOSCH ME 17.5.22	三元催化转化器	是	是
			凸轮轴调节	是	是
点火顺序	1—3—4—2	1—3—4—2	二次空气	否	否

2.9.2　1.4T DJS 发动机正时维修

该发动机正时机构结构形式、正时检查与调整方法和 DLS 相同，请参考 1.1.2 小节内容。

2.9.3　1.5L DLW 发动机正时维修

该发动机正时机构结构形式、正时检查与调整方法和 DLS 相同，请参考 1.1.2 小节内容。

2.9.4　1.6L CSR 发动机正时维修

该发动机正时机构结构形式、正时检查与调整方法和 DLS 相同，请参考 1.1.2 小节内容。

2.9.5　1.4T CST 发动机正时维修

该发动机正时机构结构形式、正时检查与调整方法和 DLS 相同，请参考 1.1.2 小节内容。

2.9.6　1.2T CYA 发动机正时维修

该发动机正时机构结构形式、正时检查与调整方法和 DLS 相同，请参考 1.1.2 小节内容。

2.9.7　1.6L CPJ 发动机正时维修

2.9.7.1　发动机正时分解

发动机标识字母为 CFN、CLP、CLS、CPJ 的正时链单元部件如图 2-61 所示。

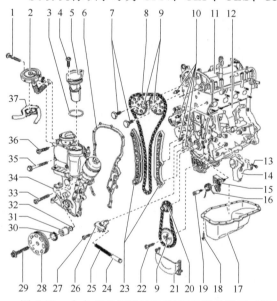

图 2-61　大众 CPJ/CFN/CLP/CLS 发动机正时链

1—螺栓，拧紧力矩 8Nm；2—PCV 阀；3—O 形圈，更换；4—螺栓，拧紧力矩 10Nm；5—油水分离器；6—密封件；7—螺栓，拧紧力矩 50Nm＋继续旋转 90°（1/4 圈），用定位扳手 T10172 固定链轮；8—正时链条，拆卸前，标出转动方向；9—链轮，用定位扳手 T10172 固定链轮；10—导向销；11—带有凸轮轴壳体的气缸盖，不允许修整密封面，带集成式凸轮轴轴承，去除密封剂残余物，安装凸轮轴壳体前先涂上 D 188 003 A1，安装时，从上部垂直安装，使得定位销进入气缸盖上的孔中；12—气缸体；13—喷油嘴；14—辅助支架；15—带有张紧板的链轮张紧器，用于驱动机油泵；16—张紧弹簧；17—油底壳，在安装之前清洁密封面，涂上硅酮密封剂 D 176 404 A2 或密封胶 DCN 176 600 Z1 后安装；18—螺栓，拧紧力矩 10Nm；19—螺栓，拧紧力矩 15Nm；20—链轮，用于驱动机油泵和正时链条，接触面必须保持无油脂；21—罩盖；22—螺栓，拧紧力矩 20Nm＋继续旋转 90°（1/4 圈）；23—张紧导轨，用于正时链条；24—活塞，用于正时链条；25—弹簧；26—链条张紧器；27—螺栓，拧紧力矩 9Nm；28—曲轴带轮，接触面必须保持无油脂，用扳手 3415 固定带轮，使它不能转动；29—固定螺栓，拧紧力矩 150Nm＋继续旋转 180°（1/2 圈），更换，固定螺栓的接触面必须保持无油脂，装入前用机油涂抹螺纹，用扳手 3415/1 固定带轮，使它不能转动，用普通的量器测量继续转动的角度；30—密封圈，更换；31—轴承套，轴承套接触面必须保持无油脂和机油；32—O 形圈，更换；33—螺栓，拧紧力矩 10Nm；34—气门正时壳体，安装时，先在气缸体和凸轮轴壳体中安装两个 M6×80 无头螺栓作为导向件，要导入气门正时壳体，先用两个螺栓固定油底壳；35—螺栓，拧紧力矩 50Nm；36—螺栓，拧紧力矩 10Nm；37—冷却液软管

2.9.7.2 发动机正时检查

① 拆卸空气滤清器。

② 拆下凸轮轴侧面密封盖罩。

③ 拆下气缸 1 的火花塞。为此,使用拔出器 Hazet 1849-7 或拔出器 T10094 和火花塞扳手 Hazet 4766-1。

④ 将千分表适配器 T10170 旋入火花塞的孔中至极限位置。如图 2-62 所示百分表(1)的凸台(箭头 A)和千分表适配器 T10170 的第一个螺纹(箭头 B)对齐,这样才能保证千分表/百分表的量程足够大。

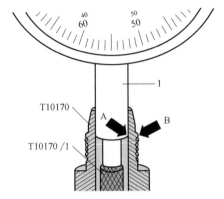

图 2-62 百分表与适配器的安装

⑤ 旋入百分表 V/35.1 和加长件 T10170/1 至极限位置,并用锁止螺母(箭头)锁定在该位置上,见图 2-63。

⑥ 沿发动机转动方向将曲轴转到气缸 1 的上止点。记住百分表上小指针的位置。

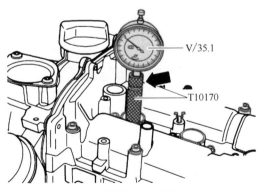

图 2-63 安装百分表到气缸 1 上

凸轮轴中的孔(箭头)必须如图 2-64 所示对准。否则将曲轴再旋转一圈(360°)。

如果曲轴转动的位置超过了上止点 0.01mm,应当沿发动机转动的相反方向把曲轴转回 45°。接着沿发动机转动方向将曲轴转到气缸 1 的上止点。气缸 1 上止点的允许偏差为±0.01mm。

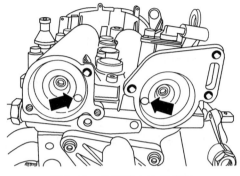

图 2-64 凸轮轴上孔的位置

⑦ 把凸轮轴夹具 T10171A 装入凸轮轴开口中至极限位置。如图 2-65 所示防松销(箭头 1)必须嵌入孔(箭头 2)中。必须能够从上面看到标记"TOP"(箭头 3)。

如果不能把凸轮轴夹具 T10171A 装入凸轮轴开口中至极限位置,则气门正时不正确,必须重新进行调整。

如果能够把凸轮轴夹具 T10171A 装入凸轮轴开口中至极限位置,表示气门正时正常。

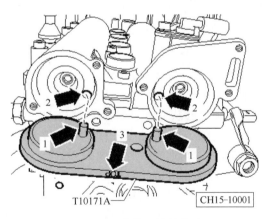

图 2-65 安装凸轮轴夹具

其余的安装以拆卸的相反顺序进行,安装过程中要注意下列事项:更换凸轮轴侧面盖罩密封圈时,应当在安装前用机油浸润。

2.9.7.3 发动机正时拆装

(1) 正时链单元拆卸方法

① 旋出发动机盖罩的固定螺栓，取下盖罩。

② 按压卡口，从进气导管上脱开进气软管。

③ 拆卸弹簧夹箍并拔下进气软管。

④ 旋出凸轮轴后部密封盖罩的固定螺栓，取下密封盖罩。

⑤ 拆卸气缸 1 的带功率输出级的点火线圈。

⑥ 拆卸气缸 1 的火花塞。

⑦ 将千分表适配接头 T10170 旋到火花塞螺纹孔至极限位置。

⑧ 将带加长件 T10170/1 的千分表 VAS 6079 安装到千分表适配接头中至极限位置，并拧紧夹紧螺母。千分表的凸台和千分表适配接头 T10170 的第一个螺纹对齐，这样才能保证千分表的量程足够大。

⑨ 沿发动机转动方向将曲轴转到气缸 1 的上止点。记住千分表指针的位置。

> **提示** 凸轮轴上的孔必须在如图 2-66 所示位置，否则将曲轴再旋转一圈 (360°)。如果曲轴转动的位置超过了上止点 0.01mm，应当沿发动机转动的相反方向把曲轴转回 45°。接着沿发动机转动方向将曲轴转到气缸 1 的上止点。气缸 1 上止点允许偏差为 0.01mm。

⑩ 把凸轮轴固定装置 T10171A 装入凸轮轴开口中至极限位置。防松销必须嵌入孔中。必须能够从上方看到标记"TOP"。

⑪ 用手装入 1 个 M6 螺栓（不要拧紧）来固定凸轮轴固定装置 T10171A。

⑫ 拆卸正时链轮箱罩。

⑬ 拆下机油泵链轮罩盖。

⑭ 用手按压张紧轨，并用定位销 T40011 固定链条张紧器的活塞。

⑮ 用彩色记号笔标出正时链条 3 的转动方向。

⑯ 用固定支架 T10172 固定凸轮轴正时链轮 5。

⑰ 松开螺栓 2 和 4。取下凸轮轴链轮 1 和正时链条 3，如图 2-66 所示。

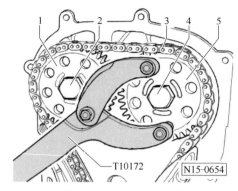

图 2-66 正时链拆卸图

⑱ 用固定支架 T10172 固定住机油泵的链轮，同时松开紧固螺栓。

⑲ 用螺丝刀在螺栓处拨开张紧弹簧。

⑳ 旋出紧固螺栓并取下链条张紧器。

㉑ 用彩色笔标明机油泵驱动链的转动方向。

㉒ 如图 2-67 所示，旋出链轮 1 的紧固螺栓并取下链轮 1 和 3 以及机油泵驱动链 2。

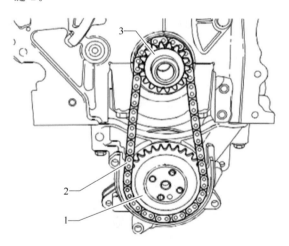

图 2-67 拆卸机油泵驱动链

(2) 正时链单元安装步骤

注意拆卸前曲轴必须位于 1 缸上止点位置。

① 将链轮推到曲轴轴颈上。

② 用彩笔标明链轮、曲轴和气缸体的相对位置。链轮上的凸起必须插入曲轴轴颈

的键槽中，如图 2-68 所示。

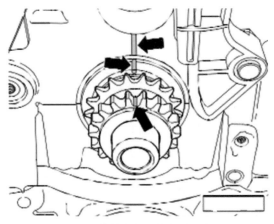

图 2-68　曲轴与气缸体的位置标记

③ 将机油泵的驱动链装到链轮上，同时将机油泵链轮装到机油泵的驱动轴上。注意机油泵驱动链的转动方向标记。机油泵链轮在机油泵驱动轴上的安装位置只有一个。

④ 用固定支架 T10172 固定住机油泵链轮。

⑤ 安装新的固定螺栓。拧紧力矩 20Nm+1/4 圈（90°）。

⑥ 将链条张紧器安装到机油泵驱动链上，并安装固定螺栓（拧紧力矩 15Nm）。

⑦ 用螺丝刀将张紧弹簧卡入螺栓上。注意不要旋转曲轴。

⑧ 用手将新的固定螺栓拧紧，固定链轮。

⑨ 将正时链条放到曲轴链轮、凸轮轴链轮上，并用新的固定螺栓固定，用手拧紧。注意正时链条的转动标记。

⑩ 安装链条张紧器并将固定螺栓用 9Nm 的力矩拧紧。

⑪ 从链条张紧器中拔出防松销 T40011，从而张紧正时链条。注意曲轴链轮和气缸体上的标记，它们必须对齐。

⑫ 如图 2-67 所示，用固定支架 T10172 将凸轮轴链轮 1 和 5 固定在此位置上，接着用 50Nm 的力矩拧紧螺栓 2 和螺栓 4。

⑬ 旋出螺栓，并取下凸轮轴固定装置 T10171A。

⑭ 检查配气相位。

⑮ 用固定支架 T10172 把持住凸轮轴链轮，将两个固定螺栓继续旋转 1/4 圈（90°）。

⑯ 安装机油泵轮的盖罩。

⑰ 安装正时齿轮箱罩。

其他的安装以与拆卸相反的顺序进行。

2.9.8　1.6L CDE 型发动机正时维修

CDE 发动机正时维修与 CPJ 发动机相同，相关内容请参考 2.9.7 小节。

2.9.9　1.6L CFN 型发动机正时维修

CFN 发动机正时单元维修与 CPJ 相同，相关内容请参考 2.9.7 小节。

2.9.10　1.6L CDE/CFN 型发动机机械维修数据

1.6L CDE/CFN 型发动机机械维修数据如表 2-53 所示。

表 2-53　发动机机械维修数据

基本参数	
发动机代码	CDE、CFN
排量/L	1.598
功率/[kW/(r/min)]	77/5000±200
转矩/[Nm/(r/min)]	155/3800±200
缸径 ϕ/mm	76.5
冲程/mm	86.9
压缩比	10.5:1
ROZ	95 无铅
喷射点火装置	BOSCH ME 7.5.20

续表

基本参数		
点火顺序		1—3—4—2
爆震控制		有
自诊断功能		有
λ 控制功能		有
三元催化转化器		有
增压系统		无
废气再循环功能		无
电子节气门功能		有
曲轴轴承轴颈直径尺寸/mm	基本尺寸	$50.00_{-0.037}^{-0.022}$
连杆轴承轴颈直径尺寸/mm	基本尺寸	$42.80_{-0.037}^{-0.022}$
连杆轴瓦	径向间隙	新件:0.020～0.060mm,极限:0.090mm
曲轴	轴向间隙	新件:0.07～0.17mm,极限:0.25mm
	径向间隙	新件:0.03～0.08mm,极限:0.15mm
活塞环开口间隙/mm	第一道压缩环	新件 0.20～0.50,极限 1.0
	第二道压缩环	新件 0.20～0.60,极限 1.0
	挡油环	新件 0.20～1.10
活塞环环槽间隙/mm	第一道压缩环	新件 0.01～0.08,极限 0.15
	第二道压缩环	新件 0.02～0.06,极限 0.15
	挡油环	不可测量
活塞直径/mm	基本尺寸	76.475
	第一次研磨尺寸	76.725
	第二次研磨尺寸	76.975
气缸孔径/mm	基本尺寸	76.51
	第一次研磨尺寸	76.76
	第二次研磨尺寸	77.01
气缸压力值/bar	新零件	10～15
	磨损极限	7
	气缸间允许相差值	3
进、排气门、气门导杆检测参数		
尺寸图例	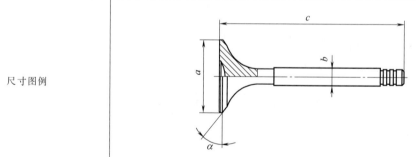	
进气门	a 气门顶直径/mm	29.5
	b 气门杆直径/mm	5.92
	c 气门全长/mm	100.57
	α 气门斜角/(°)	44
进气门导管	磨损极限/mm	0.8
排气门	a 气门顶直径/mm	26.0
	b 气门杆直径/mm	5.92
	c 气门全长/mm	100.57
	α 气门斜角/(°)	44
排气门导管	磨损极限/mm	0.8

进、排气门座检测参数

尺寸图例	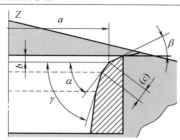	
参数代号	进气门座	排气门座
a	28.7mm	25.0mm
b	最大允许修整尺寸	最大允许修整尺寸
c	1.5～1.8mm	约1.8mm
Z	气缸盖下缘	气缸盖下缘
α(45°)	气门座角度	气门座角度
β(30°)	上修正角	上修正角
γ(60°)	下修正角	下修正角

2.9.11　1.4T CFB 发动机机械维修数据

1.4T CFB 发动机机械维修数据如表 2-2 所示。

表 2-54　发动机机械维修数据

基本参数		
发动机代码		CFBA
排量/L		1.390
功率/[kW/(r/min)]		96/(5000±200)
转矩/[Nm/(r/min)]		220/[(1750～3500)±200]
缸径 ϕ/mm		76.5
冲程/mm		75.6
压缩比		10.0：1
ROZ		95/93
喷射点火装置		Motronic MED 17.5.20
点火顺序		1—3—4—2
爆震控制		有
自诊断功能		有
λ 控制功能		有
三元催化转化器		有
增压系统		有
二次空气系统		无
可变进气系统		有
废气再循环功能		无
电子节气门功能		有
曲轴轴承轴颈直径/mm	基本尺寸	$54.00^{-0.022}_{-0.037}$
	研磨尺寸第一次	$53.75^{-0.022}_{-0.037}$
	研磨尺寸第二次	—
连杆轴承轴颈直径/mm	基本尺寸	$47.80^{-0.022}_{-0.037}$
	研磨尺寸第一次	$47.55^{-0.022}_{-0.037}$
	研磨尺寸第二次	$47.30^{-0.022}_{-0.037}$

续表

基本参数		
开口间隙/mm	第一道压缩环	新件 0.20～0.40,极限 1.0
	第二道压缩环	新件 0.20～0.60,极限 1.0
	挡油环	新件 0.20～0.80
环槽间隙/mm	第一道压缩环	新件 0.04～0.08,极限 0.15
	第二道压缩环	新件 0.02～0.06,极限 0.15
	挡油环	不可测量
活塞直径/mm	基本尺寸	76.460
	第一次研磨尺寸	76.710
	第二次研磨尺寸	76.960
气缸孔径/mm	基本尺寸	76.51
	第一次研磨尺寸	76.76
	第二次研磨尺寸	77.01
气缸压力值/bar	新零件	10～15
	磨损极限	7
	气缸间允许相差值	3
进、排气门、气门导杆检测参数		
尺寸图例		
进气门	a 气门顶直径/mm	29.44
	b 气门杆直径/mm	6.0
	c 气门全长/mm	100.68
	α 气门斜角/(°)	45
进气门导管	磨损极限/mm	0.8
排气门	a 气门顶直径/mm	26.08
	b 气门杆直径/mm	5.98
	c 气门全长/mm	100.64
	α 气门斜角/(°)	45
排气门导管	磨损极限/mm	0.8
进、排气门座检测参数		
尺寸图例		
参数代号	进气门座	排气门座
a	28.7mm	25.0mm
b	最大允许修整尺寸	最大允许修整尺寸
c	1.5～1.8mm	约 1.8mm
Z	气缸盖下缘	气缸盖下缘
$\alpha(45°)$	气门座角度	气门座角度
$\beta(30°)$	上修正角	上修正角
$\gamma(60°)$	下修正角	下修正角

2.9.12 2012年款朗逸四轮定位数据

2012年款朗逸四轮定位数据如表2-55所示。

表2-55 2012年款朗逸四轮定位数据

前桥	数据	后桥	数据
总前束角（无负载）	$0°\pm10'$	总前束角（在预定的外倾角下）	$16'\pm10'$
外倾角（直线向前位置）	$-21'\pm30'$	外倾角	$-1°27'\pm10'$
左右两侧最大允许偏差	$30'$	左右两侧最大允许偏差角	$30'$
方向盘左右转动20°的前束角差	$-1°20'\pm20'$		
主销后倾角（不可调整）	$+7°25'\pm30'$		
左右两侧最大允许偏差	$30'$	偏离行驶方向的最大允许偏差角	$20'$

2.9.13 2018年款新朗逸四轮定位数据

2018年款朗逸四轮定位数据如表2-56所示。

表2-56 2018年款朗逸四轮定位数据

标准底盘配置	前桥	后桥
前束角（双轮）	$10'\pm10'$	$-16'\pm12'$
车轮外倾角（不可调）	$-16'\pm30'$	$1°\pm20'$
左右车轮外倾角最大允差	$30'$	$30'$
主销后倾角（不可调）	$7°09'\pm30'$	
离地高度/mm	392 ± 10	390 ± 10

2.9.14 2018年款朗逸Plus/休旅版控制器安装位置

汽车前部的控制器安装位置如图2-69所示。

汽车中部的控制器安装位置如图2-70所示。

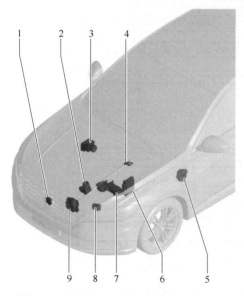

1—车距调节控制单元J428（仅用于带自动车距控制（ADR）的汽车）；2—节气门控制单元J338；3—ABS控制单元J104；4—蓄电池调节控制单元J840；5—自动变速器控制单元J217（用于带自动变速器的汽车）；6—发动机控制单元J623；7—转向辅助控制单元J500；8—双离合器变速器机电装置J743（用于带双离合器变速器（DSG）的汽车）；9—散热器风扇控制单元J293

图2-69 全新朗逸前部控制器安装位置

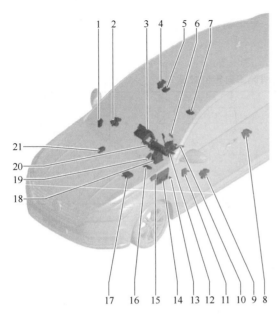

图 2-70 2018 年款朗逸汽车中部控制器安装位置

1—副驾驶员侧车门控制单元 J387（用于带单独数据总线诊断接口的车辆）；2—副驾驶员侧车门控制单元 J387（用于不带单独数据总线诊断接口的车辆）；3—电子通信信息设备 1 控制单元 J794（用于带导航系统的汽车）；4—右后车门控制单元 J389；5—滑动天窗控制单元 J245（用于带折叠式滑动天窗的汽车，用于带全景滑动天窗的汽车）；6—多功能方向盘控制单元 J453（仅适用于带多功能方向盘的车辆）；7—燃油泵控制单元 J538（用于带 1.2L/1.4L 发动机的汽车）；8—左后车门控制单元 J388；9—驾驶员侧车门控制单元 J386（用于不带单独数据总线诊断接口的车辆）；10—转向柱电子装置控制单元 J527；11—驾驶员侧车门控制单元 J386（用于带单独数据总线诊断接口的车辆）；12—仪表板中的控制单元 J285；13—诊断接口 U31；14—车载电网控制单元 J519；15—数据总线诊断接口 J533（用于带单独数据总线诊断接口的车辆）；16—驻车辅助控制单元 J446；17—安全气囊控制单元 J234；18—换挡杆传感器控制单元 J587[用于带自动变速器的汽车，用于带双离合器变速器（DSG）的汽车]；19—进入及启动系统 J965（仅适用于带进入及启动许可的汽车）；20—空调器控制单元 J301（用于带电动调节风门的空调的汽车）；20—全自动空调控制单元 J255（仅用于带全自动空调的汽车）；21—新鲜空气鼓风机控制单元 J126

2.9.15 1.2T DJN 发动机控制单元端子数据

DJN 发动机控制单元连接器端子排列如图 2-71 所示，端子定义见表 2-57、表 2-58。

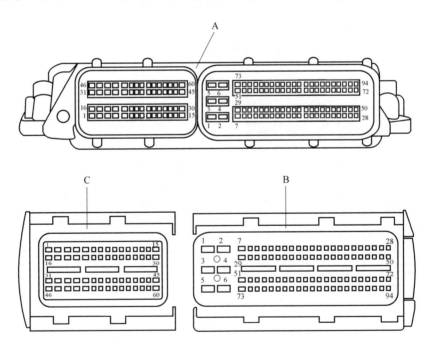

图 2-71 DJN 发动机控制单元连接器端子排列
A—发动机控制单元 J623；B—94 芯连接器 T94a，黑色，发动机控制单元连接器；
C—60 芯插头连接器 T60a，黑色，发动机控制单元连接器

表 2-57　94 芯连接器端子定义

端子序号	功能定义
1	接线柱 31
2	接线柱 31
5	接线柱 87a
6	接线柱 87a
7	前氧传感器加热装置控制端,连接到氧传感器加热装置 Z19,连接器 T4a,端子 2
10	燃油泵控制单元信号,连接到燃油泵控制单元 J538,连接器 T5b,端子 5
20	机油压力开关信号,连接到机油压力开关 F22,连接器 T3f,端子 2
23	后氧传感器信号,连接到尾气催化转化器后的氧传感器 G130,连接器 T4L,端子 4
24	前氧传感器信号,连接到氧传感器 G39,连接器 T4a,端子 4
28	后氧传感器加热装置控制端,连接到尾气催化转化器后的氧传感器 1 加热装置 Z29,连接器 T4L,端子 2
31	散热器出口处的冷却液温度传感器信号,连接到散热器出口处的冷却液温度传感器 G83,连接器 T2bh,端子 2
32	油门踏板位置传感器 2 接地,连接到油门踏板位置传感器 2G185,连接器 T6t,端子 5
34	油门踏板位置传感器接地,连接到油门踏板位置传感器 G79,连接器 T6t,端子 3
35	油门踏板位置传感器信号,连接到油门踏板位置传感器 G79,连接器 T6t,端子 4
44	接线柱 50(用于不带单独数据总线诊断接口的车辆),连接到点火启动开关 D,连接器 T6a,端子 6 接线柱 50(用于带单独数据总线诊断接口的车辆,用于不带进入及启动许可的汽车),连接到转向柱电子装置控制单元 J527,连接器 T16a,端子 6
45	后氧传感器信号,连接到尾气催化转化器后的氧传感器 G130,连接器 T4L,端子 3
46	前氧传感器信号,连接到氧传感器 G39,连接器 T4a,端子 3
56	GRA 开关信号(适用于带定速巡航装置的车辆,用于带单独数据总线诊断接口的车辆),连接到转向柱电子装置控制单元 J527,连接器 T16a,端子 5
62	制动信号灯开关信号
63	接线柱 50
64	油门踏板位置传感器电源 5V,连接到油门踏板位置传感器 G79,连接器 T6t,端子 2
66	油门踏板位置传感器 2 电源 5V,连接到油门踏板位置传感器 2G185,连接器 T6t,端子 1
67	CAN 总线,低位(驱动系统)
68	CAN 总线,高位(驱动系统)
69	主继电器控制端
70	散热器风扇控制信号,连接到散热器风扇控制单元 J293,连接器 T4h,端子 3
74	散热器出口处的冷却液温度传感器信号,连接到散热器出口处的冷却液温度传感器 G83,连接器 T2bh,端子 1
76	油门踏板位置传感器 2 信号,连接到油门踏板位置传感器 2G185,连接器 T6t,端子 6
78	制动踏板开关信号,连接到制动踏板开关 F47,连接器 T4b,端子 1
80	双离合器变速器机电装置信号,连接到双离合器变速器机电装置 J743,连接器 T25a,端子 14
83	起动机继电器 1 控制端
84	起动机继电器 2 控制端
85	P/N 挡信号,连接到双离合器变速器机电装置 J743,连接器 T25a,端子 16
86	机油压力开关信号,连接到机油压力开关 F22,连接器 T3f,端子 1
87	接线柱 15
91	机油压力开关电源 5V,连接到机油压力开关 F22,连接器 T3f,端子 3
92	接线柱 30a

表 2-58　60 芯连接器端子定义

端子序号	功能定义
1	节气门驱动装置(电控节气门)＋,连接到电控油门操纵机构的节气门驱动装置 G186,连接器 T6v,端子 3
2	燃油定量阀控制端,连接到燃油定量阀 N290,连接器 T2bw,端子 1
3	传感器电源 5V
4	传感器电源 5V
5	发动机转速传感器信号,连接到发动机转速传感器 G28,连接器 T3g,端子 2

续表

端子序号	功能定义
6	传感器接地
7	霍尔传感器 2 信号,连接到霍尔传感器 2G163,连接器 T3w,端子 2
8	进气压力传感器信号,连接到进气歧管压力传感器 G71,连接器 T4ai,端子 4
9	进气温度传感器信号,连接到进气温度传感器 G42,连接器 T4ai,端子 2
10	燃油压力传感器信号,连接到燃油压力传感器 G247,连接器 T3h,端子 2
11	节气门驱动装置(电控节气门)角度传感器接地,连接到节气门控制单元 J338,连接器 T6v,端子 6
12	机油压力调节阀控制端,连接到机油压力调节阀 N428,连接器 T2m,端子 1
13	传感器接地
14	循环泵控制端,连接到循环泵 V55,连接器 T3i,端子 3
15	速滞压力风门伺服电机控制端,连接到速滞压力风门伺服电机 V71,连接器 T6aa,端子 2
16	节气门驱动装置(电控节气门)-,连接到电控油门操纵机构的节气门驱动装置 G186,连接器 T6v,端子 5
17	2 缸喷油控制-,连接到气缸 2 喷油嘴 N31,连接器 T2w,端子 1
18	3 缸喷油控制-,连接到气缸 3 喷油嘴 N32,连接器 T2x,端子 1
19	节气门驱动装置(电控节气门)角度传感器电源 5V,连接到节气门控制单元 J338,连接器 T6v,端子 2
20	发动机转速传感器接地,连接到发动机转速传感器 G28,连接器 T3g,端子 3
21	霍尔传感器信号,连接到霍尔传感器 G40,连接器 T3c,端子 2
23	节气门驱动装置(电控节气门)角度传感器 2 信号,连接到电控油门操纵机构的节气门驱动装置角度传感器 2G188,连接器 T6v,端子 4
24	进气温度传感器 2 信号,连接到进气温度传感器 2G299,连接器 T4ak,端子 2
25	速滞压力风门伺服电机信号,连接到速滞压力风门伺服电机 V71,连接器 T6aa,端子 5
27	冷却液温度传感器信号,连接到冷却液温度传感器 G62,连接器 T2o,端子 2
28	传感器接地
30	速滞压力风门伺服电机控制端,连接到速滞压力风门伺服电机连接器 V71,连接器 T6aa,端子 6
31	1 缸喷油控制-,连接到气缸 1 喷油嘴 N30,连接器 T2v,端子 1
32	3 缸喷油控制+,连接到气缸 3 喷油嘴 N32,连接器 T2x,端子 2
33	4 缸喷油控制+,连接到气缸 4 喷油嘴 N33,连接器 T2y,端子 2
34	燃油定量阀控制端,连接到燃油定量阀 N290,连接器 T2bw,端子 2
35	排气凸轮轴调节阀 1 控制端,连接到排气凸轮轴调节阀 1N318,连接器 T2k,端子 2
37	带功率输出级的点火线圈 4 控制端,连接到带功率输出级的点火线圈 4N292,连接器 T4ah,端子 2
38	带功率输出级的点火线圈 3 控制端,连接到带功率输出级的点火线圈 3N291,连接器 T4ag,端子 2
39	节气门驱动装置(电控节气门)角度传感器 1 信号,连接到电控油门操纵机构的节气门驱动装置角度传感器 1G187,连接器 T6v,端子 1
41	爆震传感器屏蔽
43	增压压力传感器信号,连接到增压压力传感器 G31,连接器 T4ak,端子 4
46	4 缸喷油控制-,连接到气缸 4 喷油嘴 N33,连接器 T2y,端子 1
47	1 缸喷油控制+,连接到气缸 1 喷油嘴 N30,连接器 T2v,端子 2
48	2 缸喷油控制+,连接到气缸 2 喷油嘴 N31,连接器 T2w,端子 2
49	进气凸轮轴调节阀 1 控制端,连接到进气凸轮轴调节阀 1N205,连接器 T2j,端子 2
50	活性炭罐电磁阀控制端,连接到活性炭罐电磁阀 N80,连接器 T2n,端子 2
51	未占用
52	带功率输出级的点火线圈 2 控制端,连接到带功率输出级的点火线圈 2N127,连接器 T4af,端子 2
53	带功率输出级的点火线圈 1 控制端,连接到带功率输出级的点火线圈 1N70,连接器 T4ae,端子 2
55	爆震传感器信号,连接到爆震传感器 1G61,连接器 T2L,端子 2
56	爆震传感器信号,连接到爆震传感器 1G61,连接器 T2L,端子 1

2.9.16　1.5L DLW 发动机控制单元端子数据

DLW 发动机控制单元连接器端子分布如图 2-72 所示,端子定义见表 2-59、表 2-60。

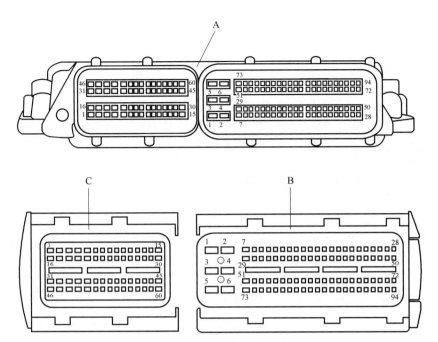

图 2-72 DLW 发动机控制单元连接器端子分布
A—发动机控制单元 J623；B—94 芯连接器 T94a，黑色，发动机控制单元连接器；
C—60 芯插头连接 T60a，黑色，发动机控制单元连接器

表 2-59 94 芯连接器端子定义

端子序号	功能定义
1	接线柱 31
2	接线柱 31
5	接线柱 87a
6	接线柱 87a
7	前氧传感器加热装置控制端，连接到氧传感器加热装置 Z19，连接器 T4a，端子 2
14	前氧传感器信号，连接到氧传感器 G39，连接器 T4a，端子 3
15	前氧传感器信号，连接到氧传感器 G39，连接器 T4a，端子 4
16	后氧传感器信号，连接到尾气催化转化器后的氧传感器 G130，连接器 T4L，端子 4
17	后氧传感器信号，连接到尾气催化转化器后的氧传感器 G130，连接器 T4L，端子 3
19	变速器空挡位置传感器信号（用于带手动变速器的汽车），连接到变速器空挡位置传感器 G701，连接器 T3t，端子 2
25	离合器位置传感器信号（用于带手动变速器的汽车），连接到离合器位置传感器 G476，连接器 T5d，端子 2
26	机油压力开关信号，连接到机油压力开关 F22，连接器 T3f，端子 3
53	起动机继电器 1 控制端
54	离合器位置传感器信号（用于带手动变速器的汽车），连接到离合器位置传感器 G476，连接器 T5d，端子 4
	多功能开关信号（用于带自动变速器的汽车），连接到多功能开关 F125，连接器 T10m，端子 2
56	油门踏板位置传感器 2 接地，连接到油门踏板位置传感器 2G185，连接器 T6t，端子 5
57	油门踏板位置传感器 2 信号，连接到油门踏板位置传感器 2G185，连接器 T6t，端子 6
58	油门踏板位置传感器 2 电源 5V，连接到油门踏板位置传感器 2G185，连接器 T6t，端子 1
59	传感器电源 5V
63	机油压力开关信号，连接到机油压力开关 F22，连接器 T3f，端子 2
64	制动踏板开关信号，连接到制动踏板开关 F47，连接器 T4b，端子 1
65	接线柱 50
66	制动信号灯开关信号
67	CAN 总线，低位（驱动系统）

续表

端子序号	功能定义
68	CAN 总线,高位(驱动系统)
69	主继电器控制端
70	变速器空挡位置传感器接地(用于带手动变速器的汽车),连接到变速器空挡位置传感器 G701,连接器 T3t,端子 3
72	燃油泵继电器控制端
73	后氧传感器加热装置控制端,连接到尾气催化转化器后的氧传感器 1 加热装置 Z29,连接器 T4L,端子 2
74	散热器风扇控制信号,连接到散热器风扇控制单元 J293,连接器 T4h,端子 3
76	起动机继电器 2 控制端
77	接线柱 50,连接到点火启动开关 D,连接器 T6a,端子 6
78	油门踏板位置传感器接地,连接到油门踏板位置传感器 G79,连接器 T6t,端子 3
79	油门踏板位置传感器信号,连接到油门踏板位置传感器 G79,连接器 T6t,端子 4
80	油门踏板位置传感器电源 5V,连接到油门踏板位置传感器 G79,连接器 T6t,端子 2
87	接线柱 15
92	接线柱 30a

表 2-60　60 芯连接器端子定义

端子序号	功能定义
1	节气门驱动装置(电控节气门)-,连接到电控油门操纵机构的节气门驱动装置 G186,连接器 T6v,端子 5
2	节气门驱动装置(电控节气门)+,连接到电控油门操纵机构的节气门驱动装置 G186,连接器 T6v/3,端子 3
3	4 缸喷油控制 +,连接到气缸 4 喷油嘴 N33,连接器 T2y,端子 2
4	1 缸喷油控制 +,连接到气缸 1 喷油嘴 N30,连接器 T2v,端子 2
5	发动机转速传感器信号
6	发动机转速传感器信号,连接到发动机转速传感器 G28,连接器 T3g,端子 3
7	霍尔传感器信号,连接到霍尔传感器 G40,连接器 T3c,端子 2
8	传感器接地
9	带功率输出级的点火线圈 1 控制端,连接到带功率输出级的点火线圈 1N70,连接器 T4ae,端子 2
10	带功率输出级的点火线圈 3 控制端,连接到带功率输出级的点火线圈 3N291,连接器 T4ag,端子 2
11	带功率输出级的点火线圈 4 控制端,连接到带功率输出级的点火线圈 4N292,连接器 T4ah,端子 2
12	带功率输出级的点火线圈 2 控制端,连接到带功率输出级的点火线圈 2N127,连接器 T4af,端子 2
13	传感器电源 5V
14	发动机转速传感器信号,连接到发动机转速传感器 G28,连接器 T3g,端子 1
32	排气凸轮轴调节阀 1 控制端,连接到排气凸轮轴调节阀 1N318,连接器 T2k,端子 2
33	进气凸轮轴调节阀 1 控制端,连接到进气凸轮轴调节阀 1N205,连接器 T2j,端子 2
34	2 缸喷油控制 +,连接到气缸 2 喷油嘴 N31,连接器 T2w,端子 2
36	霍尔传感器 3 信号,连接到霍尔传感器 3G300,连接器 T3e,端子 2
38	节气门驱动装置(电控节气门)角度传感器 1 信号,连接到电控油门操纵机构的节气门驱动装置角度传感器 1G187,连接器 T6v,端子 1
39	节气门驱动装置(电控节气门)角度传感器 2 信号,连接到电控油门操纵机构的节气门驱动装置角度传感器 2G188,连接器 T6v,端子 4
41	冷却液温度传感器信号,连接到冷却液温度传感器 G62,连接器 T2p,端子 2
42	爆震传感器屏蔽
43	进气温度传感器接地,连接到进气温度传感器 G42,连接器 T4ai,端子 1
44	节气门驱动装置(电控节气门)角度传感器电源 5V,连接到节气门控制单元 J338,连接器 T6v,端子 2
46	机油压力调节阀控制端,连接到机油压力调节阀 N428,连接器 T2m,端子 1
48	活性炭罐电磁阀控制端,连接到活性炭罐电磁阀 1N80,连接器 T2n,端子 2
49	3 缸喷油控制 +,连接到气缸 3 喷油嘴 N32,连接器 T2x,端子 2
51	节气门驱动装置(电控节气门)角度传感器接地,连接到节气门控制单元 J338,连接器 T6v,端子 6
53	爆震传感器信号,连接到爆震传感器 1G61,连接器 T2L,端子 1
54	爆震传感器信号,连接到爆震传感器 1G61,连接器 T2L,端子 2
56	进气温度传感器信号,连接到进气温度传感器 G42,连接器 T4ai,端子 2
57	进气压力传感器信号,连接到进气歧管压力传感器 G71,连接器 T4ai,端子 4
58	冷却液温度传感器接地,连接到冷却液温度传感器 G62,连接器 T2p,端子 1

2.9.17 朗逸轮胎气压系统设置方法

当气压发生改变时，要对轮胎气压检测系统设置：
① 改变轮胎充气压力或更换轮胎后，打开点火开关；
② 按下气压监控开关并保持，直至响起一声提示；
③ 轮胎监测灯亮，表明有一个车轮气压得不到储存值，轮胎气压监测灯闪亮，说明系统存在故障。

> **说明** 若遇到急速转弯制动 ABS 被激活，胎压监控显示器暂时关闭，按钮在中央面板下面，换挡杆的左前方。

2.9.18 朗逸钥匙遥控和 SRS 匹配

朗逸钥匙匹配：
25—11 登录密码—等待 10min—10—01 输入匹配钥匙数量—保存。
朗逸安全气囊编码：
15—09（编码）—主站—二进制纯文本—编码—键盘输入 12338—点击"下一步"—选择"是"—完成。
朗逸遥控器匹配：
09—10—00 保存，清除所有遥控匹配。
09—10—01—0 保存，按遥控器任意键，转向灯闪 2 下，匹配成功。一次只能匹配一个，如果要匹配多个，重复操作 09—10—01—0 保存。

2.9.19 朗逸保养归零设置

① 关闭点火开关，按住里程表的按钮不要松开，按钮位置如图 2-73 所示。
② 打开点火开关再关闭，直到仪表灯熄灭；
③ 再打开点火开关直到 INSP 显示六次后就好。

> **注意** 在等待仪表灯熄灭过程中里程表的按钮一直是按住的。

图 2-73 朗逸仪表盘

2.9.20 朗行保养归零设置

保养周期显示器复位，可以以两种不同的方式复位保养周期显示器：一是通过仪表板上的行驶里程调节按钮；二是通过车辆诊断、测量和信息系统 VAS 5051B。

这里介绍通过行驶里程调节按钮复位保养周期显示器的操作步骤：
① 关闭点火开关。
② 按住车速表旁的按钮 2（见图 2-74）。
③ 打开点火开关。
④ 在仪表板的显示单元中出现一个闪动的扳手信号。
⑤ 松开按钮 2。
⑥ 向右转动车速表旁的按钮 2。
保养周期显示器被复位，行驶里程表中的显示变成标准状态。
⑦ 关闭点火开关。

图 2-74　朗逸组合仪表（装备了 1.6L CDE 和 2.0L CEN 发动机的车型）

装备了 1.4L CFB 发动机的车型，请按以下方法复位：
① 关闭点火开关。
② 按住车速表旁的按钮 2。
③ 打开点火开关。
④ 在仪表板的显示单元中出现一个闪动的扳手信号。
⑤ 松开按钮 2。
⑥ 按下按钮 1。相关操作按钮位置见图 2-75。

图 2-75　新朗逸-朗行组合仪表

2.9.21　朗逸 1.6L CSR 发动机控制系统电路图

2.9.22　朗逸 1.2T DJN 发动机控制系统电路图

2.9.23 2018款起全新朗逸保险丝信息

2.9.24 2018年款起全新朗逸继电器信息

2.9.25 2018年款起全新朗逸接地点信息

2.10 凌渡 Lamando（2015～2021年款）

2.10.1 凌渡车型发动机配置信息

凌渡车型发动机配置如表2-61所示。

表2-61 凌渡车型发动机配置

标识字母	DJR/DSA	DJS	DSB	CUG	CST	CSS	CUF
排量/L	1.395	1.395	1.395	1.984	1.395	1.395	1.798
功率/kW	96	110	110	162	96	110	132
转矩/Nm	225	250	250	350	225	250	300
缸径/mm	74.5	74.5	74.5	82.5	74.5	74.5	82.5
行程/mm	80	80	80	92.8	80	80	84.1
压缩比	10.0∶1	10.0∶1	10.0∶1	9.6∶1	10.0∶1	10.0∶1	9.6∶1
ROZ	92	92	92	92	92	92	92
喷射装置/点火装置	缸内直喷	缸内直喷	缸内直喷	缸内直喷+进气歧管喷射	缸内直喷	缸内直喷	缸内直喷
点火顺序	1—3—4—2	1—3—4—2	1—3—4—2	1—3—4—2	1—3—4—2	1—3—4—2	1—3—4—2
爆震控制	是	是	是	是	是	是	是
增压	是	是	是	是	是	是	是
废气再循环	否	否	否	否	否	否	否
可变进气管	是	是	是	是	是	是	是
凸轮轴调节	是	是	是	是	是	是	是
二次空气	否	否	否	否	否	否	否
排放标准	C6	C6	C6	C5	C5	C5	C5

2.10.2 2.0T CUG发动机正时维修

该发动机正时单元结构与拆装调整步骤和CUH发动机相同，相关内容请参考2.13.3。

2.10.3 1.4T CSS/CST发动机降低高压区域的燃油压力

注意 打开燃油系统时，由于较高的燃油压力会有引起损伤的危险。

燃油喷射系统分为高压部分（最大约200bar）和低压部分（约6bar）。

在打开高压部分之前，例如拆卸高压泵、燃油分配管道、喷嘴、油管或燃油压力传感器G247之前，高压区域的燃油压力必须降低到系统的残余压力约6bar。步骤如下：

① 打开点火开关。
② 连接笔记本故障诊断仪VAS 6150A、VAS 6150B、VAS 6150C。
③ 选择"启动诊断""发动机""接受""无任务""控制单元列表"，右击"发动机控制

系统",继续选择"降低燃油高压""执行"(适用于 New Lavida 新朗逸、Gran Lavida 朗行、Cross Lavida 朗境、New Santana 全新桑塔纳的车型)。

④ 选择"启动诊断""制造商""车型""接受""无任务""控制单元列表",右击"发动机控制系统",选择"引导型功能""卸除燃油高压""执行"(适用于 Lamando 凌渡的车型)。

注意燃油供油管内是有压力的!必须戴好防护眼镜和手套并穿好防护服,以避免皮肤接触或造成人身伤害。在松开软管连接前,在软管连接处放置抹布,然后小心地拔出软管,以释放压力。

2.10.4　1.4T CSS/CST 发动机正时维修

该发动机正时机构结构形式,正时检查与调整方法和 DLS 相同,请参考 1.1.2 内容。

2.10.5　1.4T CST/CSS 发动机控制单元端子信息

CST/CSS 发动机控制单元连接器端子分布如图 2-76 所示,端子定义见表 2-62、表 2-63。

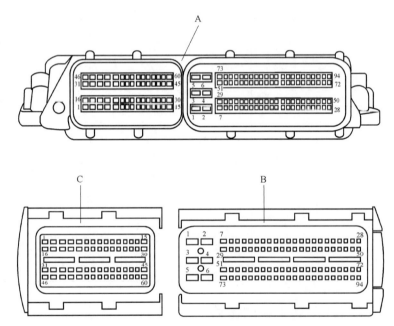

图 2-76　CST/CSS 发动机控制单元连接器端子
A—发动机控制单元 J623;B—94 芯连接器 T94a,黑色,发动机控制单元连接器;
C—60 芯连接器 T60a,黑色,发动机控制单元连接器

表 2-62　94 芯连接器端子定义

端子序号	功能定义	端子序号	功能定义
1	接线柱 31	28	后氧传感器加热装置控制端
2	接线柱 31	31	散热器出口处的冷却液温度传感器信号
5	接线柱 87a	32	油门踏板位置传感器 2 接地
6	接线柱 87a	34	油门踏板位置传感器接地
7	前氧传感器加热装置控制端	35	油门踏板位置传感器信号
10	燃油泵控制单元信号	42	离合器位置传感器信号(仅适用于带手动变速器的车辆)
23	后氧传感器信号		
24	前氧传感器信号	44	接线柱 50

续表

端子序号	功能定义	端子序号	功能定义
45	后氧传感器信号	74	散热器出口处的冷却液温度传感器信号
46	前氧传感器信号	76	油门踏板位置传感器 2 信号
56	GRA 开关信号(仅适用于带定速巡航装置车辆)	78	制动踏板开关信号
62	制动信号灯开关信号	80	P/N 挡信号(仅适用于带双离合器变速器的汽车)
63	接线柱 50	83	起动机继电器 1 控制端
64	油门踏板位置传感器电源 5V	84	起动机继电器 2 控制端
66	油门踏板位置传感器 2 电源 5V	85	离合器位置传感器信号(仅适用于带手动变速器的车辆)
67	CAN 总线,低位(驱动系统)		
68	CAN 总线,高位(驱动系统)	87	接线柱 15
69	主继电器控制端	92	接线柱 30a
70	散热器风扇控制信号		

表 2-63 60 芯连接器端子定义

端子序号	功能定义	端子序号	功能定义
1	节气门驱动装置(电控节气门)+	25	增压压力调节位置传感器信号
2	燃油压力调节阀控制端	27	冷却液温度传感器信号
3	传感器电源 5V	28	传感器接地
4	传感器电源 5V	30	增压调节器控制端
5	发动机转速传感器信号	31	1 缸喷油控制—
6	传感器接地	32	3 缸喷油控制+
7	霍尔传感器 3 信号	33	4 缸喷油控制+
8	进气压力传感器信号	34	燃油压力调节阀控制端
9	进气温度传感器信号	35	排气门凸轮轴调节阀 1 控制端
10	燃油压力传感器信号	37	带功率输出级的点火线圈 4 控制端
11	节气门驱动装置(电控节气门)角度传感器接地	38	带功率输出级的点火线圈 3 控制端
13	传感器接地	39	节气门驱动装置(电控节气门)角度传感器 2 信号
14	冷却液继续循环泵控制端	41	爆震传感器屏蔽
15	增压调节器控制端	43	增压压力传感器信号
16	节气门驱动装置(电控节气门)—	46	4 缸喷油控制—
17	2 缸喷油控制—	47	1 缸喷油控制+
18	3 缸喷油控制—	48	2 缸喷油控制+
19	节气门驱动装置(电控节气门)角度传感器电源 5V	49	进气凸轮轴调节阀 1 控制端
		50	活性炭罐电磁阀控制端
20	发动机转速传感器接地	51	机油压力调节阀控制端
21	霍尔传感器信号	52	带功率输出级的点火线圈 2 控制端
22	机油压力降低开关信号	53	带功率输出级的点火线圈 1 控制端
23	节气门驱动装置(电控节气门)角度传感器 1 信号	55	爆震传感器信号
		56	爆震传感器信号
24	进气温度传感器 2 信号	59	油压开关信号

2.10.6 1.8T CUF 型发动机控制单元端子信息

CUF 发动机控制单元连接器端子分布如图 2-77 所示,端子定义见表 2-64、表 2-65。

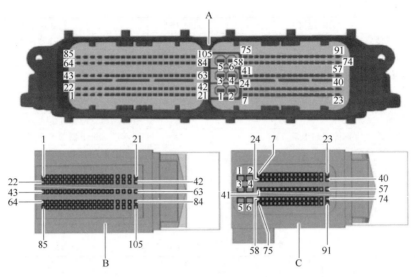

图 2-77 CUF 发动机控制单元连接器端子排列
A—发动机控制单元 J623；B—105 芯连接器 T105a，黑色，发动机控制单元连接器；
C—91 芯连接器 T91a，黑色，发动机控制单元连接器

表 2-64 105 芯连接器端子定义

端子序号	功能定义	端子序号	功能定义
1	2 缸喷油控制	51	进气温度传感器信号
2	3 缸喷油控制	52	进气管压力传感器信号
3	活性炭罐电磁阀控制端	53	进气管风门阀门控制端
4	凸轮轴调节元件 5 控制端	54	节气门驱动装置（电控节气门）角度传感器电源 5V
6	凸轮轴调节元件 1 控制端		
7	活塞冷却喷嘴控制阀控制端	55	节气门驱动装置（电控节气门）角度传感器 2 信号
8	双离合器变速器机电装置		
11	燃油压力传感器接地	56	节气门驱动装置（电控节气门）角度传感器接地
17	机油压力调节阀控制端		
21	增压压力限制电磁阀控制端	57	带功率输出级的点火线圈 3 控制端
22	3 缸喷油控制	58	凸轮轴调节元件 4 控制端
23	2 缸喷油控制	59	凸轮轴调节元件 3 控制端
27	进气管风门电位计	62	带功率输出级的点火线圈 4 控制端
28	霍尔传感器 3 信号	64	1 缸喷油控制
29	霍尔传感器 3 接地	65	4 缸喷油控制
30	霍尔传感器信号	66	涡轮增压器循环空气阀控制端
33	传感器接地	68	燃油压力传感器电源
34	节气门驱动装置（电控节气门）角度传感器 1 信号	69	霍尔传感器电源 5V
		70	发动机转速传感器信号
35	发动机转速传感器电源 5V	72	机油压力降低开关信号
36	进气管风门电位计	73	油压开关，3 挡信号
38	霍尔传感器 3 电源 5V	74	油压开关信号
40	冷却液温度传感器信号	76	带功率输出级的点火线圈 1 控制端
42	进气管压力传感器电源 5V	77	发动机转速传感器接地
43	4 缸喷油控制	79	带功率输出级的点火线圈 2 控制端
44	霍尔传感器接地	83	机油油位和机油温度传感器信号
47	冷却液温度传感器信号	84	冷却液继续补给泵控制端
48	进气管风门电位计	85	1 缸喷油控制
49	燃油压力传感器信号	90	节气门驱动装置（电控节气门）—

续表

端子序号	功能定义	端子序号	功能定义
91	节气门驱动装置(电控节气门)+	97	爆震传感器信号
92	燃油压力调节阀控制端	98	爆震传感器信号
93	燃油压力调节阀控制端	101	凸轮轴调节元件 2 控制端
94	凸轮轴调节元件 6 控制端	104	排气门凸轮轴调节阀 1 控制端
95	凸轮轴调节元件 8 控制端	105	凸轮轴调节阀控制端
96	凸轮轴调节元件 7 控制端		

表 2-65 91 芯连接器端子功能

端子序号	功能定义	端子序号	功能定义
1	接线柱 31	43	前氧传感器信号
2	接线柱 31	44	前氧传感器信号
5	接线柱 87a	49	散热器出口处的冷却液温度传感器信号
6	接线柱 87a	50	接线柱 15
7	主继电器控制端	51	油门踏板位置传感器 2 接地
8	发动机部件供电继电器控制端	52	油门踏板位置传感器信号
9	燃油泵控制单元信号	54	进气温度传感器 2 信号
11	后氧传感器加热装置控制端	55	增压压力传感器信号
12	散热器风扇控制信号	60	制动踏板开关信号
16	油门踏板位置传感器 2 电源 5V	62	P/N 挡信号
22	冷却液断流阀控制端	67	接线柱 50
25	后氧传感器信号	68	接线柱 50
26	后氧传感器信号	69	油门踏板位置传感器 2 接地
29	散热器出口处的冷却液温度传感器信号	70	GRA 开关信号
32	增压压力传感器电源 5V	74	前氧传感器加热装置控制端
33	油门踏板位置传感器电源 5V	79	CAN 总线,高位(驱动系统)
34	油门踏板位置传感器接地	80	CAN 总线,低位(驱动系统)
35	传感器接地	86	接线柱 30
37	制动信号灯开关信号	87	起动机继电器 1 控制端
39	变速器冷却液阀控制端	88	起动机继电器 2 控制端
41	前氧传感器信号		

2.10.7 凌渡四轮定位数据

凌渡四轮定位数据如表 2-66 所示。

表 2-66 车轮定位参数

标准底盘配置	前桥	后桥
总前束角(无负载)	10′±10′	10′±10′
车轮外倾角(正前打直位置)	−32′±30′	−1°20′±30′
车轮外倾角允差	30′	30′
主销后倾角(不可调)	7°23′±30′	
离地高度/mm	389±10	384±10

注:不同制造商的车轮定位仪上有些前束角偏差可能会显示为负值。这些数据适用于所有发动机。

2.10.8 1.4T CST 发动机电控系统部件位置

凌渡发动机舱电控系统部件分布如图 2-78 所示。

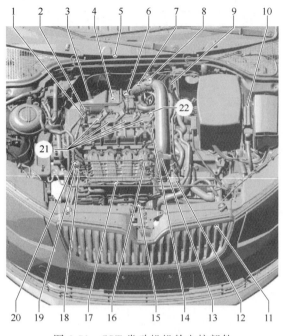

图 2-78 CST 发动机机舱电控部件

1—凸轮轴调节阀 1N205；2—排气凸轮轴调节阀 1N318；3—氧传感器 G39/氧传感器加热装置 Z19；4—机油压力调节阀 N428；5—尾气催化转化器后的氧传感器 G130/尾气催化转化器后的氧传感器1加热装置 Z29；6—油压开关 F1；7—增压调节器 V465/增压压力调节位置传感器 G581；8—冷却液温度传感器 G62；9—制动信号灯开关 F/制动踏板开关 F47，适用于装备 7 挡双离合器变速器 QRV/QJL 的车型；10—发动机控制单元 J623；11—散热器出口上的冷却液温度传感器 G83；12—节气门控制单元 J338，在更换了节气门控制单元 J338 后，必须将其重新与发动机控制单元 J623 匹配；13—增压压力传感器 G31/进气温度传感器 2G299；14—霍尔传感器 G40；15—冷却液继续循环泵 V51；16—进气温度传感器 G42/进气歧管压力传感器 G71；17—爆震传感器 1G61；18—活性炭罐电磁阀 1N80；19—机油压力降低开关 F378；20—燃油压力传感器 G247；21—带功率输出级的点火线圈；带功率输出级的点火线圈 1N70，带功率输出级的点火线圈 2N127，带功率输出级的点火线圈 3N291，带功率输出级的点火线圈 4N292；22—霍尔传感器 3G300

2.10.9 中央门锁部件安装位置

中央门锁系统部件安装位置见图 2-79。

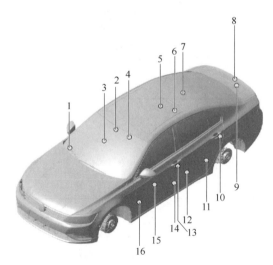

图 2-79 中央门锁部件安装位置

1—连接器，安装在右侧 A 柱，松开右侧 A 柱上的防尘套即可看到；2—右侧前车门控制单元；3—右侧前车门锁，车门锁固定在车门内板上，电动中央集控门锁集成在车门锁中；4—连接器，安装在右侧 B 柱，松开右侧 B 柱上的防尘套即可看到；5—右侧后车门锁，车门锁固定在车门内板上，电动中央集控门锁集成在车门锁中；6—燃油泵控制单元，安装在右侧后排座椅座垫下方；7—右侧后车门控制单元；8—后备厢闭锁单元，安装在后备厢盖下部中间；9—开锁按钮，后备厢盖把手，集成在尾部 LOGO 中；10—左侧后车门锁，车门锁固定在车门模块上，电动中央集控门锁集成在车门锁中；11—左侧后车门控制单元；12—连接器，安装在左侧 B 柱，松开左侧 B 柱上的防尘套即可看到；13—左侧前车门锁，车门锁固定在车门内板上，电动中央集控门锁集成在车门锁中；14—驾驶员侧车门控制单元；15—车窗升降器集控开关，安装在车门饰板中；16—连接器，安装在左侧 A 柱，松开左侧 A 柱上的防尘套即可看到

2.10.10 遥控钥匙匹配步骤

用车辆诊断、测量和信息系统 VAS 6150A 或 VAS 6150B 或 VAS 6150C 对带无线遥控器的钥匙进行匹配。

① 在车辆诊断、测量和信息系统 VAS 6150A 或 VAS 6150B 或 VAS 6150C 中选择"启动诊断"。

② 选择"车型"。
③ 点击"接受"。
④ 点击"无任务"。
⑤ 点击"检测计划"。
⑥ 点击"自己的检测"。
⑦ 选择"车身"。
⑧ 选择"电气设备"。
⑨ 选择"01—防盗锁止系统5A"。
⑩ 选择"25—防盗锁止系统功能"。
⑪ 选择"25—匹配防启动锁"。
⑫ 点击"加入检测计划"。
⑬ 选择"1"。

2.10.11 大灯清洗系统排气步骤

执行安装工作后或初次调整工作时，需要对大灯清洗系统进行排气。其操作步骤如下：
① 安装车窗和大灯清洗系统储液罐。
② 启动发动机。
③ 接通大灯开关"ON"。
④ 操作大灯清洗系统数次（3~5次，每次3s）。
⑤ 重复排气步骤，必要时一直操作到喷射缸和喷嘴正常工作。

作为手动排气的另一个方法，大灯清洗系统也可以通过使用故障诊断仪 VAS 6150A、VAS 6150B、VAS 6150C 的执行元件诊断来进行。

2.10.12 轮胎压力标定

轮胎压力标定只能在轮胎压力调整为相应要求后才可以进行。若轮胎压力监控指示灯亮起后未发现轮胎压力偏低和轮胎损坏，可通过轮胎压力标定排除此错误警告。

轮胎压力监控指示灯 K220 通过 ABS 传感器比较转速和单个轮胎的滚动周长的变化来检测胎压的变化。以下情况下，轮胎的滚动周长会发生变化：轮胎压力过低，轮胎结构受损，车辆单侧负载，同一车桥车轮强负载运转（例如拖车、陡坡行驶时），带防滑链行驶，安装了应急车轮，一个车桥上只更换一个轮胎。

压力的改变、车轮更换（包括前后交换）以及对底盘进行维修都会对轮胎压力监控产生影响，因此每次改变或操作后都应进行轮胎压力标定。

轮胎压力监控指示灯位于组合仪表内。指示灯闪烁表示尚未进行轮胎压力标定。指示灯常亮并伴随一声警告音表示"警告"，识别到轮胎压力偏低，应检查轮胎压力并进行轮胎压力标定。

进行"轮胎压力标定"步骤：
① 打开点火开关。
② 按住轮胎压力监控按钮1，2s以上，按钮位置见图2-80。

> **提示** 当按下轮胎压力监控按钮时，组合仪表中的轮胎压力监控指示灯 K220 会亮起。确认轮胎压力标定时会伴随有警告音。

③ 关闭点火开关。

图 2-80 轮胎压力监控按钮位置

④ 再次打开点火开关后，轮胎压力监控指示灯 K220 不再亮起。
若轮胎压力监控指示灯 K220 闪烁，应进行以下步骤：
⑤ 进行轮胎压力检测。
⑥ 调整轮胎压力至标准值。
a. 打开点火开关
b. 按下轮胎压力监控按钮 1。
如果轮胎压力监控指示灯 K220 继续闪烁，继续进行轮胎压力标定。步骤如下：
车辆诊断、测量和信息系统 VAS 6150A 或 VAS 6150B 或 VAS 6150C→选择"启动诊断""发动机""接受""无任务""控制单元列表""检测计划""自己的检测""底盘""03 制动装置""01 支撑车载诊断（OBD）系统""03 防抱死制动系统 ABS/EDS/ASR/ESC-J104""03 防抱死制动系统功能""03 轮胎监控显示/轮胎压力警告""加入检测计划""关闭""进行检测"。

2.10.13 电动车窗初始化设置（激活）方法

断开并重新连接蓄电池后，电动车窗升降器的自动开启和关闭功能失灵。因此，新车交付前必须重新激活电动车窗升降器。一旦电动车窗升降器被重新激活，不得再断开蓄电池。

断开并重新连接蓄电池后，电动车窗升降器的防夹功能失灵。可能会造成严重挤伤！

以下工作描述以驾驶员侧前车门车窗升降器为例。激活其他车窗玻璃升降器的自动功能可通过操作驾驶员侧前车门上的相应开关来实现。

执行下列工作步骤，对电动车窗进行初始化设置：
① 打开点火开关。
② 完全关闭所有车窗玻璃和车门。
③ 在车内使驾驶员侧前车门车窗玻璃完全落下，并保持 2s 松开玻璃控制开关，随后再次按压一次。
④ 重新使驾驶员侧前车门车窗玻璃完全关闭，保持 2s 松开玻璃控制开关，随后再次抬起一次。

2.10.14 保养周期显示器复位方法

① 关闭点火开关。

② 按住组合仪表上的复位按钮。
③ 打开点火开关。
④ 如组合仪表显示屏显示下列某条信息，松开复位按钮（图2-81）。

图2-81 显示仪表复位按钮

* 确定要复位保养服务的数据？
* 确定要复位车况检查服务的数据？

> **注意** 请不要在保养周期期间复位保养提示，否则会导致显示错误。如果较长时间把汽车蓄电池断开，则可能无法正确计算下次保养到期日。当发动机处于运转状态时，按压刮水器操纵杆上的OK/RESET按钮或按压多功能方向盘上的OK按钮，数秒后显示的保养信息消失，返回常规显示模式。

2.10.15 电动车窗复位方法

如果汽车蓄电池在未完全关闭车窗时被断开或电量耗尽，则自动车窗升降功能不起作用，必须通过以下操作复位：
① 拉起车窗升降按钮，关闭所有车窗。
② 松开按钮。
③ 再次拉起车窗升降开关的按钮并在此位置上至少保持2s，自动升降功能恢复。

2.10.16 全车控制器安装位置

发动机舱内的控制器分布如图2-82所示。

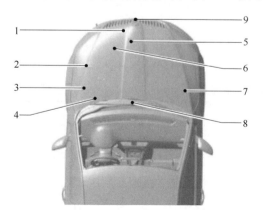

1—散热器风扇控制单元J293；2—发动机控制单元J623；3—蓄电池监控控制单元J367（仅适用于带自动启停系统的汽车）；4—刮水器电机控制单元J400；5—节气门控制单元J338；6—双离合器变速器机电装置J743（仅适用于带双离合器变速器的汽车）；7—ABS控制单元J104；8—转向辅助控制单元J500；9—车距调节控制单元J428［仅适用于带自动车距控制（ADR）的汽车］

图2-82 发动机舱内的控制器

车厢空间内的控制器及组合插座分布如图 2-83 所示。

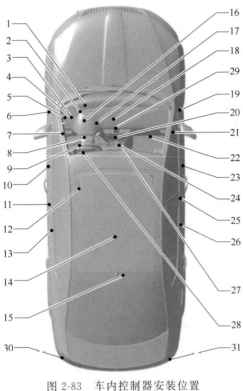

1—随动转向大灯和大灯照明距离调节控制单元 J745（仅适用于带自动大灯照明距离调节的汽车）；2—数据总线诊断接口 J533；3—驻车辅助控制单元 J446［仅适用于带驻车距离报警（后）的汽车］；4—驻车辅助系统控制单元 J791/驻车辅助控制单元 J446［仅适用于带驻车距离报警（前/后）的汽车/仅适用于带驻车转向辅助系统的汽车］；5—车载电网控制单元 J519；6—左 A 柱插座；7—诊断接口 U31；8—电子转向柱锁止装置控制单元 J764（仅适用于带进入及启动许可的汽车）；9—转向柱电子装置控制单元 J527；10—驾驶员侧车门控制单元 J386；11—左 B 柱插座；12—功率放大器 R12（仅适用于带了音响系统的汽车）；13—左后车门控制单元 J388；14—滑动天窗控制单元 J245（仅适用于带滑动/外翻式天窗的汽车）；15—燃油泵控制单元 J538；16—仪表板中的控制单元 J285；17—进入及启动许可控制单元 J518（仅适用于带进入及启动许可的汽车）；18—安全气囊控制单元 J234；19—右 A 柱插座；20—前部信息显示和操作单元控制单元的显示单元 J685/多媒体系统操作单元 E380（依汽车装备而定）；21—新鲜空气鼓风机控制单元 J126；22—电子通信信息设备 1 控制单元 J794（依汽车装备而定）；23—副驾驶员侧车门控制单元 J387；24—全自动空调控制单元 J255（仅适用于带全自动空调的汽车）；25—右 B 柱插座；26—右后车门控制单元 J389；27—空调器控制单元 J301（仅用于带有手动调节空调器的汽车）；28—多功能方向盘控制单元 J453（仅适用于带多功能方向盘的汽车）；29—驾驶员辅助系统的前部摄像机 R242（仅适用于带驾驶辅助特殊装备的汽车）；30—盲区识别控制单元 2J1087（仅适用于带车道保持辅助系统的汽车）；31—盲区识别控制单元 J1086（仅适用于带车道保持辅助系统的汽车）

图 2-83 车内控制器安装位置

2.10.17 凌渡保险丝信息

2.10.18 凌渡继电器信息

2.10.19 凌渡接地点信息

2.11 波罗 Polo（2010～2022 年款）

2.11.1 波罗车型发动机配置信息

波罗车型发动机配置如表 2-67～表 2-71 所示。

表 2-67 波罗车型发动机配置

发动机型号	DMB	点火顺序	1—3—4—2
排量/L	1.498	爆震控制	是
功率/kW	85	增压	否
转矩/Nm	150	废气再循环	否
缸径/mm	74.5	可变进气管	是
行程/mm	85.9	凸轮轴调节	是
压缩比	11.0∶1	二次空气	否
ROZ	92	排放标准	C6
喷射装置/点火装置	进气歧管喷射		

表 2-68 2010 年款起新波罗车型发动机配置

发动机型号	CLP	CLS/CPJ	压缩比	10.5∶1	10.5∶1
排量/L	1.390	1.598	喷射装置/点火装置	MM 7GV	MM 7GV
气缸数/每缸气门数	4/4	4/4	RON(无铅，至少)	93	93
功率/kW	63	77	爆震控制	是	是
转矩/[Nm/(r/min)]	132	155	自诊断	是	是
缸径/mm	76.5	76.5	三元催化转化器	是	是
行程/mm	75.6	86.9	废气再循环	否	否

表 2-69 2014 年款起新波罗车型发动机配置

发动机标识字母	DAH	CSR	喷射装置/点火装置	BOSCH ME 17.5.22	BOSCH ME 17.5.22
排量/L	1.395	1.598			
气缸数/每缸气门数	4/4	4/4	RON(无铅，至少)	93/92	93/92
功率/kW	66	81	爆震控制	是	是
转矩/Nm	132	155	自诊断	是	是
缸径/mm	74.5	76.5	三元催化转化器	是	是
行程/mm	80	86.9	废气再循环	否	否
压缩比	10.5∶1	10.5∶1			

表 2-70 波罗 GTI 车型发动机配置

标识字母	CFB	CSS	点火顺序	1—3—4—2	1—3—4—2
排量/L	1.390	1.395	爆震控制	是	是
功率/kW	96	110	增压	是	是
转矩/Nm	220	250	废气再循环	否	否
缸径/mm	76.5	74.5	可变进气管	是	是
行程/mm	75.6	80	三元催化转化器	是	是
压缩比	10.0∶1	10.0∶1	凸轮轴调节	是	是
RON	93	93	二次空气	否	否
喷射装置/点火装置	Motronic MED 17.5.20	缸内直喷			

表 2-71 2018 年款起全新波罗车型发动机

发动机标识字母	DLX	压缩比	11.0∶1
排量/L	1.498	喷射装置/点火装置	进气歧管喷射
气缸数	4	RON(至少)	92
功率/kW	81	爆震控制系统	是
转矩/Nm	150	自诊断	是
缸径/mm	74.5	三元催化转化器	是
行程/mm	85.9	废气再循环	否

2.11.2 1.5L DMB 发动机正时维修

该发动机正时机构结构形式、正时检查与调整方法和 DLS 相同，请参考 1.1.2 小节内容。

2.11.3 1.5L DLX 发动机正时维修

该发动机正时机构结构形式、正时检查与调整方法和 DLS 相同，请参考 1.1.2 小节内容。

2.11.4 1.6L CSR 发动机正时维修

该发动机正时机构结构形式、正时检查与调整方法和 DLS 相同，请参考 1.1.2 小节内容。

2.11.5 1.4L DAH 发动机正时维修

该发动机正时机构结构形式、正时检查与调整方法和 DLS 相同，请参考 1.1.2 小节内容。

2.11.6 1.4L CLP/1.6L CLS 发动机机械维修数据

1.4L CLP/1.6L CLS 发动机机械维修数据如表 2-72 所示。

表 2-72 发动机机械维修数据

基本参数			
发动机代码		CLP	CLS
排量/L		1.390	1.598
功率/[kW/(r/min)]		63/(5000±200)	77/(5000±200)
转矩/[Nm/(r/min)]		132/(3750±200)	155/(3750±200)
缸径 φ/mm		76.5	76.5
冲程/mm		75.6	86.9
压缩比		10.5	10.5
ROZ		93	93
喷射与点火装置		MM 7GV	MM 7GV
点火顺序		1—3—4—2	1—3—4—2
爆震控制		有	
自诊断功能		有	
λ 控制功能		有	
三元催化转化器		有	
增压系统		无	
可变进气系统		有	
废气再循环功能		无	
曲轴轴承轴颈直径/mm		基本尺寸	$50.00_{-0.037}^{-0.017}$
连杆轴承轴颈直径/mm		基本尺寸	$42.00_{-0.037}^{-0.022}$
活塞环开口间隙/mm		第一压缩环	新件 0.20~0.50,极限 1.0
		第二压缩环	新件 0.40~0.60,极限 1.0
		刮油环	新件 0.2~1.10
活塞环环槽间隙/mm		第一道压缩环	新件 0.04~0.08,极限 0.15
		第二道压缩环	新件 0.02~0.06,极限 0.15
		挡油环	不可测量
活塞直径(从活塞底部约 12mm 处测量)/mm		基本尺寸	76.475
		第一次维修	76.725
		第二次维修	76.975
气缸孔径/mm		基本尺寸	76.51
		第一次维修	76.76
		第二次维修	77.01
气缸压力值/bar		新零件	11~14
		磨损极限	7
		气缸间允许相差值	3
进、排气门、气门导杆检测参数			
尺寸图例			
进气门		a 气门顶直径/mm	29.5
		b 气门杆直径/mm	5.92
		c 气门全长/mm	100.6
		α 气门斜角/(°)	44
进气门导管		磨损极限/mm	0.8
排气门		a 气门顶直径/mm	26.0
		b 气门杆直径/mm	5.92
		c 气门全长/mm	100.57
		α 气门斜角/(°)	44
排气门导管		磨损极限/mm	0.8

参数图例	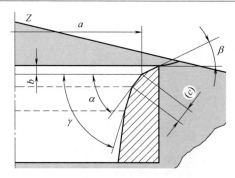	
尺寸	进气门座	排气门座
a	28.7mm	25mm
b	最大允许修整尺寸	最大允许修整尺寸
c	1.5～1.8mm	约1.8mm
Z	气缸盖下缘	气缸盖下缘
α(45°)	气门座角度	气门座角度
β(30°)	上修正角	上修正角
γ(60°)	下修正角	下修正角

2.11.7 2010～2012年款波罗四轮定位数据

如表2-73所示的数据适用于所有车身侧倾"零位"的发动机。

表2-73 车轮定位参数

前桥	标准底盘	后桥	标准底盘
总前束角(无负载)	$+10'\pm10'$	总前束(车轮外倾角已规定)	$+21'\pm10'$
车轮外倾角(正前打直位置)	$-28'\pm30'$	车轮外倾角	$-1°30'\pm20'$
两侧之间的最大允许偏值	$30'$	两侧之间的最大允许偏值	$30'$
向左和向右转向角为20°时的前束偏差角①	$1°19'\pm20'$	—	—
主销后倾(不可调)	$+4°54'\pm30'$		
两侧之间的最大允许偏值	$30'$	允许的与行驶方向的最大偏差	$20'$
离地高度/mm	366 ± 10	离地高度/mm	382 ± 10

① 不同制造商的车轮定位仪上有些前束偏差可能会显示为负值。

2.11.8 2018年款起全新波罗车型四轮定位数据

2018年款起全新波罗车型四轮定位数据如表2-74所示。

表2-74 四轮定位参数

前桥	标准底盘	后桥	标准底盘
总前束角(无负载)	$10'\pm10'$ $15'\pm5'$(Cross)	总前束(车轮外倾角已规定)	$21'\pm10'$ $16'\pm10'$(Cross)
车轮外倾角(正前打直位置)	$-28'\pm30'$ $-15'\pm30'$	车轮外倾角	$-1°30'\pm20'$
左右轮外倾角最大允差	$30'$	左右轮外倾角最大允差	$20'$
主销后倾(不可调)	$4°54'\pm30'$ $4°40'\pm30'$		
两侧之间的最大允许偏值	$30'$	两侧之间的最大允许偏值	$30'$
离地高度/mm	366 ± 10	离地高度/mm	382 ± 10

2.11.9　2018年款起全新波罗全车控制器安装位置

发动机舱内的控制器安装位置见图2-84。

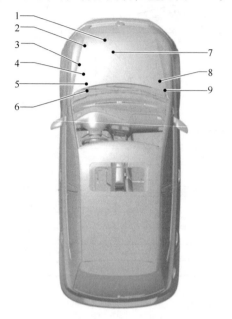

1—双离合器变速器机电装置J743（仅适用于带双离合器变速器的汽车）；2—散热器风扇控制单元J293；3—蓄电池监控控制单元J367（用于带发动机自动启停系统的汽车）；4—自动变速器控制单元J217；5—发动机控制单元J623；6—刮水器电机控制单元J400；7—节气门控制单元J338；8—ABS控制单元J104；9—机械振动控制单元J869（仅用于Polo GTI）

图2-84　全新波罗发动机舱内控制器安装位置

车厢空间内的控制器安装位置如图2-85所示。

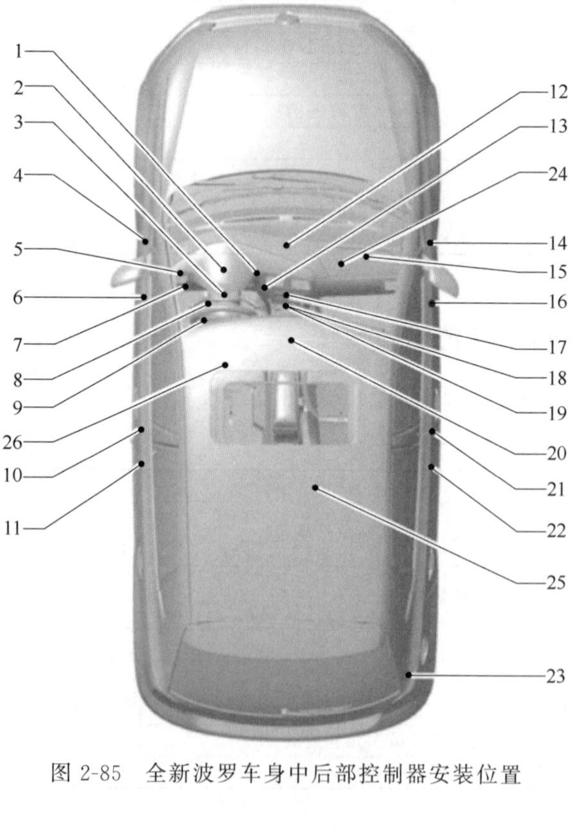

1—转向辅助控制单元J500；2—仪表板中的控制单元J285；3—组合开关T41（截至2017年11月），转向柱电子装置控制单元J527（自2017年11月起）；4—左A柱插座；5—车载电网控制单元J519；6—驾驶员侧车门控制单元J386；7—诊断接口U31；8—点火启动开关D；9—多功能方向盘控制单元J453；10—左B柱插座；11—左后车门控制单元J388；12—安全气囊控制单元J234；13—可加热前座椅控制单元J774；14—右A柱插座；15—新鲜空气鼓风机控制单元J126；16—副驾驶员侧车门控制单元J387；17—收音机及导航系统带显示单元的控制单元J503；18—全自动空调控制单元J255；19—空调器控制单元J301；20—滑动天窗控制单元J245；21—右B柱插座；22—右后车门控制单元J389；23—驻车辅助控制单元J446；24—随动转向大灯和大灯照明距离调节控制单元J745；25—燃油泵控制单元J538；26—稳压器J532（用于带发动机自动启停系统的汽车）

图2-85　全新波罗车身中后部控制器安装位置

2.11.10　2012年款波罗遥控钥匙匹配

遥控钥匙型号为202AD（大众小标的）。
芯片为Vvdi用8.1外挂软件。
步骤如下：
① 自动诊断类型；
② 读取EEPROM数据；
③ 保存；
④ 读取防盗数据；
⑤ 保存；
⑥ 生成经销商钥匙；
⑦ 添加钥匙，遥控：X431—09—10—00—01确定，按遥控4角灯闪，成功。

2.11.11　波罗倒车雷达系统编码方法

① 76停车辅助系统；
② 07控制单元编码01104；
③ 调节音量：10通道调整匹配；
④ 输入匹配值001～007；
⑤ 调节频率：10通道调整匹配；
⑥ 输入匹配值000～004。

2.11.12　波罗断电后玻璃升降设定方法

装有零件号为6Q1 937 049 C的舒适系统控制单元的舒适性Polo车，在更换蓄电池或断电后，会出现收音机或电动摇窗功能失效，解决方法为：
① 进入"46中央门锁系统"；
② 将原编码改为00067或00259；
③ 测试电动摇窗功能，然后再将编码改回01024；
④ 确认无故障代码后，退出系统。

2.11.13　波罗空调系统内循环点击基本设定方法

① 选择"08空调/加热器"；
② 选择"07控制单元编码"；
③ 输入编码05000；
④ 进入"04系统基本调整"；
⑤ 输入学习值01或00；
⑥ 显示伺服电机自学习过程；
⑦ 查数据流002组4区环境温度和003组1区水温。

2.11.14　2019年款起全新一代波罗保险丝信息

2.11.15　2019年款起全新一代波罗继电器信息

2.11.16 2019年款起全新一代波罗接地点信息

2.12 途安 Touran-途安 L（2011～2021年款）

2.12.1 途安 L 车型发动机配置信息

途安 L 车型发动机配置如表 2-75 所示。

表 2-75 途安 L 车型发动机配置信息

发动机型号	CSS	CUF	CSR	DJS	DNC
排量/L	1.395	1.798	1.598	1.395	1.498
功率/kW	110	132	81	110	83
转矩/Nm	250	300	155	250	145
缸径/mm	74.5	82.5	76.5	74.5	74.5
行程/mm	80	84.1	86.9	80	85.9
压缩比	10.0∶1	9.6∶1	10.5∶1	10.0∶1	11.0∶1
ROZ	92	92	92	92	92
喷射装置/点火装置	缸内直喷	缸内直喷	进气歧管喷射	缸内直喷	进气歧管喷射
点火顺序	1—3—4—2	1—3—4—2	1—3—4—2	1—3—4—2	1—3—4—2
爆震控制	是	是	是	是	是
增压	是	是	否	是	否
废气再循环	否	否	否	否	否
可变进气管	是	是	否	是	否
凸轮轴调节	是	是	是	是	是
二次空气	否	否	否	否	否
排标准	C5	C5	C5	C6	C6

2.12.2 1.8T CUF 发动机正时维修

该发动机正时单元结构与拆装调整步骤和 CUH 发动机相同，相关内容请参考 2.13.3 小节。

2.12.3 1.4T CSS 发动机正时维修

该发动机正时机构结构形式、正时检查与调整方法和 DLS 相同，请参考 1.1.2 小节内容。

2.12.4 1.6L CSR 发动机控制单元端子信息

1.6L CSR 发动机控制单元连接器端子排列如图 2-86 所示，端子定义见表 2-76、表 2-77。

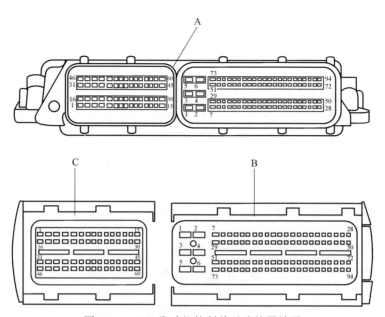

图 2-26 CSR 发动机控制单元连接器端子

A—发动机控制单元 J623；B—60 芯连接器 T60，黑色，发动机控制单元连接器；
C—94 芯连接器 T94，黑色，发动机控制单元连接器

表 2-76 60 芯连接器端子定义

端子序号	功能定义	端子序号	功能定义
1	节气门驱动装置(电控节气门)—	38	节气门驱动装置(电控节气门)角度传感器 1 信号
2	节气门驱动装置(电控节气门)+		
3	4 缸喷油控制	39	节气门驱动装置(电控节气门)角度传感器 2 信号
4	1 缸喷油控制		
5	发动机转速传感器信号	41	冷却液温度传感器信号
6	发动机转速传感器信号	42	爆震传感器屏蔽
7	霍尔传感器信号	43	进气温度传感器信号
8	霍尔传感器接地	44	节气门驱动装置(电控节气门)角度传感器电源 5V
9	带功率输出级的点火线圈 1 控制端		
10	带功率输出级的点火线圈 3 控制端	48	活性炭罐电磁阀控制端
11	带功率输出级的点火线圈 4 控制端	49	3 缸喷油控制
12	带功率输出级的点火线圈 2 控制端	51	节气门驱动装置(电控节气门)角度传感器接地
13	传感器电源 5V(霍尔传感器、进气管压力传感器)	53	爆震传感器信号
		54	爆震传感器信号
14	发动机转速传感器信号	56	进气温度传感器信号
33	凸轮轴调节阀控制端	57	进气管压力传感器信号
34	2 缸喷油控制	58	冷却液温度传感器信号

表 2-77 94 芯连接器端子定义

端子序号	功能定义	端子序号	功能定义
1	接线柱 31	14	前氧传感器信号
2	接线柱 31	15	前氧传感器信号
5	接线柱 87	16	后氧传感器信号
6	接线柱 87	17	后氧传感器信号
7	前氧传感器加热装置控制端	20	发电机发电控制端
11	散热器出口处的冷却液温度传感器信号	23	GRA 开关信号[仅适用于带定速巡航装置(GRA)的车辆]
12	散热器出口处的冷却液温度传感器信号		

续表

端子序号	功能定义	端子序号	功能定义
25	离合器位置传感器信号(仅适用于带手动变速器的车辆)	69	主继电器控制端
		72	燃油泵继电器控制端
56	油门踏板位置传感器 2 接地	73	后氧传感器加热装置控制端
57	油门踏板位置传感器 2 信号	74	散热器风扇控制信号
58	油门踏板位置传感器 2 电源 5V	78	油门踏板位置传感器接地
64	制动踏板开关信号	79	油门踏板位置传感器信号
66	制动信号灯开关信号	80	油门踏板位置传感器电源 5V
67	CAN 总线,低位(驱动系统)	87	接线柱 15a
68	CAN 总线,高位(驱动系统)	92	接线柱 30a

2.12.5　1.8T CUF 发动机控制单元端子数据

该发动机也搭载于凌渡车型上,相关内容请参考 2.10.6 小节。

2.12.6　1.8T CUF 发动机舱电控部件分布

搭载 CUF 发动机的途安 L 发动机舱电控部件分布如图 2-87 所示。

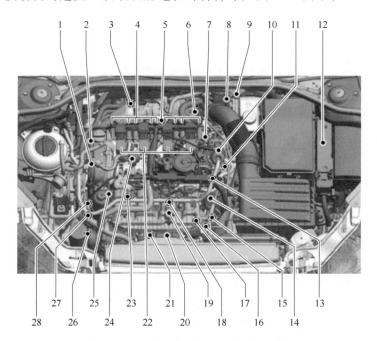

图 2-87　CUF 发动机舱内电控部件分布

1—凸轮轴调节阀 1N205；2—排气凸轮轴调节阀 1N318；3—尾气催化转化器后的氧传感器 G130/尾气催化转化器后的氧传感器 1 加热装置 Z29；4—凸轮轴调节元件：凸轮轴调节元件 1F366,凸轮轴调节元件 2F367,凸轮轴调节元件 3F368,凸轮轴调节元件 4F369,凸轮轴调节元件 5F370,凸轮轴调节元件 6F371,凸轮轴调节元件 7F372,凸轮轴调节元件 8F373；5—氧传感器 G39/氧传感器加热装置 Z19；6—涡轮增压器循环空气阀 N249,安装在废气涡轮增压器上；7—霍尔传感器 3G300；8—制动信号灯开关 F/制动踏板开关 F47；9—连接器,用于氧传感器 G39/氧传感器加热装置 Z19；用于尾气催化转化器后的氧传感器 G130/尾气催化转化器后的氧传感器 1 加热装置 Z29；10—带燃油压力调节阀 N276 的高压油泵；11—冷却液温度传感器 G62；12—发动机控制单元 J623；13—霍尔传感器 G40；14—气流控制风门的真空罐；15—进气管风门阀门 N316；16—发动机转速传感器 G28；17—连接器,用于爆震传感器 1G61,油压开关、3 挡 F447,进气管风门阀门 N316,燃油压力传感器 G247,进气歧管压力电位计 G336,霍尔传感器 G40,气缸喷油阀 N30~N33；18—爆震传感器 1G61；19—进气温度传感器 G42/进气管压力传感器 G71；20—节气门控制单元 J338,包括电控油门操纵机构的节气门驱动装置 G186、电控油门操纵机构的节气门驱动装置角度传感器 G187、电控油门操纵机构的节气门驱动装置角度传感器 2G188,在更换了节气门控制单元 J338 后,必须将其重新与发动机控制单元 J623 匹配；21—增压压力传感器 G31/进气温度传感器 2G299；22—带功率输出级的点火线圈：带功率输出级的点火线圈 1N70,带功率输出级的点火线圈 2N127,带功率输出级的点火线圈 3N291,带功率输出级的点火线圈 4N292；23—燃油压力传感器 G247；24—活性炭罐电磁阀 1N80；25—进气歧管风门电位计 G336；26—散热器出口上的冷却液温度传感器 G83；27—机油压力调节阀 N428；28—油压开关 F1/机油压力降低开关 F378/活塞冷却喷嘴控制阀 N522

2.12.7　2011年款起途安全车控制器安装位置

途安全车控制器安装位置如图 2-88 所示。

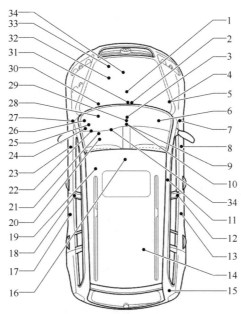

图 2-88　途安全车控制器分布

1—节气门控制单元 J338，安装位置在发动机进气歧管左侧仅用于带发动机编号字母 CFBA 的汽车；
2—节气门控制单元 J338，安装位置在发动机前部左侧仅用于带发动机编号字母 CSRA 的汽车；
3—转向辅助控制单元 J500，安装位置在转向助力器中间下部；
4—安全气囊控制单元 J234，安装位置在换档杆前面中央通道上；
5—ABS 控制单元 J104，安装位置（仅适用于带有防抱死制动系统（ABS）的车辆）在发动机舱内右侧纵梁后部；安装位置（仅适用于带制动防抱死系统（ABS）和电控行车稳定系统（ESP）的车辆）在发动机舱内右纵梁后部；
6—新鲜空气鼓风机控制单元 J126（仅适用于带 Climatronic 自动空调的车辆），安装位置在新鲜空气鼓风机下部；
7—右 A 柱插座，安装位置在右 A 柱上；
8—副驾驶员侧车门控制单元 J387，安装位置在副驾驶员侧车门上；
9—Climatronic 控制单元 J255（仅适用于带 Climatronic 自动空调的车辆），安装位置在仪表板中部，收音机上方；
10—空调器控制单元 J301（仅适用于带电动调节风门的空调器），安装位置在仪表板中部，收音机上方；
11—移动电话操作电子装置控制单元 J412（仅适用于带移动电话的车辆），安装位置在副驾驶员地毯下面；
12—右 B 柱插座，安装位置在右 B 柱上；
13—右后车门控制单元 J389，安装位置在右后车门上；
14—燃油泵控制单元 J538（仅用于带发动机编号字母 CFBA 的汽车），安装位置在后座垫右侧下方；
15—驻车辅助控制单元 J446（仅适用于带驻车距离报警（后）的车辆），安装位置 在右侧 D 柱下部；
16—滑动天窗控制单元 J245（仅适用于带折叠式滑动天窗的车辆），安装位置在滑动天窗前方车顶内；
17—左后车门控制单元 J388，安装位置在左后车门上；
18—左 B 柱插座，安装位置在左 B 柱上；
19—可加热前座椅控制单元 J774（仅适用于带座椅加热的车辆），安装位置在驾驶员座椅下面；
20—多功能方向盘控制单元 J453（仅适用于带多功能方向盘的车辆），安装位置 在方向盘内；
21—转向柱电子装置控制单元 J527，安装位置在转向柱上部；
22—诊断接口 U31，安装位置在仪表板下面左侧；
23—驾驶员侧车门控制单元 J386，安装位置在驾驶员侧车门上；
24—车载电网控制单元 J519，安装位置 在仪表板左侧下方；
25—数据总线诊断接口 J533，安装位置 在仪表板左侧车载电网控制单元车身控制单元支架上；
26—驻车辅助系统控制单元 J791（仅适用于带驻车转向辅助系统的车辆），安装位置在仪表板左侧车载电网控制单元车身控制单元支架上；
27—左 A 柱插座，安装位置在左 A 柱上；
28—仪表板中的控制单元 J285，安装位置在仪表板左侧；
29—收音机及导航系统带显示单元的控制单元 J503（仅用于带收音机导航系统 RNS 315 的汽车），安装位置在仪表板中间；
30—刮水器电机控制单元 J400，安装位置在排水槽左侧；
31—发动机控制单元 J623，安装位置在发动机舱排水槽中部；
32—双离合器变速器机电装置 J743（仅适用于带双离合器变速器 0AM 的车辆），安装位置在变速器前部；
33—散热器风扇控制单元 J293，安装位置在散热风扇左侧；
34—弯道灯和大灯照明距离调节控制单元 J745，（仅适用于带气体放电灯大灯的车辆），安装位置在仪表板左侧油门踏板上方

2.12.8 途安 L 四轮定位数据

途安 L 四轮定位数据如表 2-78 所示。

表 2-78 车轮定位参数

前桥	标准底盘	后桥	标准底盘
总前束角（无负载）	10′±10′	总前束（无负载）	10′±10′
车轮外倾角（正前打直位置，不可调）	−29′±30′	车轮外倾角（不可调）	−1°20′±30′
左右车轮外倾角最大允差	30′	左右轮外倾角最大允差	30′
左右后倾角（不可调）	7°23′±30′		
离地高度/mm	397±10	离地高度/mm	399±10

2.12.9 2011 年款起途安四轮定位数据

2011 年款起途安四轮定位数据如表 2-79 所示。

表 2-79 车轮定位参数

前桥	车轮定位数据	后桥	车轮定位数据
总前束角	10′±10		
车轮外倾角（处于直线向前位置）	−30′±30	车轮外倾角	−1°20′±30′
两侧之间的最大允许偏差	30′	两侧之间的最大允许偏差	30′
向左和向右转向角为 20°时，转向角的偏差	1°26′±20′	总前束	10′±12.5′
主销后倾	7°34′±30′	与行驶方向的最大允许偏差	20′
离地高度/mm	404±10	离地高度/mm	414±10

2.12.10 途安 L 全车控制器安装位置

汽车前部的控制器安装位置见图 2-89。

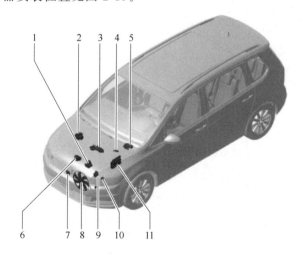

图 2-89 途安 L 前部控制器安装位置

1—节气门控制单元 J338；2—ABS 控制单元 J104；3—转向辅助控制单元 500；4—蓄电池监控控制单元 J367（仅适用于带自动启停系统的汽车）；5—刮水器电机控制单元 J400；6—节气门控制单元 J338；7—车距调节控制单元 J428 [仅适用于带自动车距控制（ADR）的汽车]；8—散热器风扇控制单元 J293；9—双离合器变速器机电装置 J743；10—双离合器变速器机电装置 J743；11—发动机控制单元 J623

汽车中部的控制器安装位置如图 2-90 所示。

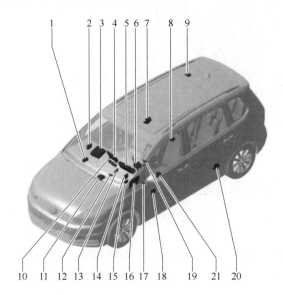

图 2-90　途安 L 车身内部控制器安装位置

1—新鲜空气鼓风机控制单元 J126；2—副驾驶员侧车门控制单元 J387；3—电子通信信息设备 1 控制单元 J794（仅用于带导航系统的汽车）；4—前部信息显示和操作单元控制单元的显示单元 J685/多媒体系统操作单元 E380（仅用于带导航系统的汽车）；5—仪表板中的控制单元 J285；6—转向柱电子装置控制单元 J527；7—右后车门控制单元 J389；8—燃油泵控制单元 J538（用于带 1.4L/1.8L 发动机的汽车）；9—滑动天窗控制单元 J245（仅用于带全景滑动天窗的汽车）；10—空调器控制单元 J301（仅用于带电动调节风门的空调器）/全自动空调控制单元 J255（仅适用于带全自动空调的汽车）；11—安全气囊控制单元 J234；12—随动转向灯和大灯照明距离调节控制单元 J745（仅用于带自动大灯照明距离调节的汽车）；13—进入及启动许可控制单元 J518（仅适用于带进入及启动许可的汽车）；14—数据总线诊断接口 J533；15—驻车辅助控制单元 J446［仅适用于带驻车距离报警（后）/（前/后）的汽车］/驻车辅助系统控制单元 J791（仅用于带驻车转向辅助系统的汽车）；16—车载电网控制单元 J519；17—诊断接口 U31；18—驾驶员侧车门控制单元 J386；19—多功能方向盘控制单元 J453（仅适用于带多功能方向盘的汽车）；20—左后车门控制单元 J388；21—数字式声音处理系统控制单元 J525（仅适用于带音响系统的汽车）

汽车后部的控制器安装位置见图 2-91。

图 2-91　途安 L 车身后部控制器安装位置
1—行驶换道辅助系统控制单元 J769（仅用于带换道辅助系统的汽车）；2—后备厢盖控制单元 J605（仅用于带有后备厢盖关闭辅助功能的汽车）；3—行驶换道辅助系统控制单元 2J770（仅用于带换道辅助系统的汽车）

2.12.11　途安 L 保险丝信息

2.12.12　途安 L 继电器信息

2.12.13　途安 L 接地点信息

2.12.14　途安保养归零设置

① 关闭点火开关。

② 按住仪表右边的按钮，打开点火开关，显示"SERVICE"。

③ 按住仪表左边的按钮直到显示下一次保养里程，按钮位置如图 2-92 所示。

图 2-92 途安仪表

2.12.15 大众途安电子助力转向系统设定方法

大众途安在系统断电或者进行零件拆装以后，需要对电子助力转向系统进行设定，具体设定如下：

方法一：先将方向盘向左转至极限位置并保持 3s，再向右转至极限位置并保持 3s，之后将方向盘转至中心位置，然后进行路试，待车速超过 20km/h，电子助力转向故障警告灯自动熄灭后即可。

方法二：

① 转向零位的设定方法。

a. 前轮保持直线行驶状态，用解码器输入地址码 44 后，方向盘左转 4°～5°（一般在 10°之内），回正方向盘。

b. 再向右转 4°～5°，将方向盘回正，双手离开方向盘。

c. 输入 31875，按返回键。

d. 输入功能 04—06，按激活键。

e. 退出软件，断开点火开关 6s 后即可。

 在做转向零位设定时，发动机不能运行。方向盘左、右转动后再回正，双手必须离开方向盘，使方向盘静止不动，以便让控制单元对零位进行确认。

② 转向阻力大小的设定方法。

用解码器进入 44—10—01，选择某个合适的阻力数值（1～16 挡），按保存键，然后再按接收键。此时屏幕就会显示新设定阻力大小的名称，然后再按返回键，退出即可。

 由中间位置向左或向右最大的旋转角度为 90°。

③ 转向极限位置的设定方法。

如果在更换了转向角度传感器 G85、转向机总成（含转向控制单元 J500）、转向柱开关总成（含控制单元 J527）或做过一次四轮定位，做过转向零位（中间）设定后出现故障代码 02546，则需要做转向极限位置的设定，具体方法如下：

a. 将前轮保持在直线行驶状态，启动发动机，将方向盘向左转动 10°左右，停顿 1～2s，回正。

b. 将方向盘向右转动 10°，停顿 1～2s，回正。

c. 双手离开方向盘，停顿 1～2s。

d. 将方向盘向左转到底，停顿 1～2s。

e. 将方向盘向右转到底，停顿 1～2s。

f. 将方向盘回正，断开点火开关 6s，设定完成。

 在做转向零位（中间）设定和转向极限位设定后，必须用解码器进入 44—02 查询转向系统有无故障代码，设定工作才能结束。

如果出现转向角度传感器 G85 的相关故障代码，一定要先做转向零位（中间）设定和转向极限位置设定，然后才能清除故障代码。

2.13 辉昂 PHIDEON（2016-2021 年款）

2.13.1 辉昂车型发动机配置信息

辉昂车型发动机配置如表 2-80、表 2-81 所示。

表 2-80　2017 款辉昂车型发动机配置

发动机型号	CUH/CYP	CRE	发动机型号	CUH/CYP	CRE
排量/L	1.984	2.995	点火顺序	1—3—4—2	1—4—3—6—2—5
功率/kW	165	220	爆震控制	是	是
转矩/Nm	350	440	增压	是	是
缸径/mm	82.5	84.5	废气再循环	否	否
行程/mm	92.8	89.0	可变进气管	是	是
压缩比	9.6∶1	(10.8±0.2)∶1	凸轮轴调节	是	是
ROZ	95	95	二次空气	否	是
喷射装置/点火装置	TSI+MPI	TSI+MPI	排放标准	C5	C5

表 2-81　2019 款辉昂车型发动机配置

发动机型号	DMJ	发动机型号	DMJ
排量/L	1.984	点火顺序	1—3—4—2
功率/kW	165	爆震控制	是
转矩/Nm	350	增压	是
缸径/mm	82.5	废气再循环	否
行程/mm	92.8	可变进气管	是
压缩比	9.6∶1	凸轮轴调节	是
ROZ	95	二次空气	否
喷射装置/点火装置	TSI+MPI	排放标准	C6

2.13.2　2.0T DMJ 发动机正时维修

该发动机正时机构结构形式、正时检查与调整方法和 DPL 相同，请参考 1.3.2 小节内容。

2.13.3　2.0T CUH 发动机正时维修

2.13.3.1　发动机正时分解

发动机正时链单元部件如图 2-93～图 2-99 所示。

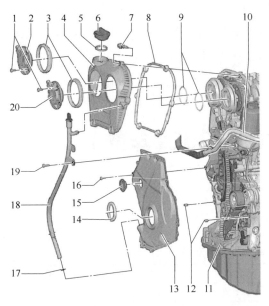

图 2-93 正时链罩盖

1—螺栓，更换，铝合金螺栓拧紧力矩为4Nm继续转动45°，钢螺栓拧紧力矩为9Nm；2—排气凸轮轴调节阀1N318，更换O形圈；3—O形圈，更换，在安装之前上油；4—正时链上部盖板，用9Nm的力矩拧紧螺栓；5—密封件，损坏时更新；6—封盖；7—螺栓；8—密封件，损坏时更新；9—O形圈，更换，用发动机油浸润；10—前部冷却液管；11—发动机；12—固定销，封盖的定位销；13—正时链下盖板，带轴密封环；14—轴密封环，用于减振器；15—封盖，更换；16—螺栓，更换，带15个螺栓的拧紧顺序见图2-95，带8个螺栓的拧紧顺序见图2-95；17—O形圈，更换，在安装之前上油；18—机油尺导向管；19—螺栓，拧紧力矩9Nm；20—凸轮轴调节阀1N205

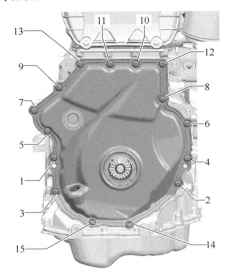

图 2-94 正时链下方盖板拧紧顺序（带15个螺栓）

按所示顺序分两步拧紧螺栓1～15：①用8Nm的力矩拧紧螺栓；②继续转动螺栓45°。

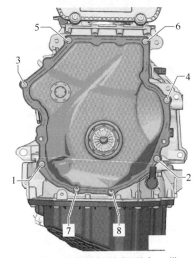

图 2-95 正时链下方盖板拧紧顺序（带8个螺栓）

按所示顺序分两步拧紧螺栓1～8：①用8Nm的力矩拧紧螺栓；②继续转动螺栓45°。

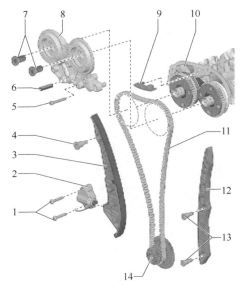

图 2-96 凸轮轴正时链

1—螺栓，更换，4Nm+90°；2—链条张紧器，处于弹簧张紧状态，拆卸前用插入定位工具T40267固定；3—正时链张紧轨；4—导向销，20Nm；5—螺栓，更换，拧紧顺序见图2-98；6—张紧套，根据结构情况，不是在每个轴承桥上都安装；7—控制阀，左旋螺纹，35Nm，用装配工具T10352/2进行拆卸；8—轴承桥；9—凸轮轴正时链的滑轨；10—凸轮轴外壳；11—凸轮轴正时链，拆卸前用颜色标记转动方向；12—凸轮轴正时链的滑轨；13—导向销，20Nm；14—曲轴三级链轮，安装位置见图2-98

图 2-97 轴承桥拧紧力矩和拧紧顺序

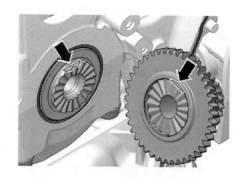

图 2-98 三级链轮安装位置

轴承桥钢螺栓拧紧步骤：第一次手动拧入至贴紧；第二次继续拧紧9Nm。

轴承桥铝螺栓拧紧步骤：第一次手动拧入至贴紧；第二次预拧紧力矩 4Nm；第三次继续拧紧 180°。

三级链轮安装时，图 2-98 箭头所示的位置必须相对。

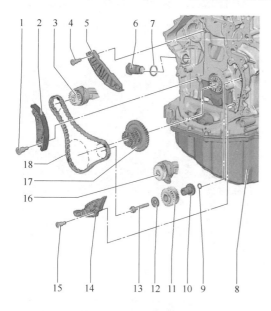

图 2-99 平衡轴驱动链

1—导向销，20Nm；2—张紧轨，用于正时链；3—平衡轴，排气侧，用发动机机油涂抹支座，仅成对更新；4—导向销，20Nm；5—滑轨，用于正时链；6—链条张紧器，85Nm，涂防松剂后装入；7—密封圈；8—气缸体；9—O 形圈，用发动机机油涂抹；10—轴承螺栓，用发动机机油涂抹，安装位置见图 2-100；11—中间齿轮，如果螺栓松开过，则必须更换中间齿轮；12—止推垫片；13—螺栓，更换，如果螺栓松开过，则必须更换中间齿轮，拧紧顺序见图 2-101；14—滑轨，用于平衡轴正时链；15—导向销，20Nm；16—平衡轴，进气侧，用发动机机油涂抹支座，仅成对更新；17—三级链轮，安装位置见图 2-99；18—平衡轴驱动链

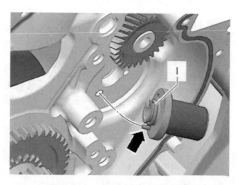

图 2-100 轴承螺栓安装位置

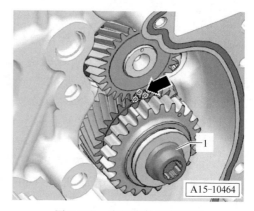

图 2-101 中间齿轮拧紧顺序

更换轴承螺栓时用机油润滑 O 形圈 1；轴承螺栓的配合销（箭头）卡入气缸体孔中。用机油润滑轴承螺栓。

务必更换中间齿轮。否则无法调整齿

隙，致使发动机损坏。

新的中间齿轮带一层油漆减摩覆层，在短时运行后会被磨去，这样齿隙便会自动调整。

用新的螺栓按如下方式拧紧。

① 用扭矩扳手以 10Nm 的力矩预紧。

② 旋转中间齿轮。中间齿轮不允许有间隙存在，否则松开并再次拧紧。

③ 用扭矩扳手以 25Nm 的力矩拧紧。

④ 用刚性扳手将螺栓继续转动 90°。

2.13.3.2　发动机正时拆装

（1）发动机正时链拆卸步骤

① 拆卸正时链上部盖板。

② 如图 2-102 所示，用拆卸工具 T10352/2 沿箭头方向拆卸左侧和右侧控制阀，注意控制阀采用左旋螺纹。

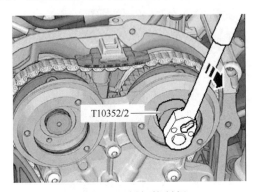

图 2-102　拆卸控制阀

③ 拧下轴承桥紧固螺栓，取下轴承桥。

④ 用固定支架 T10355 将减振器转入"上止点"。减振器缺口必须对准正时链下盖板上的标记（如图 2-103 箭头所指）。凸轮轴链轮的标记 1 必须指向上。

⑤ 拆卸正时链下部盖板。

⑥ 再次检查"上止点位置"。

⑦ 沿图 2-104 箭头方向按压机油泵的链条张紧器张紧卡箍并用定位销 T40011 卡住。

⑧ 拆卸机油泵链条张紧器 1。

⑨ 拧出如图 2-105 箭头所指处螺栓。

⑩ 拧入装配杆 T40243。

⑪ 压紧并固定链条张紧器的卡环 1。

⑫ 沿图 2-106 箭头方向缓慢地按压并固定装配杆 T40243。

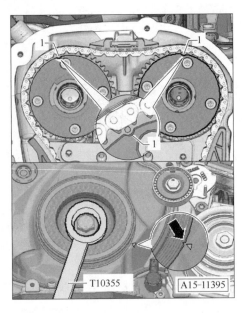

图 2-103　设置减振器至上止点位置

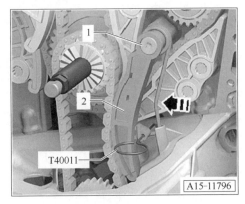

图 2-104　拆卸链条张紧器

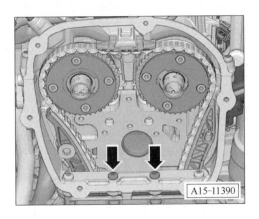

图 2-105　拧出螺栓

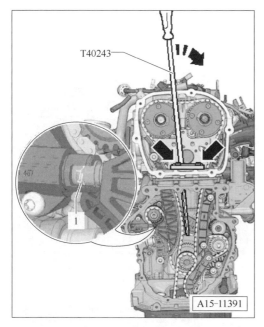

图 2-106　装入装配杆

⑬ 用插入定位工具 T40267 固定链条张紧器，见图 2-107。

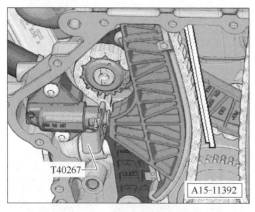

图 2-107　插入定位工具

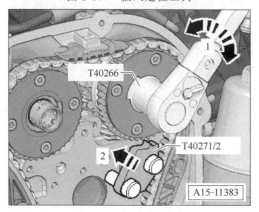

图 2-108　安装凸轮轴固定工具

⑭ 拆卸装配杆 T40243。

⑮ 将凸轮轴固定装置 T40271/2 拧到气缸盖上并沿图 2-108 箭头 2 方向推入链轮的啮合齿中，必要时用装配工具 T40266 沿箭头 1 方向转动进气凸轮轴。

⑯ 将凸轮轴固定装置 T40271/1 拧到气缸盖上。接下来的工作步骤需要有另一位机械师协助。

⑰ 将排气凸轮轴用装配工具 T40266 沿箭头方向 A 固定。拧出螺栓 1，将张紧轨 2 向下推。

⑱ 将排气凸轮轴顺时针箭头 A 方向继续旋转，直到凸轮轴固定装置 T40271/1 能够沿箭头 B 方向推入链轮啮合齿 C 中，如图 2-109 所示。

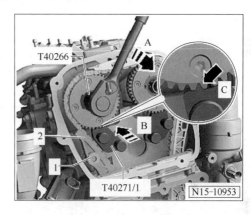

图 2-109　凸轮轴固定工具安装方法

⑲ 拆卸滑轨 1，为此用螺丝刀打开如图 2-110 箭头处的卡子，然后将滑轨向前推开。

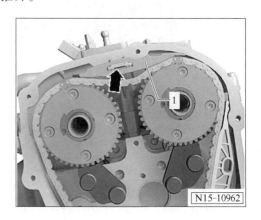

图 2-110　拆卸滑轨

⑳ 拧下图 2-111 箭头所指处螺栓，拆下链条张紧器 1。

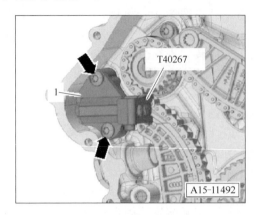

图 2-111　拆卸张紧器

㉑ 如图 2-112 所示，拧出螺栓 1，拆下滑轨 2。

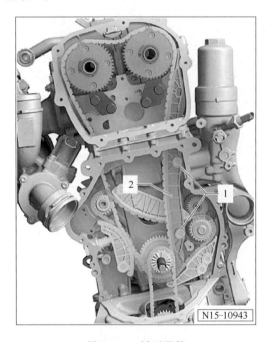

图 2-112　拆下滑轨

㉒ 将凸轮轴正时链从凸轮轴齿轮上取下并挂到凸轮轴的销轴上（如图 2-113 箭头所指处）。

㉓ 拆卸平衡轴正时链的链条张紧器 1，见图 2-114。

㉔ 如图 2-115 所示，拧出螺栓 1，拆卸张紧轨 2、滑轨 3 和 4。

㉕ 松开夹紧螺栓 A，拧出夹紧螺栓 B，见图 2-116。

图 2-113　正确放置正时链

图 2-114　拆卸张紧器

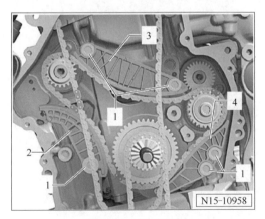

图 2-115　拆卸滑轨

㉖ 取出三级链轮，同时卸下机油泵驱动装置的正时链。

㉗ 取下凸轮轴正时链和平衡轴驱动链。

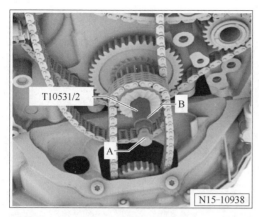

图 2-116 松开夹紧螺栓

(2) 发动机正时链安装步骤

① 检查曲轴的上止点，曲轴的平端（如图 2-117 箭头所指处）必须水平。

② 用防水销钉将标记标注到气缸体 1 上。

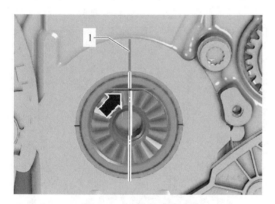

图 2-117 做装配标记

③ 用防水记号笔在三级链轮的齿 1 上做标记 2，见图 2-118。

图 2-118 在三级链轮齿轮做标记

④ 将中间齿轮和平衡轴转至标记（如图 2-119 箭头所示）处，螺栓 1 不得松开。

图 2-119 旋转中间齿轮和平衡轴

⑤ 放上平衡轴驱动链，将彩色链节（图 2-120 箭头所指处）定位到链轮的标记上。链条的彩色链节必须定位在链轮的标记上。无需理会可能存在的附加彩色链节的位置。

图 2-120 放上平衡轴驱动链

⑥ 安装滑轨 1 并拧紧螺栓（图 2-121 箭头指处）。

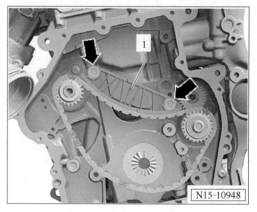

图 2-121 安装滑轨

⑦ 将带彩色链节的凸轮轴正时链挂到凸轮轴销轴上。

⑧ 将机油泵驱动装置的正时链放到三级链轮上。

⑨ 沿图 2-122 箭头方向将三级链轮向发动机侧翻转并在曲轴上固定。上部箭头所指处标记必须相对。

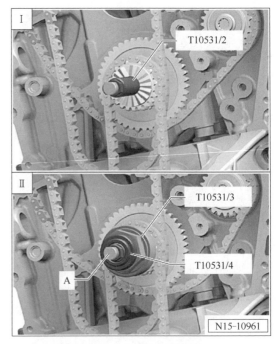

图 2-123 安装夹紧螺栓

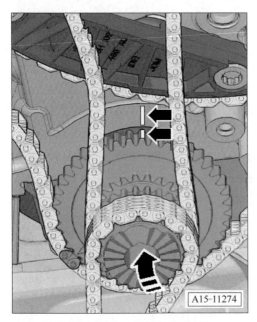

图 2-122 对齐三级链轮安装标记

a. 将夹紧螺栓 T10531/2 拧入曲轴并用手拧紧。

b. 装上旋转工具 T10531/3。用手拧上带肩螺母 T10531/4。用 SW 32 的开口扳手略微来回移动旋转工具，同时再拧紧带肩螺母，直到链轮牢固地装到曲轴啮合齿上，拧紧夹紧螺栓 A，如图 2-123 所示。

⑩ 将平衡轴驱动链的彩色链节的图 2-124 箭头所指处定位在三级链轮的标记上。安装张紧轨 1 和滑轨 2，拧紧螺栓 3。

⑪ 安装链条张紧器 1，见图 2-124。

⑫ 再次检查调整情况，彩色链节的图 2-125 箭头指处必须对准链轮的标记。

⑬ 将凸轮轴正时链放到进气凸轮轴上，排气凸轮轴放到曲轴上。将彩色链节的图 2-126 箭头所指处定位到链轮的标记上。

图 2-124 安装张紧器和滑轨

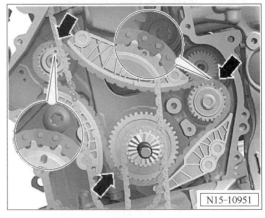

图 2-125 对准链轮标记与彩色链节

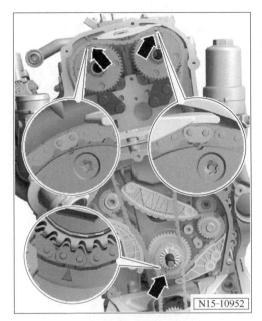

图 2-126 对准链轮标记与彩色链节

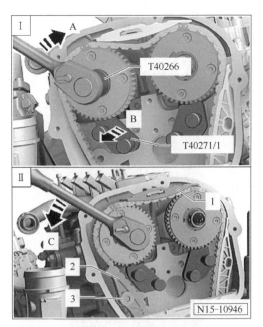

图 2-127 固定排气凸轮轴

⑭ 安装滑轨（2）并拧紧螺栓（1），见图 2-112。

⑮ 安装上部滑轨（1），见图 2-110。

接下来的工作步骤需要有另一位机械师协助。

⑯ 将排气凸轮轴用装配工具 T40266 沿图 2-127 箭头 A 方向略微转动，并将凸轮轴固定装置 T40271/1 沿箭头 B 方向从链轮的啮合齿中推出。

⑰ 如图 2-127 所示，将凸轮轴沿方向 C 松开，直到正时链紧贴到滑轨 1 上。将凸轮轴固定在这个位置，拧上张紧轨 2 并拧紧螺栓 3。

⑱ 安装链条张紧器（1）并拧紧螺栓，见图 2-111。

⑲ 如图 2-109 所示，用装配工具 T40266 沿箭头 1 方向转动进气凸轮轴，沿箭头 2 方向从链轮的啮合齿中推出 凸轮轴固定装置 T40271/2 并松开凸轮轴。

⑳ 拆卸凸轮轴固定装置 T40271/2。

㉑ 检查调整情况，正时链彩色链节必须对准链轮的标记。

㉒ 参考图 2-105，安装链条张紧器 2 并拧紧螺栓 1。拆下定位销 T40011，钢丝夹必须在开口中（箭头指处）紧贴油底壳上部件。

㉓ 拧入并拧紧螺栓，螺栓位置见图 2-105。

㉔ 用发动机机油润滑图 2-128 箭头所指处开孔。提示：不是每个轴承桥上都装有夹紧套 1。

图 2-128 润滑轴承桥开孔

㉕ 套上轴承桥并用手拧紧螺栓。

㉖ 拆除插入定位工具 T40267。

㉗ 拧紧用于轴承桥的螺栓。

㉘ 安装控制阀。

㉙ 将发动机沿其转动方向旋转两次。根据传动比，彩色链节在发动机转动之后不再相一致。

㉚ 取下旋转工具并安装正时链的下部盖板。

如图 2-129 所示，在安装减振器后才用继续旋转角度以拧紧螺栓 1 和 4。在安装减振器时，必须再次拧出螺栓。

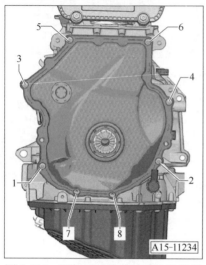

图 2-129　下部正时罩盖螺栓拧紧顺序

㉛ 安装减振器。
㉜ 安装正时链的上部盖板。
㉝ 安装多楔带的张紧装置。
㉞ 安装多楔带。
㉟ 操作链条传动后，必须调整链条长度，方法为：用车辆诊断测试仪，选择引导功能、01—链条长度诊断匹配。

2.13.3.3　发动机正时检查

（1）正时链条长度检查

① 拆卸前隔音垫。
② 取下图 2-130 箭头所指处密封塞。

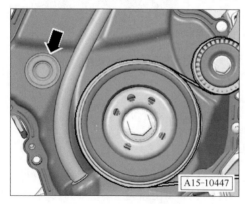

图 2-130　密封塞位置

③ 沿发动机转动方向转动减振器，直至链条张紧器活塞沿图 2-131 箭头方向最大限度伸出。

④ 数出可见的活塞齿数。可见齿数是指位于张紧器壳体右侧的箭头所有的齿。

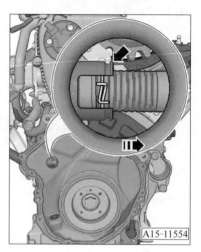

图 2-131　张紧器活塞齿数

如可见齿数为 6 或更少，则调整链条长度，方法为：用车辆诊断测试仪，选择引导功能、01—链条长度诊断匹配以及删除故障码存储记忆。

如可见齿数为 7 或更多，则更换凸轮轴正时链。

> 提示　如可见齿数为 6 或低于 6 则不可更换正时链。

（2）发动机正时检查步骤

① 拆卸正时链上部盖板。
② 拆卸隔音垫。
③ 使用套筒扳手的工具头 SW 24 或固定支架 T10355 将减振器上的曲轴沿发动机转动方向转动，直至图 2-132 箭头处标记几乎位于上部。
④ 拆卸气缸 1 的火花塞。
⑤ 将千分表适配接头 T10170/A 拧入火花塞螺纹内至极限位置。
⑥ 将千分表组件、4 部分 VAS 6341 中的千分表用加长件 T10170A/1 插入到极限位置，锁紧图 2-133 箭头所指处螺母以固定。

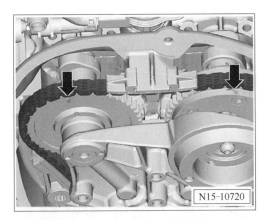

图 2-132 凸轮轴齿轮标记

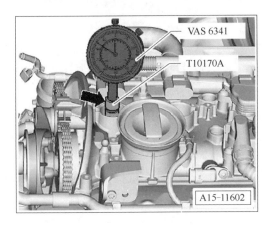

图 2-133 在气缸 1 接入千分表

⑦ 沿发动机转动方向缓慢转动曲轴，直到千分表达到最大指针偏向角。当指针到达最大偏转位置（指针的反转点）时，活塞位于"上止点"。

为转动减振器，使用棘轮和套筒扳手的工具头 SW24 或固定支架 T10355。

如果曲轴转到"上止点"上方，则将曲轴再次沿发动机转动方向转动 2 圈。请勿沿发动机转动的逆方向转动发动机。

气缸盖上带有标记：减振器缺口必须对准正时链下盖板上的图 2-134 箭头处标记。凸轮轴链轮的标记 1 必须对准气缸盖上的标记 2 和 3。

气缸盖上不带标记：减振器上的缺口和正时链下方盖板上的标记必须相互对着（箭头所指处）。凸轮轴链轮的标记 1 必须指向上，见图 2-135。

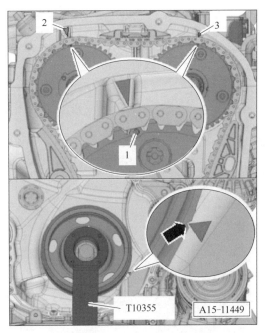

图 2-134 气缸盖有标记的对位

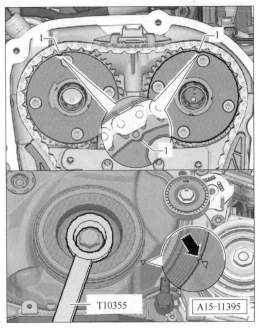

图 2-135 气缸盖上无标记的对位

⑧ 测量从棱边 1 到排气凸轮轴链轮上的标记 2 的距离，见图 2-136。标准值：74～77mm。

⑨ 如果已达到标准值，则测量排气凸轮轴链轮上的标记 3 和进气凸轮轴链轮上的标记 4 之间的距离，见图 2-137。标准值：124～127mm。

第 2 章 上汽大众车型 203

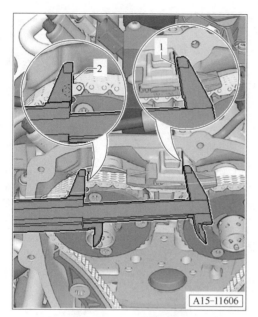

图 2-136 测量距离一

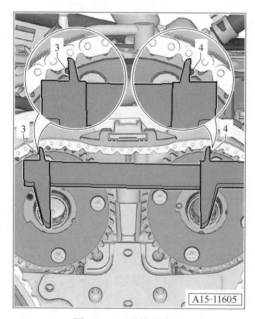

图 2-137 测量距离二

> **提示** 一个齿的偏差意味着和标准值偏差约 6mm。如果确认有偏差，则重新铺放正时链。

2.13.4 3.0T CRE 发动机正时维修

2.13.4.1 发动机正时分解

发动机正时链部件分布如图 2-138～图 2-142 所示。

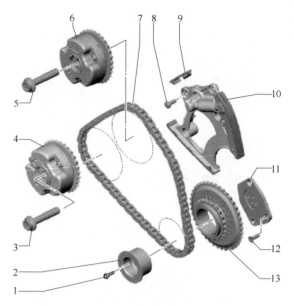

图 2-138 左侧凸轮轴正时链
1—螺栓；2—轴承螺栓，用于左侧凸轮轴正时链的驱动链轮；3—螺栓，拆卸后更换，拧紧力矩 80Nm＋90°；4—凸轮轴调节器，用于排气凸轮轴，标记"EX"；5—螺栓，拆卸后更换，拧紧力矩 80Nm＋90°；6—凸轮轴调节器，用于进气凸轮轴，标记"IN"；7—左侧凸轮轴正时链，为了能够重新安装，要用颜色标出转动方向；8—螺栓，拧紧力矩 9Nm；9—滑块；10—链条张紧器，用于左侧凸轮轴正时链；11—轴承板，用于驱动链轮；12—螺栓；13—驱动链轮，用于左侧凸轮轴正时链

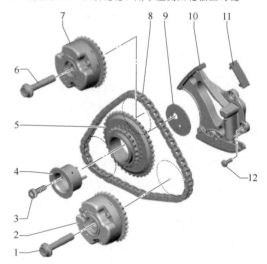

图 2-139 右侧凸轮轴正时链
1—螺栓，拆卸后更换，拧紧力矩 80Nm＋90°；2—凸轮轴调节器，用于排气凸轮轴，标记"EX"；3—螺栓；4—轴承螺栓，用于右侧凸轮轴正时链的驱动链轮，结构不对称；5—驱动链轮；6—螺栓，拆卸后更换，拧紧力矩 80Nm＋90°；7—凸轮轴调节器，用于进气凸轮轴，标记"IN"；8—右侧凸轮轴正时链，为了能够重新安装，要用颜色标出转动方向；9—止推垫片，用于右侧凸轮轴正时链的驱动链轮，结构不对称；10—链条张紧器，用于右侧凸轮轴正时链；11—滑块；12—螺栓，拧紧力矩 9Nm

右侧凸轮轴正时链驱动链轮轴承销 3 内的固定销必须卡入止推垫片 1 的孔内和气缸体的孔内。

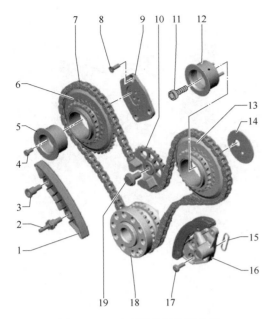

图 2-140　正时驱动系统驱动链

1—滑轨；2—螺栓，拧紧力矩 16Nm；3—螺栓，拧紧力矩 16Nm；4—螺栓，拆卸后更换，拧紧力矩 5Nm+90°；5—轴承螺栓，用于左侧凸轮轴正时链的驱动链轮；6—驱动链轮，用于左侧凸轮轴正时链；7—驱动链，用于控制机构，为了能够重新安装，要用颜色标出转动方向；8—螺栓，拆卸后更换，拧紧力矩 8Nm+45；9—轴承板，用于左侧凸轮轴正时链的驱动链轮；10—平衡轴的链轮，带变速器侧平衡重；11—螺栓，拧紧力矩 30Nm+90°；12—轴承螺栓，用于右侧凸轮轴正时链的驱动链轮，结构不对称；安装位置见图 2-141；13—驱动链轮，用于右侧凸轮轴正时链，安装位置见图 2-141；14—止推垫片，用于右侧凸轮轴正时链的驱动链轮，结构不对称，安装位置见图 2-141；15—密封件，拆卸后更换；16—链条张紧器；17—螺栓，拧紧力矩 9Nm；18—曲轴；19—螺栓

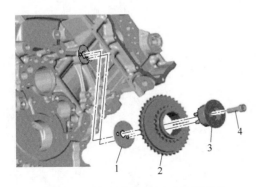

图 2-141　右侧凸轮轴正时链驱动链
轮轴承螺栓的安装位置

1—止推垫片；2—右侧凸轮轴正时链的驱动链轮；3—轴承销；4—螺栓

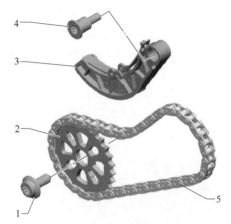

图 2-142　机油泵驱动链

1—螺栓，拆卸后更换，拧紧力矩 30Nm+90°；2—驱动链轮，用于机油泵，安装在有字的一侧指向变速器，只能在一个位置上安装；3—链条张紧器，带滑轨；4—螺栓，拧紧力矩 20Nm；5—驱动链，用于机油泵，为了能够重新安装，要用颜色标出转动方向

2.13.4.2　发动机正时拆装

(1) 正时链单元拆卸步骤

> **说明**　在下面的描述中，凸轮轴正时链保留在发动机上。即使只在一个气缸盖上实施工作，但是均必须在两个气缸列上进行该工作步骤。

① 拆卸正时链左侧和右侧盖板。
② 拆卸左右侧气缸盖罩。
③ 拆卸隔音垫。
④ 按下面方式插入适配接头 T40058 的导向销：大直径一端如图 2-143 箭头 1 所示指向发动机，小的直径一端如图 2-143 箭头 2 所示指向适配接头。

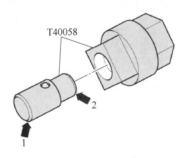

图 2-143　连接适配接头

⑤ 用适配接头 T40058 和弯曲的环形扳手沿发动机转动方向将曲轴转动到"上止点"。

转动发动机，使左侧（沿行驶方向）减振器上的小缺口 1 与气缸体和梯形架之间的外壳接合线 2 相对，见图 2-144。这样稍后就可以方便地拧入固定螺栓 T40069。减振器上的标记仅仅是辅助工具。只有拧入固定螺栓 T40069 后，才能达到准确的"上止点"位置。

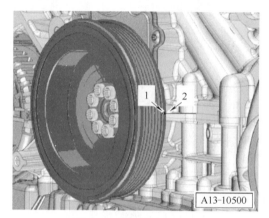

图 2-144　减振器对齐线

所有凸轮轴上的螺纹孔（图 2-145 箭头所指处）都必须朝上。当凸轮轴不在所述的位置时，将曲轴继续旋转一圈，然后再次转到"上止点"。

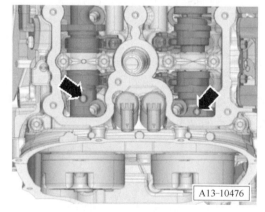

图 2-145　凸轮轴螺纹孔朝上

气缸列 1（右）：

⑥ 将凸轮轴固定装置 T40133/1 安装到气缸盖上，将图 2-146 箭头处的固定螺栓用

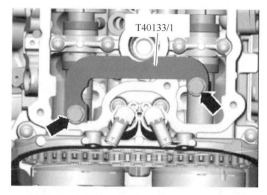

图 2-146　安装凸轮轴固定工具 T40133/1

25Nm 拧紧。

气缸列 2（左）：

⑦ 将凸轮轴固定装置 T40133/2 安装到气缸盖上，将图 2-147 箭头处的固定螺栓用 25Nm 拧紧。

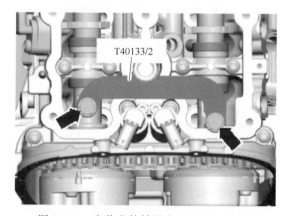

图 2-147　安装凸轮轴固定工具 T40133/2

两个气缸列的后续操作：

⑧ 将用于曲轴"上止点"标记（图 2-148 箭头处）的螺旋塞从气缸体中拧出。

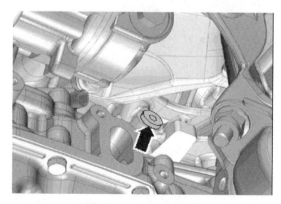

图 2-148　拧出螺旋塞

⑨ 如图 2-149 所示，将固定螺栓 T40069 用 20Nm 的力矩拧入孔中；必要时稍微来回转动曲轴 1，以便完全对准螺栓。

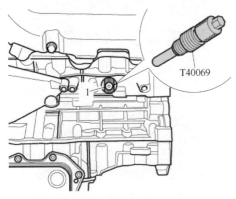

图 2-149　安装曲轴固定工具

气缸列 1（右）：

⑩ 用一把螺丝刀 1 向内按压右侧凸轮轴正时链链条张紧器的滑轨到极限位置，用定位销 T40071 卡住链条张紧器，见图 2-150。链条张紧器以油减振，因此必须缓慢地均匀用力压紧。

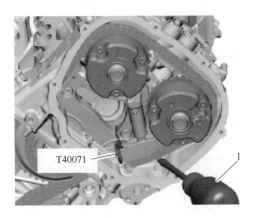

图 2-150　固定张紧器

注意　松开凸轮轴调节器或凸轮轴链轮螺栓时，绝不允许将凸轮轴固定装置 T40133 用作固定支架。

⑪ 为卡住相关的凸轮轴调节器，安装扳手 T40297 与环形扳手 2。

⑫ 松开进气凸轮轴调节器的螺栓 1。

⑬ 松开排气凸轮轴调节器螺栓 3，为此同样要用扳手 T40297 顶住，见图 2-151。

为了避免小零件通过正时链箱开口意外落入发动机内，应用干净的抹布遮住开口。

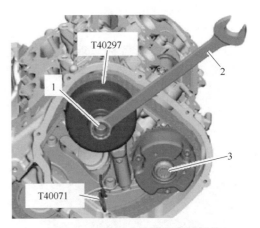

图 2-151　松开凸轮轴调节器螺栓

⑭ 用颜色标记凸轮轴调节器的安装位置，以便重新安装。

⑮ 拧出螺栓，取下两个凸轮轴调节器。

气缸列 2（左）：

⑯ 用一把螺丝刀向内按压左侧凸轮轴正时链链条张紧器的滑轨到极限位置，用定位销 T40071 卡住链条张紧器。链条张紧器以油减振，因此必须缓慢地均匀用力压紧。

⑰ 为卡住相关的凸轮轴调节器，安装扳手 T40297 与环形扳手。

⑱ 松开排气凸轮轴调节器的螺栓。

⑲ 松开进气凸轮轴调节器螺栓，为此同样要用扳手 T40297 顶住。为了避免小零件通过正时链箱开口意外落入发动机内，应用干净的抹布遮住开口。

⑳ 用颜色标记凸轮轴调节器的安装位置，以便重新安装。

㉑ 拧出螺栓，取下两个凸轮轴调节器。

（2）正时链单元安装步骤

更换拧紧时需要继续旋转一个角度的螺栓。在旋转凸轮轴时，活塞不允许停在"上止点"。气门和活塞头有损坏的危险。

准备工作：

控制机构驱动链已安装。

将曲轴用固定螺栓 T40069 固定在"上止点"位置。

将凸轮轴固定装置 T40133/1 在气缸列

1（右侧）上用 25Nm 拧紧。

将凸轮轴固定装置 T40133/2 在气缸列 2（左侧）上用 25Nm 拧紧。

气缸列 1（右）：

① 按照拆卸时所做标记重新安装凸轮轴调节器。凸轮轴调节器内的凹槽 1 或 4 必须正对着所涉及的调节窗口 2 或 3，如图 2-152 所示。

图 2-153 凸轮轴调节器安装位置

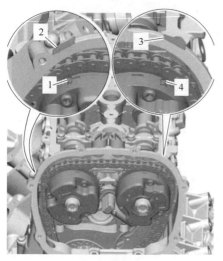

图 2-152 凸轮轴调节器安装位置

② 将凸轮轴正时链放到驱动链轮和凸轮轴调节器上，并松松地拧入调节器固定螺栓。两个凸轮轴调节器必须在凸轮轴上能旋转并且不得翻转。

③ 拆除定位销 T40071。

气缸列 2（左）：

④ 按照拆卸时所做标记重新安装凸轮轴调节器。凸轮轴调节器内的凹槽 1 或 4 必须正对着所涉及的调节窗口 2 或 3。如图 2-153 所示。

⑤ 将凸轮轴正时链放到驱动链轮和凸轮轴调节器上，并松松地拧入螺栓。两个凸轮轴调节器必须在凸轮轴上能旋转并且不得翻转。

⑥ 拆除定位销 T40071。

气缸列 1（右）：

⑦ 将扳手 T40297 装到排气凸轮轴调节器上。

⑧ 将扭矩扳手 V.A.G 1332 用插入工具 V.A.G 1332/9 安装到扳手 T40297 上。

⑨ 让另一位机械师用 40Nm 的力矩沿图 2-154 箭头方向预紧凸轮轴调节器。

⑩ 在凸轮轴调节器仍旧保持预紧期间，按如下方式拧紧螺栓：螺栓 1 在凸轮轴上拧紧力矩 60Nm；螺栓 2 在凸轮轴上拧紧力矩 60Nm。

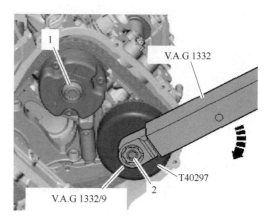

图 2-154 固定调节器螺栓

⑪ 取下扳手 T40297。

⑫ 拆除凸轮轴固定装置 T40133/1。

气缸列 2（左）：

⑬ 将扳手 T40297 装到进气凸轮轴调节器上。

⑭ 将扭矩扳手 V.A.G 1332 用插入工具 V.A.G 1332/9 安装到扳手 T40297 上。

⑮ 让另一位机械师用 40Nm 的力矩预紧凸轮轴调节器。

⑯ 在凸轮轴调节器仍旧保持预紧期间，按如下方式拧紧螺栓：螺栓 1 在凸轮轴上拧紧力矩 60Nm；螺栓 2 在凸轮轴上拧紧力矩 60Nm。

⑰ 取下扳手 T40297。

⑱ 拆除凸轮轴固定装置 T40133/2。

气缸列 1（右）：

⑲ 按如下方式拧紧右侧气缸盖上的凸轮轴调节器螺栓：凸轮轴上的螺栓拧紧力矩 80Nm +90°。

气缸列 2（左）：

⑳ 按如下方式拧紧左侧气缸盖上的凸轮轴调节器螺栓：凸轮轴上的螺栓拧紧力矩 80Nm +90°。

㉑ 取下固定螺栓 T40069。

㉒ 将曲轴用适配接头 T40058 和弯曲的环形扳手沿发动机转动方向转动 2 圈，直至曲轴重新到达"上止点"。

如果意外转过了"上止点"，则必须将曲轴再次转回约 30°，重新转到"上止点"。

气缸列 1（右）：

㉓ 将凸轮轴固定装置 T40133/1 安装在气缸盖上并拧紧。拧紧力矩 25Nm。

气缸列 2（左）：

㉔ 将凸轮轴固定装置 T40133/2 安装在气缸盖上并拧紧。拧紧力矩 25Nm。

两个气缸列的后续操作：

㉕ 将固定螺栓 T40069 直接拧入孔内。固定螺栓 T40069 必须卡入曲轴的固定孔里，否则再次调整。

㉖ 拆除两个气缸盖上的凸轮轴固定装置。

㉗ 取下固定螺栓。

㉘ 装气缸盖罩。

㉙ 安装正时链左侧和右侧盖板。

2.13.5 辉昂 2.0T DMJ 发动机控制系统电路图

2.13.6 辉昂 0BW 八挡自动变速器电路图

2.13.7 辉昂保险丝信息

2.13.8 辉昂继电器信息

2.13.9 辉昂接地点信息

2.13.10 辉昂全车控制器安装位置

汽车前部控制器安装位置如图 2-155 所示。

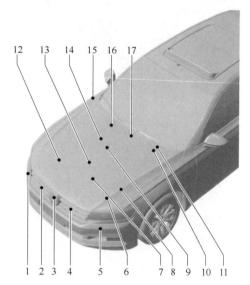

图 2-155 车辆前部控制单元

1—车距调节控制单元 J428［仅用于带自动车距控制（ADR）的汽车］；2—散热器风扇控制单元 2 J671（仅用于带 3.0L 发动机的汽车，用于带混合动力驱动的汽车）；3—散热器风扇控制单元 J293（仅用于带 2.0L 发动机的汽车，用于不带混合动力驱动的汽车）；4—散热器风扇控制单元 J293（仅用于带 3.0L 发动机的汽车，用于带混合动力驱动的汽车）；5—车距控制系统控制单元 2 J850［仅用于带自动车距控制（ADR）的汽车］；6—电驱动装置控制单元 J841（用于带混合动力驱动的汽车）；7—节气门控制单元 J338（仅用于带 2.0L 发动机的汽车）；8—ABS 控制单元 J104；9—调节风门控制单元 J808（仅用于带 3.0L 发动机的汽车）；10—发动机控制单元 J623；11—刮水器电机控制单元 J400；12—调节风门控制单元 J808；13—转向辅助控制单元 J500；14—节气门控制单元 J338（仅用于带 3.0L 动机的汽车）；15—散热管理装置控制单元 J1024（用于带混合动力驱动的汽车）；16—高电压加热装置（PTC）的控制单元 J848（用于带混合动力驱动的汽车）；17—自动变速器控制单元 J217

汽车中部控制器安装位置如图 2-156 所示。

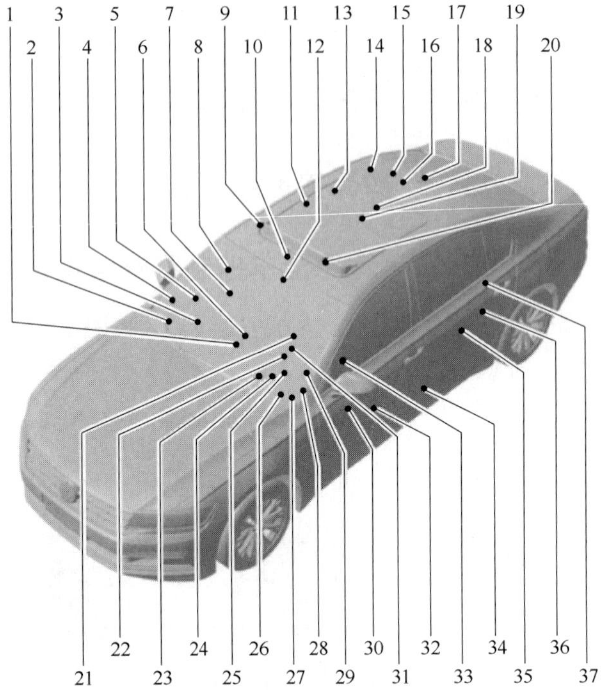

图 2-156 车辆中部控制单元

1—显示单元 J145；2—新鲜空气鼓风机控制单元 J126；3—电子通信信息设备 1 控制单元 J794；4—副驾驶员侧车门控制单元 J387；5—周围环境摄像机控制单元 J928（仅用于带周围环境摄像机的汽车）；6—全自动空调控制单元 J255；7—带记忆功能的副驾驶员座椅调节控制单元 J521（带按摩功能的腰部支撑）；8—右前安全带拉紧器控制单元 J855（仅用于带可逆安全带拉紧器的汽车）；9—右后车门控制单元 J389；10—滑动天窗控制单元 J245（仅用于带全景滑动天窗的汽车）；11—副驾驶员侧后部多仿形座椅控制单元 J874（后部电动可调式座椅）；12—驾驶员辅助系统的前部摄像机 R242（仅用于带驾驶辅助特殊装备的汽车）；13—右后座椅通风控制单元 J801（仅用于带可加热式后座椅的汽车）；14—天窗卷帘控制单元 J394（仅用于带全景滑动天窗的汽车）；15—燃油泵控制单元 J538；16—数据总线诊断接口 J533；17—后部空调操作和显示单元 E265（仅适用于带 4 区温度调节的全自动空调）；18—传感器电子装置控制单元 J849；19—安全气囊控制单元 J234；20—换挡杆传感器控制单元 J587；21—多功能方向盘控制单元 J453；22—电子转向柱锁止装置控制单元 J764；23—挡风玻璃投影（平视显示器）控制单元 J898（仅用于带有挡风玻璃投影的汽车）；24—组合仪表中的控制单元 J285；25—可电动调节转向柱控制单元 J866（仅用于带转向柱电动调节装置的汽车）；26—多功能单元控制单元 J501（用于带混合动力驱动的汽车）；27—随动转向大灯和大灯照明距离调节控制单元 J745（仅用于带 HighLine 大灯的汽车）；28—车载电网控制单元 J519；29—诊断接口 U31；30—驾驶员侧车门控制单元 J386；31—转向柱电子装置控制单元 J527；32—夜视系统控制单元 J853（仅用于带夜视系统的汽车）；33—驾驶员座椅调节控制单元 J810（仅用于带电动座椅调节和记忆功能的汽车）；34—左前安全带拉紧器控制单元 J854（仅用于带可逆安全带拉紧器的汽车）；35—左后车门控制单元 J388；36—驾驶员侧后部多仿形座椅控制单元 J875（后部电动可调式座椅）；37—左后座椅通风控制单元 J802（仅用于带可加热式后座椅的汽车）

汽车后部控制器安装位置如图 2-157 所示。

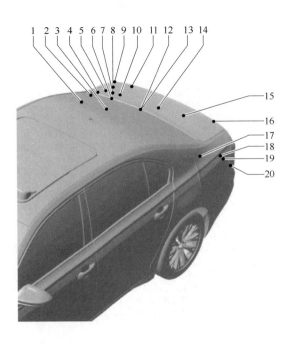

图 2-157 车身后部控制器

1—废气风门控制单元 J883（用于带混合动力驱动的汽车）；2—舒适/便捷系统的中央控制单元 J393；3—冰箱 J699（仅用于带冷藏箱的汽车）；4—蓄电池监控控制单元 4J1117（用于带混合动力驱动的汽车）；5—自动泊车辅助系统控制单元 J446（仅适用于带驻车转向辅助系统的车辆）；6—环境照明控制单元 J1124（仅用于带氛围灯的汽车）；7—水平高度调节系统控制单元 J197（仅用于带有水平高度调节系统的汽车）；8—倒车摄像系统控制单元 J772（仅适用于带倒车摄像机系统的汽车）；9—行驶换道辅助系统控制单元 2J770（仅用于带换道辅助系统的汽车）；10—机电式驻车制动器控制单元 J540；11—后备厢盖开启装置控制单元 J938（仅用于带后备厢盖开启传感器的汽车）；12—车载充电装置 A11（用于带混合动力驱动的汽车）；13—混合动力蓄电池单元 AX1（用于带混合动力驱动的汽车）；14—蓄电池监控控制单元 J367；15—蓄电池监控控制单元 2J934（用于带混合动力驱动的汽车）；16—轮胎压力监控控制单元 J502（仅用于带轮胎充气压力监控的汽车）；17—后备厢盖控制单元 J605（仅用于带有水平高度调节系统的汽车）；18—发动机噪声形成控制单元 J943（用于带混合动力驱动的汽车）；19—功率放大器 R12（仅适用于带了音响系统的汽车）；20—行驶换道辅助系统控制单元 J769（仅用于带换道辅助系统的汽车）

2.13.11　2.0TCUH 电控系统部件安装位置

辉昂 CUH 发动机电控部件安装位置如图 2-158～图 2-162 所示。

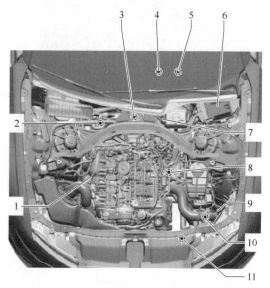

图 2-158　发动机舱电控系统部件安装位置
1—氧传感器 G39/氧传感器加热 Z19；2—尾气催化转化器后的氧传感器 G130/尾气催化净化器后的氧传感器 1 加热装置 Z29；3—冷却液循环泵 V50；4—油门踏板位置传感器 G79/油门踏板位置传感器 2G185；5—制动信号灯开关 F；6—发动机控制单元 J623；7—制动助力压力传感器 G294；8—电动液压发动机支座左侧电磁阀 N144；9—增压压力传感器 G31；10—冷却液继续循环泵 V51；11—散热器出口处的冷却液温度传感器 G83

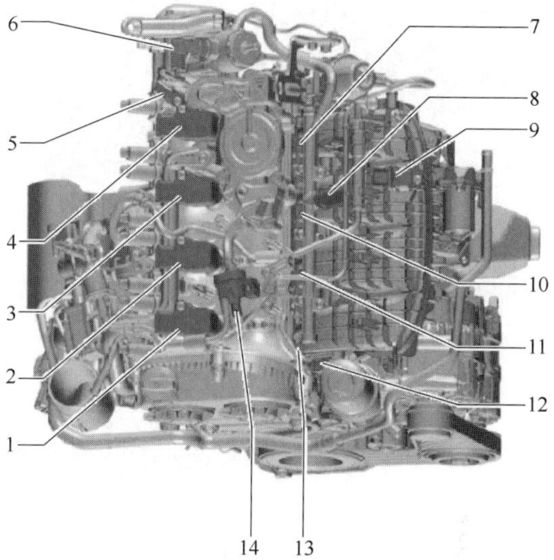

图 2-159　发动机顶部电控部件安装位置
1—带功率输出级的点火线圈 1N70；2—带功率输出级的点火线圈 2N127；3—带功率输出级的点火线圈 3N291；4—带功率输出级的点火线圈 4N292；5—霍尔传感器 3G300；6—燃油定量阀 N290；7—气缸 4 喷油嘴 2N535；8—低压的燃油压力传感 G410；9—进气温度传感器 G42/进气歧管压力传感器 G71；10—气缸 3 喷油嘴 2N534；11—气缸 2 喷油嘴 2N533；12—进气歧管风门电位计 G336；13—气缸 1 喷油嘴 2N532；14—活性炭罐电磁阀 1N80

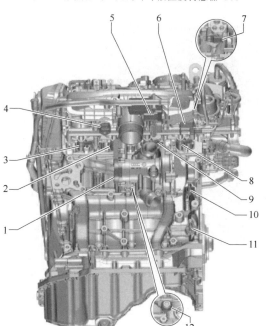

图 2-160　发动机左侧电控部件安装位置
1—发动机温度调节伺服元件 N493；2—气缸 2 喷油嘴 N31；3—气缸 1 喷油嘴 N30；4—燃油压力传感器 G247；5—节气门控制单元 J338，包括电控油门操纵机构的节气门驱动装置 G186、电控油门操纵机构的节气门驱动装置角度传感器 1G187 和电控油门操纵机构的节气门驱动装置角度传感器 2G188；6—进气歧管风门阀门 N316；7—霍尔传感器 G40；8—气缸 4 喷油嘴 N33；9—气缸 3 喷油嘴 N32；10—机油压力开关，3 挡 F447；11—发动机转速传感器 G28；12—爆震传感器 1G61

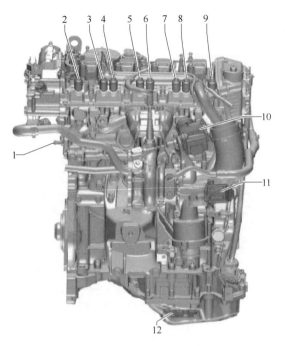

图 2-161 发动机右侧电控部件安装位置
1—冷却液温度传感器 G62；2—凸轮轴调节元件 8F373；3—凸轮轴调节元件 7F372；4—凸轮轴调节元件 5F370；5—凸轮轴调节元件 6F371；6—凸轮轴调节元件 4F369；7—凸轮轴调节元件 3F368；8—凸轮轴调节元件 1F366；9—凸轮轴调节元件 2F367；10—增压调节器 V465，带有调节风门控制单元 J808；11—涡轮增压器循环空气阀 N249；12—机油油位和机油温度传感器 G266

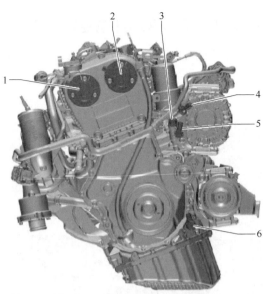

图 2-162 发动机正面电控部件安装位置
1—排气门凸轮轴调节阀 1N318；2—凸轮轴调节阀 1N205；3—机油压力开关 F22；4—机油压力降低开关 F378；5—活塞冷却喷嘴控制阀 N522；6—机油压力调节阀 N428

2.13.12　3.0T CRE 发动机控制单元端子信息

大众 CRE 发动机控制单元连接器端子连接如图 2-163 所示，端子定义见表 2-82、表 2-83。

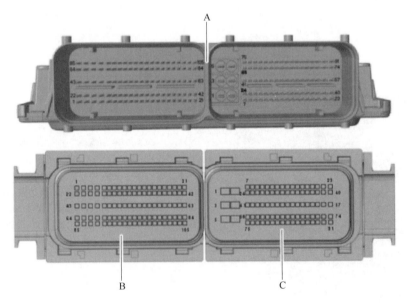

图 2-163 CRE 发动机控制单元端子
A—发动机控制单元 J623；B—105 芯连接器 T105，黑色，发动机控制单元连接器；C—91 芯连接器 T91a，黑色，发动机控制单元连接器

表 2-82　105 芯连接器端子定义

端子序号	功能定义	端子序号	功能定义
1	2 缸喷油阀控制端	51	进气温度传感器信号
2	3 缸喷油阀控制端	52	进气歧管压力传感器信号
3	燃油定量阀控制端	55	氧传感器 2 信号
4	2 缸喷油阀 2 控制端	56	氧传感器 2 信号
5	传感器电源 5V	57	氧传感器 2 信号
6	进气歧管风门阀门控制端	58	氧传感器 2 信号
7	机油油位和机油温度传感器信号	61	机油压力调节阀控制端
8	尾气催化转化器后的氧传感器信号	62	带功率输出级的点火线圈 4 控制端
10	尾气催化转化器后的氧传感器 2 信号	63	冷却液回路电磁阀控制端
11	氧传感器信号	64	1 缸喷油阀控制端
12	氧传感器信号	65	4 缸喷油阀控制端
13	尾气催化转化器后的氧传感器信号	66	6 缸喷油阀控制端
14	增压压力传感器信号	67	燃油定量阀控制端
16	爆震传感器 2 信号	68	爆震传感器 1 信号
17	爆震传感器 2 信号	69	爆震传感器 1 信号
18	压缩机电磁离合器控制端	70	发动机转速传感器信号
20	带功率输出级的点火线圈 5 控制端	71	带功率输出级的点火线圈 3 控制端
21	带功率输出级的点火线圈 6 控制端	72	机油压力降低开关信号
22	3 缸喷油阀控制端	73	霍尔传感器 2 信号
23	2 缸喷油阀控制端	74	油压开关信号
24	4 缸喷油阀 2 控制端	75	霍尔传感器 4 信号
25	1 缸喷油阀 2 控制端	76	带功率输出级的点火线圈 1 控制端
26	进风管风门电位计 2 信号	77	低压的燃油压力传感器信号
27	未占用	78	未占用
28	霍尔传感器 3 信号	79	带功率输出级的点火线圈 2 控制端
29	废气涡轮增压器转速传感器 1 信号	80	节气门驱动装置（电控节气门）角度传感器电源 5V
30	霍尔传感器信号		
31	氧传感器信号	81	节气门驱动装置（电控节气门）角度传感器 2 信号
32	氧传感器信号	82	节气门驱动装置（电控节气门）角度传感器接地
33	传感器接地	84	尾气催化转化器后的氧传感器 2 信号
34	节气门驱动装置（电控节气门）角度传感器 1 信号	85	1 缸喷油阀控制端
		86	6 缸喷油阀控制端
35	传感器电源	87	5 缸喷油阀控制端
36	进气歧管风门电位计信号	88	5 缸喷油阀 2 控制端
37	未占用	89	排气门凸轮轴调节阀 1 控制端
38	发动机温度调节装置的温度传感器信号	90	节气门驱动装置（电控节气门）-
39	冷却液温度传感器信号	91	节气门驱动装置（电控节气门）+
40	增压压力传感器 2 信号	93	发动机机油冷却器阀门控制端
41	调整风门电位计信号	94	凸轮轴调节阀 2 控制端
42	曲轴箱排气截止阀控制端	95	排气凸轮轴调节阀 2 控制端
43	4 缸喷油阀控制端	97	尾气催化转化器后的氧传感器 1 加热装置控制端
44	5 缸喷油阀控制端	98	尾气催化转化器后的氧传感器 2 加热装置控制端
45	3 缸喷油阀 2 控制端	99	控制风门调节伺服电机控制端
46	6 缸喷油阀 2 控制端	100	控制风门调节伺服电机控制端
47	传感器接地	102	氧传感器加热装置控制端
48	传感器电源	103	氧传感器 2 加热装置控制端
49	燃油压力传感器信号	104	二次空气喷射阀控制端
50	未占用	105	凸轮轴调节阀控制端

表 2-83　91 芯连接器端子定义

端子序号	功能定义	端子序号	功能定义
1	接线柱 31	50	接线柱 15a
2	接线柱 31	51	油门踏板位置传感器 2 接地
3	接线柱 87a	52	油门踏板位置传感器信号
4	接线柱 31	59	燃油泵控制单元信号
5	接线柱 87a	62	P/N 挡信号
6	接线柱 87a	67	接线柱 50
9	自动变速器控制单元信号	68	接线柱 50
12	散热器风扇控制单元控制端	69	油门踏板位置传感器 2 信号
15	增压空气冷却泵控制端	70	GRA 开关信号
16	油门踏板位置传感器 2 电源 5V	73	发动机部件供电继电器控制端
21	主继电器控制端	75	活性炭罐电磁阀 1 控制端
22	散热器风扇控制单元 2 控制端	79	CAN 总线,高位(驱动系统)
28	二次空气泵继电器控制端	80	CAN 总线,低位(驱动系统)
33	油门踏板位置传感器电源 5V	86	接线柱 30a
34	油门踏板位置传感器接地	87	起动机继电器 1 控制端
37	制动信号灯开关信号	88	起动机继电器 2 控制端

2.13.13　2.0T CUH 发动机控制单元端子信息

大众 CUH 发动机控制单元连接器端子连接如图 2-164 所示,端子定义见表 2-84、表 2-85。

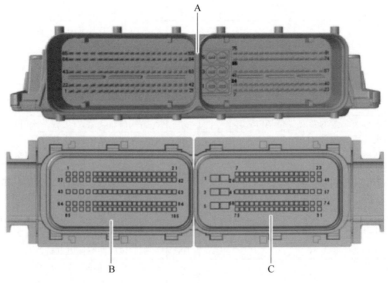

图 2-164　CUH 型发动机控制单元连接器端子排列
A—发动机控制单元 J623；B—105 芯连接器 T105a,黑色,发动机控制单元连接器；
C—91 芯连接器 T91a,黑色,发动机控制单元连接器

表 2-84 105 芯连接器端子定义

端子序号	功能定义	端子序号	功能定义
1	2 缸喷油阀控制端	55	节气门驱动装置(电控节气门)角度传感器 2 信号
2	3 缸喷油阀控制端		
3	活性炭罐电磁阀控制端	56	节气门驱动装置(电控节气门)角度传感器接地
4	凸轮轴调节元件 5 控制端	57	带功率输出级的点火线圈 3 控制端
6	凸轮轴调节元件 1 控制端	58	凸轮轴调节元件 4 控制端
7	活塞冷却喷嘴控制阀控制端	59	凸轮轴调节元件 3 控制端
11	燃油压力传感器接地	61	调节风门控制单元电源 5V
17	机油压力调节阀控制端	62	带功率输出级的点火线圈 4 控制端
20	调节风门控制单元接地	64	1 缸喷油阀控制端
22	3 缸喷油阀控制端	65	4 缸喷油阀控制端
23	2 缸喷油阀控制端	66	涡轮增压器循环空气阀控制端
24	3 缸喷油阀 2 控制端	68	燃油压力传感器电源 5V
25	1 缸喷油阀 2 控制端	69	霍尔传感器电源 5V
26	发动机温度调节伺服元件电源 5V	70	发动机转速传感器信号
27	进气歧管风门电位计接地	72	机油压力降低开关信号
28	霍尔传感器 3 信号	73	油压开关, 3 挡信号
29	霍尔传感器 3 接地	74	油压开关信号
30	霍尔传感器信号	76	带功率输出级的点火线圈 1 控制端
31	低压的燃油压力传感器接地	77	发动机转速传感器接地
33	传感器接地	78	发动机温度调节伺服元件接地
34	节气门驱动装置(电控节气门)角度传感器 1 信号	79	带功率输出级的点火线圈 2 控制端
35	发动机转速传感器电源 5V	80	发动机温度调节伺服元件信号
36	进气歧管风门电位计信号	83	机油油位和机油温度传感器信号
37	低压的燃油压力传感器电源 5V	85	1 缸喷油阀控制端
38	霍尔传感器 3 电源 5V	86	发动机温度调节伺服元件信号
40	冷却液温度传感器信号	87	发动机温度调节伺服元件信号
41	调节风门控制单元信号	88	增压调节器接地
42	进气歧管压力传感器电源 5V	89	增压调节器电源
43	4 缸喷油阀控制端	90	节气门驱动装置(电控节气门)−
44	霍尔传感器接地	91	节气门驱动装置(电控节气门)+
45	4 缸喷油阀 2 控制端	92	燃油压力调节阀控制端
46	2 缸喷油阀 2 控制端	93	燃油压力调节阀控制端
47	冷却液温度传感器信号	94	凸轮轴调节元件 6 控制端
48	进气歧管风门电位计电源 5V	95	凸轮轴调节元件 8 控制端
49	燃油压力传感器信号	96	凸轮轴调节元件 7 控制端
50	低压的燃油压力传感器信号	97	爆震传感器信号
51	进气温度传感器信号	98	爆震传感器信号
52	进气歧管压力传感器信号	101	凸轮轴调节元件 2 控制端
53	进气管风门阀门控制端	104	排气门凸轮轴调节元件 1 控制端
54	节气门驱动装置(电控节气门)角度传感器电源 5V	105	凸轮轴调节阀控制端

表 2-85 91 芯连接器端子定义

端子序号	功能定义	端子序号	功能定义
1	接线柱 31	6	接线柱 87a
2	接线柱 31	7	主继电器控制端
3	接线柱 87a	8	发动机部件供电继电器控制端
4	接线柱 31	9	燃油泵控制单元信号
5	接线柱 87a	11	后氧传感器加热装置控制端

续表

端子序号	功能定义	端子序号	功能定义
12	散热器风扇控制信号	50	接线柱 15a
15	冷却液继续循环泵信号	51	油门踏板位置传感器 2 接地
16	油门踏板位置传感器 2 电源 5V	52	油门踏板位置传感器信号
23	电动液压发动机支座左侧电磁阀控制端	54	进气温度传感器 2 信号
25	后氧传感器信号	55	增压压力传感器信号
26	后氧传感器信号	62	P/N 挡信号
29	散热器出口处的冷却液温度传感器信号	67	接线柱 50
32	增压压力传感器电源 5V	68	接线柱 50
33	油门踏板位置传感器电源 5V	69	油门踏板位置传感器 2 信号
34	油门踏板位置传感器接地	70	GRA 开关信号
35	传感器接地	74	前氧传感器加热装置控制端
37	制动信号灯开关信号	79	CAN 总线,高位(驱动系统)
41	前氧传感器信号	80	CAN 总线,低位(驱动系统)
43	前氧传感器信号	86	接线柱 30a
44	前氧传感器信号	87	起动机继电器 1 控制端
49	散热器出口处的冷却液温度传感器信号	88	起动机继电器 2 控制端

2.14 威然(2020~2021年款)

2.14.1 威然车型发动机配置信息

威然车型发动机配置如表 2-86 所示。

表 2-86 威然车型发动机配置

发动机型号	DKX	DPL
排量/L	1.984	1.984
功率/kW	162	137
转矩/Nm	350	320
缸径/mm	82.5	82.5
行程/mm	92.8	92.8
压缩比	9.6:1	(11.65±0.15):1
ROZ	95	95
喷射装置/点火装置	缸内直喷+进气歧管喷射	缸内直喷+进气歧管喷射
点火顺序	1—3—4—2	1—3—4—2
爆震控制	是	是
增压	是	是
废气再循环	否	否
可变进气管	是	是
凸轮轴调节	是	是
二次空气	否	否
排放标准	C6	C6

2.14.2 2.0T DKX 发动机正时维修

该发动机正时机构结构形式、正时检查与调整方法和 DPL 相同,请参考 1.3.2 小节内容。

2.14.3 2.0T DPL 发动机正时维修

该发动机正时维修同探岳车型,请参考 1.3.2 小节内容。

第 3 章 新能源车型

3.1 一汽探岳 GTE（2020~2021 年款）

3.1.1 1.4T DUK 发动机正时维修

该发动机正时机构结构形式、正时检查与调整方法和 DLS 相同，请参考 1.1.2 小节内容。

3.1.2 高压电池包部件分解

高压电池包部件分解如图 3-1~图 3-4 所示。

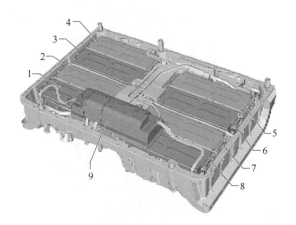

图 3-1　电池模块安装位置一览

1—电池模块 0J1068；2—电池模块 1J991；3—电池模块 2J992；4—电池模块 3J993；5—电池模块 4J994；6—电池模块 5J995；7—电池模块 6J996；8—电池模块 7J997；9—高压配电箱 SX6

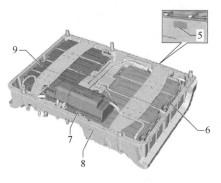

图 3-2　高压电池 AX2 总成结构

1—电池壳盖；2—警告贴签；3—警告贴签；4—安全阀；5—警告贴签；6—左侧电池模块组；7—高压配电箱 SX6；8—警告贴签；9—右侧电池模块组；10—警告贴签

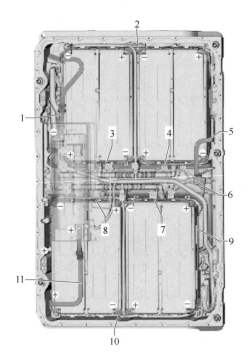

图 3-3 高压连接器

1—电池模块的高压连接器1P26，力矩8Nm；2—电池模块的高压连接器3P28，力矩8Nm；3—电池模块的高压连接器2P27，力矩8Nm；4—电池模块的高压连接器4P29，力矩8Nm；5—电池模块的高压连接器5P30，力矩8Nm；6—连接点，电池模块的连接器5P30和电池模块的连接器6P31之间；7—电池模块的高压连接器7P32，从电池模块4J994＋到电池模块5J995－，力矩8Nm；8—电池模块的高压连接器9P34，从电池模块6J996＋到电池模块7J997－，力矩8Nm；9—电池模块的高压连接器6P31，从分离点到电池模块4J994－，力矩8Nm；10—电池模块的高压连接器8P33，从电池模块5J995＋到电池模块6J996－，力矩8Nm；11—电池模块的高压连接器10P35，从电池模块7J997＋到高压配电箱SX6＋，力矩8Nm

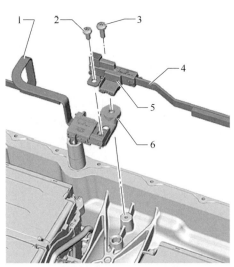

图 3-4 分离点

1—电池模块的高压连接器5P30；2—螺栓M6×14，力矩8Nm；3—螺栓M6×20，力矩8Nm；4—电池模块的高压连接器6P31；5—电池模块的连接器6P31的防触摸保护；6—支架和电池模块的连接器5P30的防触摸保护

3.1.3 车辆全车控制器安装位置

全车控制器安装位置如图3-5～图3-7所示。

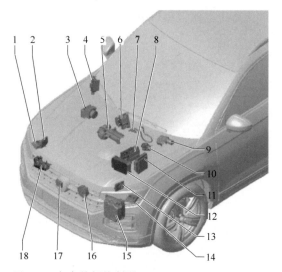

图 3-5 车身前部控制器

1—右侧大灯电源模块；2—右侧LED大灯电源模块；3—ABS控制单元J104；4—机械振动控制单元J869，用于带混合驱动的汽车；5—助力转向控制单元J500；6—高压加热装置（PTC）的控制单元J848，用于带混合驱动的汽车；7—电池调节控制单元J367；8—电驱动装置的功率及控制电子系统JX1，用于带混合驱动的汽车；9—刮水器电机控制单元J400；10—制动助力控制单元J539，用于带混合驱动的汽车；11—发动机控制单元J623；12—高压电池充电装置1AX4，用于带混合驱动的汽车；13—左侧LED大灯电源模块；14—左侧大灯电源模块；15—双离合器变速器机电装置J743；16—散热器风扇VX57；17—车距调节控制单元J428；18—空调压缩机的控制单元J842，用于带混合驱动的汽车

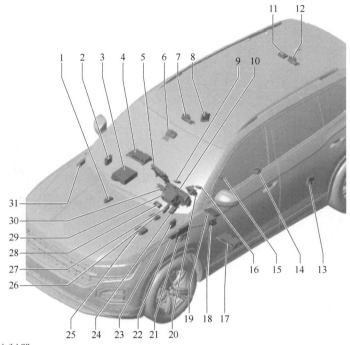

图 3-6 车身中部控制器

1—新鲜空气鼓风机控制单元 J126；2—副驾驶员侧车门控制单元 J387；4—周围环境摄像机控制单元 J928；5—前部信息显示和操作单元控制单元的显示单元 J685；6—驾驶员辅助系统的前部摄像头 R242；7—滑动天窗电机 V1；8—右后车门控制单元 J389；9—换挡杆传感器控制单元 J587；10—组合仪表中的控制单元 J285；11—滑动天窗控制单元 J245；12—滑动天窗卷帘电机 V260；13—左后车门控制单元 J388；14—燃油泵控制单元 J538；15—后部空调操作和显示单元 E265；16—多功能方向盘控制单元 J453；17—数字式音响套件控制单元 J525；18—驾驶员侧车门控制单元 J386；19—驾驶员座椅调节控制单元 J810；20—转向柱电子装置控制单元 J527；21—车载电网控制单元 J519；22—泊车辅助控制单元 J446/泊车转向辅助系统控制单元 J791；23—数据总线诊断接口 J533；24—转向柱联锁执行元件 J764；25—安全气囊控制单元 J234；26—随动转向大灯和大灯照明距离调节控制单元 J745；27—进入及启动系统 J965；28—紧急呼叫模块和通信单元控制单元 J949，用于带混合驱动的汽车；29—挡风玻璃投影（平视显示器）控制单元 J898；30—全自动空调控制单元 J255/空调器控制单元 J301；31—发动机噪声形成控制单元 J943，用于带混合驱动的汽车

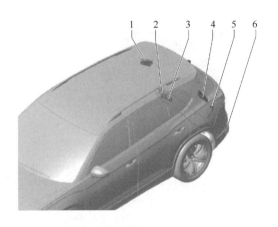

图 3-7 车身后部控制器

1—盲区识别控制单元 J1086；2—后备厢开启装置控制单元 J938；3—轮胎压力监控控制单元；4—后备厢控制单元 J605；5—电池监控控制单元 J367，用于带混合动力驱动的汽车；6—盲区识别控制单元 2J1087

3.2 一汽迈腾 GTE（2020 年款）

3.2.1 1.4T DUK 发动机正时维修

该发动机正时机构结构形式、正时检查与调整方法和 DLS 相同，请参考 1.1.2 小节内容。

3.2.2 高压系统组件分布

高压系统组件布置如图 3-8 所示。

3.2.3 高压总成高压电缆分布

高压电缆分布如图 3-9～图 3-11 所示。

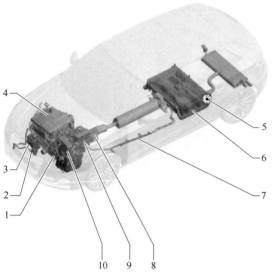

图 3-8 高压组件布置
1—三相电流驱动电机 VX54，内置部件包括电驱动装置牵引电机 V141、电机温度传感器 G712、电机转子位置传感器 1G713；2—高压电池充电插座 1UX4；3—电动空调压缩机 V470；4—发动机；5—电池调节控制单元 J840；6—高压电池 AX2；7—高压电缆；8—高压加热装置（PTC）Z115；9—电驱动装置的功率及控制电子装置 JX1，内置部件包括电驱动控制单元 J841、中间电路电容器 1C25、变压器 A19、电机的逆变器 A37；10—高压电池的充电器 1AX4

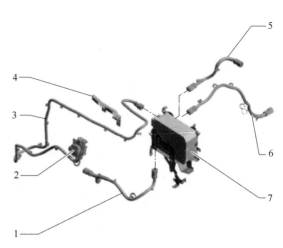

图 3-10 高压电池充电器 1AX4 的高压电缆
1—电动空调压缩机的高压电缆 P3；2—高压电池充电插座 1UX4；3—充电插座的高压电缆，至高压电池的充电器 1AX4，只能与充电插座一起拆卸；4—导向件，用于高压电缆；5—高压电池充电器 1 的高压电缆 P25，至电驱动装置的功率和控制电子装置 JX1；6—高压加热装置（PTC）的高压电缆 P11；7—高压电池充电器 1AX4

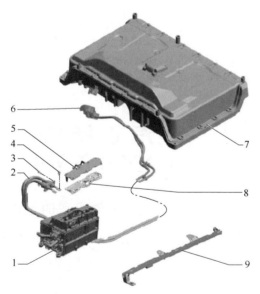

图 3-9 电驱动装置的功率和控制电子装置与高压电池的高压电缆
1—电驱动装置的功率及控制电子装置 JX1；2—高压电池 1 的高压电缆束 PX1；3—螺栓，2 件，5Nm；4—螺栓，2 件，0Nm；5—盖板；6—连接器，用于将高压电池的高压电缆束 PX1 连接到高压电池 1AX2 上；7—高压电池 1AX2；8—触摸保护装置，带密封件，拆卸后更换；9—导向件，用于高压电池 1 的高压电缆束 PX1

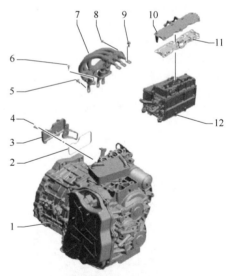

图 3-11 电驱动装置的功率和控制电子装置，行驶电动机的高压电缆
1—三相电流驱动电机 VX54；2—密封件，拆卸后更换；3—盖板；4—螺栓，5 件，8Nm；5—螺栓，3 件，22Nm；6—螺栓，4 件，5Nm；7—行驶电动机的高压电缆束 PX2；8—螺栓，3 件，5Nm；9—螺栓，3 件，20Nm；10—盖板；11—触摸保护装置，带密封件，拆卸后更换；12—电驱动装置的功率及控制电子装置 JX1

3.3 一汽宝来 EV（2020 年款）

3.3.1 高压系统组件分布

高压系统组件分布如图 3-12 所示。

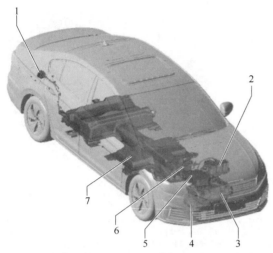

图 3-12 高压组件
1—高压电池充电插座 1UX4；2—电驱动装置的功率及控制电子系统 JX1，电驱动控制单元 J841、中间电路电容器 1C25、变压器 A19、电机的逆变器 A37、空调压缩机的保险丝 S355 集成在 JX1 中；3—三相电流驱动电机 VX54，电机 V141、电机温度传感器 G712、电机转子位置传感器 1G713 集成在 VX54 中；4—电动空调压缩机 V470；5—高压电池的充电器 1AX4 和高压电池充电器控制单元 J1050；6—高压加热装置（PTC）Z115；7—高压电池 AX2

3.3.2 高压电池包部件分解

高压电池包部件分解如图 3-13～图 3-16 所示。

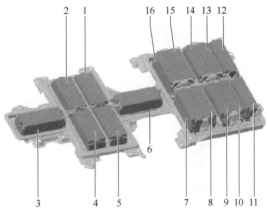

图 3-13 高压电池安装位置一览
1—电池模块 1J991；2—电池模块 2J992；3—电池模块 3J993；4—电池模块 4J994；5—电池模块 5J995；6—电池模块 6J996；7—电池模块 7J997；8—电池模块 8J998；9—电池模块 9J999；10—电池模块 10J1000；11—电池模块 11J1001；12—电池模块 12J1002；13—电池模块 13J1045；14—电池模块 14J1046；15—电池模块 15J1047；16—电池模块 16J1048

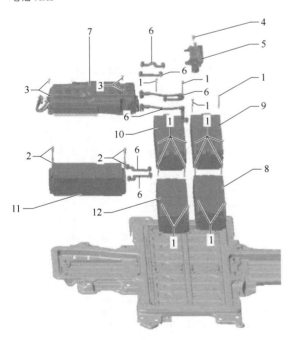

图 3-14 高压电池包前部电池模块
1—螺栓，拆卸后更换，16 件，M6×78，力矩 8Nm＋180°；2—螺栓，拆卸后更换，4 件，M6×78，力矩 8Nm＋180°；3—螺栓，拆卸后更换，4 件，M6×225，力矩 8Nm＋45°；4—螺栓，2 件；5—支架；6—电池的高压连接器，力矩 9Nm；7—高压电池配电箱 SX6；8—电池模块 5J995；9—电池模块 1J991；10—电池模块 2J992；11—电池模块 3J993；12—电池模块 4J994

3.3.3 高压冷却系统部件分布

高压冷却系统部件分布及结构如图3-17、图3-18所示。

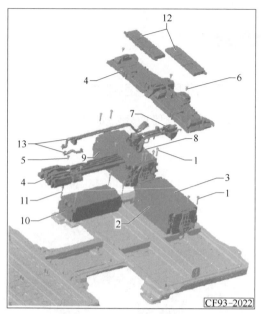

图3-15 高压电池包中间电池模块
1—螺栓，拆卸后更换，8件，M8×50，力矩20Nm+45°；2—电池模块 7J997；3—电池模块 8J998；4—泡沫支架，2件；5—螺栓，4件，拧紧力矩8Nm；6—螺栓，4件，拧紧力矩8Nm；7—塑料支架；8—电池模块 15J1047；9—电池模块 16J1048；10—电池模块 6J996；11—螺栓，拆卸后更换，4件，M6×78，拧紧力矩8Nm+180°；12—电池模块监控控制单元 J497，2件；13—电池的高压连接器，拧紧力矩9Nm

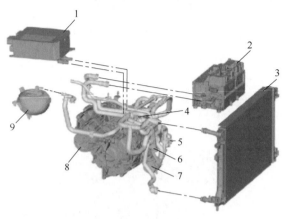

图3-17 高压车载电网的冷却部件
1—高压电池的充电器1AX4，连接到冷却回路中，集成高压电池充电器控制单元J1050；2—电驱动装置的功率及控制电子系统JX1，连接到冷却回路中，带电驱动控制单元J841；3—冷却液散热器；4—电驱动电机后的温度传感器G788；5—散热器出口上的冷却液温度传感器G83；6—二位三通阀；7—电驱动装置的功率和控制电子装置前的泵V508，拆卸和安装散热器出水口的冷却液温度传感器G83；8—三相电流驱动电机VX54，连接到冷却回路中；9—冷却液膨胀罐

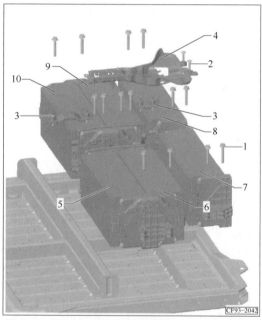

图3-16 高压电池后部电池模块
1—螺栓，拆卸后更换，14件，M8×50，拧紧力矩20Nm+45°；2—螺栓，拆卸后更换，2件，M6×25，拧紧力矩8Nm；3—电池高压连接器，拧紧力矩9Nm；4—塑料支架；5—电池模块 9J999；6—电池模块 10J1000；7—电池模块 11J1001；8—电池模块 12J1002；9—电池模块 13J1045；10—电池模块 14J1046

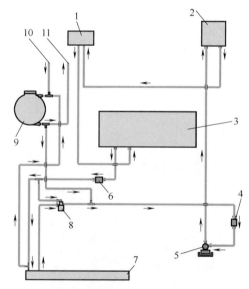

图3-18 冷却液软管连接图
1—高压电池的充电器1AX4，集成高压电池充电器控制单元J1050；2—电驱动装置的功率及控制电子系统JX1，带电驱动控制单元J841；3—三相电流驱动电机VX54；4—散热器出口上的冷却液温度传感器G83；5—电驱动装置的功率和控制电子装置前的泵V508；6—电驱动电机后的温度传感器G788；7—冷却液散热器；8—二位三通阀；9—冷却液膨胀罐；10—从加热循环回路开始；11—至加热循环回路

3.4 一汽高尔夫 EV（2020 年款）

3.4.1 高压系统组件分布

高压系统组件安装位置如图 3-19 所示。

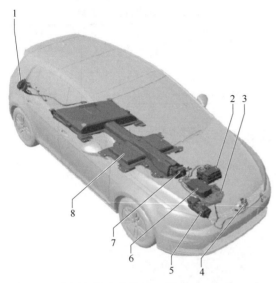

图 3-19　高压组件安装位置一览

1—高压电池充电插座 2UX5；2—电驱动装置的功率及控制电子系统 JX1，电驱动控制单元 J841、中间电路电容器 1C25、变压器 A19、电机的逆变器 A37、空调压缩机的保险丝 S355 集成在 JX1 中；3—电驱动装置 VX54，驱动电机 V141、电机温度传感器 G712、电机转子位置传感器 1G713 集成在 VX54 中；4—高压电池充电插座 1UX4；5—电动空调压缩机 V470；6—高压电池的充电器 1AX4 和高压电池充电器控制单元 J1050；7—高压加热装置（PTC）Z115；8—高压电池 1AX2

3.4.2 高压电池包部件分解

高压电池包组件与宝来 EV 相同，请参考 3.3.2 小节内容。

3.4.3 高压冷却系统部件分布

高压冷却系统部件与宝来 EV 相同，请参考 3.3.3 小节内容。

3.4.4 充电系统部件分解

充电机及充电接口部件分解如图 3-20～图 3-22 所示。

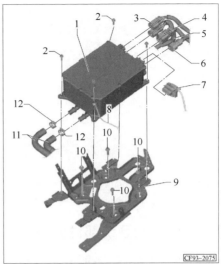

图 3-20　高压电池的充电装置

1—高压电池的充电器 1AX4；2—螺栓，4 件，力矩 8Nm；3—高压电缆，从高压电池充电插座 1UX4 接出；4—高压电缆，至电驱动装置的功率及控制电子系统 JX1；5—高压电缆，通往高压加热装置（PTC）Z115；6—高压电缆，通往电动空调压缩机 V470；7—车载电网电气连接器；8—电位均衡线；9—托架；10—螺栓，4 件，力矩 20Nm；11—冷却液软管；12—卡箍

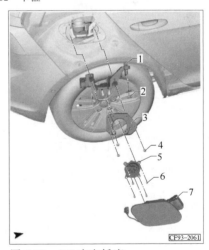

图 3-21　DC 充电插座

1—支架；2—螺栓，2 件，力矩 8Nm＋90°；3—高压电池充电插座 2UX；5—支架；4—螺栓，3 件，力矩 8Nm；5—高压电池充电插座 2UX5，带充电线；6—螺栓，4 件，力矩 8Nm；7—油箱盖单元

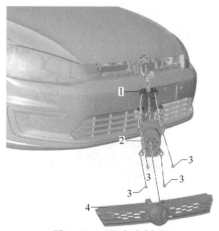

图 3-22　AC 充电插座

1—支架；2—高压电池充电插座 1UX4，带充电线；3—螺栓，4 件，力矩 8Nm +90°；4—散热器格栅

3.4.5　电驱动系统部件分解

电驱动系统部件分解如图 3-23 所示。

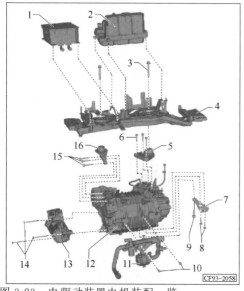

图 3-23　电驱动装置电机装配一览

1—高压电池的充电器 1AX4，使用支架固定在横梁上，为了拆卸电驱动装置 VX54，必须拆下；2—电驱动装置的功率及控制电子系统 JX1，使用支架固定在横梁上，为了拆卸电驱动装置 VX54，必须拆下；3—螺栓，拆卸后更换，2 件，固定发动机支座托架，变速器支座安装到变速器托架上，60Nm +90°；4—横梁，用于电驱动装置 VX54；5—变速器托架；6—螺栓，拆卸后更换，3 件，变速器托架安装到变速器上，力矩 40Nm +90°；7—摆动支撑；8—螺栓，拆卸后更换，2 件；9—螺栓，拆卸后更换，2 件，力矩 20Nm；11—电驱动装置的功率及控制电子系统前的冷却液循环泵 V508；12—电驱动装置 VX54，包含驱动电机 V141；13—电动空调压缩机 V470，为拆卸电驱动装置 VX54，仅松开；14—螺栓，3 件；15—螺栓，拆卸后更换，3 件，固定发动机支座托架，力矩 40Nm +90°；16—电动机支座托架

3.5　一汽 ID.4 CROZZ（2021~2022 年款）

3.5.1　车型配置电动机技术参数

车型配置电动机数据如表 3-1 所示。

表 3-1　电动机技术参数

型号代码	EBN	EBR
额定电压/V	220	325
峰值功率/kW	150	80
峰值转矩/Nm	310	162
最大转速/(r/min)	16000	13500

3.5.2　高压系统部件分布

高压系统组件分布如图 3-24、图 3-25 所示。

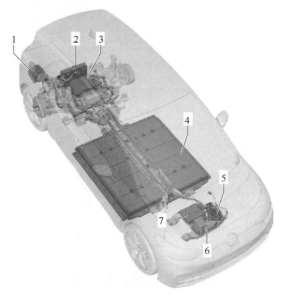

图 3-24　高压系统组件布置（后驱车型）

1—高压电池充电的充电插座 1UX4；2—高压电池充电器 1AX4，集成高压电池充电器控制单元 J1050；3—电驱动装置的功率及控制电子系统 JX1，在电驱动装置 VX54 上；4—高压电池 1AX2；5—高压加热装置（PTC）3Z132；6—空调压缩机 VX81，集成电动空调压缩机 V470 和空调压缩机控制单元 J842；7—变压器 A19

3.5.3　高压电池包部件分解

高压电池包总成及模块分解如图 3-26~图 3-32 所示。

图 3-25 高压系统组件布置（四驱车型）
1—高压电池充电的充电插座 1UX4；2—高压电池充电器 1AX4，集成高压电池充电器控制单元 J1050；3—变压器 A19；4—电驱动装置的功率及控制电子系统 JX1，在电驱动装置 VX54 上；5—高压电池 1AX2；6—高压加热装置（PTC）3Z132；7—空调压缩机 VX81，集成电动空调压缩机 V470 和空调压缩机控制单元 J842；8—电驱动装置的功率及控制电子系统 2JX4，在电驱动装置 VX97 上

55kWh 高压电池包 AX2 螺栓拧紧顺序（按图中序号进行）如图 3-27 所示。

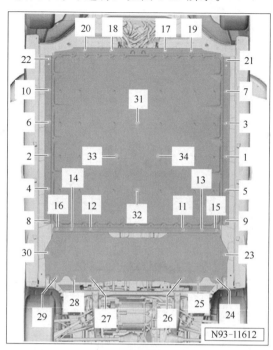

图 3-27 电池包螺栓拧紧顺序

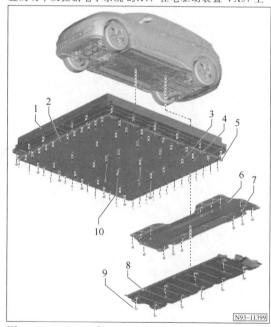

图 3-26 55kWh 高压电池包
1—高压电池 1AX2；2—防钻撞保护装置；3—螺栓，35 个，力矩 7Nm；4—螺母，22 个，力矩 8Nm；5—螺栓，注意拧紧顺序，16 个，M10×25，力矩 50Nm+90°；6—高压电池开口的加强件；7—螺栓，注意拧紧顺序，14 个，M10×25，力矩 50Nm+90°；8—高压电池开口的加强件的底板饰板；9—螺母，9 个，力矩 2Nm；10—螺栓，注意拧紧顺序，拆卸后更换，4 个，力矩 40Nm+180°

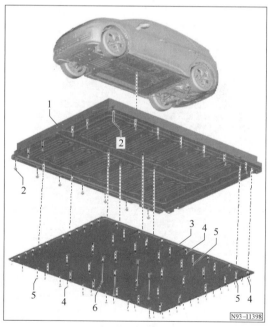

图 3-28 82kWh 高压电池包
1—高压电池 1AX2；2—螺栓，注意拧紧顺序，24 个，M10×25，力矩 50Nm+90°；3—防钻撞保护装置；4—螺栓，39 个，力矩 7Nm；5—螺母，34 个，M6，力矩 8Nm；6—螺栓，注意拧紧顺序，拆卸后更换，4 个，力矩 40Nm+180°

82kWh 高压电池包 AX2 螺栓拧紧顺序（按图中序号进行）如图 3-29 所示。

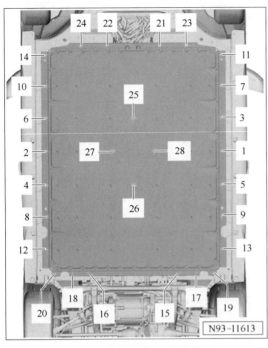

图 3-29　电池包螺栓拧紧顺序

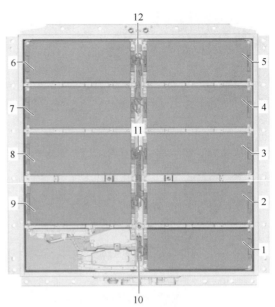

图 3-31　62kWh 电池模块安装位置
1—电池模块 1J991；2—电池模块 2J992；3—电池模块 3J993；4—电池模块 4J994；5—电池模块 5J995；6—电池模块 6J996；7—电池模块 7J997；8—电池模块 8J998；9—电池模块 9J999；10—电池模块控制单元 J1208；11—电池模块控制单元 5J1212；12—电池模块控制单元 9J1216

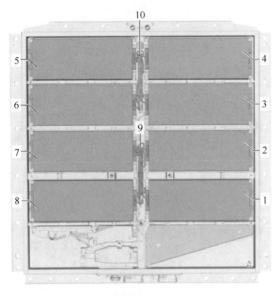

图 3-30　55kWh 电池模块
1—电池模块 1J991；2—电池模块 2J992；3—电池模块 3J993；4—电池模块 4J994；5—电池模块 5J995；6—电池模块 6J996；7—电池模块 7J997；8—电池模块 8J998；9—电池模块控制单元 J1208；10—电池模块控制单元 5J1212

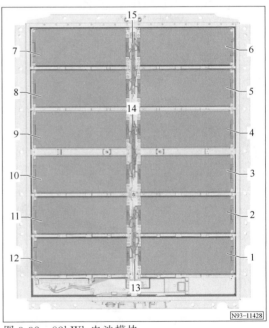

图 3-32　82kWh 电池模块
1—电池模块 1J991；2—电池模块 2J992；3—电池模块 3J993；4—电池模块 4J994；5—电池模块 5J995；6—电池模块 6J996；7—电池模块 7J997；8—电池模块 8J998；9—电池模块 9J999；10—电池模块 10J1000；11—电池模块 11J1001；12—电池模块 12J1002；13—电池模块控制单元 J1208；14—电池模块控制单元 5J1212；15—电池模块控制单元 9J1216

3.5.4 高压冷却系统部件布置

高压冷却系统部件安装位置如图 3-33、图 3-34 所示。

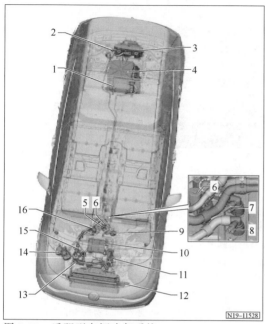

图 3-33 后驱型车辆冷却系统
1—三相电流驱动电机 VX54；2—温度传感器 G18，安装在充电器上方的软管接头内；3—高压电池充电器 1AX4，带有高压电池充电器控制单元 J1050；4—电驱动装置的功率及控制电子系统 JX1，安装在三相电流驱动电机 VX54 上；5—高压电池预热装置混合阀 V683；6—高压电池预热装置混合阀 2V696，安装取决于车辆配置；7—高压电池冷却液温度传感器 2G899，电池出口（回流管）；8—高压电池冷却液温度传感器 1G898，电池入口（进流管）；9—用于低温循环回路的冷却液泵 V468；10—变压器 A19；11—高压加热装置（PTC）3Z132；12—散热器模块；13—高压电池热交换器；14—电动机冷却液膨胀罐，集成冷却液液位传感器 G32；15—节温器；16—高压电池冷却液泵 V590

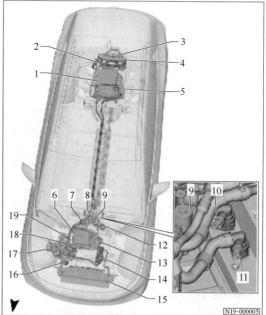

图 3-34 四驱型车辆冷却系统
1—电驱动装置的功率及控制电子系统 JX1；2—温度传感器 G18，安装在充电器上方的软管接头内；3—变压器 A19；4—高压电池充电器 1AX4，带有高压电池充电器控制单元 J1050；5—三相电流驱动电机 VX54；6—电驱动装置的功率及控制电子系统 2JX4；7—高压电池冷却液泵 V590；8—高压电池预热装置混合阀 V683；9—高压电池预热装置混合阀 2V696，安装取决于车辆配置；10—高压电池冷却液温度传感器 2G899，电池出口（回流管）；11—高压电池冷却液温度传感器 1G898，电池入口（进流管）；12—用于低温循环回路的冷却液泵 V468；13—三相电流驱动电机 2VX97；14—高压加热装置（PTC）3Z132；15—散热器模块；16—高压电池热交换器；17—电动机冷却液膨胀罐，集成冷却液液位传感器 G32；18—节温器；19—热泵阀组

3.5.5 全车控制器安装位置

全车控制器安装位置如图 3-35～图 3-37 所示。

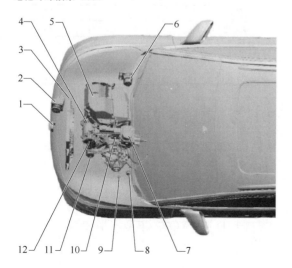

图 3-35 汽车前部控制器
1—自动车距控制系统控制单元 J428；2—发动机噪声形成执行器 1R257；3—散热器风扇 VX57；4—空调压缩机控制单元 J842；5—新鲜空气鼓风机控制单元 J126；6—ABS 控制单元 J104；7—制动助力控制单元 J539；8—刮水器电机控制单元 J400；9—蓄电池监控控制单元 J367；10—电驱动装置的功率及控制电子系统 2JX4（用于四轮驱动的车辆）/变压器 A19（用于后轮驱动的车辆）；11—助力转向控制单元 J500；12—高压加热装置（PTC）3Z132

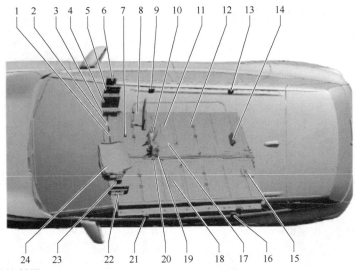

图 3-36　汽车中部控制器

1—安全气囊控制单元 J234；2—高压加热装置（PTC）的控制单元 J848；3—全自动空调控制单元 J979；4—信息电子装置 1 控制单元 J794；5—数据总线诊断接口 J533；6—发动机控制单元 J623；7—滑动天窗控制单元 J245；8—前部信息显示和操作单元控制单元的显示单元 J685；9—副驾驶员侧车门控制单元 J387；10—驾驶员信息系统控制及显示单元 J1254；11—副驾驶员座椅调节控制单元 J1111；12—高电压蓄电池 1AX2；13—右后车门控制单元 J389；14—紧急呼叫模块和通信单元控制单元 J949；15—周围环境摄像机控制单元 J928；16—左后车门控制单元 J388；17—带移动电话接口的储物箱 R265；18—驾驶员座椅调节控制单元 J1112；19—转向柱电子装置控制单元 J527；20—电子转向柱锁止装置控制单元 J764；21—驾驶员侧车门控制单元 J386；22—车载电网控制单元 J519；23—进入及启动系统 J965；24—挡风玻璃投影（平视显示器）控制单元 J898

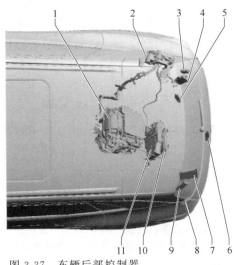

图 3-37　车辆后部控制器

1—电驱动装置的功率及控制电子系统 JX1；2—高压电池充电插座 1UX4；3—盲区识别控制单元 1J1086；4—电子控制减振系统控制单元 J250；5—泊车辅助控制单元 J446/泊车转向辅助系统控制单元 J791；6—尾门开启装置控制单元 J538；7—数字式声音处理系统控制单元 J525；8—尾门控制单元 J605；9—盲区识别控制单元 2J1087；10—变压器 A19；11—车载充电装置 A11

3.6　一汽 ID.6 CROZZ（2021~2022 年款）

3.6.1　车型配置电动机技术参数

车型配置电动机数据如表 3-2 所示。

表 3-2　电动机技术参数

型号代码	EBR	EBP
额定电压/V	325	335
峰值功率/kW	80	150
峰值转矩 Nm	162	310
最大转速/(r/min)	13500	16000

3.6.2　高压系统部件分布

同 ID.4 CROZZ 车型，请参考 3.5.2 小节内容。

3.6.3　高压电池包部件分解

同 ID.4 CROZZ 车型，请参考 3.5.3 小节内容。

3.6.4 高压冷却系统管路分布

高压冷却系统管路分布如图 3-38~图 3-45 所示。

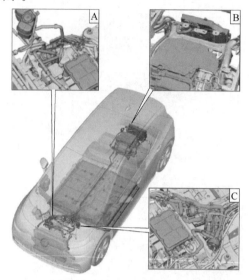

图 3-38 后驱型车辆冷却系统
A—右前冷却系统；B—后部冷却系统；C—左前冷却系统

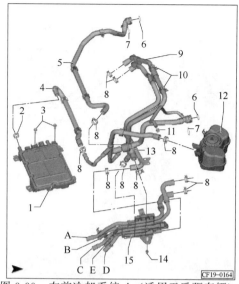

图 3-39 右前冷却系统 A（适用于后驱车辆）
1—变压器 A19；2—软管卡箍；3—螺栓；4—冷却液软管；5—冷却液软管；6—O 形圈，损坏时更换；7—固定夹；8—软管卡箍；9—冷却液软管；10—支架，2 个；11—软管卡箍；12—电动机冷却液膨胀罐，集成冷却液液位传感器 G32；13—节温器，开启温度 15℃；14—膨胀铆钉；15—管路套件，注意软管和管路上的编号；A—管件 1；B—管件 2；C—管件 3；D—管件 4；E—管件 5

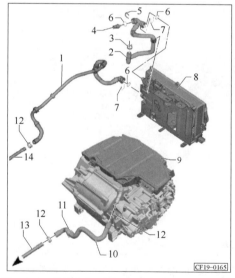

图 3-40 后部冷却系统 B（适用于后驱车辆）
1—右后冷却液管；2—冷却液软管；3—软管卡箍；4—温度传感器 G18；5—固定夹；6—O 形圈，拆卸后更换；7—固定夹；8—高压电池充电器 1AX4，带有高压电池充电器控制单元 J1050；9—电驱动装置的功率及控制电子系统 JX1，安装在三相电流驱动电机 VX54 上；10—冷却液软管；11—固定夹；12—软管卡箍；13—回流冷却液管；14—进流冷却液管

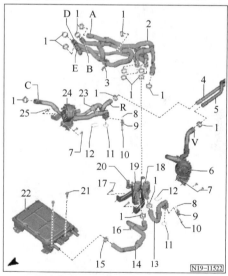

图 3-41 左前冷却系统 C（适用于后驱车辆）
1—软管卡箍；2—软管套件；3—软管支架；4—冷却液管，电动机的回流管；5—冷却液软管，电动机的进流管；6—用于低温循环回路的冷却液泵 V468；7—螺栓，4 个，力矩 8Nm；8—O 形圈，损坏时更换；9—冷却液温度传感器，进流管内的高压电池冷却液温度传感器 1G898，回流管内的高压电池冷却液温度传感器 2G899；10—螺栓，2 个，力矩 8Nm；11—O 形圈，损坏时更换；12—固定夹；13—冷却液软管；14—冷却液软管；15—软管卡箍；16—支架；17—螺栓，2 个，力矩 8Nm；18—高压电池预热装置混合阀 V683；19—高压电池预热装置混合阀 2V696；20—支架，用于冷却液阀；21—螺栓；22—变压器 A19；23—支架；24—高压电池冷却液泵 V590；25—膨胀铆钉；A—软管 1；B—软管 2；C—软管 3；D—软管 4；E—软管 5；V—车尾区域的进流管；R—车尾区域的回流管

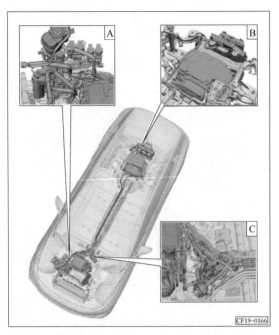

图 3-42 四驱型车辆冷却系统
A—右前冷却系统；B—后部冷却系统；C—左前冷却系统

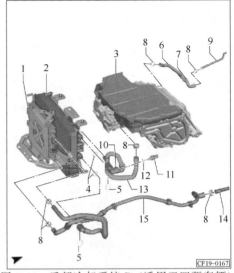

图 3-44 后部冷却系统 B（适用于四驱车辆）
1—变压器 A19；2—高压电池充电器 1AX4，带有高压电池充电器控制单元 J1050；3—电驱动装置的功率及控制电子系统 JX1，安装在三相电流驱动电机 VX54 上；4—O 形圈，拆卸后更换；5—固定夹；6—冷却液软管；7—固定夹；8—软管卡箍；9—回流冷却液管；10—固定夹；11—温度传感器 G18；12—密封垫；13—冷却液软管；14 进流冷却液管；15—右后冷却液管

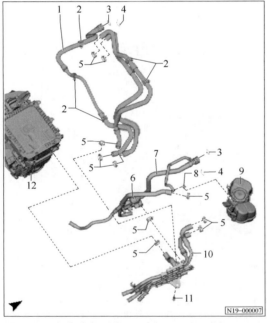

图 3-43 右前冷却系统 A（适用于四驱车辆）
1—冷却液软管；2—软管固定卡；3—O 形圈，损坏时更换；4—固定夹；5—软管卡箍；6—节温器，开启温度 15℃；7—冷却液软管；8—软管卡箍；9—电动机冷却液膨胀罐，集成冷却液液位传感器 G32；10—管路套件，注意软管和管路上的编号；11—膨胀铆钉；12—三相电流驱动电机 2VX97，带有电驱动装置的功率及控制电子系统 2JX4

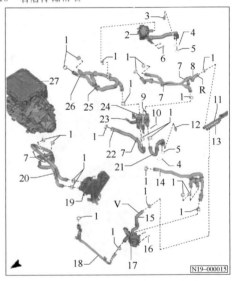

图 3-45 左前冷却系统 C（适用于四驱车辆）
1—软管卡箍；2—高压电池冷却液泵 V590，软管 R 为车尾区域的回流管；3—回流管内的高压电池冷却液温度传感器 2G899；4—固定夹；5—O 形圈，损坏时更换；6—螺栓，2 个，力矩 8Nm；7—软管支架；8—软管套件；9—高压电池预热装置混合阀 V683；10—螺栓，力矩 8Nm，3 个；11—冷却液管，电动机的回流管；12—进流管内的高压电池冷却液温度传感器 1G898；13—冷却液管，电动机的进流管；14—冷却液管；15—冷却液软管；16—螺栓，力矩 8Nm，2 个；17—用于低温循环回路的冷却液泵 V468，软管 V 为至车尾区域的进流管；18—冷却液管；19—高压加热装置（PTC）3Z132；20—冷却液软管；21—冷却液软管；22—冷却液软管；23—支架，用于冷却液阀；24—高压电池预热装置混合阀 2V696；25—软管支架；26—冷却液软管；27—三相电流驱动电机 2VX97，带有电驱动装置的功率及控制电子系统 2JX4

3.6.5 后部电驱系统部件分解

后部电驱系统部件分解如图 3-46、图 3-47 所示。

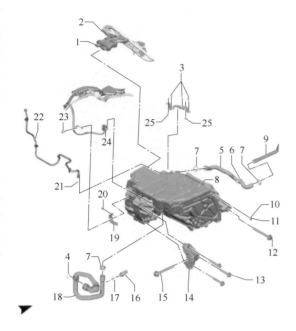

图 3-46 后部电动机
1—高压连接器，用于电驱动装置的功率及控制电子系统 JX1；2—电缆套管，用于高压导线；3—紧固螺栓，3个，力矩 8Nm；4—O 形圈，损坏时更换；5—冷却液软管；6—固定夹；7—软管卡箍；8—三相电流驱动电机 VX54，带有电驱动装置的功率及控制电子系统 JX1；9—冷却液管，拆卸时拆下电池；10—O 形圈，用于压力补偿元件；11—排气阀，拆卸后更换；12—螺栓，用于电动机支座，拆卸后更换，2个，力矩 130Nm+180°；13—螺栓，用于电动机支撑件，拆卸后更换，3个，力矩 70Nm+180°；14—电动机支撑；15—螺栓，用于变速器支撑件，拆卸后更换，力矩 130Nm+180°；16—温度传感器 G18；17—O 形圈，拆卸后更换；18—冷却液软管；19—支架，电位均衡线的拧紧点；20—螺母，力矩 8Nm；21—O 形圈，损坏时更换；22—排气管路，用于变速器；23—固定螺栓，用于电位均衡线，力矩 8Nm；24—电气连接器，用于电驱动装置的功率及控制电子系统 JX1；25—紧固螺栓，2个，力矩 8Nm

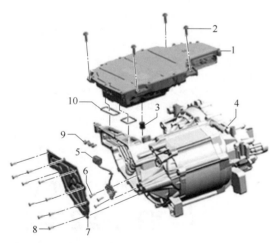

图 3-47 后部电驱动装置
1—电驱动装置的功率及控制电子系统 JX1；2—螺栓，4件，拆卸后更换，力矩为（27±1）Nm；3—管接头，拆卸后更换；4—带变速器的牵引电机 VX54；5—牵引电机转子位置传感器 1G713；6—螺栓，3个，拆卸后更换，力矩为（7.9±0.5）Nm；7—盖板，拆卸后更换；8—螺栓，10个，拆卸后更换；9—螺栓，3个，拆卸后更换，力矩为（9.5±0.5）Nm；10—弹簧，拆卸后更换

盖板（11）上的螺栓拧紧顺序如图 3-48 所示。将螺栓 1～10 先用手拧紧至限位位置，再拧紧（7.9±0.5）Nm。

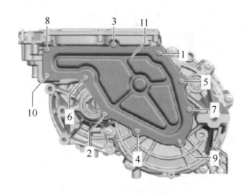

图 3-48 盖板螺栓的拧紧顺序

3.6.6 前部电驱系统部件分解

前部电驱系统部件分解如图 3-49、图 3-50 所示。

输出轴螺栓拧紧顺序如图 3-51 所示，按拧紧力矩将螺栓 1～7 手动预拧紧，再紧固至 1～76Nm。

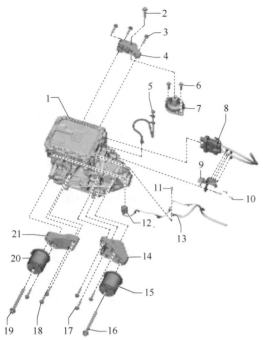

图 3-49 前部电动机

1—三相电流驱动电机 VX97，带有电驱动装置的功率及控制电子系统 2JX4；2—螺栓，用于电动机支撑件，力矩 70Nm+90°；3—螺栓，用于电动机支撑件，3 个，力矩 50Nm+90°；4—电动机支撑件；5—排气管路，用于变速器；6—螺栓，2 个，力矩 50Nm+90°；7—电动机支座；8—高压连接器，用于电驱动装置的功率及控制电子系统 2JX4；9—支架，用于高压导线；10—紧固螺栓，3 个，力矩 8Nm；11—固定螺栓，用于电位均衡线，力矩 8Nm；12—电气连接器，用于电驱动装置的功率及控制电子系统 2JX4；13—电位均衡线；14—电动机支撑件；15—橡胶金属轴承；16—螺栓，拆卸后更换，力矩 130Nm+180°；17—螺栓，拆卸后更换，3 个，力矩 50Nm+90°；18—螺栓，拆卸后更换，3 个，力矩 50Nm+90°；19—螺栓，用于电动机支座，拆卸后更换，力矩 130Nm+180°；20—电动机支座；21—电动机支撑件

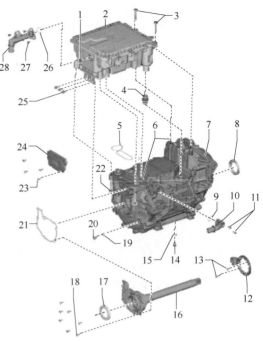

图 3-50 前部电驱动装置

1—排气阀；2—电驱动装置的功率及控制电子系统 2JX4；3—螺栓，2 个，力矩 30Nm+45°，拆卸后更换；4—连接管，拆卸后更换；5—密封圈，拆卸后更换；6—定位销，1 个，拆卸后更换；7—带变速器的牵引电机 2VX97；8—油封；9—O 型圈，拆卸后更换；10—水管；11—固定螺栓，2 个，力矩 5Nm；12—牵引电机 2 转子位置传感器 1G1147；13—螺栓，2 个，拆卸后更换，力矩 3.5Nm；14—放油螺栓，拆卸后更换，力矩 15Nm；15—密封垫，拆卸后更换；16—输出轴；17—油封；18—螺栓，7 个，拆卸后更换，力矩 15Nm；19—密封垫，拆卸后更换；20—加油螺栓，拆卸后更换，力矩 15Nm；21—密封垫，拆卸后更换；22—螺栓，2 个，拆卸后更换，力矩 30Nm+45°；23—螺栓，在支架上，4 个，力矩 6Nm，拆卸后更换；24—盖板，拆卸后更换；25—螺栓，3 个，拆卸后更换，力矩 9Nm；26—O 型圈；27—螺栓，3 个，力矩 5Nm；28—水管

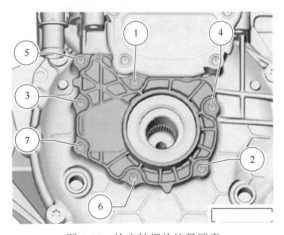

图 3-51 输出轴螺栓拧紧顺序

3.7 上汽途观 LPHEV（2019~2022 年款）

3.7.1 途观 LPHEV 车型发动机配置信息

途观 LPHEV 车型发动机配置如表 3-3 所示。

3.7.2 1.4TDXJ 发动机正时维修

该发动机正时机构结构形式、正时检查与调整方法和 DLS 相同，请参考 1.1.2 小节内容。

表 3-3 途观 LPHEV 车型发动机配置信息

发动机型号	DXJ	DJZ	DUK
排量/L	1.395	1.395	1.395
功率/kW	110	110	110
转矩/Nm	250	250	250
缸径/mm	74.5	74.5	74.5
行程/mm	80.0	80.0	80.0
压缩比	10.0∶1	10.0∶1	10.0∶1
ROZ	92	92	92
喷射装置/点火装置	缸内直喷	缸内直喷	缸内直喷
点火顺序	1—3—4—2	1—3—4—2	1—3—4—2
爆震控制	是	是	是
增压	是	是	是
废气再循环	否	否	否
可变进气管	是	是	是
凸轮轴调节	是	是	是
二次空气	否	否	否
排放标准	C6	C5	C6

3.7.3 1.4T DUK 发动机正时维修

该发动机正时机构结构形式、正时检查与调整方法和 DLS 相同，请参考 1.1.2 小节内容。

3.7.4 1.4T DJZ 发动机正时维修

该发动机正时机构结构形式、正时检查与调整方法和 DLS 相同，请参考 1.1.2 小节内容。

3.7.5 高压系统部件分布

途观 LPHEV 车型高压系统部件分布如图 3-52 所示。

3.7.6 高压电池总成部件分解

高压电池总成部件分解如图 3-53～图 3-61 所示。

泄压阀安装位置如图 3-56 所示，将泄压阀凸起位置（3）与高压电池上盖标记点（1）对齐后装入，并沿箭头方向旋转泄压阀，使得标记 3 与标记点 2 对齐。

高压电池上盖（A）的固定螺栓拧紧顺序如图 3-57 所示。

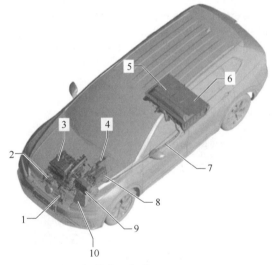

图 3-52 高压部件装配概览

1—高压电池充电插座 1UX4；2—电动空调压缩机 V470；3—发动机；4—高压加热装置（PTC）Z115；5—高压电池 1AX2；6—高压电池调节控制单元 J840；7—高压线束；8—电驱动装置的功率及控制电子系统 JX1，包括电驱动装置控制单元 J841、中间电容 1C25、变压器 A19、电动机的逆变器 A37；9—高压电池的充电装置 1AX4；10—混合动力模块 VX54，包括：电机 V141、电机温度传感器 G712、电机转子位置传感器 1G713

请务必严格按照表 3-4 的要求分两步以 1—39 的顺序拧紧！

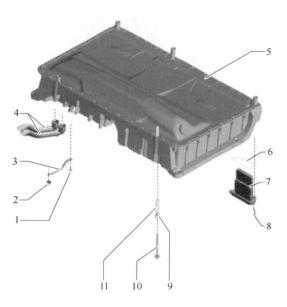

图 3-53 高压电池装配概览

1—螺栓；2—螺母；3—等电位线；4—冷却液软管；5—高压电池 AX2；6—密封垫，拆卸后更换；7—高压电池调节控制单元 J840；8—螺栓，5 个，拧紧力矩 8Nm；9—橡胶套，防止螺栓自行掉落，10—螺栓，5 个，拆卸后更换，拧紧力矩 50Nm＋继续旋转 225°；11—套筒，5 个，拧紧力矩 60Nm，用轴套拆卸套筒 CT80042 拆卸，拆卸后更换

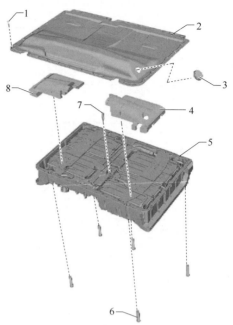

图 3-55 高压电池壳体装配概览

1—螺栓，39 个，M5×25；2—高压电池上盖，带密封垫；3—泄压阀，每次拆卸后更换泄压阀密封圈；4—左侧泡沫定位件，不要与右侧泡沫定位件 8 混淆；5—高压电池下壳体；6—套筒，5 个，拧紧力矩 60Nm，用轴套拆卸套筒 CT80042 拆卸，拆卸后更换；7—适配头，用于高压配电箱 SX6，拧紧力矩 15Nm；8—右侧泡沫定位件，不要与左侧泡沫定位件 4 混淆

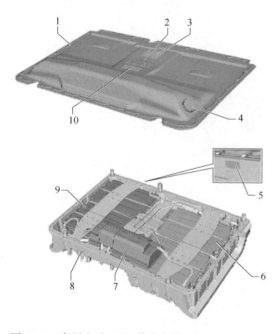

图 3-54 高压电池 AX2-装配概览

1—高压电池上盖；2—警告贴签；3—警告贴签；4—泄压阀；5—警告贴签；6—左侧高压电池模组；7—高压机电盒 SX6；8—警告贴签；9—右侧高压电池模组；10—警告贴签

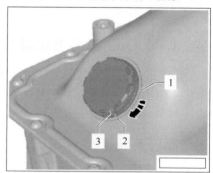

图 3-56 泄压阀安装位置

表 3-4 螺栓拧紧力矩

步骤	螺栓	拧紧力矩/Nm
1	1～8	2
2	1～8	6
3	9～39	6

堵塞安装要求：堵塞（1）下表面，应超过倒角（2）的上边缘，如图 3-59 所示。

拆离电池模组之前，请使用油性笔对每个模组进行标记，以便后续重新安装，模组分布如图 3-60 所示。

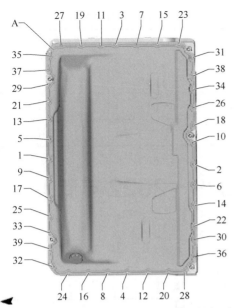

图 3-57 高压电池上盖（A）的固定螺栓拧紧顺序

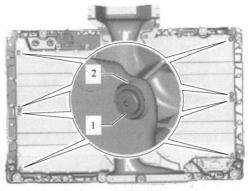

图 3-59 堵塞安装要求

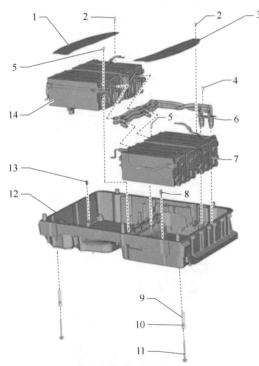

图 3-58 高压电池模组装配概览

1—左侧加强板；2—螺栓，4个，M6×14，拆卸后更换，拧紧力矩 8Nm+45°；3—右侧加强板；4—螺栓，M6×20，拧紧力矩 8Nm；5—螺栓，每侧高压电池模组 5个，力矩 M6×25，拆卸后更换，拧紧力矩 10Nm+60°；6—冷却液管，带高压电池冷却液温度传感器 G898/G899；7—右侧高压电池模组；8—内侧导向件，每侧高压电池模组 3个；9—密封垫圈，每侧高压电池模组 5个，拆卸后更换；10—螺栓，每侧高压电池模组 5个，M6×35，拆卸后更换，拧紧力矩 8Nm+180°；11—堵塞，每侧高压电池模组 5个，拆卸后更换，安装时，注意堵塞的安装要求；12—高压电池下壳体；13—外侧导向件，每侧高压电池模组 3个；14—左侧高压电池模组

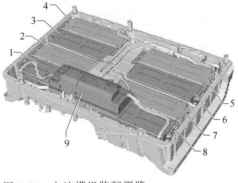

图 3-60 电池模组装配概览

1—电池模组 1J1068；2—电池模组 2J991；3—电池模组 3J992；4—电池模组 4J993；5—电池模组 5J994；6—电池模组 6J995；7—电池模组 7J996；8—电池模组 8J997；9—高压配电箱 SX6

图 3-61 以电池模组 1J1068 和电池模组 2J991 为例演示部件分解，其他电池模组间的装配类同。

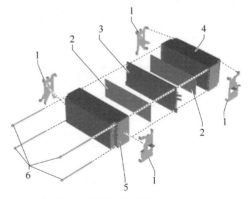

图 3-61 电池模组装配概览

1—电池模组支架，4个，切勿混淆；2—导热膜，维修套件内包含 2片导热膜，粘贴在电池模组 4和 5上，更换导热膜；3—散热板；4—电池模组；5—电池模组 1J1068；6—螺栓，4个，M6×185，拆卸后更换

电池模组（A）中固定螺栓拧紧顺序如图 3-62 所示，拧紧力矩见表 3-5。

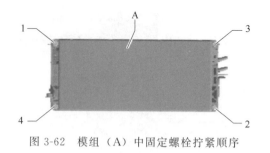

图 3-62 模组（A）中固定螺栓拧紧顺序

表 3-5 螺栓拧紧力矩

步骤	螺栓	拧紧力矩和角度要求
1	1～4	5Nm
2	1～4	8Nm
3	1～4	继续旋转270°

3.8 上汽帕萨特 PHEV（2019～2022 年款）

3.8.1 帕萨特 PHEV 车型发动机配置信息

帕萨特 PHEV 车型发动机配置如表 3-6 所示。

表 3-6 帕萨特 PHEV 车型发动机配置信息

发动机型号	DJZ	DUK	DXJ
排量/L	1.395	1.395	1.395
功率/kW	110	110	110
转矩/Nm	250	250	250
缸径/mm	74.5	74.5	74.5
行程/mm	80.0	80.0	80.0
压缩比	10.0∶1	10.0∶1	10.0∶1
ROZ	92	92	92
喷射装置/点火装置	缸内直喷	缸内直喷	缸内直喷
点火顺序	1—3—4—2	1—3—4—2	1—3—4—2
爆震控制	是	是	是
增压	是	是	是
废气再循环	否	否	否
可变进气管	否	否	否
凸轮轴调节	是	是	是
二次空气	否	否	否
排放标准	C5	C6	C6

3.8.2 高压电池总成部件分解

同途观 PHEV，请参考 3.7.6 小节内容。

3.8.3 高压充电系统部件分解

充电系统部件分解如图 3-63、图 3-65 所示。

高压电池充电装置的支架上螺栓拧紧顺序如图 3-64 所示。

按照以下要求分步拧紧螺栓：将螺栓/螺母 1、2、3、4 先用手拧紧，再用工具紧固至 20Nm。

3.8.4 电驱动控制系统部件拆解

电驱动控制系统部件拆解如图 3-66～图 3-69 所示。

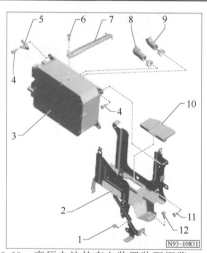

图 3-63 高压电池的充电装置装配概览
1—螺母；2—支架；3—高压电池的充电装置1AX4；4—螺栓，3个，拧紧力矩8Nm；5—等电位线；6—螺栓，拧紧力矩8Nm；7—支架；8—冷却液管；9—冷却液管；10—填充块；11—螺栓；12—螺栓

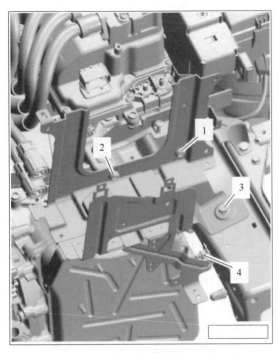

图 3-64 高压电池充电装置的支架拧紧顺序

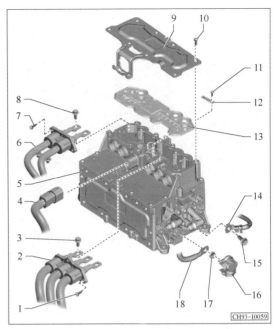

图 3-66 电驱动装置的功率和控制电子系统 JX1 装配概览

1—螺栓，3个；2—电机的高压线束 PX2，至电机 V141；3—螺栓，3个；4—高压电池充电装置的高压线束 P25，至高压电池的充电装置 1AX4；5—电驱动装置的功率和控制电子装置 JX1；6—高压电池高压线束 PX1，至高压电池 1AX2；7—螺栓，2个；8—螺栓，2个；9—盖板；10 螺栓，拆卸后更换，8个；11—螺栓，2个，拧紧力矩 2.7Nm；12—高压系统保险丝 3S353；13—防触摸保护绝缘垫，带密封条，拆卸后更换；14—线束 B；15 螺栓，拧紧力矩 20Nm；16—盖板；17—螺母，拧紧力矩 20Nm；18—线束 B+

盖板上螺栓拧紧顺序如图 3-67 所示，按照 1~8 的顺序用 6Nm 拧紧螺栓。

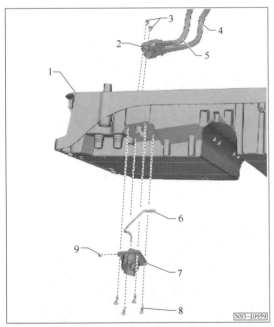

图 3-65 牵引电网插座装配概览

1—高压电池下壳体；2—高压线束外壳，作为防接触保护装置和绝缘件，不能单独更换；3—螺栓，2个，M6×12，拧紧力矩 8Nm；4—高压线束＋，至高压配电箱 SX6，不能单独更换；5—高压线束－，至高压配电箱 SX6，不能单独更换；6—互锁线，拆卸后更换，用直径约 0.8mm 的钢丝进行拆卸；7—牵引电网插座；8—螺栓，4个，M5×20，拧紧力矩 4Nm；9—锁止件，用于互锁线 6

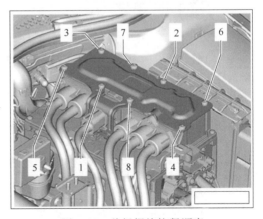

图 3-67 盖板螺栓拧紧顺序

电机的高压线束 PX2 螺栓的拧紧顺序如图 3-68 所示，按照 1~3 的顺序用 5Nm 拧紧螺栓。

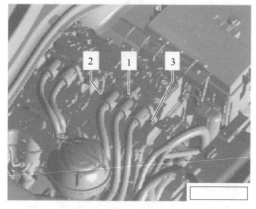

图 3-68 电机的高压线束 PX2 螺栓的拧紧顺序

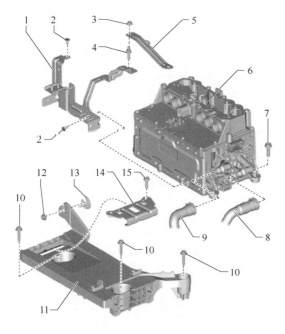

图 3-69 电驱动装置的功率和控制电子系统支架装配概览

1—支架；2—螺栓，2个，拧紧力矩 8Nm；3—螺母，拧紧力矩 8Nm；4—双头螺柱，拧紧力矩 8Nm；5—支架；6—电驱动装置的功率和控制电子系统 JX1；7—螺栓，2个，拧紧力矩 20Nm；8—冷却液管；9—冷却液管；10—螺栓，3个，拧紧力矩 9Nm；11—固定支架；12—螺母，拧紧力矩 9Nm；13—套管；14—支架；15—螺栓，2个，拧紧力矩 20Nm

3.8.5 混合动力模块分解

集成于变速器的混动模块部件分解如图 3-70 所示。

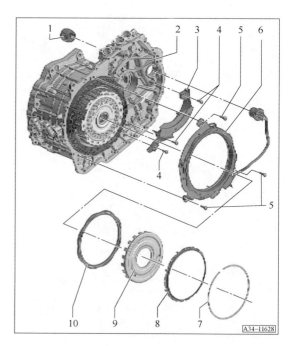

图 3-70 混合动力模块装配概览

1—插头壳；2—混合动力模块；3—导线导向件；4—螺栓，拧紧力矩 8Nm＋继续旋转 90°，拆卸后更换；5—螺栓，拧紧力矩 8Nm＋继续旋转 90°，拆卸后更换；6—牵引电机转子位置传感器 1G713 和牵引电机温度传感器 G712；7—卡环，拆卸后更换；8—支撑环，拆卸后更换；9—压盘 K1；10—转子

3.8.6 电驱动装置的功率及控制电子系统端子定义

安装位置在发动机舱内左侧（箭头），如图 3-71 所示。

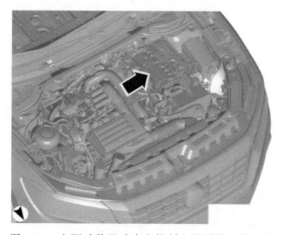

图 3-71 电驱动装置功率和控制电子系统安装位置

电驱动装置功率和控制电子系统连接器端子分布如图 3-72 所示，端子定义见表 3-7、表 3-8。

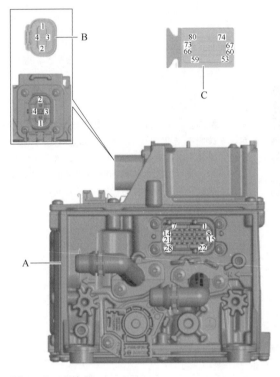

图 3-72 连接器
A—电驱动装置的功率及控制电子系统 JX1；B—5 芯连接器 T5au，橙色，电驱动装置的功率和控制电子系统连接器；C—80 芯连接器 T80a，黑色，电驱动装置的功率及控制电子系统连接器（控制单元侧端子是 1～28，线束侧端子是 53～80）

表 3-7　5 芯连接器端子定义

端子序号	功能定义
1	车载充电装置＋，连接到车载充电装置 A11，连接器 T5at，端子 1
2	车载充电装置－，连接到车载充电装置 A11，连接器 T5at，端子 2
3	高压系统控制导引线，连接到电驱动装置的功率及控制电子系统 JX1，连接器 T5au，端子 4
4	高压系统控制导引线，连接到电驱动装置的功率及控制电子系统 JX1，连接器 T5au，端子 3
5	车载充电装置，连接到车载充电装置 A11，连接器 T5at，端子 5s

表 3-8　80 芯连接器端子定义

端子序号	功能定义
53	CAN 总线，低位（混合动力）
54	CAN 总线，高位（混合动力）
55	接线柱 30a
56	接线柱 15a
57	电驱动装置牵引电机，连接到电驱动装置牵引电机 V141，连接器 T10aa，端子 5
58	电驱动装置牵引电机，连接到电驱动装置牵引电机 V141，连接器 T10aa，端子 7
59	电驱动装置牵引电机，连接到电驱动装置牵引电机 V141，连接器 T10aa，端子 4
60	CAN 总线，低位（驱动系统）
61	CAN 总线，高位（驱动系统）
64	电驱动装置牵引电机，连接到电驱动装置牵引电机 V141，连接器 T10aa，端子 6
65	电驱动装置牵引电机，连接到电驱动装置牵引电机 V141，连接器 T10aa，端子 8
66	电驱动装置牵引电机，连接到电驱动装置牵引电机 V141，连接器 T10aa，端子 3
74	电驱动装置牵引电机温度传感器信号，连接到电驱动装置牵引电机 V141，连接器 T10aa，端子 1
75	电驱动装置牵引电机温度传感器接地，连接到电驱动装置牵引电机 V141，连接器 T10aa，端子 2
77	高压系统控制导引线，连接到车载充电装置 A11，连接器 T60b，端子 13
80	高压系统控制导引线，连接到高压加热装置（PTC）Z115，连接器 T8z，端子 7

3.8.7　车载充电装置端子定义

安装位置在发动机舱内左侧（箭头），如图 3-73 所示。

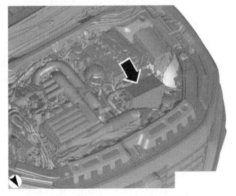

图 3-73　车载充电装置安装位置

车载充电装置各连接器端子分布如图 3-74 所示，端子定义见表 3-9～表 3-13。

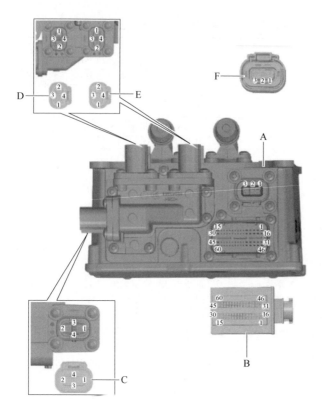

图 3-74 连接器

A—车载充电装置 A11；B—60 芯连接器 T60b，黑色，车载充电装置连接器；C—5 芯连接器 T5aw，橙色，车载充电装置连接器；D—5 芯连接器 T5ay，橙色，车载充电装置连接器；E—5 芯连接器 T5at，橙色，车载充电装置连接器；F—4 芯连接器 T4bs，橙色，车载充电装置连接器

表 3-9　60 芯连接器端子定义

端子序号	功能定义
1	接线柱 30a
4	LED 指示灯，红色，连接到电池充电按钮模块 EX32，连接器 T8ab，端子 6
5	LED 指示灯，绿色，连接到电池充电按钮模块 EX32，连接器 T8ab，端子 7
8	高压电池充电插座 2，连接到高压电池充电插座 2UX5，连接器 T10k，端子 8（自 2019 年 10 月起）
9	CAN 总线，高位（驱动系统）
10	CAN 总线，低位（驱动系统）
11	CAN 总线，高位（混合动力）
12	CAN 总线，低位（混合动力）
13	高压系统控制导引线，连接到电驱动装置的功率及控制电子系统 JX1，连接器 T80a，端子 77
15	高压系统控制导引线，连接到高压系统保养插头 TW，连接器 T4bp，端子 3
21	电池充电按钮模块，连接到电池充电按钮模块 EX32，连接器 T8ab，端子 3（适用于排放标准 C5）
	接线柱 KL58d（适用于排放标准 C6）
22	电池充电按钮模块，连接到电池充电按钮模块 EX32，连接器 T8ab，端子 5
23	控制引导，连接到高压电池充电插座 2UX5，连接器 T9a，端子 7（截至 2019 年 10 月
	控制引导，连接到高压电池充电插座 2UX5，连接器 T10k，端子 7（自 2019 年 10 月起）
24	充电连接确认，连接到高压电池充电插座 2UX5，连接器 T9a，端子 6（截至 2019 年 10 月）
	充电连接确认，连接到高压电池充电插座 2UX5，连接器 T10k，端子 6（自 2019 年 10 月起）
25	电池充电按钮模块按键接通信号，连接到电池充电按钮模块 EX32，连接器 T8ab，端子 2
26	接线柱 KL58d（适用于排放标准 C6）
27	充电插座的温度传感器信号—，连接到高压电池充电插座 2UX5，连接器 T9a，端子 9（截至 2019 年 10 月）
	充电插座的温度传感器信号—，连接到高压电池充电插座 2UX5，连接器 T10k，端子 10（自 2019 年 10 月起）
28	充电插座的温度传感器信号+，连接到高压电池充电插座 2UX5，连接器 T9a，端子 8（截至 2019 年 10 月）
	充电插座的温度传感器信号+，连接到高压电池充电插座 2UX5，连接器 T10k，端子 9（自 2019 年 10 月起）
31	高压充电盖板锁止装置 1 的伺服元件控制端，连接到高压充电盖板锁止装置 1 的伺服元件 F496，连接器 T4br，端子 4

续表

端子序号	功能定义
32	高压充电盖板锁止装置1的伺服元件控制端,连接到高压充电盖板锁止装置1的伺服元件F496,连接器T4br,端子3
33	高压充电盖板锁止装置1的伺服元件信号,连接到高压充电盖板锁止装置1的伺服元件F496,连接器T4br,端子1
34	高压充电盖板锁止装置1的伺服元件信号,连接到高压充电盖板锁止装置1的伺服元件F496,连接器T4br,端子2
51	电池充电按钮模块信号,连接到电池充电按钮模块EX32,连接器T8ab,端子4

表 3-10 5 芯连接器 T5aw 端子定义

端子序号	功能定义
1	电动空调压缩机高压线+,连接到电动空调压缩机V470,连接器T5av,端子1
2	电动空调压缩机高压线−,连接到电动空调压缩机V470,连接器T5av,端子2
3	高压系统控制导引线,连接到电动空调压缩机V470,连接器T5av,端子3
4	高压系统控制导引线,连接到电动空调压缩机V470,连接器T5av,端子4
5s	电动空调压缩机屏蔽线,连接到电动空调压缩机V470,连接器T5av,端子5s

表 3-11 5 芯连接器 T5ay-端子定义

端子序号	功能定义
1	高压加热装置(PTC)+,连接到高压加热装置(PTC)Z115,连接器T5ax,端子1
2	高压加热装置(PTC)−,连接到高压加热装置(PTC)Z115,连接器T5ax,端子2
3	高压系统控制导引线,连接到车载充电装置A11,连接器T5ay,端子4
4	高压系统控制导引线,连接到车载充电装置A11,连接器T5ay,端子3
5s	高压加热装置(PTC),连接到高压加热装置(PTC)Z115,连接器T5ax,端子5s

表 3-12 5 芯连接器 T5at 端子定义

端子序号	功能定义
1	电驱动装置的功率及控制电子系统+,连接到电驱动装置的功率及控制电子系统JX1,连接器T5au,端子1
2	电驱动装置的功率及控制电子系统−,连接到电驱动装置的功率及控制电子系统JX1,连接器T5au,端子2
3	高压系统控制导引线,连接到车载充电装置A11,连接器T5at,端子4
4	高压系统控制导引线,连接到车载充电装置A11,连接器T5at,端子3
5s	电驱动装置的功率及控制电子系统,连接到电驱动装置的功率及控制电子系统JX1,连接器T5au,端子5s

表 3-13 4 芯连接器 T4bs 端子定义

端子序号	功能定义
1	高压电池充电插座2,连接到高压电池充电插座2UX5,连接器T9a,端子3(截至2019年10月)
	高压电池充电插座2,连接到高压电池充电插座2UX5,连接器T10k,端子3(自2019年10月起)
2	高压电池充电插座2,连接到高压电池充电插座2UX5,连接器T9a,端子2(截至2019年10月)
	高压电池充电插座2,连接到高压电池充电插座2UX5,连接器T10k,端子2(自2019年10月起)
3	高压电池充电插座2,连接到高压电池充电插座2UX5,连接器T9a,端子1(截至2019年10月)
	高压电池充电插座2,连接到高压电池充电插座2UX5,连接器T10k,端子1(自2019年10月起)
4s	高压电池充电插座2(截至2019年10月)
	接线柱31(自2019年10月起)

3.9 上汽朗逸 EV（2019~2021 年款）

3.9.1 高压电池总成部件分解

高压电池总成部件分解如图 3-75、图 3-76 所示。

3.9.2 电驱动装置的功率及控制电子系统装配概览

电驱动装置的功率及控制电子系统装配概览如图 3-77 所示。

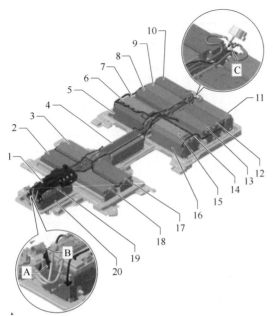

图 3-75 高压电池内部第 1 部分
A—2 芯连接器 T2zu，黑色/2 芯连接器 T2yu，黑色；B—20 芯连接器 T20c，黑色/20 芯连接器 T20ac，黑色；C—2 芯连接器 T2yv，黑色/2 芯连接器 T2zv，黑色；1—高压电池配电箱 SX6；2—电池模块 2J992；3—电池模块 1J991；4—电池模块 6J996；5—电池模块 16J1048；6—电池模块控制单元 5J1212；7—电池模块 15J1047；8—电池模块 14J1046；9—电池模块 13J1045；10—电池模块 12J1002；11—电池模块 11J1001；12—电池模块 10J1000；13—电池模块 9J999；14—电池模块 8J998；15—电池模块控制单元 J1208；16—电池模块 7J997；17—电池模块 5J995；18—电池模块 4J994；19—电池调节控制单元 J840；20—电池模块 3J993

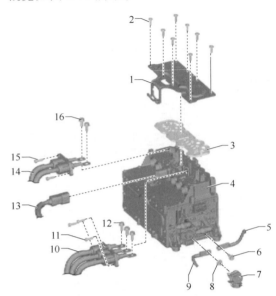

图 3-77 电驱动装置的功率及控制电子系统装配概览
1—盖板；2—螺栓，8 个；3—防触摸保护绝缘垫，拆卸后更换，带密封条；4—电驱动装置的功率及控制电子系统 JX1；5—线束 B；6—螺栓，拧紧力矩 20Nm；7—盖板；8—螺母，拧紧力矩 20Nm；9—线束 B+；10—电机的高压线束 PX2，至电力驱动牵引电机 V141；11—螺栓，3 个；12—螺栓，3 个，拧紧力矩 20Nm；13—高压电池充电装置的高压线束 P25，至高压电池的充电装置 1AX4；14—高压电池的高压线束 PX1，至高压电池 1AX2；15—螺栓，2 个，拧紧力矩 5Nm；16—螺栓，2 个，拧紧力矩 20Nm

盖板螺栓的拧紧顺序如图 3-78 所示，按照 1~8 的顺序用 6Nm 拧紧螺栓。

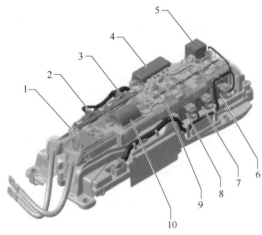

图 3-76 高压电池内部第 2 部分
1—高压电池电容器 C30；2—高压电池的电流传感器 G848；3—高压电池的电流传感器 G848；4—高压电池保护电阻 N662；5—高压电池预充电接触器 J1044；6—直流电充电接触器 1J1052；7—直流电充电接触器 2J1053；8—高压电池电源接触器 1J1057；9—高压电池电源接触器 2J1058；10—高压系统保险丝 1S350

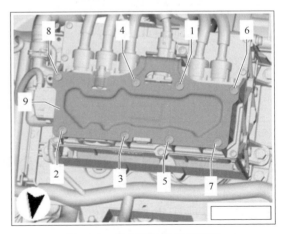

图 3-78 盖板螺栓的拧紧顺序

电机的高压线束 PX2 螺栓的拧紧顺序如图 3-79 所示,按照 1~3 的顺序用 5Nm 拧紧螺栓。

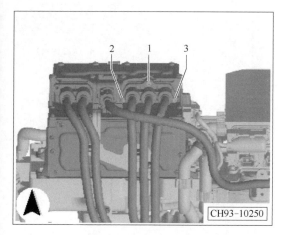

图 3-79 电机的高压线束 PX2 螺栓的拧紧顺序

3.9.3 高压冷却系统管路连接

高压冷却系统管路连接如图 3-80、图 3-81 所示。

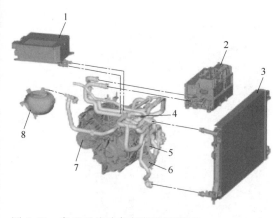

图 3-80 高压系统冷却部件装配概览
1—高压电池的充电装置 1AX4;2—电驱动装置的功率及控制电子系统 JX1;3—散热器;4—电驱动电机后的温度传感器 G788;5—二位三通阀;6—电驱动装置的功率和控制电子系统冷却液循环泵 V508;7—三相电流驱动装置 VX54;8—冷却液补偿罐

3.9.4 车辆电器与连接器安装位置

车辆部分电器与连接器安装位置如图 3-82~图 3-90 所示。

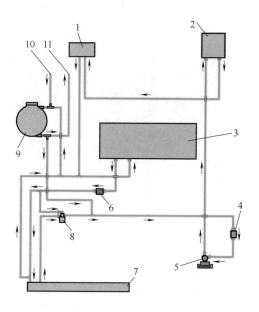

图 3-81 高压系统冷却液管连接图
1—高压电池的充电装置 1AX4,包括高压电池的充电装置控制单元 J1050;2—电驱动装置的功率和控制电子系统 JX1,包括电驱动控制单元 J841;3—三相电流驱动装置 VX54,连接到冷却回路中;4—散热器出口上的冷却液温度传感器 G83;5—电驱动装置的功率和控制电子系统冷却液循环泵 V508;6—电驱动电机后的温度传感器 G788;7—散热器;8—二位三通阀;9—冷却液补偿罐;10—从暖风回路;11—至暖风回路

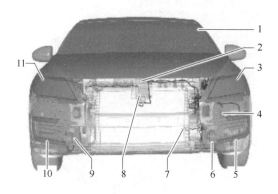

图 3-82 前部前视图
1—可加热式前窗玻璃 Z2;2—前部安全气囊碰撞传感器 G190;3—左前大灯 MX1;4—车窗玻璃清洗泵 V5;5—日间行车灯和驻车示宽灯左侧光电管模体 L176;6—左侧信号喇叭 H33;7—车外温度传感器 G17;8—车距调节控制单元 J428;9—右侧信号喇叭 H34;10—日间行车灯和驻车示宽灯右侧光电管模体 L177;11—右前大灯 MX2

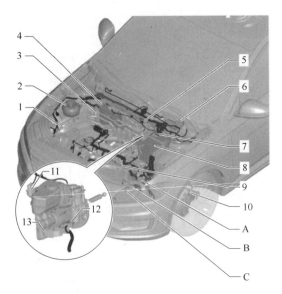

图 3-83 前部左视图

A—14 芯连接器 T14b，黑色/14 芯连接器 T14ab，黑色；B—14 芯连接器 T14a，灰色/14 芯连接器 T14aa，灰色；C—14 芯连接器 T14c，黑色/14 芯连接器 T14ac，黑色；1—制冷剂循环回路压力传感器 G805；2—冷却液不足显示传感器 G32；3—ABS 控制单元 J104；4—高压加热装置（PTC）Z115；5—高压系统保养插头 TW；6—车窗玻璃刮水器电机 V；7—蓄电池监控控制单元 J367；8—蓄电池 A；9—助力转向控制单元 J500；10—左前转速传感器 G47；11—制动液液位警告信号触点 F34；12—制动踏板位置传感器 G100；13—制动助力控制单元 J539

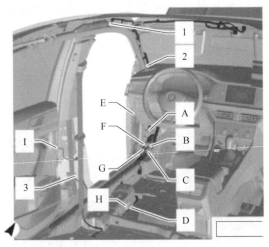

图 3-85 左前车内空间

A—17 芯连接器 T17g，绿色/17 芯连接器 T17ag，绿色；B—17 芯连接器 T17i，棕色/17 芯连接器 T17ai，棕色；C—17 芯连接器 T17k，蓝色/17 芯连接器 T17ak，蓝色；D—17 芯连接器 T17c，红色/17 芯连接器 T17ac，红色；E—27 芯连接器 T27a，黑色/27 芯连接器 T27aa，黑色；F—17 芯连接器 T17h，黑色/17 芯连接器 T17ah，黑色；G—17 芯连接器 T17j，红色/17 芯连接器 T17aj，红色；H—3 芯连接器 T3j，黄色/3 芯连接器 T3aj，黄色；I—19 芯连接器 T19a，黑色/19 芯连接器 T19aa，黑色；1—驾驶员侧头部安全气囊引爆装置 N251；2—左前高音扬声器 R20；3—驾驶员侧安全带拉紧器引爆装置 1N153

图 3-84 前部右视图

A—6 芯连接器 T6e，黑色/6 芯连接器 T6ae，黑色；1—制动能量回收系统的制动蓄压器中的电机 V545；2—发动机控制单元 J623；3—散热器风扇 VX57；4—发动机噪声形成执行器 1R257；5—右前转速传感器 G45

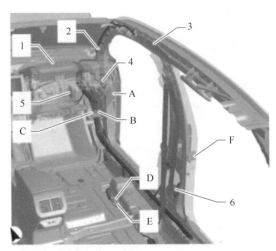

图 3-86 右前车内空间

A—27 芯连接器 T27b，黑色/27 芯连接器 T27ab，黑色；B—17 芯连接器 T17e，黑色/17 芯连接器 T17ae，黑色；C—17 芯连接器 T17f，棕色/17 芯连接器 T17af，棕色；D—17 芯连接器 T17d，红色/17 芯连接器 T17ad，红色；E—3 芯连接器 T3k，黄色/3 芯连接器 T3ak，黄色；F—19 芯连接器 T19b，黑色/19 芯连接器 T19ab，黑色；1—副驾驶员侧安全气囊引爆装置 1N131；2—右前高音扬声器 R22；3—副驾驶员侧头部安全气囊引爆装置 N252；4—右前仪表板出风口温度传感器 G386；5—发动机噪声形成控制单元 J943；6—副驾驶员侧安全带拉紧器引爆装置 1N154

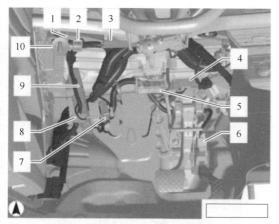

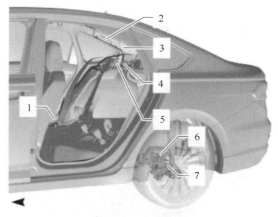

图 3-87 左侧脚部空间
1—左前仪表板出风口温度传感器 G385；2—大灯照明距离调节器 E102；3—紧急呼叫模块和通信单元控制单元 J949；4—随动转向大灯和大灯照明距离调节控制单元 J745；5—数据总线诊断接口 J533；6—加速踏板模块 GX2；7—泊车雷达系统控制单元 J446；8—诊断接口 U31；9—车载电网控制单元 J519；10—车灯旋转开关 EX1

图 3-89 后部车内空间，左视图
1—副驾驶员侧后部侧面安全气囊碰撞传感器 G257；2—右侧天线模块 R109；3—正导线中的调频滤波器 R179；4—后部泊车雷达系统警报蜂鸣器 H15；5—副驾驶员侧后部安全带拉紧器引爆装置 N197；6—左侧驻车电机 V282；7—左后转速传感器 G46

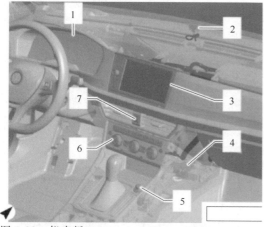

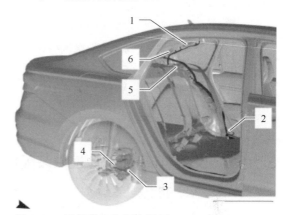

图 3-88 仪表板
1—组合仪表 KX2；2—光电传感器 G107；3—电子通信信息设备 1 控制单元 J794；4—安全气囊控制单元 J234；5—12V 插座 2U18；6—暖风/空调操作系统 EX21；7—闪烁报警灯开关 EX3

图 3-90 后部车内空间右视图
1—左侧天线模块 R108；2—驾驶员侧后部侧面安全气囊碰撞传感器 G256；3—右侧驻车电机 V283；4—右后转速传感器 G44；5—驾驶员侧后部安全带拉紧器引爆装置 N196；6—负导线中的调频滤波器 R178

3.10 上汽 ID.4X（2021~2022 年款）

3.10.1 驱动电机配置信息

驱动电机配置如表 3-14 所示。

表 3-14 ID.4X 驱动电机配置信息

驱动电机型号	EBN	EBR	驱动电机型号	EBN	EBR
驱动电机类型	永磁同步电机	交流异步电机	驱动电机峰值转速/(r/min)	16000	13500
驱动电机额定功率/kW	70	20	驱动电机额定转矩/Nm	170	41
驱动电机峰值功率/kW	150	80	驱动电机峰值转矩/Nm	310	162
驱动电机额定功率转速/(r/min)	3932	4658	驱动电机布置方式/位置	横置/后置	横置/前置
			驱动电机冷却方式	水冷	液冷

第 3 章 新能源车型 245

3.10.2 高压系统部件分布

高压系统部件安装位置如图 3-91、图 3-92 所示。

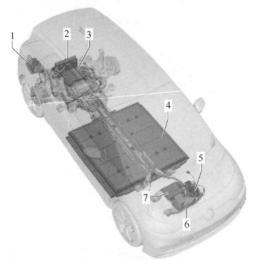 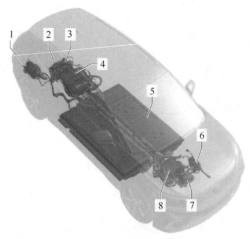

图 3-91 两驱车型高压系统部件装配概览
1—高压电池充电插座 1UX4；2—车载充电装置 A11，高压电池充电器控制单元 J1050 集成在 A11 中；3—后驱动电机系统；4—高压电池 1AX2；5—高压加热装置（PTC）3Z132；6—空调压缩机 V454；7—800V、400V、48V、12V 的变压器 A48

图 3-92 四驱车型高压电部件装配概览
1—高压电池充电插座 1UX4；2—800V、400V、48V、12V 的变压器 A48；3—车载充电装置 A11，高压电池充电器控制单元 J1050 集成在 A11 中；4—后驱动电机系统；5—高压电池 1AX2；6—高压加热装置（PTC）3Z132；7—空调压缩机 V454；8—前驱动电机系统

3.10.3 55kWh 高压电池模块装配概览

55kWh 高压电池模块装配如图 3-93～图 3-95 所示。

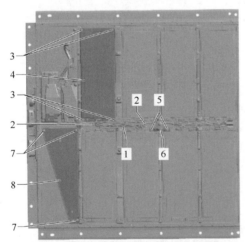 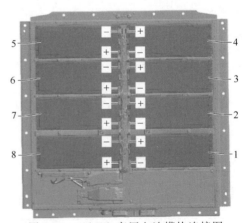

图 3-93 55kWh 高压电池模块装配概览
1—高压电池模块控制单元；2—螺栓，2 个，M5×25，拧紧力矩 4.5Nm，更换；3—螺栓，更换，注意拧紧顺序：逐个交叉拧紧，4 个，M8×72，拧紧力矩 16Nm+180°；4—高压电池模块；5—螺栓，2 个，M6×20，拧紧力矩 8Nm，更换；6—高压电池模块连接器；7—螺栓，3 个，M8×25，拧紧力矩 20Nm，更换；8—高压电池开孔加强件

图 3-94 55kWh 高压电池模块连接图
1—高压电池模块 1J991；2—高压电池模块 2J992；3—高压电池模块 3J993；4—高压电池模块 4J994；5—高压电池模块 5J995；6—高压电池模块 6J996；7—高压电池模块 7J997；8—高压电池模块 8J998

高压电池包装配螺栓拧紧顺序如图 3-96～图 3-98 所示。

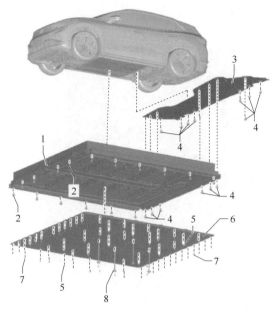

图 3-95　55kWh/62kWh 已安装的高压电池
1—高压电池 1AX2；2—螺栓，16 个，M10×25，拧紧力矩 50Nm+90°，更换；3—高压电池 1AX2 加强件；4—螺栓，14 个，M10×25，拧紧力矩 50Nm+45°，更换；5—螺母，22 个，拧紧力矩 8Nm+30°，更换；6—高压电池 1AX2 底盘防护装置；7—螺栓，35 个，拧紧力矩 8Nm，更换；8—螺栓，4 个，M10×25，拧紧力矩 40Nm+180°，更换

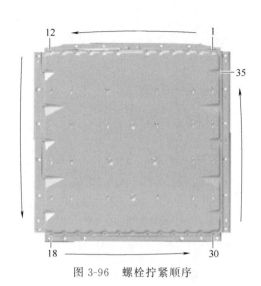

图 3-96　螺栓拧紧顺序

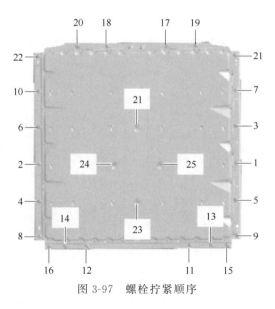

图 3-97　螺栓拧紧顺序

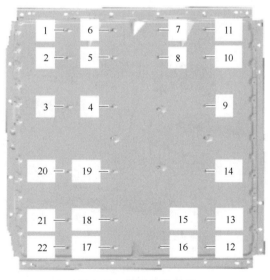

图 3-98　螺母拧紧顺序

3.10.4　62kWh 高压电池模块装配概览

62kWh 高压电池模块装配如图 3-99、图 3-100 所示。

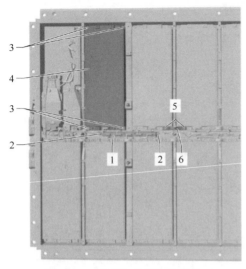

图 3-99 62kWh 高压电池模块

1—高压电池模块控制单元；2—螺栓，2 个，M5×25，拧紧力矩 4.5Nm，更换；3—螺栓，更换，注意拧紧顺序为逐个交叉拧紧，4 个，M8×72，拧紧力矩 16Nm+180°；4—高压电池模块；5—螺栓，2 个，M6×20，拧紧力矩 8Nm，更换；6—高压电池模块连接器

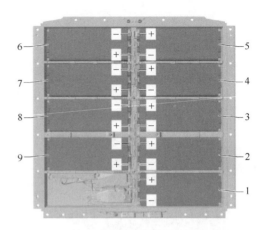

图 3-100 62kWh 高压电池模块连接图

1—高压电池模块 1J991；2—高压电池模块 2J992；3—高压电池模块 3J993；4—高压电池模块 4J994；5—高压电池模块 5J995；6—高压电池模块 6J996；7—高压电池模块 7J997；8—高压电池模块 8J998；9—高压电池模块 9J999

3.10.5 84kWh 高压电池装配概览

84kWh 高压电池装配如图 3-101～图 3-103 所示。

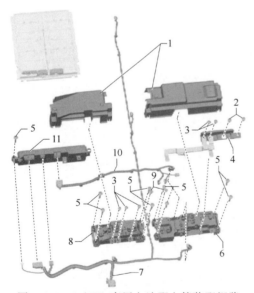

图 3-101 84kWh 高压电池配电箱装配概览

1—高压电池配电箱罩盖，用于高压电池配电箱，负极 SX7 和高压电池配电箱，正极 SX8；2—螺栓，拧紧力矩 8Nm，更换；3—螺栓，5 个，M6×20，拧紧力矩 8Nm，更换；4—电桥；5—螺栓，9 个，M6×52，拧紧力矩 8Nm，更换；6—高压电池配电箱，负极 SX7；7—线束；8—高压电池配电箱，正极 SX8；9—螺栓，用于高压连接器，拧紧力矩 8Nm，M6×20，更换；10—线束；11—电池调节控制单元 J840

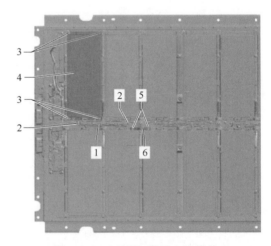

图 3-102 84kWh 高压电池模块

1—高压电池模块控制单元；2—螺栓，2 个，M5×25，拧紧力矩 4.5Nm，更换；3—螺栓，更换，注意拧紧顺序为逐个交叉拧紧螺栓，4 个，M8×72，拧紧力矩 16Nm+180°；4—高压电池模块；5—螺栓，2 个，M6×20，拧紧力矩 8Nm，更换；6—高压电池模块连接器

3.10.6 电驱系统部件概览

电驱系统部件连接部件分解如图 3-104～图 3-106 所示。

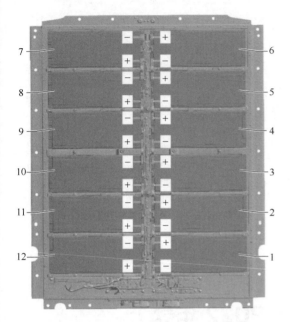

图 3-103 84kWh 高压电池模块连接图
1—高压电池模块 1J991；2—高压电池模块 2J992；3—高压电池模块 3J993；4—高压电池模块 4J994；5—高压电池模块 5J995；6—高压电池模块 6J996；7—高压电池模块 7J997；8—高压电池模块 8J998；9—高压电池模块 9J999；10—高压电池模块 10J1000；11—高压电池模块 11J1001；12—高压电池模块 12J1002

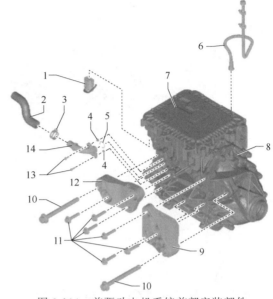

图 3-104 前驱动电机系统前部安装部件
1—高压线束连接器，用于前驱动电机控制器 A49；2—冷却液软管；3—卡箍；4—定位销；5—O 形圈，更换；6—通气管，用于变速器；7—前驱动电机控制器 A49；8—前驱动电机 V662；9—变速器支撑件；10—螺栓，用于驱动电机和变速器支撑件，更换，拧紧力矩 130Nm+180°；11—螺栓，用于驱动电机和变速器支撑件，更换，拧紧力矩 50Nm+90°；12—驱动电机支撑件；13—螺栓，用于固定冷却液管，拧紧力矩 5Nm，更换；14—冷却液管

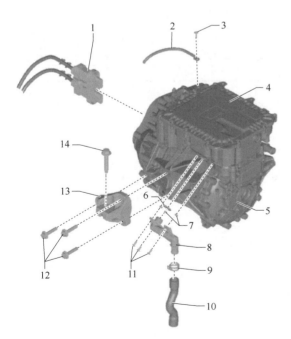

图 3-105 前驱动电机系统后部安装部件
1—高压线束连接器，用于前驱动电机控制器 A49；2—等电位线；3—螺栓，拧紧力矩 8Nm；4—前驱动电机控制器 A49；5—前驱动电机 V662；6—O 形圈，更换；7—定位销；8—冷却液管；9—卡箍；10—冷却液软管；11—螺栓，用于固定冷却液管，拧紧力矩 5Nm，更换；12—螺栓，用于驱动电机支撑件，更换，拧紧力矩 50Nm+90°；13—驱动电机支撑件；14—螺栓，更换，拧紧力矩 70Nm+90°

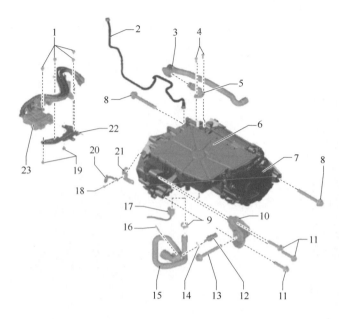

图 3-106　后驱动电机系统安装位置概览
1—螺栓，拧紧力矩 8Nm；2—通气管，用于变速器；3—冷却液软管；4—螺栓，用于固定冷却液管，拧紧力矩 8Nm＋90°，更换；5—冷却液管；6—后驱动电机控制器；7—后驱动电机 V663；8—螺栓，用于驱动电机支撑件，更换，拧紧力矩 130Nm＋180°；9—卡箍；10—变速器支撑件；11—螺栓，用于变速器支撑件，更换，拧紧力矩 70Nm＋180°；12—温度传感器 G18；13—螺栓，用于变速器支撑件，更换，拧紧力矩 130Nm＋180°；14—O 形圈，更换；15—冷却液软管；16—防松卡子；17—电气连接器，用于后驱动电机控制器；18—螺栓，用于等电位线，拧紧力矩 8Nm；19—螺栓，拧紧力矩 8Nm；20—等电位线；21—支架，用于固定等电位线；22—支架，用于固定高压线束；23—高压线束连接器，用于后驱动电机控制器

3.11　上汽 ID.6X（2021~2022 年款）

3.11.1　驱动电机配置信息

驱动电机配置如表 3-15 所示。

表 3-15　驱动电机配置参数

驱动电机型号	EBR	EBP	驱动电机型号	EBR	EBP
驱动电机类型	交流异步电机	永磁同步电机	驱动电机额定转矩/Nm	41	170
驱动电机额定功率/kW	20	70	驱动电机峰值转矩/Nm	162	310
驱动电机峰值功率/kW	80	150	驱动电机布置方式/位置	横置/前置	横置/后置
驱动电机额定功率转速/(r/min)	4658	3932	驱动电机冷却方式	液冷	水冷
驱动电机峰值转速/(r/min)	13500	16000			

3.11.2　高压系统部件布置

同 ID.4X，请参考 3.10.2 小节内容。

3.11.3　55kWh 高压电池模块装配概览

同 ID.4X，请参考 3.10.3 小节内容。

3.11.4　62kWh 高压电池模块装配概览

同 ID.4X，请参考 3.10.4 小节内容。

3.11.5　84kWh 高压电池模块装配概览

同 ID.4X，请参考 3.10.5 小节内容。

3.11.6 后驱动电机系统部件分解

后驱动电机系统部件分解如图 3-107～图 3-109 所示。

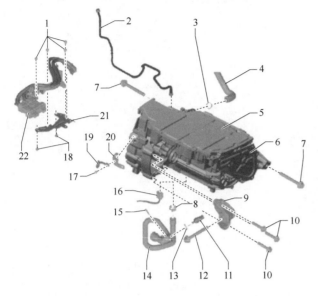

图 3-107 后驱动电机系统安装位置概览
1—螺栓，拧紧力矩 8Nm；2—通气管，用于变速器；3—卡箍；4—冷却液软管；5—后驱动电机控制器；6—后驱动电机 V663；7—螺栓，用于驱动电机支撑件，更换，拧紧力矩 130Nm＋180°；8—卡箍；9—变速器支撑件；10—螺栓，用于变速器支撑件，更换，拧紧力矩 70Nm＋180°；11—温度传感器 G18；12—螺栓，用于变速器支撑件，更换，拧紧力矩 130Nm＋180°；13—O 形圈，更换；14—冷却液软管；15—防松卡子；16—电气连接器，用于后驱动电机控制器；17—螺栓，用于等电位线，拧紧力矩 8Nm；18—螺栓，拧紧力矩 8Nm；19—等电位线；20—支架，用于固定等电位线；21—支架，用于固定高压线束；22—高压线束连接器，用于后驱动电机控制器

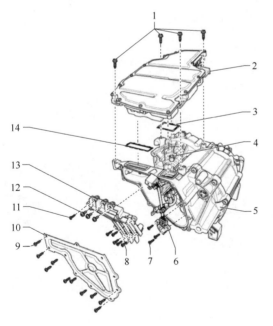

图 3-108 后驱动电机系统装配概览
1—螺栓，4 个，更换，拧紧力矩 27Nm；2—后驱动电机控制器；3—缓冲片，拆卸后需更换；4—连接管，拆卸后需更换；5—后驱动电机 V663；6—驱动电机转子位置传感器 G713；7—螺栓，3 个，更换，拧紧力矩 8Nm；8—螺栓，3 个，更换，拧紧力矩 8Nm；9—螺栓，10 个，更换；10—盖板，更换；11—螺栓，3 个，更换，拧紧力矩 8Nm；12—螺栓，3 个，更换，拧紧力矩 10Nm；13—U/V/W 三相铜排；14—缓冲片，拆卸后需更换

3.11.7 两驱车型高压冷却系统部件概览

两驱车型高压冷却系统部件布置与管路连接情况如图 3-110～图 3-114 所示。

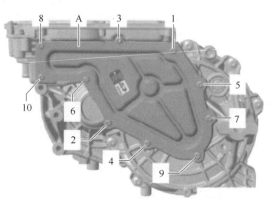

图 3-109 盖板螺栓拧紧顺序

将盖板螺栓 1~10 先以 3Nm 的力矩预拧紧，再继续拧紧 8Nm。

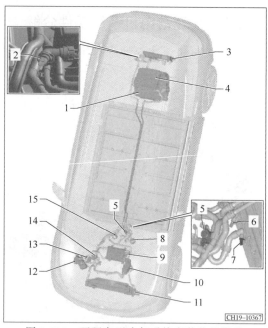

图 3-110 两驱车型冷却系统安装位置概览

1—后驱动电机 V663；2—温度传感器 G18；3—车载充电装置 A11；4—后驱动电机控制器；5—高压电池预热装置混合阀 V683；6—高压电池冷却液温度传感器 2G899，高压电池冷却液回流口；7—高压电池冷却液温度传感器 1G898，高压电池冷却液进流口；8—水泵 V36；9—800V、400V、48V、12V 的变压器 A48；10—高压加热装置（PTC）3Z132；11—散热器模块；12—冷却液补偿罐；13—高压电池热交换器；14—节温器；15—高压电池冷却液泵 V590

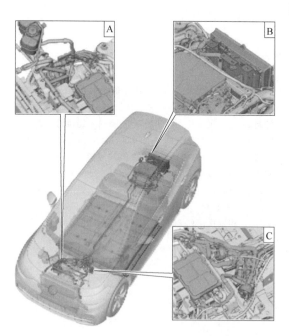

图 3-111 两驱车型冷却系统装配概览
A—右前侧冷却系统；B—后部冷却系统；C—中部冷却系统

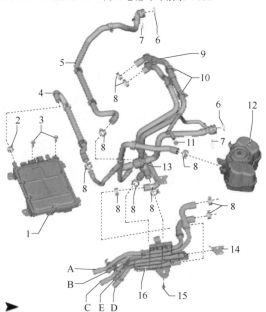

图 3-112 右前侧冷却系统 A 装配概览

1—800V、400V、48V、12V 的变压器 A48；2—卡箍；3—螺栓，拧紧力矩 20Nm；4—冷却液软管；5—冷却液软管；6—O 形圈，更换；7—防松卡子；8—卡箍；9—冷却液软管；10—固定卡子；11—卡箍；12—冷却液补偿罐；13—节温器，15℃时打开；14—支架；15—膨胀铆钉；16—冷却液管路套件，注意软管和管路上的编号；A—软管 1；B—软管 2；C—软管 3；D—软管 4；E—软管 5

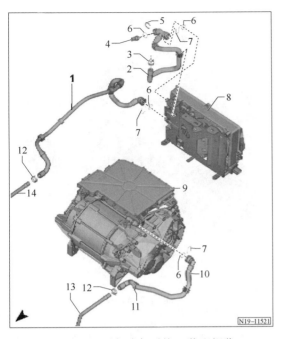

图 3-113 后部冷却系统 B 装配概览
1—右后部冷却液软管；2—冷却液软管；3—卡箍；4—温度传感器 G18；5—防松卡子；6—O 形圈，更换；7—防松卡子；8—车载充电装置 A11；9—后驱动电机控制器；10—冷却液软管；11—固定卡子；12—卡箍；13—冷却液管，回流管；14—冷却液管，进流管

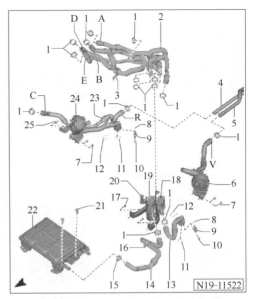

图 3-114 中部冷却系统 C 装配概览
1—卡箍；2—冷却液软管套件；3—固定卡子；4—冷却液管，回流管；5—冷却液管，进流管；6—水泵 V36，管路 V，连接到车身后部；7—螺栓，拧紧力矩 8Nm；8—O 形圈，更换；9—冷却液温度传感器，进流管中的高压电池冷却液温度传感器 1G898，回流管中的高压电池冷却液温度传感器 2G899；10—螺栓，拧紧力矩 8Nm；11—O 形圈，更换；12—防松卡子；13—冷却液管；14—冷却液软管；15—卡箍；16—固定卡子；17—螺栓，拧紧力矩 8Nm；18—高压电池预热装置混合阀 V683；19—高压电池预热装置混合阀 2V696，适用于使用制冷剂 R744 的车辆；20—支架，用于冷却液阀；21—螺栓，拧紧力矩 20Nm；22—800V、400V、48V、12V 的变压器 A48；23—固定卡子；24—高压电池冷却液泵 V590，管路 V，连接到车身前部；25—螺栓，拧紧力矩 8Nm；A—软管 1；B—软管 2；C—软管 3；D—软管 4；E—软管 5；V—至车尾的进流管；R—来自车尾的回流管

3.11.8 四驱车型高压系统冷却系统部件概览

四驱车型高压系统冷却系统部件布置与管路连接情况如图 3-115～图 3-119 所示。

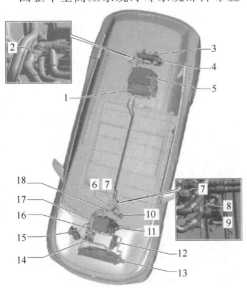

图 3-115 四驱车型冷却系统安装位置概览
1—后驱动电机 V663；2—温度传感器 G18，安装在车载充电装置 A11 上方的冷却液软管接口中；3—800V、400V、48V、12V 的变压器 A48；4—车载充电装置 A11，带有高压电池充电器控制单元 J1050；5—后驱动电机控制器，用于后驱动电机；6—高压电池预热装置混合阀 2V696，适用于使用制冷剂 R744 的车辆；7—高压电池预热装置混合阀 V683；8—高压电池冷却液温度传感器 2G899，位于高压电池冷却液回流口；9—高压电池冷却液温度传感器 1G898，位于高压电池冷却液进流口；10—水泵 V36；11—前驱动电机 V662；12—高压加热装置（PTC）3Z132；13—散热器模块；14—高压电池热交换器；15—冷却液补偿罐；16—节温器；17—前驱动电机控制器 A49；18—高压电池冷却液泵 V590

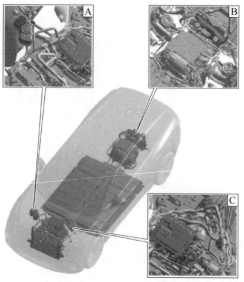

图 3-116 四驱车型冷却系统装配概览
A—右前侧冷却系统；B—后部冷却系统；C—中部冷却系统

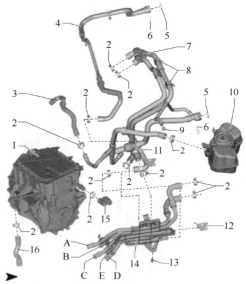

图 3-117 右前侧冷却系统 A 装配概览
1—前驱动电机系统；2—卡箍；3—冷却液软管；4—冷却液软管；5—O 形圈，更换；6—防松卡子；7—冷却液软管；8—固定卡子；9—卡箍；10—冷却液补偿罐；11—节温器，15℃时打开；12—支架；13—膨胀铆钉；14—冷却液管路套件，注意软管和管路上的编号；15—冷却液软管；16—冷却液软管；A—软管 1；B—软管 2；C—软管 3；D—软管 4；E—软管 5

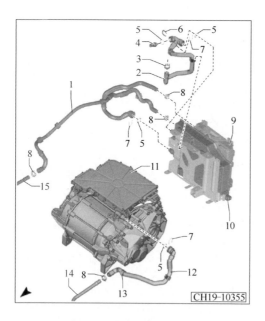

图 3-118 后部冷却系统 B 装配概览
1—右后部冷却液软管；2—冷却液软管；3—卡箍；4—温度传感器 G18；5—O 形圈，更换；6—防松卡子；7—防松卡子；8—卡箍；9—800V、400V、48V、12V 的变压器 A48；10—车载充电装置 A11；11—后驱动电机控制器；12—冷却液软管；13—固定卡子；14—冷却液管，回流管；15—冷却液管，进流管

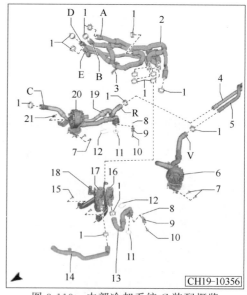

图 3-119 中部冷却系统 C 装配概览
1—卡箍；2—冷却液软管套件；3—固定卡子；4—冷却液管，回流管；5—冷却液管，进流管；6—水泵 V36；7—螺栓，拧紧力矩 8Nm；8—O 形圈，更换；9—冷却液温度传感器，进流管中的高压电池冷却液温度传感器 1G898，回流管中的高压电池冷却液温度传感器 2G899；10—螺栓，拧紧力矩 8Nm；11—O 形圈，更换；12—防松卡子；13—冷却液软管；14—冷却液软管；15—螺栓，拧紧力矩 8Nm；16—高压电池预热装置混合阀 V683；17—高压电池预热装置混合阀 2V696，适用于使用制冷剂 R744 的车辆；18—支架，用于冷却液阀；19—固定卡子；20—高压电池冷却液泵 V590；21—膨胀铆钉；A—软管 1；B—软管 2；C—软管 3；D—软管 4；E—软管 5；V—至车尾的进流管；R—来自车尾的回流管

3.12 上汽 ID.3（2021~2022 年款）

3.12.1 高压系统部件装配概览

高压系统部件布置如图 3-120 所示。

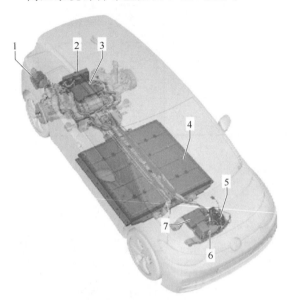

图 3-120 高压电部件装配概览
1—高压电池充电插座 1UX4；2—车载充电装置 A11，包含高压电池充电器控制单元 J1050；3—驱动电机系统；4—高压电池 1AX2；5—高压加热装置（PTC）3Z132；6—空调压缩机 V454；7—800V、400V、48V、12V 的变压器 A48

3.12.2 高压电池总成部件装配

高压电池模块布置如图 3-121～图 3-124 所示。

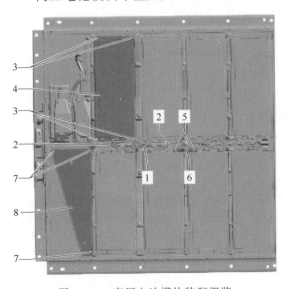

图 3-121 高压电池模块装配概览
1—高压电池模块控制单元；2—螺栓，2 个，M5×25，拧紧力矩 4.5Nm，更换；3—螺栓，更换，注意拧紧顺序为逐个交叉拧紧，4 个，M8×72，拧紧力矩 16Nm+180°；4—高压电池模块；5—螺栓，2 个，M6×20，拧紧力矩 8Nm，更换；6—高压电池模块连接器；7—螺栓，3 个，M8×25，拧紧力矩 20Nm，更换；8—高压电池开孔加强件

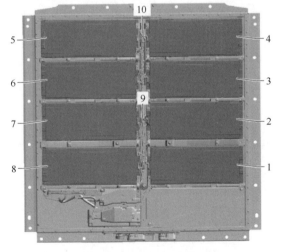

图 3-122 高压电池模块安装位置概览
1—高压电池模块 1J991；2—高压电池模块 2J992；3—高压电池模块 3J993；4—高压电池模块 4J994；5—高压电池模块 5J995；6—高压电池模块 6J996；7—高压电池模块 7J997；8—高压电池模块 8J998；9—高压电池模块控制单元 J1208；10—高压电池模块控制单元 2J1209

高压电池包模块编号与控制器关系见表 3-16，温度传感器与单电池对应关系如表 3-17 所示。

表 3-16 高压电池模块内部对应关系

高压电池模块控制单元	模块控制单元-子单元编号	模块编号
高压电池模块控制单元 J1208	CMC_01	8
	CMC_02	1
	CMC_03	7
	CMC_04	2
高压电池模块控制单元 2J1209	CMC_05	6
	CMC_06	3
	CMC_07	5
	CMC_08	4

表 3-17 温度传感器与单电池对应关系

模块编号	温度传感器编号	单电池（单元）编号
1	03-04	13-24
2	07-08	37-48
3	11-12	61-72
4	15-16	85-96
5	13-14	73-84
6	09-10	49-60
7	05-06	25-36
8	01-02	01-12

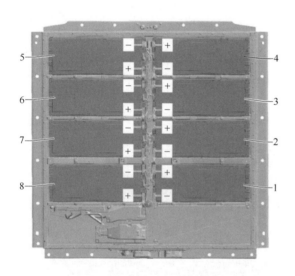

图 3-123 高压电池模块连接图
1—高压电池模块 1J991；2—高压电池模块 2J992；3—高压电池模块 3J993；4—高压电池模块 4J994；5—高压电池模块 5J995；6—高压电池模块 6J996；7—高压电池模块 7J997；8—高压电池模块 8J998

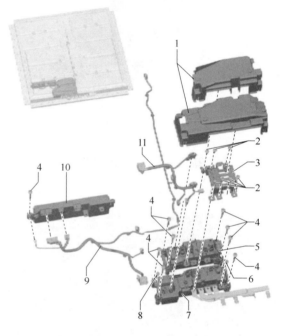

图 3-124 高压电池配电箱装配概览
1—高压电池配电箱罩盖，用于高压电池配电箱；2—螺栓，7个，M6×20，拧紧力矩 8Nm，更换；3—电桥；4—螺栓，9个，M6×52，拧紧力矩 8Nm，更换；5—高压电池配电箱，正极 SX8；6—螺栓，M6×20，拧紧力矩 8Nm，更换；7—高压电池配电箱，负极 SX7；8—螺栓，拧紧力矩 8Nm，更换；9—线束；10—电池调节控制单元 J840；11—线束

3.12.3 电驱系统部件分解

电驱系统外部连接与分解如图 3-125～图 3-127 所示。

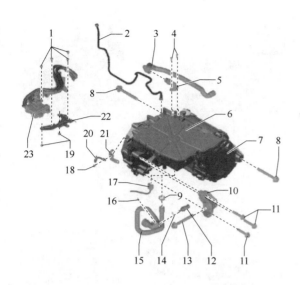

图 3-125 驱动电机系统安装位置概览

1—螺栓,拧紧力矩 8Nm;2—通气管,用于变速器;3—冷却液软管;4—螺栓,用于固定冷却液管,拧紧力矩 8Nm+90°,更换;5—冷却液管;6—驱动电机控制器;7—驱动电机 V663;8—螺栓,用于驱动电机支撑件,更换,拧紧力矩 130Nm+180°;9—卡箍;10—变速器支撑件;11—螺栓,用于变速器支撑件,更换,拧紧力矩:70Nm+180°;12—温度传感器 G18;13—螺栓,用于变速器支撑件,更换,拧紧力矩 130Nm+180°;14—O 形圈,更换;15—冷却液软管;16—防松卡子;17—电气连接器,用于驱动电机控制器;18—螺栓,用于等电位线,拧紧力矩 8Nm;19—螺栓,拧紧力矩 8Nm;20—等电位线;21—支架,用于固定等电位线;22—支架,用于固定高压线束;23—高压线束连接器,用于驱动电机控制器

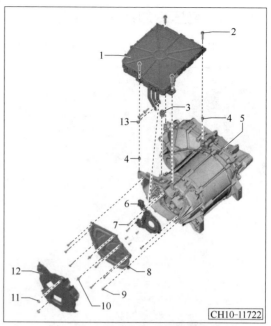

图 3-126 驱动电机系统装配概览

1—驱动电机控制器;2—螺栓,4 个,更换,拧紧力矩 16Nm+135°;3—连接管,更换;4—定位销,更换,2 个;5—驱动电机 V663;6—驱动电机转子位置传感器 G713;7—螺栓,6 个,更换,拧紧力矩 4Nm+90°;8—盖板,更换;9—螺栓,7 个,更换;10—双头螺栓,2 个,更换;11—夹紧垫片,2 个,更换;12—防护罩;13—螺栓,3 个,更换,拧紧力矩 8Nm+90°

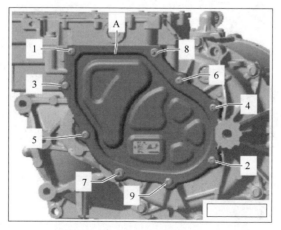

图 3-127 盖板螺栓拧紧顺序

将盖板螺栓 1~9 先手动预拧紧,然后再拧紧 8Nm+45°。

3.12.4 高压冷却系统部件分布

高压冷却系统部件分布及管路连接如图 3-128～图 3-132 所示。

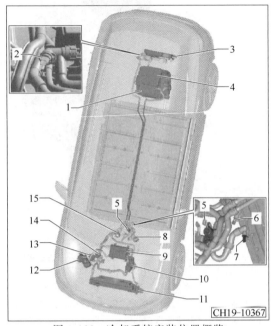

图 3-128 冷却系统安装位置概览

1—驱动电机 V663；2—温度传感器 G18，安装在车载充电装置 A11 上方的冷却液软管接口中；3—车载充电装置 A11，带有高压电池充电器控制单元 J1050；4—驱动电机控制器 JX1，用于驱动电机系统；5—高压电池预热装置混合阀 V683；6—高压电池冷却液温度传感器 2G899，高压电池冷却液回流口；7—高压电池冷却液温度传感器 1G898，高压电池冷却液进流口；8—水泵 V36；9—800V、400V、48V、12V 的变压器 A48；10—高压加热装置（PTC）3Z132；11—散热器模块；12—冷却液补偿罐；13—高压电池热交换器；14—节温器；15—高压电池冷却液泵 V590

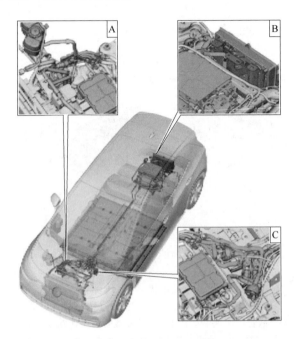

图 3-129 冷却系统装配概览

A—右前侧冷却系统；B—后部冷却系统；C—中部冷却系统

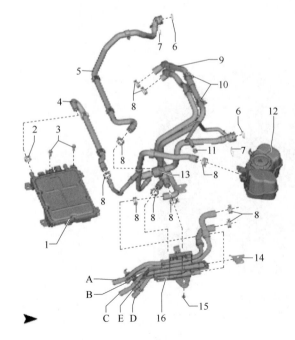

图 3-130 右前侧冷却系统 A 装配概览

1—800V、400V、48V、12V 的变压器 A48；2—卡箍；3—螺栓，拧紧力矩 20Nm；4—冷却液软管；5—冷却液软管；6—O 形圈，更换；7—防松卡子；8—卡箍；9—冷却液软管；10—固定卡子；11—卡箍；12—冷却液补偿罐；13—节温器，15℃时打开；14—支架；15—膨胀铆钉；16—冷却液管路套件，注意软管和管路上的编号；A—软管 1；B—软管 2；C—软管 3；D—软管 4；E—软管 5

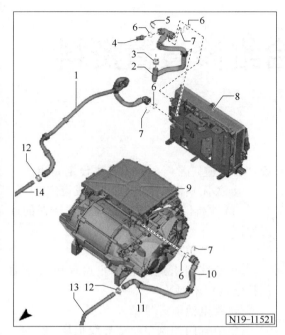
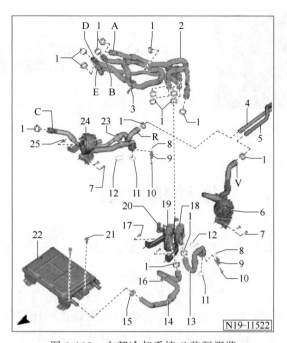

图 3-131 后部冷却系统 B 装配概览

1—右后部冷却液软管；2—冷却液软管；3—卡箍；4—温度传感器 G18；5—防松卡子；6—O 形圈，更换；7—防松卡子；8—车载充电装置 A11；9—驱动电机控制器 JX1；10—冷却液软管；11—固定卡子；12—卡箍；13—冷却液管，回流管；14—冷却液管，进流管

图 3-132 中部冷却系统 C 装配概览

1—卡箍；2—冷却液软管套件；3—固定卡子；4—冷却液管，回流管；5—冷却液管，进流管；6—水泵 V36，管路 V，连接到车身后部；7—螺栓，拧紧力矩 8Nm；8—O 形圈，更换；9—冷却液温度传感器，进流管中的高压电池冷却液温度传感器 1G898，回流管中的高压电池冷却液温度传感器 2G899；10—螺栓，拧紧力矩 8Nm；11—O 形圈，更换；12—防松卡子；13—冷却液软管；14—冷液软管；15—卡箍；16—固定卡子；17—螺栓，拧紧力矩 8Nm；18—高压电池预热装置混合阀 V683；19—高压电池预热装置混合阀 2V696，适用于使用制冷剂 R744 的车辆；20—支架，用于冷却液阀；21—螺栓，拧紧力矩 20Nm；22—800V、400V、48V、12V 的变压器 A48；23—固定卡子；24—高压电池冷却液泵 V590，管路 R，连接到车身前部；25—螺栓，拧紧力矩 8Nm；A—软管 1；B—软管 2；C—软管 3；D—软管 4；E—软管 5；V—至车尾的进流管；R—来自车尾的回流管

第4章 大众车系综合维修设置资料

4.1 发动机总成

4.1.1 大众怠速设定方法

怠速设定的过程，实际上是发动机控制单元学习节气门止点位置的过程，也是节气门电位计与节气门控制传感器曲线进行比较学习的过程。设定时节气门将从全关闭状态运行到全开状态再运动到全关闭状态。

（1）下属情况必须进行自适应
① 供电中断。
② 拆装节气门控制单元。
③ 更换节气门控制单元。
④ 更换发动机。
⑤ 更换发动机控制单元。

（2）基本设定条件
① 故障存储器内没有故障码。
② 蓄电池电压不低于11.5V。
③ 关闭所有附件。
④ 节气门应在怠速位置。
⑤ 节气门体清洗干净。
⑥ 控制单元编码正确。

（3）基本设定方法及步骤
① 打开点火开关，但不要启动发动机。
② 打开点火开关。
③ 选择车型。
④ 选择01发动机系统。
⑤ 读故障码并清除故障码。
⑥ 选择通道调整匹配。
⑦ 输入匹配值"000"，清除学习值。
⑧ 选择系统基本调整。
⑨ 选择通道号060、098或001。
⑩ 当屏幕显示区4显示"ADP OK"或"自适应正常"时表示基本设定完成。
⑪ 关闭钥匙，按退出键完成设定。

（4）控制单元基本设定中断或错误的可能原因
① 控制单元存储故障码。
② 节气门未达到怠速止点（积碳或油门拉索调整不对）。
③ 蓄电池电压过低。
④ 节气门控制单元或导线损坏。
⑤ 节气门犯卡。
⑥ 在自适应过程中启动发动机或踩加速踏板。
⑦ 控制单元编码错误。

（5）注意事项
① 故障存储器内存储故障码"17967""17973"，下次打开点火开关后自动重新进行基本设定。
② 怠速设定过程中数据流第四项不提示"自适应运转"，只提示一个数字时，应该怀疑节气门体线路是否有故障，特别是线束连接器连接要保证正常。
③ 怠速设定正常情况下只需打开钥匙，不能启动发动机；但旧款奥迪车型需要在热车启动情况下匹配。
④ 正常情况下，上汽大众车系匹配值选择"098"，一汽大众车系选择"060"，老款奥迪100选择"001"。
⑤ 匹配提示"自适应正常"时，说明电子节气门体工作正常。如果此时发动机工作仍然不正常，则应该检查其他部件。

4.1.2 大众废气再循环之自适应操作方法

① 打开点火开关；

② 选择"01"发动机；
③ 读故障码并清除故障码；
④ 选择"系统基本调整"；
⑤ 输入"074"，按"确认"；
⑥ 数据区 4 底部右侧显示值将从 ADP RUN（自适应运转）变化为 ADP OK（自适应正常）；
⑦ 关闭点火开关；
⑧ 按两次返回键从模块中退出。

4.2 自动变速器总成

4.2.1 大众自动变速器调整方法

变速器在下列修理完成之后，需要对起步离合器进行设置，否则将会影响车辆的正常工作。以下维修过后需要设定：发动机及其 ECU（控制单元）更换之后；节气门体清洗、调整、更换之后；自动变速器修理、更换及 TCM 更换之后。操作方法如下：
① 连接解码器；
② 读取故障码并清除故障码，保证控制单元没有储蓄故障码；
③ 不要接触发动机加速踏板；
④ 选择"控制单元编码"；
⑤ 输入正确的控制单元编码；
⑥ 选择"02 自动变速器控制系统"；
⑦ 选择"04 系统基本调整"；
⑧ 输入通道号"000"确认；
⑨ 将加速踏板踩到底并保持 3s；
⑩ 退出系统，松开加速踏板。

注意事项：
① 一些新的大众、奥迪车辆，在进入到自动变速器控制系统时会发现，通道是不能使用的，这时必须在"01-发动机控制系统"中进行调整设置，气通道号"063"。
② 自动变速器自适应主要是以上两个方法。

4.2.2 大众自动变速器自适应学习方法

自动变速器在下列修理完成之后，需要对起步离合器进行设置，否则将会影响车辆的正常工作。以下维修过后需要设定：发动机及其 ECU 更换之后；节气门体清洗、调整、更换之后；自动变速器修理更换及 TCM 更换之后；油门踏板更换之后。

自动变速器不做设定的现象是怠速和倒车正常，但所有前进挡都加速不良。对于 01J 无级变速器维修或更换 ECU 之后，前进挡起步瞬间或行驶中加速时闯车，挂到当转矩过大。

01N、01M 和 01P 自动变速器的节气门位置传感器是其他系统的核心传感器，它的信号控制主油压和换挡点，正常情况下怠速时开度显示在 0%，更换或维修电子节气门而没有做自适应时，变速器的数据流节气门显示值为 50%，并可能没有负荷过大的故障码。

操作方法一：
① 发动机启动并热机；
② 选择解码器上汽大众（2015 年前为上海大众）或一汽大众；
③ 读故障码并清除故障码，保证控制单元没有存在故障码；
④ 不要接触发动机加速板；
⑤ 选择"自动变速器控制系统"；
⑥ 选择"系统基本调整"；
⑦ 输入通道号"000"确认；
⑧ 将加速板踩到底并保持；
⑨ 解码器提示"自适应运转"；
⑩ 解码器提示"自适应正常"；
⑪ 退出系统，松开加速踏板。

操作方法二：
① 发动机水温达到 85℃ 以上，关闭所有用电设备；
② 选择解码器上汽大众或一汽大众；
③ 选择"发动机控制系统"；
④ 选择"系统基本调整"；
⑤ 输入匹配值 063；
⑥ 按提示将加速踏板踩到底并保持；
⑦ 解码器提示"自适应运转"并转到"自适应正常"即可。

注意：01J 波向前进/后退自适应方法：02 自动变速器系统；10 通道调整匹配；输入匹配值 010/011；向前/向后行走一段距离，然后制动，使车停下；查看解码器显示"ADP OK"即可。

4.2.3　大众 01N 自动变速器数据流分析

01N 自动变速器数据流如表 4-1 所示。

表 4-1　01N 自动变速器数据流

组号	字段	描述	测试条件		规定值	故障排除
001	1	换挡杆位置、多功能开关(F125)	静止	P	P	—检查多功能开关的连接触点是否被腐蚀，如有必要，进行更换 —检查多功能开关 —执行电器测试
				R	R	
				N	N	
				D	D	
				3	3	
				2	2	
				1	1	
	2	不带数据总线的车辆节气门电位计(G69)的电压	静止	急速最小	0.156V	当从急速加速至节气门完全开时，电压连续地增加 —执行基本设定 —执行相关发动机的自诊断 —调节节气门电位计，如必要进行更换 —执行基本设定 —根据电路图检查导线
				急速最大	0.8V	
				发动机关闭		
				点火开关接通		
				节气门全开	3.5V	
				最小		
				节气门全开	4.68V	
				最大		
		带数据总线的车辆节气门电位计(G69)的信号	静止	急速	0V	当从急速加速至节气门完全开时，电压连续地增加 —执行基本设定 —执行相关发动机的自诊断 —调节节气门电位计，如必要进行更换 —根据电路图检查导线
				节气门最大	5	
	3	加速踏板的数值	静止	急速	0~1%	当从急速加速至节气门全打开时，比值连续增加 —对系统进行基本设定
				急速最大	0.8V	
				节气门全开	99%~100%	
	4	开关位置显示(显示1) 制动器指示灯开关(F)	制动踏板已踩下		1	—检查制动指示灯开关(F) —执行电气设定
			未踩下		0	
		牵引控制系统(显示2)	已激活		1	可忽略
			未激活		0	
		显示3			0	可忽略
					1	
		换低挡开关(显示4)	换低挡开关	已动作	1	对带加速拉索的车辆： —检查换低挡开关，然后执行电气测试
				未动作	0	
		多功能开关(显示5)		R,N,D,3,2	1	—检查多功能开关的连接触点是否被腐蚀，如有必要进行更换 —检查和调整换挡杆拉索 —检查多功能开关(F125) —执行电气测试
				P,1	0	
		显示区6	换挡杆位置	P,R,2,1	1	
				N,D,3	0	
		显示区7		P,R,N,D	1	
				3,2,1	0	
		显示区8		P,R,N	1	
				D,3,2,1	0	

续表

组号	字段	描述	测试条件		规定值	故障排除
002	1	电磁阀6（N93）的实际电流	换挡杆在"N"位置	节气门全开	0	实际电流与额定电流之差不得大于0.005A
				急速最大	1.1A	
	2	电磁阀6（N93）的额定电流		节气门全开	0	数值0和1.1A是最大值，通常不应该达到该数值。必须对显示区1和2进行比较 —执行基本设定 —检查电磁阀(N93) —执行电气检测 —检查蓄电池，如有必要进行更换 —检查至控制单元(J127) —对系统进行基本调整
				急速最大	1.1A	
	3	蓄电池电压	静止	最小	10.8A	
				最大	13.68A	
	4	车速传感器(N68)		最小	2.2V	—检查车速传感器N68 —执行电气检测
				最大	2.48V	
003	1	汽车速度	行驶		＊＊＊km/h	车速表上读数可能与诊断仪的有差别
	2	发动机转速	在发动机运转时		r/min	—执行相关发动机的自诊断 —根据电路检查导线到连接器，包括数据总线的导线
	3	所选择挡位	行驶	空挡	O	—检查电磁阀 —执行电气检测
				倒挡	R	
				1挡液压	1H	
				1挡机械	1M	
				2挡液压	2H	
				2挡机械	2M	
				3挡液压	3H	
				3挡机械	3M	
				4挡液压	4H	
				4挡机械	4M	
	4	加速踏板的数值	行驶急速		0～1%	当从急速加速到节气门全开时，比值连续地增加
			不行驶节气门全开		99%～100%	

行驶中检查电磁阀的方法

① 可以在行驶过程中读取测量数据块组号004。在测量时，仅前三个电磁阀选择挡位。
② 表中显示的电磁阀N89/N90均处在相应的激活状态，这些电磁阀控制相应挡位的转换阀。
③ 电磁阀N91控制锁止离合器的调节阀。
④ 电磁阀N92和N94均是影响换挡的辅助阀，它们仅在换挡时受到控制并且在显示区域5和6中。
⑤ 可以用自诊断检查所有电磁阀，查询故障存储器。
⑥ 检查时，也应参看"开关元件位置"，由此查看哪些离合器或制动器被激活。
⑦ 显示区域1具有6个字符(0000 00)，含义如后文所表

组号	字段	描述	测试条件		规定值	故障排除
004	1	仪表显示的电磁阀：N88显示1，N89显示2，N90显示3，N91显示4，N92显示5，N94显示6		P	1010 10	根据行驶工况选择电磁阀： —执行电气检测 —根据故障查找程序继续进行故障查找 —故障查找，动力传送
				R	0010 00	
				N	1010 10	
			D	1H	0010 10	
				1M	0010 00	
				2H	0110 00	
				2M	0000 11	
				3H	0000 00	
				3M	0000 00	
				4H	1100 01	
				4M	1100 01	

续表

组号	字段	描述	测试条件		规定值	故障排除
004	1	仪表显示的电磁阀；N88 显示 1，N89 显示 2，N90 显示 3，N91 显示 4，N92 显示 5，N94 显示 6	3	1H	0010 00	根据行驶工况选择电磁阀： —执行电气检测 —根据故障查找程序继续进行故障查找 —故障查找，动力传送
				1M	0010 00	
				2H	0110 00	
				2M	0110 00	
				3H	0000 00	
				3M	0000 00	
			2	1H	0010 00	
				1M	0010 00	
				2H	0110 00	
				2M	0110 00	
			1	1H	0010 00	
				1M	0010 00	
	2	所选择挡位	行驶	空挡	O	—检查电磁阀，执行电气检测
				倒挡	R	
				1挡液压	1H	
				1挡机械	1M	
				2挡液压	2H	
				2挡机械	2M	
				3挡液压	3H	
				3挡机械	3M	
				4挡液压	4H	
				4挡机械	4M	
	3	挡位杆位置多功能开关(F125)	行驶	P	P	—功能开关的连接触点是否被腐蚀，如有必要进行更换 —检查多功能开关，执行电气检测 —更换多功能开关(F125) —检查和调整换挡杆拉索
				R	R	
				N	N	
				3	3	
				2	2	
				1	1	
	4	汽车速度	汽车行驶速度		km/h	车速表数值与诊断器数值有差别
005	1	ATF 温度，在约34～45℃时检查	发动机怠速运行，从 30℃时开始显示准确的温度		℃	—检查变速器油温度传感器(G93)
	2	换挡器输出显示 1	行驶点火正时影响喷射量(仅在换挡时工作)	被接通	1	可忽略
				被关闭	0	
		显示 2		被接通	1	可忽略
				被关闭	0	
		显示 3	换挡杆锁止电磁阀	被接通	1	检查换挡杆锁止电磁阀(N10)，执行电气检测
				被关闭	0	
		显示 4		被接通	1	可忽略
				被关闭	0	
		显示 5	巡航控制系统	被接通	1	可忽略
				被关闭	0	
		显示 6	空调系统	被接通	1	可忽略
				被关闭	0	
		显示 7	驻车空挡信号换挡杆位置	P,N	1	根据电路检查线束
				R	0	
				D,3,2,1	1/0	换挡杆位置 D,3,2,1 可忽略

续表

组号	字段	描述	测试条件		规定值	故障排除
005	3	所选择挡位	行驶	空挡	0	检查电磁阀,执行电气检测 —如果换挡机构不换挡,可能是离合器或制动器损坏 —更换变速器控制单元(J1217)
				倒挡	R	
				1挡液压	1H	
				1挡机械	1M	
				2挡液压	2H	
				2挡机械	2M	
				3挡液压	3H	
				3挡机械	3M	
				4挡液压	4H	
				4挡机械	4M	
	4	发动机转速	行驶(发动机运行)		r/min	—执行相关发动机的自诊断 —根据电路检查导线和连接器,包括数据总线和线束
007	1	所选择的挡位	行驶	空挡	0	—检查电磁阀,执行电气检测 —如果换挡机构不换挡,可能是离合器或制动器损坏 —更换变速器控制单元(J217)
				倒挡	R	
				1挡液压	1H+/−	
				1挡机械	1M+/−	
				2挡液压	2H+/−	
				2挡机械	2M+/−	
				3挡液压	3H+/−	
				3挡机械	3M+/−	
				4挡液压	4H+/−	
				4挡机械	4M+/−	
	2	变矩器锁止离合器打滑	行驶(发动机运行)	在液压挡位	0~失速	—根据电路检查导线 —检查电磁阀N91,执行电气检测 —检查变速器 当离合器打滑或烧毁时检查变速器离合器,更换变矩器和阀体
		变矩器锁止离合器关闭		在机械挡位,发动机转速2000~3000 r/min	0~130r/min	
说明		当显示区域1为"H",即换挡液压打滑时,变矩器打开。显示出的附加号"+"或"−"的意义为:"+"表示发动机的转速(泵的转速)高于涡轮的转速;"−"表示发动机的转速低于涡轮的转速				

4.2.4 大众09G自动变速器数据流分析

09G自动变速器数据流如表4-2所示。

表4-2 09G自动变速器数据流

数组	显示内容	标准数据
001	区域1:发动机转速	0~7650r/min;出现故障时:Error
	区域2:变速器输入转速 G182	0~7650r/min
	区域3:变速器输出转速 195	0~7650r/min
	区域4:挂入的挡位	0:挂挡位 P R:倒挡 N:空挡 1H、1M、1S:1挡 2H、2M、2S:2挡 3H、3M、3S:3挡 4H、4M、4S:4挡 5H、5M、5S:5挡 6H、6M、6S:6挡 H:转矩转换器离合器打开 M:转矩转换器离合器关闭 S:转矩转换器离合器滑脱

续表

数组	显示内容	标准数据
002	区域1:变速器输入转速(G182)	0～7650r/min
	区域2:变速器输入转速传感器G182的电压	0～5.15V
	区域3:变速器输出转速(G195)	0～7650r/min
	区域4:变速器输出转速传感器G195的电压	0～5.15V
003	区域1:当前驱动程序	出现故障时:错误, DS, SO, WU, TT, AS, AC
	区域2:加速踏板值	0～100% 已按下降挡开关:强制降挡 出现故障时:Error
	区域3:车辆转速(由变速器输出转速传感器G195决定)	0至××km/h
	区域4:挂入的挡位	0:挂入停车挡(P位) R:倒挡 N:空挡 1H、1M、1S:1挡 2H、2M、2S:2挡 3H、3M、3S:3挡 4H、4M、4S:4挡 5H、5M、5S:5挡 6H、6M、6S:6挡 H:转矩转换器离合器打开 M:转矩转换器离合器关闭 S:转矩转换器离合器滑脱
004	区域1:换挡杆位置	P、R、N、D、S, 手动一自动一体换挡槽:手动 出现故障时:Error
	区域2:加速踏板值	0至100%: 已按下降挡开关:强制降挡 出现故障时:Error
	区域3:检测行进状态	UP:上坡 Flat:平地 DW:下坡 Error:出现故障
	区域4:挂入的挡位	0:挂入停车挡(P位) R:倒挡 N:空挡 1H、1M、1S:1挡 2H、2M、2S:2挡 3H、3M、3S:3挡 4H、4M、4S:4挡 5H、5M、5S:5挡 6H、6M、6S:6挡 H:转矩转换器离合器打开 M:转矩转换器离合器关闭 S:转矩转换器离合器滑脱

续表

数组	显示内容	标准数据
005	区域1:空	
	区域2:运动阻力指数	0~100% 出现故障时:Error
	区域3:驱动动态代码	0~100% 出现故障时:Error
	区域4:加速踏板值	0~100% 已按下降挡开关:强制降挡 出现故障时:Error
006	区域1:变速器机油温度(传感器G93)	-55~205℃
	区域2:电磁阀4 N91,控制电流	0至1.000A
	区域3:锁止离合器状态	0:锁止离合器打开 1:锁止离合器关闭 2:锁止离合器滑脱
	区域4:锁止离合器滑脱	-1250~1250r/min 出现故障时:Error
007	区域1:电磁阀5 N92,控制电流	0~2.550A
	区域2:电磁阀9 N282,控制电流	0~2.550A
	区域3:电磁阀3 N90,控制电流	0~2.550A
	区域4:电磁阀10 N283,控制电流	0~2.550A
008	区域1:电磁阀6 N93,控制电流	0~2.550A
	区域2:电磁阀4 N91,控制电流	0~2.550A
	区域3:电磁阀2 N89 电磁阀1 N88 状态	00000000:两个电磁阀都被断开 00000001:电磁阀N89断开,电磁阀N88接通 00000010:电磁阀N89接通,电磁阀N88断开 00000011:两个电磁阀都接
	区域4:端子电压15	0至××V
009	区域1:制动测试/制动灯开关	00000000:制动测试和制动灯开关关闭 00000001:制动测试开关打开,制动灯开关关闭 (只有在出现故障时才可能发生) 00000010:制动测试开关关闭,制动灯开关打开 (只有在出现故障时才可能发生) 00000011:制动测试和制动灯开关都打开
	区域2:无油信息/降挡开关	00000000:无油信息不可用且未按下降挡开关 00000001:无油信息不可用且已按下降挡开关 00000010:无油信息可用且未按下降挡开关 00000011:无油信息可用且按下了降挡开关(正常情况下不可能发生)
	区域3:换挡杆位置	P、R、N、D、S 手动/自动一体换挡槽:手动 出现故障时:Error
	区域4:多功能开关F125的设置	P:1001 R:1100 N:101 D/手动/自动一体换挡槽:110 S:1111
010	区域1:变速器机油温度传感器G93	-50~205℃
	区域2:变速器机油温度传感器G93上的电压	0~5V
	区域3:变速器状态	WL:变速器预热阶段 无读数:正常状态下的变速器 Error:变速器故障
	区域4:端子电压15	0至××V

续表

数组	显示内容	标准数据
011	区域1:制动灯开关电压	Bls. ON:制动灯开关打开 Bls. OFF:制动灯开关关闭
	区域2:换挡杆锁止电磁阀 N110	SL:电磁阀释放换挡杆,电磁阀被激活, --:电磁阀锁止换挡杆,电磁阀被屏蔽
	区域3:车辆转速(由变速器输出转速传感器 G195 决定)	0 至×××km/h
	区域4:换挡杆位置	P、R、N、D、S 手动/自动一体换挡槽:手动 出现故障时:Error
012	区域1:换挡杆位置	P、R、N、D、S, 手动/自动一体换挡槽:手动 出现故障时:Error
	区域2:手动电控换挡程序开关 F189	降挡 升挡 M:开关(手动/自动一体换挡槽识别) 无读数:手动/自动一体式变速器
	区域3:挂入的挡位	0:挂入停车挡(P 位) R:倒挡 N:空挡 1H、1M、1S:1 挡 2H、2M、2S:2 挡 3H、3M、3S:3 挡 4H、4M、4S:4 挡 5H、5M、5S:5 挡 6H、6M、6S:6 挡 H:转矩转换器离合器打开 M:转矩转换器离合器关闭 S:转矩转换器离合器滑脱
	区域4:力矩限制	0~100%
013	区域1:换挡杆位置	P、R、N、D、S 手动/自动一体换挡槽:手动 出现故障时:Error
	区域2:多功能开关 F125 的设置	P:1001 R:1100 N:101 D/手动/自动一体换挡槽:110 S:1111
	区域3:手动电控换挡程序开关 F189	降挡 升挡 M:开关(手动/自动一体换挡槽识别) 无读数:手动/自动一体式变速器 显示区域4:手动电控换挡程序开关 F189/方向盘 E389 上的手动电控换挡程序 ××××1:方向盘 E389 上的手动电控换挡程序开关,降挡 ×××1×:方向盘 E389 上的手动电控换挡程序开关,升挡 ××1××:手动电控换挡程序开关 F189,降挡 ×1×××:手动电控换挡程序开关 F189,识别 1××××:手动电控换挡程序开关 F189,升挡

续表

数组	显示内容	标准数据
014	区域1:加速踏板值	0~100% 已按下降挡开关:强制降挡 出现故障时:Error
	区域2:空	
	区域3:无油信息	00000000:开关未按下 00000001:开关已按下(加速踏板值为0)
	区域4:加速踏板值不正确	00000000:开关未按下 00000001:开关已按下
015	区域1:方向盘E389上手动电控换挡程序开关的电压	0~5V
	区域2:空	
	区域3:空	
	区域4:空	
080	区域1:制造商代码/制造日期/制造商变更情况/制造商测试状态号-制造商的连续编号。	AN1×××/日.月.年/××××H××/001 ××××
125	区域1:发动机控制单元的检测	发动机0:发动机控制单元未在CAN上 发动机1:发动机控制单元在CAN上
	区域2:ABS控制单元的检测	ABS 0:ABS控制单元未在CAN上 ABS 1:ABS控制单元在CAN上
	区域3:仪表板的检测	Combi 0:仪表板未在CAN上 Combi 1:仪表板在CAN上
	区域4:四轮驱动控制单元的检测	4WD 0:四轮驱动控制单元未在CAN上 4WD 1:四轮驱动控制单元在CAN上

4.3 底盘系统

4.3.1 大众ABS系统排气程序方法

ABS系统通过常规方法无法对制动系统进行充分排气,需要利用设备辅助排空,排气过程说明如下:要求3个人协同操作,1人负责踩制动踏板、1人负责添加制动液、1人负责松紧螺栓排气。

① 蓄电池电压在11.5V。
② 连接解码器。
③ 打开点火开关。
④ 选择大众车系。
⑤ 选择"03制动系统"。
⑥ 读故障码并清除故障码,保证控制单元没有存储故障码。
⑦ 选择"系统基本调整"。
⑧ 输入"001"通道。
a. 按照提示:踩下制动踏板并且保持住,松开两排轮排气螺栓;
b. 踩下制动踏板10s后,锁紧放气螺栓。
⑨ 按"下翻页"按钮,屏幕显示002通道。
a. 按照提示:踩下制动踏板并且保持住,松开两排轮排气螺栓;
b. 踩下制动踏板10s后,锁紧放气螺栓。
⑩ 按"下翻页"按钮,屏幕显示003、004、…、016通道,按提示重复a.、b.操作。
⑪ 按"下翻页"按钮,屏幕显示017通道,结束排气程序。
⑫ 注意事项:只能按01组到17组顺序递增操作,中间不能跳跃任意组操作。如感觉空气还没排干净,行车15公里后,重复上述步骤,整个程序完成。也可以不使用协议器,常规排气后,找一空旷地方,猛加速,再猛踩制动踏板,注意不要松开制动踏板,立即进行排气,反复几次即可。

4.3.2 大众电子阻力转向系统设计方法

大众车系带电子助力转向系统时，如果系统断电或进行零件拆装以后，可参考以下方法做设定：

方法一：

① 启动发动机；

② 将方向盘向左转至极限位置并保持3s；

③ 再向右转至极限位置并保持3s；

④ 将方向盘转至中心位置；

⑤ 进行路试，待车速超过20km/h，电子助力转向故障报警灯自动熄灭后即可。

方法二：

① 转向零位的设定方法：

a. 点火钥匙打开；

b. 前轮保持直线行驶状态；

c. 解码器选择"44 电子助力转向"；

d. 方向盘左转约4°（一般在10°之内），回正方向盘；

e. 向右转4°~5°，将方向盘回正；

f. 双手离开方向盘；

g. 解码器选择"10 安全登录"；

h. 输入登录码31857；

i. 选择"04 系统基本调整"；

j. 输入匹配值060，确认；

k. 退出软件，断开点火开关6s。

 在做转向零位设定时，发动机不能运行。方向盘左、右转动后再回正。双手必须离开方向盘，使方向盘静止不动，以便让控制单元对零位进行确认。

② 转向助力大小设定方法：

用解码器进入44转向助力系统，10通道调整匹配；输入匹配值01，选择某个合适的助力数值（1~16挡），按保存键，然后再按接受键。此时屏幕就会显示新设定助力的大小，然后再按返回键，退出即可。

 从中间位置向左或向右最大的旋转角度为90°。

③ 转向极限位置的设定方法：

如果在更换了转向角度传感器G85、转向机总成（含转向控制单元J500）、转向柱开关总成（含控制单元J527）或做过一次四轮定位、做过转向零位（中间）设定后出现故障码02546，则需要做转向极限位置的设定，具体方法如下。

① 将前轮保持在直线行驶状态，启动发动机，将方向盘向左转动10°左右，停顿1~2s，回正。

② 将方向盘向右转动10°，停顿1~2s，回正。

③ 将双手离开方向盘，停顿1~2s。

④ 将方向盘向左转到底，停顿1~2s。

⑤ 将方向盘向右转到底，停顿1~2s。

⑥ 将方向盘回正，断开点火开关6s，设定完成。

 在做转向零位（中间）设定和转向极限位置设定后，必须用解码器进入44—02查询转向系统有无故障码，设定工作才能结束。

如果出现转向角度传感器6385的相关故障码，一定要先做转向零位（中间）设定和转向极限位置设定，然后才能清除故障码。

4.3.3 大众转向角度传感器零位设定方法

如果车辆正常行驶时出现ABS和ESP警报灯间歇性报警，在ABS（EPC）电控系统中读取故障码00778/37，显示方向盘转向角度传感器G85信号不可靠，属偶发性故障；01286方向盘转向角度传感器G85的供电电压30端故障。

该故障码的出现是蓄电池所致，G85并没有损坏，解决方法是对方向盘转向角度传感器进行校零和对ABS控制单元进行编码。

利用解码器或VAS5051自诊断功能（VehicleSelf-Diagnosis）进行基本设定，具体步骤为：

① 启动发动机；

② 将方向盘向右转一圈，再向左转一

圈，然后停在中位；

③ 不要关闭点火开关；

④ 选择"03 制动系统"；

⑤ 读码并清除故障码；

⑥ 选择系统设置；

⑦ 对 5 位 PIN 码，输入 40168（车型不同，pin 码可能不同），如果正确，提示"登录功能"，如果登录错误，将显示"登录失败"；

⑧ 返回主菜单；

⑨ 选择系统基本调整；

⑩ 输入 001 或 060；

⑪ 对某些车型，用"001"，X431 将显示 Comp. st. C ＜下翻页＞ sen. OK；用"060"，X431 将显示 compensOK0.00；

⑫ 关闭钥匙，退出软件。

注意事项：

a. 另在某些车型上，如用"001"代替了正确的"060"，该步骤将进行制动系统排气操作；

b. 对控制单元进行编码：以奥迪 A4 为例，进入"03 制动系统控制单元"，执行"11 系统登入"，输入 09399；选择"07 模组编码"，输入 04499。

4.4 电气系统

4.4.1 大众车门锁定设定方法

运用解码器可以对车门的一次锁定或二次锁定进行设定，对控制单元进行重新编码就可以了。操作方法如下：

① 连接解码器；

② 选择"中心模块"或"35 中央门锁系统"；

③ 选择"控制单元编码"；

④ 输入正确的"控制单元编码"，编码如表 4-3 所示。

4.4.2 大众、奥迪单门解锁和四门解锁设置

① 选择"46 舒适系统"；

② 选择"07 控制单元编码"。

表 4-3 控制单元编码表

车辆设别		编码代号
中央集控锁	一个车门打开	00256
2-电动车窗	所有车门打开	00257
中央集控锁	一个车门打开	00258
2-电动车窗和存储器	所有车门打开	00259
中央集控锁	一个车门打开	04096
4-电动车窗	所有车门打开	04097
中央集控锁	一个车门打开	04098
4-电动车窗和存储器	所有车门打开	04099
中央集控锁	一个车门打开	00064
2-电动车窗	所有车门打开	00065
中央集控锁	一个车门打开	00066
2-电动车窗和存储器	所有车门打开	00067
中央集控锁	一个车门打开	01024
4-电动车窗	所有车门打开	01025
中央集控锁	一个车门打开	01026
4-电动车窗和存储器	所有车门打开	01027

③ 带 4 电动车窗的，同时开启 4 门编码是 00259；只开启 1 门编码是 00258。

带 2 电动车窗的，同时开启 4 门编码是 00067；只开启 1 门编码是 00066。

不带电动车窗的，同时开启 4 门编码是 00019；只开启 1 门编码是 00018。

4.4.3 大众、奥迪关灯开门不拔钥匙警告音设置

① 选择"17 仪表板系统"。

② 选择"07 控制单元编码"。

a. 如果需要开门提醒，则将编码设为 00341（原厂编码 00141），灯光不关开门仍然保持原厂长声警告音；灯管关了，钥匙没拔，会有"当当当"的警告音。

b. 如既要打开门提醒，又要 125km/h 的超速提醒，将编码设为 00641。

4.4.4 大众天窗电机初始化方法

① 保证天窗电机和机械组必须处于"零位"；

② 拆卸驱动罩盖；

③ 拔、插控制单元到电机的连接器，拔、插延时时间应大于 3s，然后按照先连接挡位开关，再连接电源的顺序进行连接；

④ 旋转挡位开关从关闭位置顺时针旋转一定角度（大约 15°），并在电机运转起

来前迅速把开关回到关闭位,然后按下挡位开关的一端(此操作同执行紧急关闭功能,并应在开关回到关闭位后的 5s 内完成),天窗开始进入初始化过程,即自动完成全开—关闭—翘起—关闭的完整操作;

⑤ 天窗关闭后,释放挡位开关,初始化结束。

注意事项:

a. 维修站在判断天窗电机有故障前(除天窗电机本身不工作外),应首先进行天窗电机、天窗机械组的"零位"检查,然后对电机进行必须的初始化操作;

b. 若在点击初始化过程中发生异常现象,则应注意电机和挡位开关及电源的连接顺序是否符合要求,即先连接挡位开关,再连接电源插头,若仍无法完成初始化,则考虑更换电机;

c. 点击完成初始化后,则可进行正常的天窗操作,若在随后的操作过程中有异常现象发生,应重点检查天窗机械组(轨道润滑是否良好,是否积灰太多导致运行阻力过大,轨道或传动机构是否存在机械变形等)。

4.4.5 大众自动落锁、开锁、闪灯、响喇叭设置

① 选择"46 舒适系统"。
② 选择"10 通道调整系统"。
③ 输入通道。

a. 通道 03:20km/h 自动锁门。
b. 通道 04:拔下车钥匙自动开锁。
c. 通道 05:遥控器锁门,警告喇叭响 2 声;舒适电脑系统要换一个报警喇叭。
d. 通道 06:遥控器锁门,警告喇叭响 1 声;舒适电脑系统要换一个报警喇叭(只有国外进口的原装波罗/高尔夫/帕萨特/宝来默认安装了报警喇叭)。
e. 通道 07:遥控器开锁,所有转向灯同时闪 2 下。
f. 通道 08:遥控器开锁,所有转向灯同时闪 1 下。

④ 输入调整值 1=打开这功能,0=关闭这个功能(新车出厂默认状态是关闭"0")。

4.4.6 大众燃油表调整操作方法

① 如果燃油表不准确,可加入 9L 汽油;
② 选择"17 仪表板系统";
③ 选择"通道调整匹配";
④ 进入通道号 30;
⑤ 燃油箱只加入 9L 汽油,观察燃油表指针应位于燃油表左侧三条红线的中间一条,如不正确可在 120 和 136 的范围值之间进行选择,直到表针位于中间红线。

4.4.7 大众新仪表里程数输入操作方法

此操作只能在更换新仪表盘后,操作如下:

① 选择"17 仪表板系统"。
② 选择"系统登录",输入登录码 13861(车型不同,登录码可能不同)。
③ 选择"通道调整匹配"。
④ 进入通道号 09。
⑤ 输入匹配值动态(录入里程,单位是 10km)。
⑥ 新仪表盘里程过 100km 将不能登录,录入里程数必须大于 100km,只允许录入一次,必须小心不能录错。

注意 解码器进入大众、奥迪测试菜单之后,"特殊功能"里面有"里程调校"功能,此功能请慎用。

4.4.8 大众更改组合仪表语言显示方法

大众、奥迪车辆可以根据顾客的需要来对仪表板上显示的语言进行设置。

设置方法如下:
① 选择"快速数据流诊断"。
② 选择"17 仪表板系统"。
③ 选择"通道调整匹配"。
④ 输入通道号 004。
⑤ 输入匹配值匹配新的语言。
00001:德语;

00002：英语；
00003：法语；
00004：意大利语；
00005：西班牙语；
00006：葡萄牙语；
00008：中文。

4.4.9 大众保养灯归零方法

现在汽车发动机机油工作条件非常苛刻，要求发动机机油承受比较高的工作温度，高温使机油容易变质；另外发动机在工作中产生的酸化、氧化、极压、机械杂质以及燃烧产生的积碳都会加速机油的变质。因此，及时更换机油和滤清器，保养发动机是非常重要的，否则将会造成发动机缸壁过度磨损，缩短发动机的使用寿命，甚至导致拉缸烧瓦等严重事故。

大众、奥迪车系大部分车型仪表板显示具有保养灯提示功能，即行驶了一段里程或时日之后，仪表板液晶屏有字幕提示要求立即做保养，此意味着汽车行驶的里程或天数已经达到了该换三滤和机油的时间了。更换三滤和机油之后需要进行设定，让电脑重新记忆下次保养里程或者天数，俗称"保养灯归零"。归零步骤一般都在"仪表板系统"里面。

解码器操作方法如下：
① 更换发动机机油；
② 打开点火开关；
③ 选择车型；
④ 选择"仪表板系统"；
⑤ 选择"通道调整匹配"；
⑥ 输入通道号002；
⑦ 将匹配值用减号改为0，确定；
⑧ 屏幕显示通道匹配成功；
⑨ 关闭钥匙，退出软件。

注意事项：002通道设定之后，汽车保养周期为原厂默认值15000km和365天，以先到数字为主。通常汽车三个月或每5000km至8000km要更换三滤和机油保养，通过解码器可以对保养里程或天数进行设定，如一般设成5000km或7500km，180

天。里程设定通过040通道完成，天数设定则在041通道规定完成。

⑩ 选择"通道调整匹配"；
⑪ 输入通道号040；
⑫ 输入匹配值X，这个"X"即是设定距离下次保养的里程。如果想改成Xkm，并不是输入X，而是公式（15000－X)/100＝?，输入匹配值即为"?"，如5000km做保养，那么（15000－5000)/100＝100；
⑬ 屏幕显示"通道匹配成功完成"；
⑭ 如果设定距下一次保养的天数，则选择"通道调整匹配"；
⑮ 输入通道号041；
⑯ 输入匹配值?，这个"?"，即是设定距下一次保养的天数，默认为365天，如果想改成180天，并不是输入180天，而是用365减去要设定的天数，所以应输入365－180＝185，输入185，确定完成。

注意事项：保证042、043通道的匹配值为"150"，如不是，则改成150；044、049的匹配值为"365"。否则按以上步骤设定天数和里程后会出现和设定值不相符的情况。

4.4.10 大众氙气大灯设定方法

① 将车停在水平地面；
② 连接解码器；
③ 选择"大灯范围控制"；
④ 选择"系统基本调整"；
⑤ 输入匹配值001，确认后大灯电机运动到调整位置，此过程持续20s；
⑥ 电机静止之后，打开大灯开关；
⑦ 用螺丝刀调整大灯螺栓，保证大灯灯光照射处于合适位置；
⑧ 选择"下一步"；
⑨ 输入显示组号002，存储记忆值；
⑩ 关闭钥匙；
⑪ 退出软件完成。

注意事项：
① 选择OBDII-16诊断接头，如果能进入"大灯范围控制"系统，可继续做下一步，如果OBDII-16C无法进入"大灯范围

控制"系统,而其他系统又可以进入,请再增加 AUDI-16 接头检测,奥迪 A6L/A8L/Q7 等,请选择 CANBUSII 接头。

② 途锐一些新车型,则应该考虑选择"左车灯系统"和"右车灯系统"。

③ 解码器进入"大灯范围控制"之后,进入"系统基本调整"时提示"该车无此功能",此时应该到车底下调整前桥和后桥上的两个水平传感器,可以人工移动其位置。可用解码器进入"大灯范围控制"系统读数据块 001 组或 002 组,第 1 个和第 2 个数据是水平传感器的电压,两个水平传感器的电压要保持在 2.5~2.9V。

④ 如出现故障码 65535,则更换控制单元 J431。

4.5 安全舒适系统

4.5.1 大众车系第二代、第三代防盗测试方法

区别大众车系第三代防盗系统与第二代防盗系统的方法为:使用 X431,进入发动机系统,读"ECU 版本信息",记录控制单元型号,然后再读一遍,如果两次所显示出的控制单元型号相同,则为第二代防盗;如果不同,则是第三代防盗。

(1) 第二代防盗

关于使用汽车钥匙和匹配钥匙的说明:

只有使用被装于汽车上的防盗器控制单元匹配过的认可钥匙,发动机才能启动。

匹配汽车钥匙时,总是需要把全部钥匙同时与防盗器控制单元匹配。

如果需要重新配钥匙或者增配钥匙,也必须匹配汽车的全部钥匙。

如果用户遗失一把合法的钥匙,为了安全起见,必须把其他所有合法钥匙用元征 X431 重新进行一次匹配。这样做可以使丢失在外的钥匙变为非法钥匙,不能启动发动机。

以下是针对不同的情况,介绍第二代防盗的几种测试方法。

1) 更换控制单元的匹配程序

更换发动机控制单元后,必须重新与防盗器控制单元进行匹配。

必要条件:

必须使用一把合法钥匙。

操作步骤:

① 连接 X431;

② 打开点火开关;

③ 选择"防盗系统",再选择"通道调整匹配"功能,按"确认"键;

④ 输入 00 通道号,按"确认"键;

⑤ 清除学习值即可。

> **说明** 此刻点火开关是打开的,发动机控制单元的随机代码就被防盗器控制单元读入储存起来。

2) 更换防盗器控制单元的匹配程序

① 更换新的防盗器控制单元:发动机控制单元的随机代码自动被防盗器控制单元读入储存起来,需要重新做一次所有钥匙匹配程序。

② 更换从其他车上拆下来的防盗器控制单元:重新做一次发动机控制单元与防盗器控制单元的匹配程序,然后重新做一次所有钥匙匹配程序。

3) 匹配汽车钥匙(桑塔纳 2000、帕萨特通道号 21、捷达、奥迪 A4/A6/V6/V8 输入通道号 01)

① 将 X431 连接到诊断座上;

② 将待匹配的钥匙插入点火开关并打到 ON;

③ 进入发动机控制系统;

④ 选择"读故障码",并根据故障码内容排除故障;

⑤ 选择"清除故障码",再测试一次故障码并确认故障码内容已被清除;

⑥ 进入防盗系统,重复第④、⑤步操作,读码、清码;

⑦ 选择"系统登录",输入 5 位密码(在 4 位数密码前加一个 0,例如:01234);

⑧ 选择"通道调整匹配",输入 21,再输入匹配钥匙数,例如:匹配 3 把钥匙,输

入 00003；

⑨ 仪器提示"是否要储存改正的钥匙数？"，确认后仪器提示"改正的钥匙数已储存"，则匹配成功，在汽车点火开关上的这把钥匙匹配完毕。

⑩ 关闭点火开关，拔出钥匙，然后迅速插入下一把钥匙，打开点火开关至少 1s，防盗器指示灯将闪烁，表明匹配已经完成。

重复以上操作，直到把所有的钥匙匹配完毕（匹配钥匙的过程必须在 30s 内完成）。

(2) 第三代防盗

帕萨特 B51.8T2.8、新款宝来、波罗以及一汽从 2000 年 23 周以后生产的奥迪 A6，配备了第三代防盗系统。在第三代防盗系统中，防盗系统控制单元与组合仪表是结合在一起的，测试此防盗系统，只能从仪表板系统进入。从防盗系统也可以进入，但测试出来的为无用数据。

对于第三代防盗，通常需要更换组合仪表、发动机控制单元、钥匙。针对不同的情况，下面介绍第三代防盗的几种测试方法。

1) 更换组合仪表，但没有更换发动机控制单元和钥匙

操作方法（连接 X431，打开点火开关）：

① 进入仪表板系统；
② 选择"系统登录"功能；
③ 输入新组合仪表的密码（通常 4 位）；
④ 登录成功；
⑤ 选择"通道调整匹配"功能；
⑥ 进入 50 通道；
⑦ 输入原车密码，确认；
⑧ 屏幕显示"学习值被成功保存"，确定；
⑨ 直接着车，就可以了，不需要配钥匙。

2) 更换发动机控制单元，组合仪表和钥匙没有更换

操作方法（连接 X431，打开点火开关）：

① 进入发动机系统；
② 选择"通道调整匹配"功能；
③ 进入 50 通道；
④ 输入原车密码，确认；
⑤ 屏幕显示"学习值被成功保存"，确定；
⑥ 直接着车，就可以了，不需要配钥匙。

3) 更换组合仪表和发动机控制单元

操作方法（连接 X431，打开点火开关）：

① 进入仪表板系统；
② 选择"系统登录"功能；
③ 输入新组合仪表的密码（通常 4 位）；
④ 登录成功；
⑤ 选择"传递底盘号"功能；
⑥ 输入 17 位底盘号（VIN 码）；
⑦ 确认；
⑧ 重新进行钥匙匹配选择"组合仪表系统"。

a. 选择"登录"功能，输入新密码；
b. 登录成功；
c. 选择"通道调整匹配"功能；
d. 输入通道号 21，确认；
e. 输入将要匹配的钥匙数，包括插在点火开关上的钥匙，最多 8 把，在匹配的过程中，所有钥匙的匹配时间加起来不能超过 30s（从登录开始算时间到匹配完钥匙为止，不计钥匙拔出到插入的间隔时间），否则故障警告灯以 2Hz 的频率闪亮，这时要重新彻底进行匹配（包括登录和匹配）；
f. 按"确定"键，仪表板上的警告灯熄灭，点火开关内的钥匙匹配完成。

4) 更换二手组合仪表，但没有更换发动机控制单元和钥匙

操作方法（连接 X431，打开点火开关）：

① 进入仪表板系统；
② 选择"系统登录"功能；
③ 输入二手组合仪表的密码（通常 4 位）；
④ 登录成功；

⑤ 选择"通道调整匹配"功能；
⑥ 进入 50 通道；
⑦ 输入原车密码，确认；
⑧ 屏幕显示"学习值被成功保存"，确定；
⑨ 直接着车，就可以了，不需要配钥匙。

5）更换二手发动机控制单元，组合仪表和钥匙没有更换

操作方法（连接 X431，打开点火开关）：
① 进入发动机系统；
② 选择"系统登录"功能；
③ 输入二手发动机控制单元的密码；
④ 登录成功；
⑤ 选择"通道调整匹配"功能；
⑥ 进入 50 通道；
⑦ 输入原车密码，确认；
⑧ 屏幕显示"学习值被成功保存"，确定；
⑨ 直接着车，就可以了，不需要配钥匙。

4.5.2 大众第二代防盗匹配方法

（1）匹配钥匙的说明
① 只有使用被装于汽车上的防盗器控制单元匹配过的认可钥匙，发动机才能启动。
② 匹配器车钥匙时，总是需要把全部钥匙同时与防盗器控制单元匹配。
③ 如果需要重新匹配要或者增配钥匙，也必须匹配车的全部钥匙。
④ 如果用户遗失一把合法的钥匙，为了安全起见，必须把其他所有合法钥匙用解码器重新进行一次匹配，这样做可以使丢失的在外的钥匙变成非法钥匙，不能启动发动机。
⑤ 钥匙密码一般在杂物箱不干胶或防盗电脑标签上标示出来，注意钥匙标牌上的五位数不是密码。
⑥ 如按正常匹配步骤匹配成功之后，仍然无法启动发动机，则有可能是车上加装的铁将军之类的防盗器出现故障引起防盗器锁死。因为匹配操作步骤正常，说明防盗系统应该是正常，此时可以将加装的防盗器拆除，然后启动发动机试试。

（2）第二代防盗匹配方法

1）更换发动机控制单元的匹配程序

更换发动机控制单元后，必须重新与防盗器控制单元进行匹配。
① 连接解码器；
② 打开点火开关；
③ 选择"防盗系统"；
④ 选择"通道调整匹配"，确认；
⑤ 输入 000 通道号，确认；
⑥ 提示"清除学习值"，完成。

说明 此刻点火开关是打开的，发动机控制单元的随机代码被防盗器控制单元读出储存起来。

2）更换防盗器控制单元的匹配程序

匹配的过程是发动机控制单元的随机代码自动被防盗器控制单元读入储存起来的过程，不管是更换新的防盗器还是旧的防盗器，都需要重新做一次所有钥匙的匹配程序。操作方法：
① 连接解码器；
② 将待匹配的钥匙插入点火开关并打到 ON；
③ 选择"发动机系统"；
④ 选择"读故障码"，并根据故障码内容排除故障；
⑤ 选择"清除故障码"，再测试一次故障码并确认故障码内容已被清除；
⑥ 选择"防盗系统"，重复第④、⑤步操作，读码，清码；
⑦ 选择"通道匹配调整"；
⑧ 输入 000，清除学习值；
⑨ 选择"系统登录"，输入 5 位密码（在 4 位数密码前加一个 0，例如 01234）；
⑩ 提示"登录成功"；
⑪ 选择"通道调整匹配"；
⑫ 输入 021 或 001；
⑬ 提示通道号和匹配值；

⑭ 通过"－"号将匹配值减为0;

⑮ 通过"＋"号将匹配值增加为所匹配的钥匙数量;

⑯ 输入匹配钥匙数,例如:匹配3把钥匙,输入0003;

⑰ 仪器提示"是否要储存改正的钥匙数?",确认后,仪器提示"改正的钥匙数已储存",则匹配成功。在汽车点火开关上的这把钥匙匹配完毕;

⑱ 关闭点火开关,拔出钥匙,然后迅速插入下一把钥匙,打开点火开关至少1s,防盗器指示灯闪烁,表明匹配已经完成。

⑲ 重复以上操作,直到把所有的钥匙匹配完毕(匹配钥匙的过程必须在30s完成)。

4.5.3 大众第三代防盗匹配方法

对于第三代防盗,通常需要更换组合仪表、发动机控制单元、钥匙。在匹配过程中需要了解几个问题:

① 新仪表板带有防盗密码,购新仪表板时一定要跟配件商家索取密码;

② 旧仪表板带有防盗密码,此密码应该是旧仪表板原车上的防盗密码,防盗匹配时需要用设备将密码读取出来;

③ 新旧仪表板匹配之后,本身所带的防盗密码被新匹配密码覆盖;

④ 新发动机控制单元没有防盗密码,但旧发动机控制单元带有其原车防盗密码,防盗匹配时需要用设备将密码读取出来;

⑤ 判断新旧仪表板和发动机控制单元的方法是使用解码器进入相应系统,点击"读控制电脑型号"菜单2次。如果提示17个"X"和14个"X",则说明是新的;如果两次提示都显示14个数字,则说明是旧的;

⑥ 第三代防盗只能选择"仪表板系统",不能选择"防盗系统"。

针对不同的情况,下面详细介绍第三代防盗的几种匹配方法:

1) 更换组合仪表,没有更换发动机电脑和钥匙

操作方法:

① 连接解码器;

② 打开点火开关;

③ 选择大众车型;

④ 选择"仪表板系统";

⑤ 选"控制单元编码";

⑥ 输入正确的仪表板控制单元编码;

⑦ 选择"系统登录";

⑧ 输入新组合仪表的防盗密码(通常4位);

⑨ 提示"登录成功";

⑩ 选择"通道调整匹配"功能;

⑪ 进入50通道;

⑫ 输入远程防盗密码(基本车防盗密码),确认;

⑬ 屏幕显示"学习值被成功保存",确定。

配钥匙:

a. 选择"系统登录";

b. 输入远程防盗密码;

c. 选择"通道调整匹配";

d. 输入通道号021或001;

e. 通过"－"号将匹配值减为0;

f. 通过"＋"号将匹配值增加为匹配的钥匙数量;

g. 点击"确认",防盗指示灯熄灭之后拔出钥匙,插入第二把;

h. 第二把钥匙打开开关,防盗指示灯熄灭之后拔出钥匙,插入第三把;

i. 重复步骤h.;

j. 匹配完钥匙之后,一定拔出钥匙,再退出所有的匹配程序;

k. 用钥匙启动发动机,检查匹配结果,如果仍不行,重新匹配。

2) 更换发动机控制单元,没有更换组合仪表和钥匙

新发动机控制单元没有防盗密码。操作方法如下:

① 连接解码器;

② 打开点火开关;

③ 选择大众车型;

④ 选择"发动机系统";

⑤ 选择"控制单元编码";
⑥ 输入正确的控制单元编码;
⑦ 选择"通道调整匹配"功能;
⑧ 进入 50 通道;
⑨ 输入原车防盗密码;
⑩ 屏幕显示"学习值被成功保存";
⑪ 直接着车,不需要匹配钥匙。

3) 更换发动机控制单元,没有更换组合仪表和钥匙

旧发动机控制单元带有原车的防盗密码,此时需要注意的,在匹配值钱,需要保证查到此防盗密码。操作方法:
① 连接解码器;
② 打开点火开关;
③ 选择大众车型
④ 选择"发动机系统";
⑤ 选择"控制单元编码";
⑥ 输入正确的控制单元编码;
⑦ 选择"登录系统";
⑧ 输入旧发动机控制单元防盗密码;
⑨ 选择"通道调整匹配"功能;
⑩ 进入 50 通道;
⑪ 输入原车防盗密码,确认;
⑫ 屏幕显示"学习值被成功保存"确定;
⑬ 直接着车,不需要匹配钥匙。

4) 同时更换组合仪表和发动机控制单元

操作方法如下:
① 连接解码器;
② 打开点火开关;
③ 选择大众车型
④ 选择"仪表板系统";
⑤ 选择"控制单元编码";
⑥ 输入正确的控制单元编码;
⑦ 选择"登录系统";
⑧ 输入组合仪表的密码(通常 4 位);
⑨ 提示"登录成功";
⑩ 选择"传递底盘号";
⑪ 输入 17 位底盘号(VIN 码),确认;
⑫ 选择"发动机系统"
⑬ 选择"查控制单元信息",提示 17 个"X"VIN 码(表明是新控制单元版,否则是旧控制单元版);
⑭ 选择"通道调整匹配";
⑮ 输入通道 50,确认;
⑯ 输入新仪表防盗密码,确认;
⑰ 屏幕显示"学习值被成功保存",确定。

重新进行钥匙匹配:
a. 选择"仪表板系统";
b. 选择"登录系统";
c. 输入新仪表防盗密码;
d. 提示"登录成功";
e. 选择"通道调整匹配"功能;
f. 输入通道 021 或 001,确认;
g. 提示通道号和匹配值,用"一"号将匹配值减为 0;
h. 用"+"号将匹配值改成要匹配的钥匙数。输入匹配的钥匙数,包括插在点火开关上的钥匙,最多 8 把;
i. 按"确定",仪表板上的警告灯熄灭,点火开关内的钥匙匹配完成,拔出钥匙;
j. 插入第二把钥匙,警告灯亮后熄灭,拔出钥匙;
k. 插入第三、四、五、……八把钥匙,步骤同上;
l. 拔出钥匙后,软件退出;
m. 启动发动机,检查钥匙匹配情况。

5) 更换二手组合仪表,没有更换发动机控制单元和钥匙

操作方法:
① 连接解码器;
② 打开点火开关;
③ 选择大众车型
④ 选择"仪表板系统";
⑤ 选择"控制单元编码";
⑥ 输入正确的控制单元编码;
⑦ 选择"登录系统";
⑧ 输入二手组合仪表的防盗密码(通常 4 位);
⑨ 提示"登录成功";
⑩ 选择"通道调成匹配"功能;

⑪ 进入50通道；

⑫ 输入原车防盗密码（此密码不是仪表防盗密码），确认；

⑬ 屏幕显示"学习值被成功保存"，确定。

配钥匙：

a. 选择"系统登录"；

b. 输入原车防盗密码；

c. 选择"通道调整匹配"；

d. 输入通道号021或001；

e. 通过"－"号将匹配值减为0；

f. 通过"＋"号将匹配值增加为所匹配的钥匙数量；

g. 点击"确认"，防盗指示灯熄灭之后拔出钥匙，插入第二把钥匙；

h. 第二把钥匙打开开关，防盗指示灯熄灭之后拔出钥匙，插入第三把；

i. 重复步骤h.；

j. 匹配完钥匙之后，一定先拔出钥匙，再退出所有的匹配程序；

k. 用钥匙启动发动机，检查匹配结果，如果仍不行，重新匹配。

4.5.4 一汽大众宝来、高尔夫、速腾、迈腾遥控钥匙匹配方法

一汽大众宝来、高尔夫遥控钥匙匹配：

① 打开点火开关，连接电脑检测仪器，进入地址46；

② 选择功能10—选择00通道，删除适配记忆；

③ 选择功能10—选择01通道—输入适配钥匙数00001～4（最多四把）；

④ 依次按需适配的钥匙上的遥控键1s以上，所有钥匙要在15s内完成；

⑤ 用未失效遥控器钥匙，打开点火开关。

新增遥控钥匙的匹配：

① 用新钥匙锁车门；

② 用遥控键开或关车门；

③ 按键停至少1s后再按遥控按钮；

④ 自适应结束时有喇叭提示。

速腾、迈腾遥控钥匙的匹配方式与宝来类似，依然通过46—10—01进行设置；但常用"功能引导/故障引导"完成设置。速腾新增遥控匹配：用一把钥匙打开点火开关，用另一把钥匙锁车门，用遥控键开或关车门，按键至少1s后再按遥按按钮，自适应结束时有喇叭提示。

关于遥控的其他补充说明：

① 控制器和发射器配套使用原则。06款CIF（生产日期：06/06/16）遥控失效，匹配时有确认闪动但遥控无效，该车用的遥控器为L1GD959753，315MHz，与该车的遥控控制单元协议不配比，更换新的遥控器L1GD959753A，315.5MHz，（适用于05年5月后车型）匹配成功。

② 迈腾遥控的舒适性设置。

按菜单选项按钮进入舒适系统，按确认按钮选择舒适模式。舒适模式有3种模式。3种模式说明：选关模式，插入钥匙门的钥匙将不能遥控4门玻璃升降；选所有模式，插入钥匙门的钥匙能遥控4门玻璃升降；选司机模式，插入钥匙门的钥匙只能遥控司机门玻璃升降。

③ 通过遥控单元恢复座椅和后视镜位置。

对于有记忆功能的电动座椅和后视镜，可将所存储的座椅位置输入到遥控钥匙上：

① 存储座椅和后视镜位置；

② 之后在10s内将该位置输入到遥控钥匙上；

③ 将遥控钥匙从点火开关内拔下；

④ 按下遥控钥匙开锁按钮并保持大约2s直到听到输入完成的确认声音。

> **注意** 在重新调整座椅的记忆位置后，10s内不要随便按遥控钥匙按键，否则，遥控器将记忆最后所存储的座椅位置。

4.5.5 大众遥控钥匙清除、匹配操作方法

（1）清除控制单元对遥控记忆值

① 打开点火开关；
② 选择"46中心模块"（对VW）；
③ 选择"通道调整匹配"；
④ 输入通道号00，提示"清除学习值"；
⑤ 按"确认"。

(2) 匹配大众车系新遥控
① 关闭所有车门；
② 打开点火开关；
③ 选择"46中心模块"；
④ 选择"通道调整匹配"；
⑤ 输入通道号01；
⑥ 按"－"号将匹配值变成0；
⑦ 按"＋"号增加需要匹配的钥匙遥控，确认之前或后立即按遥控钥匙（按住直到门锁电机起作用）；
⑧ 提示"钥匙已识别"；
⑨ 按"确认"，关闭点火开关；
⑩ 退出控制模块并检查遥控钥匙工作情况。

(3) 对某些早期车型，需要采用人工匹配方法
① 点火开关打开；
② 用其他在用的钥匙锁上司机门；
③ 按遥控钥匙上开锁按钮；
④ 等待6s；
⑤ 再按开锁按钮一次；
⑥ 当遥控钥匙匹配后汽车喇叭将鸣一声；
⑦ 对某些模块要检查遥控钥匙是否已匹配，连接解码器；
⑧ 转到"中心模块"或"中央门锁系统"；
⑨ 输入通道号03；
⑩ 按遥控钥匙，显示区4将变化。

4.5.6 大众遥控匹配方法

① 关闭所有车门；
② 选择"46中心模块"（中控锁）/"35中央门锁系统"（代舒适系统）；
③ 选择"10通道调整匹配"；
④ 通道号21、01或22；
⑤ 将匹配值减为000；
⑥ 将匹配值增加成遥控数量，如2把钥匙则用"＋"号增加成"002"；
⑦ 确认匹配成功后关闭钥匙，按住遥控任意按钮；
⑧ 门锁电机作用之后，匹配成功。

4.5.7 大众遥控器功能设定方法

① 连接解码器。
② 选择"46中心模块"或"35中央门锁系统"。
③ 选择"通道调整匹配"。
④ 输入正确的通道号03（03～08）。
⑤ 输入匹配值0或1。通道与匹配值参考见表4-4。

表4-4 遥控设定通道号与匹配值

通道号	相关性	测量数值
03	自动锁止/开锁	ON=1 OFF=0
04	IM切断	ON=1 OFF=0
05	开锁喇叭响	ON=1 OFF=0
06	锁止声音	ON=1 OFF=0
07	开锁=转向信号闪烁	ON=1 OFF=0
08	锁止=转向信号闪烁	ON=1 OFF=0

4.5.8 大众自动空调设定方法

① 检查编码是否正确，否则给ECU进行编码。
② 选择"04系统基本调整"。
③ 输入匹配值000、01或001，匹配值与大众/奥迪的软件版本有关。
④ 伺服电机分别被启动，其电位计终点位置的电阻值储存在控制单元E87中。
a. 左侧湿度翻板伺服电机V158；
b. 右侧湿度翻板伺服电机C159；
c. 通风翻板伺服电机V71；
d. 中央翻板伺服电机V70；

e. 除霜翻板伺服电机 V107。

⑤ 解码器显示屏显示"00000",如果还有伺服电机,点击"下翻页"试试。

⑥ 全部显示"0",说明匹配成功。

⑦ 如果显示出"1",说明相应位置的伺服电机发卡或线路故障。

4.5.9 大众空调、加热基本设定操作方法

此操作是通过解码器使空调控制单元对风门电机进行适应的过程,操作步骤:

① 打开开关;

② 选择"08 空调/加热系统";

③ 读码并清除故障码;

④ 选择"系统基本调整";

⑤ 输入通道号 000,数值将变化,等到各个伺服电机的数值变成 0.00(否则伺服务电机有故障);

⑥ 关闭钥匙,退出软件即可。

4.5.10 大众气囊解除/激活操作方法

① 打开点火开关,不启动发动机。

② 选择"15 安全气囊"。

③ 读码并清除故障码。

④ 选择"通道调整匹配"。

⑤ 输入通道号:

01—乘客气囊;

02—司机气囊;

03—乘客侧气囊;

04—司机侧气囊;

05—乘客安全带;

06—司机安全带。

⑥ 按"+"或"−"改变自适应号:

改变自适应号 1 到锁死(BLock)(锁定);

改变自适应号 0 到激活(Actived)(解除)。

⑦ 按确定保存新值。

⑧ 显示"自适应成功"。

⑨ 当某部件功能丧失,点火开关初次打开时,气囊警告灯将亮 3～4s 然后闪烁 15s,最后熄灭,这是储存故障码,如"01281 司机侧气囊关闭"。

4.5.11 大众气囊电脑编码速查

气囊电脑的编码主要取决于电脑内部的索引码,使用 VAS5051 等诊断仪器进入"15—安全气囊",显示如图 4-1 所示。

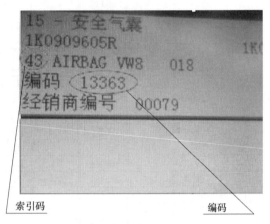

图 4-1 诊断仪显示界面

每一个索引码对应一个编码,只要看到了索引码,就可以通过对应查表的方式查找对应的正确气囊电脑编码。对于以备件方式订购的备件可参照备件标签上的索引码查表进行正确编码(如图 4-2),具体索引码对应的正确编码可参考表 4-5。

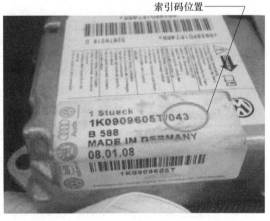

图 4-2 索引码位置

表 4-5 气囊电脑编码表

气囊电脑编码表

Index 索引码	coding 编码	Index 索引码	coding 编码	Index 索引码	coding 编码	Index 索引码	coding 编码	Index 索引码	coding 编码	Index 索引码	coding 编码
01	12337	31	13105	0K	12363	1S	12627	3H	13128	YF	22854
02	12338	32	13106	0L	12364	1T	12628	3J	13130	YG	22855
03	12339	33	13107	0M	12365	2A	12865	3K	13131	YH	22856
04	12340	34	13108	0N	12366	2B	12866	3L	13132	YI	22857
05	12341	35	13109	0P	12368	2C	12867	3M	13133	YJ	22858
06	12342	36	13110	0Q	12369	2D	12868	3N	13134	Z1	23089
07	12343	37	13111	0R	12370	2E	12869	3O	13135	Z2	23090
08	12344	38	13112	0S	12371	2F	12870	3P	13136	Z3	23091
09	12345	39	13113	0T	12372	2G	12871	3Q	13137	Z7	23095
11	12593	41	13361	LA	12609	2H	12872	3R	13138	CG	17223
12	12594	42	13362	1B	12610	2J	12874	3S	13139	A	00065
13	12595	43	13363	1C	12611	2K	12875	3T	13140	B	00066
14	12596	44	13364	1D	12612	2L	12876	4A	13377	C	00067
15	12597	45	13365	1E	12613	2M	12877	4B	13378		
16	12598	46	13366	1F	12614	2N	12878	4C	13379		
17	12599	47	13367	1G	12615	2P	12880	4D	13380		
18	12600	48	13368	1H	12616	2Q	12881	4E	13381		
19	12601	49	13369	1I	12617	2R	12882	X1	22577		
21	12849	0A	12353	1J	12618	2S	12883	X2	22578		
22	12850	0B	12354	1K	12619	2T	12884	X3	22579		
23	12851	0C	12355	1L	12620	3A	13121	Y8	22840		
24	12852	0D	12356	1M	12621	3B	13122	Y9	22841		
25	12853	0E	12357	1N	12622	3C	13123	YA	22849		
26	12854	0F	12358	1O	12623	3D	13124	YB	22850		
27	12855	0G	12359	1P	12624	3E	13125	YC	22851		
28	12856	0H	12360	1Q	12625	3F	13126	YD	22852		
29	12857	0J	12362	1R	12626	3G	13127	YE	22853		

4.5.12 大众PQ35平台车型（速腾、明锐）舒适系统设置方法

① 一键开关车窗，自动关闭无需长按钥匙，只需按动 2s 后松开，车窗能自动全部关闭和打开。设置方法：选择"控制模块"→"46 中央便利系统"→"重新编码（C）07"→"长编码帮助"→Byte6→"舒适功能自动关闭"前打勾→"TransferCoding"→关闭当前窗口→确定。设置完成，再用遥控钥匙关窗只需按到玻璃上升就可以松开了，玻璃会自动全关闭，也可以按遥控钥匙开锁键到玻璃下降就可以松开了，玻璃会自动全打开。

② 遥控按一下开锁仅开启驾驶员侧的门，要连续按两下开锁才能开启所有的门，停车时也仅解锁驾驶员门。设置方法：选择"控制模块"→"46 中央便利系统"→匹配 10→通道号 03→新建值→01。

③ 驾驶员侧门开启钥匙未拔报警。该功能就是插钥匙发动汽车时发出当当当的报警音；同时钥匙还未拔下的情况下，就把驾驶员侧的门打开了，车子会发出当当当的报警音。设置方法：进入"17—组合仪表"里面的"重新编码—07"，然后把编码从原来的 0002101 改成 0002301。

④ 打开双雾灯的设置方法：选择"控制模块"→"09 中央电控系统"→"重新编码（C）07"→"长编码帮助"→Byte4→"激活（全部）后雾灯"前打上勾→"TransferCoding"→关闭

当前窗口→点上一窗口的"确定"。

4.6 汽车电脑编码

4.6.1 大众汽车控制单元编码操作方法

① 选择系统，如发动机、ABS、SRS、网关等；
② 选择控制单元编码；
③ 输入正确的控制单元编码，一般为五位数或七位；
④ 按"确认"键，提示"编码成功"；
⑤ 关闭钥匙，退出软件，保存记忆值即可。

注意事项：

① 解码器提示编码成功，但不一定编码就完成了。操作时一般在提示"编码成功"之后，关闭钥匙再退出软件，让电脑存储数据。

② 编码一定要正确，因此在进行编码之前，最好能查询原车"控制单元信息"中的编码，编码之前的英文是"COD"或直接提示"控制单元编码"。

③ 如果编码不成功，要考虑系统是否有故障，应先排除故障；也要检查是否是编码错误、零配件是否是正厂件等。

④ 2004款之后的奥迪车型在做编码时，可能要通过激活密码进行"系统登录"之后，才可以激活控制单元编码功能。

⑤ 在更换汽车 ECU 前，首先将要维修的故障 ECU 与解码器连接，进入读 ECU 信息功能，记下或打印出该 ECU 编码，如 04502，和该 ECU 零件号，如 06A906033。当从主要经销商处订购新 ECU 时，最好提供该车详细信息，有时只按零件号订购，则可能提供错误的模块，将不能对此进行编码。确保新的模块的零件号和原来的相同，并检查新的模块编码应该是 0000，则可对其进行编码。

4.6.2 大众汽车常见控制单元编码

大众汽车常见控制单元编码如表 4-6 所示。

表 4-6 大众汽车常见控制单元编码

车型	系统		控制单元编码号
桑塔纳时代超人（普桑）	01	发动机系统	08001（老款）、04001（新款）
	03	制动系统	04505、00000、03604、01091、02802
	15	安全气囊	12878
帕萨特 B5	01	发动机系统	04502、04097
	03	制动系统	03604
	15	安全气囊	22599、12364（国产）、00065、00066、00067（美规）
捷达	01	发动机系统	00001（两阀）、04000（五阀）
	03	制动系统	01901（两阀）、03604（五阀）
	15	安全气囊	02610（双气囊）、02611（单气囊）、65535（通用码）、00065
波罗	01	发动机系统	00017、12878
	03	制动系统	0001097
	09	电子控制单元	25612
	15	安全气囊	12343
	17	仪表板系统	00141
	19	网关数据总线	00014

续表

车型	系统		控制单元编码号
波罗	44	转向阻力系统	10140
	46	中心模块	00064
	56	收音机系统	00001s
宝来	01	发动机	26500、26530
	03	制动系统	0001025、0021505
	15	安全气囊	12875
	17	仪表板系统	01102、05122
	19	网关数据总线	00006
	46	中心模块	00259
高尔夫	01	发动机系统	00033
	02	自动变速器系统	00000
	03	制动系统	01025
	15	安全气囊	12855
	17	仪表板系统	00259

4.6.3 大众、奥迪匹配功能汇总表

大众、奥迪匹配功能汇总见表4-7。

表 4-7 大众、奥迪匹配功能汇总

系统	通道	匹配值	执行功能及对象
001 发动机系统	004	060	节气门控制单元自适应(如甲壳虫1.8T、2.0T,朗逸1.8T)
	004	028	爆震传感器自适应
	004	034	前氧传感器自适应
	004	036	后氧传感器自适应
	004	077	二次空气泵自适应
	004	074	废气再循环阀自适应
	004	077	二次空气系统自适应
	004	070	活性炭罐 N80 自适应
	004	094	气门正时调节自适应
	010	000	清除节气门控制单元学习值
	011	11463	激活续航功能(带定速巡航功能大众车)
	011	16167	关闭续航功能(带定速巡航功能大众车)
002 自动变速器	004	000	强制降挡功能(AT大众车型)
003ESP/ABS 系统	004	001	加液排气(带 ESP 车型)
	004	060	方向盘转角传感器 G85 自适应
	004	063	横向加速度传感器 G200 自适应
	004	066	制动压力传感器 G201
	004	093	ESP 激活
	004	103	ESP 关闭
	011	004	ESP 设定
034 空气悬挂系统	016	31564	空气悬挂自适应(途锐/辉腾)
	010	001	左前轮高度自适应 497mm
	010	002	右前轮高度自适应 497mm
	010	003	左后轮高度自适应 502mm
	010	004	右后轮高度自适应 502mm
065 胎压监控系统	016	10896	轮胎监控自适应(途锐/辉腾)
	010	005	左前胎压自适应 2.4～2.8Pa(以车贴提示的胎压为准)
	010	006	右前胎压自适应 2.4～2.8Pa(以车贴提示的胎压为准)
	010	007	左后胎压自适应 2.8～3.2Pa(以车贴提示的胎压为准)
	010	008	右后胎压自适应 2.8～3.2Pa(以车贴提示的胎压为准)

续表

系统	通道	匹配值	执行功能及对象
017 组合仪表	011	13861	更换里程表输入里程
	010	002	保养周期显示复位,将匹配值改成 0
	010	003	燃油消耗显示校正
	010	004	仪表信息系统语言选择
	010	009	里程显示自适应/总里程数小于 100km 的表/预输入的数字大于 100km
	010	016	读出里程脉冲数
	010	030	燃油表自适应/指针随动/显示 120~136 之间变化
	010	040	输入保养周期内剩余里程
	010	043	保险间隔里程输入,仪表编码后数第二位为车型代码
046 舒适系统	010	000	清除所有的遥控钥匙
	010	001	匹配所有的遥控钥匙
	010	003	自动锁上/打开,车速达 15km/h,确认锁已开
	010	004	自动锁上/打开,点火钥匙拔出,车门自动开锁
	010	005	解除内部监控
	010	006	开锁喇叭响/开锁确认信号
	010	007	锁车喇叭响/锁车确认信号
	010	008	锁车转向信号闪,转向信号闪 2 次,确认锁已开
	010	009	锁车转向信号闪,转向信号闪 1 次,确认锁车
	010	010	设置警报喇叭报警方式,带遥控报警器的大众车 2—德国;3—英国;1—其他国家
	010	024	行李箱自适应,phaeton,开=1;关=0
	010	062	位 / 状态 / 值 / 功能(需支持遥控舒适控制单元) 1 ON 1 128 钥匙在点火开关时关闭天窗(不一定设置成功) 2 OFF 1 64 钥匙在点火开关时关闭天窗 3 ON 1 32 遥控车窗打开(不一定成功) 4 OFF 1 16 遥控车窗关闭 5 ON 1 8 钥匙在点火开关时门窗下降 6 ON 1 4 钥匙在点火开关时门窗上升 7 ON 0 2 遥控门窗下降 8 ON 0 1 遥控门窗上升
015 安全气囊	010	001	关闭副驾驶员气囊
	010	002	关闭驾驶员气囊
	010	003	关闭右侧气囊
	010	004	关闭左侧气囊
08 自动空调	004	000	空调伺服电机自适应
	004	101	空调系统内循环电机自适应(Polo)
029 左大灯	004	001	左大灯自适应
039 右大灯	004	001	右大灯自适应
038 天窗系统	008	033	内部监控系统是否打开
025 防盗系统	008	081	读取车架号和防盗码
	011/016	PIN	密码(右下角箭头)
	010	021	钥匙数量
	011	19795	更换 KESSY
	008	023	更新原 PIN
	010	050	PIN

4.6.4 大众通道号详解

① 仪表保养归零：17—10—02—00000。
② 仪表语言选择：17—10—04—00002（00002 英语，00008 中文）。
③ 仪表汽油表自适应：17—10—030—128（120~136，128 为出厂设定）。
④ 适配车钥匙（四位密码）：17—11—PIN—10—21—选择车匙数量（最多八条）—Q—关匙—用另一把遥控钥匙开锁—直到所有车匙适配完。
适配车钥匙（七位密码）：17—Enabling（pin）—PIN—10—21—选择车匙数量（最多八条）—Q—关匙—用另一把遥控钥匙开锁—直到所有车匙适配完。
⑤ 遥控器适配（中控锁系统）：35—10—21—选择记忆位置—Q—按遥控器的锁门键—电脑上有以英文显示已记忆—Q—退出。
⑥ 遥控器适配（带舒适系统）：46—10—22—选择记忆位置—Q—按遥控器的锁门键—电脑上有以英文显示已记忆—Q—退出。
⑦ 自动大灯基础设定：55—04—001—调整大灯—002。
⑧ 记忆座椅基础设定（A4A6）：36—08—看第二个数值—将靠背推尽向前—将靠背推尽向后—记下其数值—04—Q—001—Q。
⑨ 更换仪表后公里数的设定：17—11—13861—10—09—输入公里数（以 10km 为最小单位）—Q。
⑩ 空调基础设定：08（28） 04—001。
⑪ 适配车钥匙（奥迪 100）：25—11—PIN—10—01—选择匹配车匙数量—储存—用钥匙打开点火开关直到防盗灯灭—再用另一条车匙打开（30s 内完成）。
⑫ A8D3 电源运输模式开关：61—10—001—0/1（0 关，1 开）。
⑬ TT 更换仪表（七位密码）：17—Enabling（pin）—PIN—输入新仪表的 PIN 码—确认—50—输入旧仪表的 PIN 码—确认—10—21—开始配钥匙。
⑭ 音响运输模式解除：56—10—99—0（关闭）/1（打开）。
⑮ 旧款奥迪 100 空调基础设定：08—04—00。
⑯ 保养公里提醒修改：17—10—40—100（100 代表行驶了 10000km）。

4.6.5 一汽大众匹配、调整、设定通道功能一览表

一汽大众匹配、调整、设定通道功能如表 4-8 所示。

表 4-8 一汽大众匹配、调整、设定通道功能一览表

系统	地址码	功能码	执行通道	执行功能及对象	适用范围	备注
发动机	1	4	60	节气门控制单元	宝来、高尔夫、捷达 2 阀	捷达 5 阀为 98
			74	废气再循环组合阀	宝来、高尔夫 1.8L 发动机	1.8T 无此功能
			77	二次空气系统	宝来、高尔夫 1.8L 发动机	包括 1.8T
		10	0	删除节气门控制单元自学习值	捷达 2 阀 ATK 发动机	用于洗节气门后怠速高
		11	11463	激活巡航功能	带定速巡航功能的宝来车	04 年宝来尊贵型
			16167	取消巡航功能		
自动变速器	2	4	0	强制低挡功能	现生产宝来、高尔夫、捷达	奥迪有不同通道

续表

系统	地址码	功能码	执行通道	执行功能及对象	适用范围	备注
ABS(ESP)	3	4	1	加液排气	现生产宝来、高尔夫、捷达	
			60	方向盘转角传感器	带ESP的车型(宝来)(其中60、63、66每次都需要登录,93前已成功登录此步可不登录)	G85
			63	横向加速度传感器		G200
			66	制动压力传感器		G201
			93	ESP启动实验		检测ESP信号的可靠性
		11	40168	ESP设定之		固定登录码
自动空调	8	4	0	空调器翻板电机	带自动空调的车型(宝来)	
安全气囊	15	10	1	副驾驶气囊	宝来、高尔夫、捷达	0为打开;1为关闭
			2	驾驶员安全气囊	宝来/高尔夫	0为打开;1为关闭
组合仪表	17	11	13861	更换里程表里程输入	宝来/高尔夫	固定登录码
		10	2	保养周期显示复位	用于消除保养提示	输入0即可
			3	燃油消耗显示校正	宝来/高尔夫	以5%为步长在85%~115%调整
			4	仪表信息系统语言选择		个别进口仪表无中文
			9	里程显示自适应	里程小于100时预输入的数大于100	注意以10km为单位
			30	燃油表自适应	燃油表指针随动	示值120~136之间变化
			40	输入保养周期内剩余里程		
			43	保养间隔里程输入	仪表编码后数第二位1车型	以1000km为单位
舒适系统	46	10	3	自动锁上/打开	车速达15km/h,自动上锁	开=1;关=0
			4	自动锁上/打开	点火钥匙拔出,车门自动打开	
			6	开锁喇叭响	开锁确认信号	
			7	锁车喇叭响	锁车确认信号	
			8	开锁转向信号闪	转向信号闪2次,确认锁已开	
			9	锁车转向信号闪	转向信号闪1次,确认锁车	
			10	设置警报喇叭警报方式	带遥控器警报器的宝来/高尔夫	2—德国;3—英国;1—其他国家